R. P. Albert Maria WEISS
de l'Ordre des Frères Prêcheurs

SAGESSE PRATIQUE

(PENSÉES — RÉCITS — CONSEILS)

Ouvrage traduit de l'allemand sur la 6ᵉ édition

PAR

l'abbé L. COLLIN

LIBRAIRIE DELHOMME ET BRIGUET
J. BRIGUET, ÉDITEUR
PARIS | LYON
83, rue de Rennes | 3, avenue de l'Archevêché

1898

Seule traduction française autorisée par l'auteur et par l'éditeur

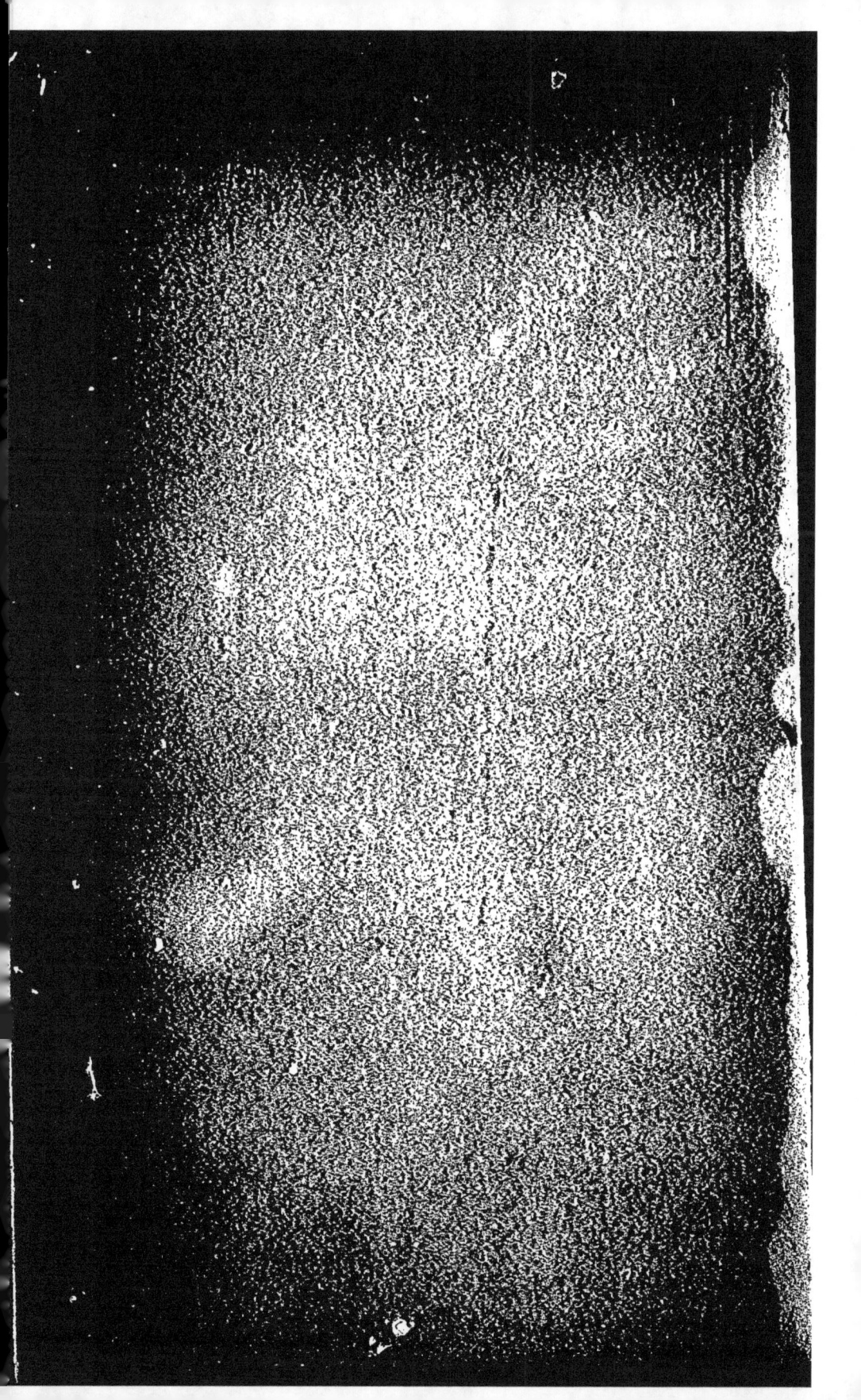

SAGESSE PRATIQUE

(PENSÉES — RÉCITS — CONSEILS)

Ouvrage du R. P. WEISS
TRADUIT
Par M. l'abbé L. COLLIN
Professeur à l'École Saint-François de Sales, de Dijon
avec la collaboration de M. J. MIGY

A LA MÊME LIBRAIRIE

APOLOGIE DU CHRISTIANISME

AU POINT DE VUE
DES MOEURS ET DE LA CIVILISATION

Ire Partie : **L'Homme complet.** 2 vol. in-8... 12 fr.

IIe Partie : **Humanité et Humanisme.** 2 vol. in-8............ 12 fr.

IIIe Partie : **Nature et Surnature.** 2 vol. in-8. 12 fr.

IVe Partie : **La Question sociale.** 2 vol. in-8. 12 fr.

Ve Partie : **La Perfection.** 2 vol. in-8. (*En préparation*).

N. B. — L'édition allemande de cet ouvrage, — un des plus beaux monuments de l'Apologétique catholique au XIXe siècle, — de même que celle du présent livre, est publiée à la librairie B. HERDER, de Fribourg en Brisgau.

R. P. Albert Maria WEISS
de l'Ordre des Frères Prêcheurs

SAGESSE PRATIQUE

(PENSÉES — RÉCITS — CONSEILS)

Ouvrage traduit de l'allemand sur la 6ᵉ édition

PAR

l'abbé L. COLLIN

LIBRAIRIE DELHOMME ET BRIGUET
J. BRIGUET, ÉDITEUR

PARIS | LYON
83, rue de Rennes | 3, avenue de l'Archevêché

1898

Seule traduction française autorisée par l'auteur et par l'éditeur.

Ce livre est loin d'être un livre amusant,
Comme il est loin d'être un livre savant.
Son seul désir et sa plus grande joie
Seraient d'offrir l'aumône d'une voie
A l'égaré, de guérir un seul cœur,
Le consoler, lui donner le bonheur.
Prends-le, lecteur, et garde souvenance
Qu'il porte en lui la paix et l'espérance.

PRÉFACE

Bien des fois, on m'a sollicité d'écrire un ouvrage de courte étendue, qui traiterait les principales questions religieuses agitées à notre époque, de manière à intéresser des lecteurs cultivés et à les instruire, en les dispensant d'ennuyeuses recherches scientifiques.

C'étaient là deux exigences difficiles à concilier. Néanmoins j'ai déféré à ce désir, et voici le résultat de mon entreprise, bien téméraire peut-être. Car, destinée à raconter le plus sublime des chefs-d'œuvre : l'épopée des gestes de Dieu parmi les hommes, le drame dans lequel la sagesse et la toute-puissance divines préparent, au moyen de créatures imparfaites et récalcitrantes, le royaume éternel que Dieu a en vue de toute éternité, cette petite apologie devrait être elle aussi un chef-d'œuvre. Puisse-t-elle, du moins, n'être pas trop au-dessous de sa tâche, pas trop indigne de notre sainte religion !

Dans ces pages, j'ai eu particulièrement en vue la jeunesse déjà mûre, surtout la jeunesse des universités et des collèges.

Un homme qui connaît parfaitement la situation actuelle, m'exprimait ses craintes qu'un tel livre, qui ne se lit pas d'un trait, mais sur lequel il faut réfléchir et méditer, ne fût pas goûté des jeunes gens. Tel n'est pas mon avis ; et j'espère, avec celui-ci, conquérir une modeste place dans plus d'un jeune cœur. Je me rappelle en souriant le zèle avec lequel, jadis à l'époque où j'étais étudiant, je faisais la chasse aux sentences brèves et frappantes, mon soin à recueillir les moindres parcelles en ce genre. Pareil livre me serait tombé sous la main que je l'aurais dévoré.

En tout cas, on pourra, si je ne m'abuse, mettre ce recueil entre les mains des jeunes gens, sans crainte de les exposer à gâter leur style. N'est-ce pas déjà pour lui une recommandation qui a sa valeur ? C'est précisément pour cette fin, que j'ai cru bon de soigner le côté littéraire, car c'est surtout de la jeunesse qu'il est vrai de dire :

Une morale nue apporte de l'ennui.

Une autre intention m'a encore guidé dans la publication de ce livre. J'ai voulu en faire un compagnon fidèle qu'on met dans sa poche, qu'on emporte avec soi, et qu'on est content de trouver aux heures de calme et de tristesse.

Il y a, dans la vie, des moments, — et ils ne sont pas rares, — où l'énergie pour tout effort sérieux vient à manquer, des moments d'affaissement physique, intellectuel et moral, conséquences soit de la maladie, soit de labeurs épuisants, ou d'épreuves douloureuses. Or, un remède souverain pour l'esprit dans ces heures pénibles, c'est le calme et la solitude, avec une occupation facile, qui le préserve de l'accablement. La sœur de charité la plus bienfaisante alors, est un livre à la fois court et suggestif.

Comme je n'en ai pas beaucoup trouvé de la sorte, il m'est arrivé souvent de consigner par écrit, soit en prose, soit en vers, pour mes propres besoins, certaines pensées qui m'avaient le plus frappé.

C'est un choix de ces *essais* qui forme cet ouvrage. Parmi eux, les uns ont vu le jour dans une chambre de malade, d'autres sont le fruit de promenades solitaires ou de fastidieux voyages en chemin de fer, beaucoup enfin ont été pour moi un adoucissement dans des heures de trouble, ou m'ont aidé à traverser des temps difficiles, alors qu'une multitude d'affaires absorbantes et pénibles me rendait impossible tout travail régulier.

L'auteur de tout bien veut peut-être de telles situations; peut-être les bénit-il, pour que des âmes gémissantes et courbées sous le poids de la douleur, y découvrent un trait de ressemblance avec la leur, et trouvent dans ce spectacle une force qui les élève vers Dieu, un exemple qui les réconcilie avec leurs propres souffrances, une paix et une sérénité qui les dédommagent de leurs luttes.

Celui que Dieu a jugé digne de participer à la Croix glorieuse de son Fils me comprendra.

1.

Comme je l'ai déjà dit, ce livre ne se propose donc pas de donner un enseignement scientifique et didactique. Qui attendrait cela de lui se tromperait. Parmi les divers morceaux qui le composent, les uns provoqueront seulement la réflexion personnelle, d'autres feront naître le calme et le courage, plusieurs seront un repos pour l'esprit après un effort sérieux, et une source de paix pour le cœur, bon nombre seront pour l'âme des moyens d'édification et d'élévation vers Dieu, quelques-uns enfin serviront simplement d'ornement à l'ensemble.

Çà et là aussi, je l'espère, ce livre, — car il a été plus vécu encore que pensé, — provoquera non pas le Pessimisme, comme on aime à dire aujourd'hui, mais des saignements de cœur et des larmes, ces deux éléments sans lesquels un ouvrage de l'esprit n'a pas de vertu médicinale, ne garde pas longtemps sa saveur, et n'atteint jamais cette élite de l'humanité que forme la multitude immense des patients silencieux.

J'aurais volontiers fait dans ce recueil une place plus considérable au côté joyeux de la vie, et au côté artistique de la nature ; mais ses limites ne me l'ont pas permis. Ne faudrait-il pas, en effet, que le monde sût une bonne fois que le christianisme ne gâte aucune jouissance permise, qu'il transforme au contraire, en moyens d'instruction et en causes de joie, une foule de choses qu'on laisse ordinairement passer inaperçues, parce qu'elles semblent trop insignifiantes, une multitude d'événements qu'on évite, parce qu'ils semblent importuns?

Cette bonne humeur chrétienne, qui trouve des charmes incomparables dans la nature toujours jeune et toujours belle; cette sérénité enjouée, qui sait découvrir dans les personnes et dans les choses un côté qui console l'âme ou l'élève, sont le contrepoids indispensable aux épreuves de la vie et aux luttes pour l'obtention d'un monde meilleur.

C'est cette conception chrétienne du monde, mélange merveilleux de variété et d'unité, de sérénité et de gravité, de douceur et de force, fleur gracieuse qui embaume les halliers de la terre comme les riantes oasis de l'au-delà, que je voudrais exposer ici, dans la mesure de mes forces. Je voudrais le faire de manière à satisfaire à la fois l'esprit et le cœur du lecteur, à augmenter en lui l'amour et le respect pour le christianisme et son divin fondateur, à le fortifier dans le service de Dieu, et à lui donner le courage de supporter avec calme le poids de la vie.

Daigne le Seigneur bénir ces pages écrites en son honneur, et donner sa paix à ceux qui les liront!

SAGESSE PRATIQUE

CHAPITRE PREMIER

DIEU

1. La voie qui mène à Dieu.

O Dieu ! Nul esprit ne peut supporter
Ton éblouissante lumière,
Nul regard jamais n'a pu te scruter.
Mais un cœur pur, simple et sincère,
Sait te trouver, sans longtemps s'agiter.

2. Le livre du monde.

« Les livres ont leur sort, » disaient déjà les anciens. Ce sort est proportionné au degré de culture des hommes. Pour le barbare, un livre n'est qu'une somme de signes incompréhensibles. Ces signes lui semblent mystérieux et bizarres, mais il ne comprend pas comment ils pourraient lui dire quelque chose.

Pour celui qui sait lire, ces caractères ont un langage multiple. Ce qui toutefois ne veut pas dire qu'il le comprenne entièrement. Pour qu'un livre, avec tout ce qu'il contient, pénètre un lecteur, l'instruise, l'améliore, le transporte d'admiration, il faut que ce lecteur soit passé maître dans les matières qu'il renferme, ou du moins qu'il s'efforce de le devenir.

« L'insensé lit, le sage lit ; »
« Mais bien différent est leur sort. »
« Le sage s'élève à la lumière, »
« Le fou ne fait que tourner sur lui-même. »

Le plus grand, le plus riche, le plus artistique de tous les livres, c'est le monde, ce livre écrit par la main de Dieu, et dont les créatures sans nombre sont les lettres. Celui qui n'a pas suffisamment exercé son intelligence pour pouvoir lire dans ce livre, ne voit que les caractères qui le forment; mais il ne comprend pas leur sens.

Sans doute, le naturaliste et l'artiste vulgaires lisent couramment dans ce livre; ils comprennent même les lois d'après lesquelles sont formulés les principes particuliers qu'il contient; mais ils ne vont pas jusqu'à comprendre l'œuvre dans son ensemble.

De même, le philologue à cheveux blancs ne voit dans Homère que des applications grammaticales; mais ce que la poésie a de grandiose disparaît derrière la lettre. Bien rares, en effet, sont ceux qui ont l'esprit assez libre et assez puissant pour s'élever du vers à l'ensemble, des détails à la grande pensée que le poète a voulu exprimer dans son œuvre.

Il en est de même pour cet admirable poème de Dieu, qui s'appelle l'univers. Celui-là seul le comprend, qui a l'intelligence assez élevée et assez dégagée pour le pénétrer. Tandis qu'il contemple cette œuvre magnifique, une voix intérieure lui dit quel être merveilleux en est le créateur.

C'est ainsi que, de la beauté du monde, il s'élève à cette source de la beauté d'où découle toute beauté perceptible, et qu'il s'écrie avec le poète : « L'œil contemple l'éclat du soleil et le scintillement des étoiles. Il parcourt l'immensité des flots, et s'arrête sur les glaciers étincelants Dans chaque rayon de lumière, l'esprit voit un reflet mystérieux de cet être, source de toute lumière, qui règne éternellement dans le ciel. »

3. Les abeilles.

Un jour, je m'arrêtai devant une ruche. J'y restai longtemps plongé dans une profonde méditation. « Ceux-là ont raison, pensais-je, qui sont plus généreux envers les animaux qu'envers l'homme, et leur attribuent plus qu'à lui la vertu, l'intelligence et le conseil. Car nulle part, dans aucune société d'hommes, je n'ai vu autant d'union qu'ici.

S'il en est ainsi, il doit y avoir une intelligence qui régit ce merveilleux petit peuple, une intelligence qui, même dans le règne animal, répand des germes de justice et de sagesse. »

4. Philosophie réaliste.

Vous seriez bien aimable, monsieur, de m'indiquer la marche à suivre, pour arriver une bonne fois à la conviction qu'il existe un être suprême.

— Excusez-moi, je vous prie, mais des questions de ce genre sont trop difficiles et trop subtiles pour moi. Je suis un réaliste renforcé, et les longs détours ne me plaisent pas. Vous en ferez vous-même l'expérience, si je vous réponds en vous posant moi aussi une question. Dites-moi, lequel des deux, de la poule ou de l'œuf, a existé le premier ?

— La poule ou l'œuf? Mais, c'est une question pour rire que vous me posez là. — Pas du tout. Lequel des deux a existé le premier? — Pas si vite, de grâce, laissez-moi réfléchir un instant. — Eh bien! qu'en dites-vous?
— Oh! Il n'y a pas moyen de raisonner. Ecoutez, c'est une question à vous rendre fou.

— Allons! du calme! Je vais vous dire mon opinion là-dessus. Il est à croire que vous deviendrez d'humeur plus facile, quand je vous aurai mis sur la voie. Il me semble que c'est la poule qui a dû exister la première. A quoi serviraient tous les œufs du monde, s'il n'y avait pas de poule pour les couver?

— C'est vrai. Mais la poule? D'où est-elle venue? De ma vie, je n'ai jamais vu de poule venir d'ailleurs que d'un œuf.

— Ni moi non plus. Donc qu'à cela ne tienne. Si vous préférez, admettons que l'œuf existait avant la poule.

— Mais, encore une fois, vous n'y pensez pas. D'où les œufs viendront-ils, si ce n'est pas une poule qui les fait?

— Je l'avais pensé aussi. Mais il faut pourtant que l'un des deux ait précédé l'autre. Il faut vous décider ou pour la poule ou pour l'œuf.

— Vous avez raison. Eh bien ! disons que c'est l'œuf. Pourtant non. Ce n'est pas cela. Supposons que c'est la poule. Mais... Ah! vraiment, c'est à en perdre la tête. Il faut cependant en finir; ce jeu ne peut durer indéfiniment.

— Donc, vous êtes pour la poule? — Oui, va pour la poule. Disons que c'est la poule qui a précédé l'œuf.

— Bien. Mais il me semble que cela revient un peu au même. Tout ce qu'il y a de certain, c'est que l'un a dû exister avant l'autre. D'ailleurs peu importe, c'est entendu : la poule a existé la première. Mais si la poule a existé la première, alors il n'y avait rien avant elle. Or, rien ne naît de rien. Comment cela s'est-il passé? Rien auparavant, et puis tout d'un coup la poule !

— C'est tout de même vrai. Décidément je n'ai pas de chance. Eh bien ! je préfère dire que c'est l'œuf qui a existé le premier.

— Très bien. Mais si l'œuf a existé le premier, il n'y avait rien avant lui. — Ce n'est peut-être pas une poule qui l'a pondu. — Attention ! Monsieur, science et hypothèse ! Restons sur le terrain des faits. Avez-vous jamais vu un œuf provenir d'autre chose que d'une poule? Je ne suis pas plus crédule que vous. Cependant, ceci accepté, il s'ensuivra que cette autre chose était la première. Et alors, à son sujet, la même question que celle de tout à l'heure se pose à nouveau.

— Oui. Mais cette chose ne pourrait-elle pas provenir d'une autre, et celle-ci à son tour encore d'une autre, et cela indéfiniment? Et puis, est-il bien nécessaire qu'il y en ait une qui ait existé la toute première? Vous devez savoir que c'est l'opinion que je partage avec Darwin.

— Doucement! doucement! N'évoquez pas ici le nom de votre maître; vous le feriez tressaillir dans sa tombe. Darwin est bon pour disloquer tous les singes de la création, comme Hégel toutes les idées, — excusez un tel langage dans la bouche d'un réaliste; — mais nous n'avons rien à faire ici avec Darwin et Hégel. Quand vous supposeriez des millions d'*autres choses*, et que vous feriez remonter notre œuf jusqu'au protoplasme primitif, nous ne serions pas plus avancés après qu'avant. La question ne serait toujours pas résolue. Ce qui existait avant toutes ces *autres choses* dont vous me parlez, est évidemment ce qui a existé en premier lieu. Comme vous le disiez vous-même, cela ne peut se continuer indéfiniment. Car, s'il n'y a pas un premier principe, il n'y a pas de commencement non plus, et là où il n'y a pas de commencement, il n'y a pas de continuation. Là où il y a un second, il faut qu'un premier ait existé avant lui; et ce premier est le commencement; et avant le commencement il n'y avait rien.

Restons-en donc à notre poule et à notre œuf. Voici la poule. Nous avons dit que nous la faisions apparaître en second lieu, qu'alors l'œuf existait le premier, et qu'avant l'œuf il n'y avait rien. Cependant la poule est là et l'œuf aussi. Comment y sont-ils venus? Voilà la question. Elle est claire. A vous d'y répondre clairement.

— Cela commence par devenir désespérant. La poule ne peut pourtant pas s'être faite toute seule, l'œuf encore moins. Et avant eux, il n'y avait rien... Rien ne naît de rien... Et cependant ils sont là tous deux... Alors, il faut ou bien qu'ils se soient faits eux-mêmes de rien, ou bien qu'un autre les ait faits de rien.

— Inutile de vous répondre sur la première alternative, n'est-ce pas? car vous l'avez déjà fait vous-même : rien ne naît de rien. Il n'est personne qui nie la valeur de ce principe.

Reste donc la possibilité que quelqu'un ait fait l'œuf de rien. Or, remarquez qu'ici également l'expression *de rien* est inexacte. Personne ne peut faire quelque chose de rien. — D'accord, ou dans ce cas c'est un miracle. — Mais alors vous m'accordez aussi que nous en sommes précisément au point où vous vouliez m'amener avec votre première question. Les hommes sont arrivés à la notion de Dieu, non pas par des boutades intellectuelles, et par des aberrations sentimentales, mais par la réflexion calme; non parce qu'ils étaient des insensés, mais parce qu'ils ne voulaient pas le devenir.

Pour parler en vrai réaliste, ma réponse est donc celle-ci : L'idée d'une cause première, c'est-à-dire de Dieu, exista lorsque le premier esprit pensant vit la première poule ou le premier œuf, — l'œuf-monde gazéiforme de Laplace, si vous voulez. — Il dut alors se dire : ou bien il me faut croire à un créateur, ou bien je suis un insensé.

5. Dieu si loin, et pourtant si près.

Ne pas connaître Dieu me causait tant d'alarmes,
Qu'à sa recherche un jour je partis tout en larmes.
D'abord je rencontrai la terre, auguste lieu,
Et lui dis : Est-ce ici le royaume de Dieu?

    Le royaume de Dieu? murmura-t-elle.
        Oh non! Trop pauvre est ce séjour.
        Je ne suis que la vaste cour
    Du palais d'or où gît son escabelle.

Au bord de l'Océan je m'enfuis au plus vite.
En vain mon œil s'égare au loin : pas de limite.
L'infini m'apparaît, joyeux pressentiment.
Plus de doute, c'est Dieu : voilà son vêtement.

    Le vêtement de Dieu? mugit la grève.
        Y penses-tu? petit distrait.
        Vois donc! Je n'en suis que l'ourlet.
    Parler ainsi, c'est mêler veille et rêve.

Alors, je pris mon vol vers la céleste voûte.
Des mondes y couraient leur gigantesque route,
Des soleils y traînaient leur parure de feu.
Cette fois j'étais bien en présence de Dieu.

    Et le ciel me cria : Quelle impudence!
        C'est vrai, je connais le Seigneur;
        Mais tout ce que je puis, quêteur,
    C'est te montrer un coin de sa puissance.

Grande fut ma surprise, et plus grande ma peine.
Pourquoi tenter encore une recherche vaine,
Pour trouver Dieu? Pourquoi porter plus loin mes pas?
Puisque ciel, terre et mer ne le contenaient pas.

    Déjà fuyait pour moi toute espérance,
        L'ennui plissait mon front rêveur,
        Quand regardant soudain mon cœur,
    J'y vis ce Dieu, cause de ma souffrance.

O Dieu! vous habitez sous mon toit solitaire,
Et moi j'interrogeais le ciel, les flots, la terre.
Vous étiez là, Seigneur, vous me prêchiez tout bas
Votre présence. Et moi je ne comprenais pas.

Aussi, grand Dieu, quel douloureux reproche,
  D'avoir erré si loin de vous !
  Mais quel bonheur intense et doux,
De vous savoir mon voisin le plus proche !

6. Les cloches en hiver.

J'ai bien des fois, muet et anxieux,
Prêté l'oreille aux carillons joyeux
  Des cloches de la cathédrale.
Mais leur concert, jamais ne l'ai goûté
Comme aujourd'hui, qu'il m'était apporté
  Par la brise hivernale.

Monts et rochers, collines et forêt
Semblaient chanter. Chanter aussi semblait
  La neige au loin couvrant la plaine.
Et tous ces chants empreints d'une douceur
Digne du ciel, me remplissaient le cœur
  D'une gaieté sereine.

C'est que partout un calme solennel,
Semblable au calme apporté par Noël,
  Régnait sur la terre assoupie.
Oh ! si ton cœur possédait cette paix
Du gai Noël, comme tu comprendrais
  Ce qu'en haut Dieu te crie !

7. Les dieux, preuve qu'il y a un Dieu.

C'est la peur, dit-on, qui a inventé la foi en Dieu.
  Dans son ouvrage intitulé « *Vœlkerkunde* », Oscar Peschel a voulu donner la preuve de cette affirmation, au point de vue géographique, en montrant que les fondateurs de religions naissaient seulement sur les parties de la terre où sévit le plus la rage des tempêtes.
  Pour des enfants qui ont peur de l'orage, l'argument peut être convaincant. Mais un homme réfléchi, un homme qui sait se dominer, ne fera qu'en sourire et répéter avec Boileau :

« Tout ce qu'on dit de trop est fade et rebutant ;
L'esprit rassasié le rejette à l'instant. »

En réalité, si l'on veut prouver que les hommes ont

pu inventer la croyance en Dieu, il ne faut pas vouloir apporter la crainte comme argument.

Quels seraient en effet les hommes qui auraient inventé cette croyance ? Seraient-ce les hommes des temps primitifs, ces hommes de fer qui se battaient avec des quartiers de roche ou des massues en pierre ?

En vérité, des gens comme les Titans, comme Prométhée, Ajax, Grendel, Hagen, ne ressemblent guère à des enfants qui ont peur des troubles atmosphériques.

Seraient-ce les visages blêmes et les muscadins des peuples en décadence ?

Mais, les libertins phtisiques, les débauchés ramollis, les enfants prodigues qui ont usé leurs forces dans le vice, bref, les poltrons trouvent tout, plutôt qu'un Dieu aussi grave que celui en qui nous croyons. De plus, en auraient-ils le courage et la force ? Si l'on veut savoir quel serait le Dieu de ces gens-là, — à supposer qu'ils puissent en inventer un, — on n'a qu'à se renseigner auprès des contemporains de la Pompadour.

Non, ce n'est pas la peur qui a inventé Dieu ; non, ce ne sont pas les hommes qui ont inventé la foi en Dieu. S'il dépendait d'eux de se fabriquer un Dieu, ils auraient également la liberté d'en inventer un avec lequel ils pourraient faire ce qu'ils voudraient. Pourquoi donc alors ne se sont-ils pas entendus pour en inventer un plus commode ? Pourquoi ont-ils trouvé un Dieu fort, immuable, éternel ? un témoin présent partout, un esprit qui sait tout, dont l'œil est plus clair que le soleil, qui sonde les reins et les cœurs, qui nous connait mieux que nous ne nous connaissons nous-mêmes ?

Pourquoi ont-ils inventé un juge incorruptible qui ne fait acception de personne, qui cite à son tribunal nos actions les plus secrètes et nos désirs les plus cachés ? Pourquoi ont-ils inventé un législateur juste, qui ne change pas, qui ne se laisse pas plus tromper qu'il ne trompe ? Pourquoi ont-ils inventé un Dieu jaloux, qui ne partage avec personne ses revendications sur notre cœur, sur notre esprit, et ses droits à notre culte ?

Qui ne comprend que jamais les hommes n'auraient inventé un pareil Dieu, s'ils l'eussent fait de leur propre chef ?

Les anciens, dont on invoque souvent le témoignage

en cette matière: Lucrèce, Pétrone, Stace, sont beaucoup plus sérieux que les modernes à ce point de vue. Ils ne disent jamais que la peur a inventé la religion et l'idée d'*un Dieu*, mais seulement qu'elle a introduit *les dieux*.

Et, en cela ils ont raison. C'est la peur d'un Dieu saint qui a inventé les dieux corrompus et sensuels des Grecs, les dieux ivrognes, gloutons et querelleurs de la Walhalla des Germains, le dieu goutteux, bon papa et quelque peu tombé en enfance du Rationalisme, le dieu nuageux du Panthéisme. En un mot, la peur d'un seul Dieu juste a inventé les dieux innombrables, grâce aux faiblesses desquels les hommes peuvent apaiser les remords de leur conscience, et donner libre carrière à leurs défauts personnels.

L'invention des dieux non-justes et non-saints est donc la meilleure preuve que l'homme est convaincu de la sainteté d'un vrai Dieu, dont il redoute la justice.

8. Théologie païenne.

1. C'est une coutume mauvaise et impie que de parler contre Dieu, que ce soit par conviction ou d'une manière simulée (Cic., *De nat. deor.* II, 67).

2. C'est en vain que l'esprit humain s'attaquera à Dieu. Les traditions que nous transmettent nos pères, forment pour nous un code qu'aucune subtilité ne pourra renverser, lors même que le souffle impétueux de la science en effleurera le sommet (Eurip., *Bacch.* 200 ss.).

3. Le méchant est toujours l'ennemi de Dieu; le juste s'arrange facilement avec lui (Platon, *Rep.* II, 352 b).

4. Personne ne peut être un homme de bien, si Dieu ne réside pas en lui (Sén., *Ép.* 41).

5. Il y a des opinions très diverses et très erronées sur la divinité. La faute en est aux hommes. Mais si on diffère sur sa nature, il ne peut y avoir qu'un même avis sur son existence. Car c'est une chose innée aux hommes, et gravée dans leur âme qu'il est des dieux (Cic., *De nat.. deor.* II, 4, 5).

6. La question de savoir s'il existe des dieux ne souf-

fre aucune difficulté et n'a pas besoin de développement. En élevant nos regards aux cieux, et en contemplant ce qui s'y passe, n'est-il pas clair et évident pour nous, qu'un Dieu d'une haute intelligence les gouverne ? Que si quelqu'un avait des doutes à ce sujet, je ne comprendrais certainement pas pourquoi il ne serait pas également en doute s'il y a un soleil ou s'il n'y en a pas. Et si cette opinion était moins profondément gravée dans les esprits, moins bien comprise, elle eût été moins solide, moins durable ; elle ne se fût pas confirmée par le cours des siècles, et ne se fût pas invétérée avec les âges qui se sont succédé. Car chaque jour nouveau détruit quelque erreur de l'opinion, mais confirme les jugements fondés dans la nature (Cic., *De nat. deor.* II, 2).

7. Si quelqu'un entrait dans une maison, dans un gymnase, dans un lieu où se rend la justice, qu'il y voie la convenance, l'ordre et la discipline, il ne pourrait s'empêcher de comprendre que cela ne peut être ainsi sans cause, qu'il y a là quelqu'un qui commande, quelqu'un qui obéit. Il est donc tellement évident qu'il y a des dieux, que je croirais privés de bon sens ceux qui le nieraient (*Ibid.* II, 5, 16).

8. Les hommes arrivent à la connaissance de Dieu, d'abord par le regard jeté sur la beauté du monde, car la beauté n'est pas un caprice du hasard : elle suppose un art dont elle est le résultat (Plut., *Plac. phil.* I, 6, 1).

9. Dieu est près de vous, il est avec vous, il est en vous. Oui, un esprit saint réside en nous, qui observe et note nos bonnes et nos mauvaises actions. Comme nous l'avons traité, il nous traite à son tour (Sén., *Ep.* 41).

10. Quand il s'agit de régler la vie des hommes par des lois, il faut avant tout imposer la foi en Dieu. C'est la raison pour laquelle Lycurgue, Numa, Deucalion ont cherché à sanctifier les hommes par des prières, des sacrifices, des exercices religieux, et à leur inspirer le respect de Dieu. C'est là ce qui rend la société unie et solide, de même que c'est là le fondement de toutes les lois (Plut., *Adv. Col.* 41).

11. Un ancien proverbe dit : « Dieu est le commencement, le milieu et la fin de toutes choses. » Mais il les

maintient et les dirige toutes selon leur nature. C'est pour cela qu'il a constamment à ses côtés la justice qui punit l'homme, quand il transgresse la loi divine, lui qui n'aurait qu'à s'y soumettre en toute humilité et modestie pour être heureux (Platon, *Rép.* IV, 716 a).

12. Le monde et toutes les parties dont il se compose ont été réglés à leur origine, et sont gouvernés dans tous les temps par la Providence de Dieu. Ou bien il faut nier l'existence de celui-ci, ou bien convenir, si on l'admet, qu'il a fait quelque chose de grand. Or rien n'est plus beau que le gouvernement du monde, et Dieu lui-même est l'être le plus parfait. Il n'obéit, ni n'est soumis à aucun être. Une fois admis qu'il est un être raisonnable, nous devons admettre aussi sa providence (Cic., *De nat. deor.* II, 30).

13. Le premier acte du culte envers Dieu, c'est de croire à son existence; le second, de reconnaître sa majesté et sa bonté; le troisième, d'être convaincu qu'il est le maître du monde, qu'il régit l'univers, qu'il prend soin du genre humain (Sén., *Ep.* 95).

14. Vénérer sans cesse Dieu avec une langue et une âme pures, sincères, incorruptibles, c'est là le meilleur culte qu'on puisse lui rendre, le plus pur, le plus saint, le plus pieux (Cic., *De nat. deor.* II, 28).

15. Les ordres d'un mortel n'ont pas assez de puissance pour effacer les lois non écrites, les lois éternelles instituées par les dieux. Celles-ci ne sont ni d'aujourd'hui ni d'hier; elles subsistent de toute éternité, et nul ne saurait dire le jour où elles ont commencé. Je ne puis, par crainte des menaces d'un homme, m'exposer au courroux des dieux (Sophocle, *Antig.* 453 ss.).

9. Le vieux Dieu est toujours là!

La ville hier me semblait tout de glace,
Et je quittai son brouillard éternel.
Quand j'arrivai sur la colline en face,
Un clair soleil resplendissait au ciel.

Comme toujours, le grand astre immobile
Versait à flots le trésor de ses feux.

Peine inutile, hélas ! Travail stérile
Pour la cité sous son manteau brumeux.

Aujourd'hui, tout me semblait triste, sombre,
Dans le travail plus de charme enchanteur,
Que faire alors? Comme un cerf cherchant l'ombre,
Je m'en allai solitaire et rêveur.

Tout à coup Dieu, — que depuis des années
Je n'avais vu, — se dressa devant moi.
Tant de splendeur, de gloire inopinées
Me firent peur : je reculai d'effroi.

« Mon Dieu ! mon Dieu ! Est-ce bien votre face ?
Où donc étiez-vous, quand perfide, ingrat,
Je me fuyais, errant de place en place,
Portant au front le sceau du renégat ? »

« J'étais tout près, homme insensé, volage,
Et mon regard ne t'a jamais quitté.
Qui l'avait fait ce rempart de nuage
Entre nous deux ! Serait-ce ma bonté ?

Non, malheureux ! c'est toi, c'est ta faiblesse,
Puis, quand ton cœur est rongé de chagrins,
Le doute affreux de sa main te caresse,
Et tu te dis : Dieu ? le ciel ? Quels mots vains !

Alors ton Dieu, dans l'amour qu'il te porte,
Est là guettant l'heure de ton retour.
Ton crime est grand, sa bonté te supporte ;
Elle te vêt, te nourrit chaque jour. »

Honte et mépris sont le double salaire
Qu'un monde ingrat donne à son serviteur.
Mais ton Dieu, lui, n'est pas aussi sévère.
Vois comme il t'ouvre et ses bras et son cœur.

10. Dieu ne se perd pas.

On peut perdre le souvenir de Dieu en laissant entrer dans son âme une foule confuse d'autres impressions. Au milieu de la dissipation que celles-ci apportent avec elles, on ne pense plus à lui. Mais l'idée de Dieu ne peut disparaître de l'intelligence. A prendre les choses au pire, elle ne fait qu'y sommeiller. Dès que les distractions s'en vont, la voilà qui reparaît.

Des choses qui nous intéressent cent fois plus, s'évanourissent de notre pensée, et résistent à tous les efforts faits pour les rappeler à notre mémoire. Mais cette idée surnage toujours, et souvent contre notre volonté. Elle est donc fixée dans notre esprit beaucoup plus profondément que nous ne le croyons nous-mêmes.

Oui, tant qu'il y aura un esprit pensant, l'idée de Dieu ne disparaîtra pas du monde.

11. La retraite aux flambeaux.

Dites-moi, pourquoi donc cette retraite aux flambeaux ? ces cris qu'on entend de tous côtés ?

— C'est en l'honneur de M. X***, le grand astronome qui vient de découvrir une nouvelle planète.

— Comme le Créateur a bien fait de s'en créer une lui-même dans le ciel ! Sur terre, on ne voit pas brûler la plus petite lumière ; on n'entend pas le moindre cantique d'action de grâces, pas le moindre cri de joie en son honneur.

12. Dieu et tout.

Bien souvent, lorsque j'étais enfant, j'ai entendu cette parole : « O homme ! avec Dieu tu possèdes tout. » Alors, mon cœur insensé se soulevait d'indignation et disait : « Soyons prudent. A quoi bon aspirer aux faveurs du ciel, si c'est au prix des joies de cette vie ? Si l'éternité n'était qu'une fumée, un mirage trompeur, je serais doublement volé. »

J'aimais la terre, et c'était justice. Depuis ma naissance, je suçais d'une bouche avide, à son sein maternel, et la vie, et la force, et la joie. Sans cesse elle me criait : « Pourquoi m'attribuer tout cela ? C'est le Seigneur qui a tout fait pour que rien ne te manque. Il m'a créée pour être ta mère et ta nourrice ». Et pourtant, lui, je ne l'aimais pas.

Je me serais fait un reproche éternel de cueillir des roses dans un jardin, sans remercier celui qui avait planté les rosiers. Cependant la rose me disait : « Sois reconnaissant envers le Seigneur. » La grappe de raisin, la lune, l'étoile du matin me tenaient le même langage ; et moi, je ne trouvais aucune parole de remerciment.

C'est pourquoi je gémissais dans l'illusion et le mensonge. Le vin que je buvais se changeait en fiel; un aiguillon restait toujours caché dans le miel que je savourais. C'était en vain que le monde me parlait du Créateur. Comme si j'avais été le jouet d'un enchantement, je m'obstinais à chercher en lui mon bonheur. Et lui, stupéfait de voir que je l'appelais mon Dieu, me repoussait avec horreur.

J'étais donc là, seul, sans consolations, privé de Dieu, vide de tout bien. Alors, un de ces orages, comme on en voit seulement sur la mer en fureur, se déchaîna dans mon cœur. Quand tout se conjurait contre moi, quel abri me restait, sinon le seul que j'avais fui par ma propre folie? O douloureux retour!

Cependant, mieux vaut revenir sur ses pas que languir et mourir, revenir vers celui qui ne connaît plus la rancune, qui ne repousse pas ceux qui sont dans le malheur, vers celui que personne n'appelle en vain du doux nom de Père. O Père! Sois un refuge pour ton enfant qui est là repentant, seul, et dont l'unique espoir est d'entendre cette parole sortir de ta bouche: « Pauvre enfant, j'ai pitié de toi. »

Je donnais ainsi libre cours au chagrin de mon cœur, et je restais là, le front courbé sous le poids de ma faute, quand, sans dire un mot, Dieu ouvrit ses bras, et me pressa sur son sein paternel. La terre alors m'apparut dans une délicieuse lumière, et devint pour moi le symbole de la sagesse et de la bonté. Avec le Créateur, j'ai trouvé de la consolation dans le monde, et depuis lors je suis heureux.

13. La justice, servante de la charité.

Un Dieu qui s'irrite, châtie? ô horreur! Quel monstre qu'un Dieu soumis à la passion! Il n'y a que vos prêtres qui pouvaient imaginer un tel Dieu, afin d'enlacer les cœurs du réseau de la crainte; il n'y a que les hommes qui se figurent un Dieu fait à leur image, qui pouvaient inventer cela. Non! Dieu est saint, Dieu est pur amour, et il ne sait rien du sombre instinct de la vengeance.

— Tu as raison. Dieu ne se venge pas. Il est l'amour, la vérité, la sainteté. Cependant, même son amour nous fait trembler. Si nous pouvions l'irriter, et s'il se laissait entraîner par la passion, nous trouverions déjà un mot pour nous défendre. Mais il est l'amour, même quand il frappe. Et qui oserait se plaindre de l'amour?

L'amour qui, pour l'utilité et le bonheur du monde, a tracé aux astres leur course dans le firmament, a créé aussi pour nous, avec la loi, le flambeau qui chasse les ténèbres de notre esprit. Et pour que la témérité et la folie ne troublent pas la marche de ce soleil des intelligences; pour qu'un incendie s'allume à ses doux rayons, il s'est mis sous la garde de la justice.

Parfois celle-ci exerce bien un jugement sévère; c'est qu'alors elle accomplit son devoir, commandée par l'amour. C'est la raison pour laquelle tout murmure contre le châtiment est un outrage à l'amour. Ceux-là seuls qui le méconnaissent, blasphèment quand il s'unit à la vérité et à la justice. Mais jamais la justice ne trouble le cœur de ceux qui respectent la vérité et pratiquent la charité.

14. Le jugement de Dieu.

Une année que je faisais un petit séjour dans les Alpes, je fus invité à prendre part à une excursion. « Ce serait impardonnable de manquer cette occasion, me disait-on. Vous n'avez jamais vu, et vous ne verrez jamais ailleurs un paysage semblable à celui qu'offre le lac, avec les glaciers à l'arrière-plan ».

C'était tentant. Malgré cela, j'étais peu disposé à profiter de l'invitation, car ma santé bien ébranlée me faisait désirer la solitude et le repos. De plus, je savais déjà par expérience, que de telles excursions faites en compagnie bruyante et mêlée, offrent peu de satisfaction pour l'esprit et peu d'agrément pour le cœur. Mais l'insistance fut telle, que je ne pus faire autrement que d'accepter.

Mes impressions ne changèrent pas, quand, le lendemain au matin, je vis un épais brouillard tout envelopper de ses ténèbres. Comme il était impossible de modifier les projets, et que tout faisait prévoir la disparition de ce voile inopportun, nous partîmes. Mais à mesure que nous avancions, il semblait s'épaissir davantage, et redoubler par là l'intensité de ma mauvaise humeur. Quand nous fûmes arrivés au lac, on n'en voyait pas les bords.

Durant le trajet, j'avais déjà plusieurs fois manifesté mon déplaisir; mais lorsque la plupart des excursionnistes insistèrent pour que nous prissions le bateau, le fil de ma patience se rompit, et je refusai d'aller plus loin. « C'était bien la peine de se déranger, disais-je. Des glaciers! Un lac aux flots bleus! Oui, on peut en parler. En vérité, j'ai rarement vu un tel brouillard. Je ne veux pas nier qu'un voyage ici puisse avoir son charme, mais pour le moment, c'est suffisant; et je ne vais pas plus loin. »

Tandis que je payais ainsi mon tribut à l'humaine faiblesse, un vent frais s'éleva, qui fut salué avec des transports de joie par les bateliers. En un clin d'œil, le voile obscur se déchira en deux, les brouillards disparurent, et un radieux soleil de midi resplendit dans le ciel automnal.

Quel tableau féerique! Quelle magnificence! De la poitrine d'un chacun sortit un cri, d'autant plus enthousiaste que l'impression précédente avait été plus accablante, et le changement plus brusque.

Quant à moi, j'étais dans une singulière situation. Personne cependant ne me fit de reproches, car tout le monde avait le cœur à la joie. Les brouillards de mon cœur avaient disparu, eux aussi, et fait place au soleil. Je sentais alors une douce et salutaire confusion m'humilier, et me remplir à la fois du désir de mieux me dominer à l'avenir. Si on m'avait réprimandé comme je le méritais, mon amour-propre se serait peut-être excusé, et mon orgueil froissé; mais parce que c'était la majesté silencieuse et rayonnante de la beauté, qui se vengeait de moi, j'étais rempli d'une honte secrète, et je me rendais compte de tout ce que ma conduite avait eu d'abominable. Ce n'était pas cette fausse honte qui accable et brise toute énergie; c'était cette douleur qui, — signe du vrai repentir, — met au cœur la ferme résolution et le courage de s'améliorer.

A ce moment, Dieu qui dirige nos destinées et celles

de l'humanité tout entière, m'apparut semblable au soleil. Oh! que l'homme est petit, quand, pour lui adresser des reproches, Dieu se tait! Comme sa majesté apparaît alors grandiose et douce à la fois!

Je comprends maintenant ce que sera le jugement, et de quelle confusion sera rempli le coupable, quand l'amour méconnu de Dieu, sa providence blasphémée, sa justice haïe se dresseront devant lui comme la pure lumière, la beauté sans tache, la vérité indéniable.

Si Dieu était ce maître sans égards, comme celui dont le portrait nous est tracé dans l'Evangile, comme celui que se figure le Puritanisme; s'il était ce justicier impitoyable qui réduit en poudre, avec son tonnerre, celui qui est infidèle à ses commandements, il resterait toujours au pécheur une certaine consolation, ou du moins une excuse. Mais le voir devant soi comme un père, avec son cœur ouvert; le voir comme la vérité insondable, comme la sagesse et la providence, comme l'amour, la patience, la condescendance inépuisable, c'en est plus que le pécheur ne peut supporter. Il tombe alors à genoux, muet, devant Dieu qui se tait : il est jugé par son propre cœur.

15. Le même Dieu.

J'étais un jour sur une haute falaise, et je voyais à mes pieds la mer rouler ses flots d'argent, d'azur et d'émeraude. Je regardais en haut : point de limite; je regardais en bas : la même immensité. Alors l'effroi me saisit; et je me retirai.

Un autre jour, j'étais près de la claire lisière d'une forêt, et je voyais onduler en flots dorés la plaine déjà prête à recevoir la faucille. Un désir intense d'aller parcourir la campagne s'empara de moi. Mais le dôme de la forêt était si beau, qu'il me retint; et je restai là, immobile dans ma contemplation.

Au bord de l'Océan je me sentais écrasé; au bord de la forêt, je me sentais ravi. C'est le même Dieu qui me terrifiait avec la danse sauvage des vagues, et me jetait en extase avec l'éclat du soleil inondant la campagne.

16. Le Dieu des dieux.

Dans le monde, il n'est pas rare de voir un maître dédaigneux et hautain, faire peser durement sur le faible le joug de son autorité. Cependant Dieu met son doigt sur le fort et sur le faible, sur le grand et sur le petit, et dit : « Il n'y a qu'une *seule* loi. Je suis le Dieu des dieux. »

17. Consolations que procure le voisinage de Dieu.

Sans doute, c'est quelque chose de terrible pour le pécheur impénitent de tomber entre les mains du Dieu vivant (Hebr., x, 31) ; mais le pécheur repentant éprouve à tout moment que David avait raison de dire : « Il vaut mieux tomber entre les mains du Seigneur qu'entre celles des hommes (II Reg., xxiv, 14). Il s'agit évidemment ici du Dieu qui a créé le ciel et la terre avec tout ce qu'ils contiennent, et non des dieux que l'homme s'est faits lui-même.

Malheur à l'homme, quand il s'abandonne à ses propres élucubrations et aux créations de son cœur ! Il a considéré comme un bonheur pour lui de pouvoir inventer des dieux selon son désir, et il s'en est donné à cœur-joie. Mais à quoi a-t-il abouti avec tout cela ? A imaginer des dieux qui s'éloignaient de ceux qui souffraient, qui portaient envie à ceux qui étaient dans le bonheur, des dieux dont on n'approchait qu'en imitant leurs vices, des dieux qui saisissaient dans leurs bras de feu ceux qui les fréquentaient.

Comme notre Dieu est différent ! Il console ceux qui sont dans la douleur ; il se donne en récompense à ceux qui ont le cœur pur ; il est près de ceux qui l'invoquent en vérité, avec humilité, patience et confiance ; il est aux côtés de ceux qui le craignent, de ceux dont le cœur est affligé, de ceux qui sont humbles d'esprit, de tous ceux qui souffrent, car lui-même souffre en eux, ses membres les plus faibles.

Mais ceux dont il est le plus proche, sont ceux qu'il éprouve, ceux qui peuvent dire avec son Fils : « Pourquoi m'avez-vous abandonné ? »

Dans l'Evangile, il y a une scène touchante à ce sujet. A peine la femme se fut-elle conformée aux exigences sévères du Maître, que le cœur de celui-ci se brisa, et qu'il lui accorda immédiatement la grâce qu'il lui avait d'abord refusée pour l'éprouver.

L'orgueilleux a tout motif de craindre Dieu; mais celui qui est faible et humble, l'humanité souffrante désillusionnée, accablée, repentante, désireuse de s'améliorer, bref, la vraie humanité n'a qu'un désir, une consolation : se sentir dans le voisinage de Dieu.

18. O Dieu, que vous êtes riche!

L'homme n'est qu'un vil ladre où vous récompensez,
    O Dieu, que vous êtes riche!
Vous différez les coups dont vous nous menacez,
    O Dieu, que vous êtes riche!
Le pécheur vous méprise, et muet vous restez,
    O Dieu, que vous êtes riche!
Il tombe dans la boue, et vous le relevez,
    O Dieu, que vous êtes riche!
Tous ses égarements en bien vous les tournez,
    O Dieu, que vous êtes riche!
Sous votre toit, là-haut, vous-même le portez,
    O Dieu, que vous êtes riche!

19. Dieu fait tout bien.

Je dors; malgré cela, le froment se façonne,
    Dieu fait tout bien.
Je blesse un ennemi, ma victime pardonne,
    Dieu fait tout bien.
L'Océan qui mugit épargne ma gondole,
    Dieu fait tout bien.
Le monde me déteste, et vers Dieu je m'envole,
    Dieu fait tout bien.
J'avais perdu l'espoir, et je reprends courage,
    Dieu fait tout bien.
Ce qui me semblait sot, au contraire est très sage,
    Dieu fait tout bien.

20. Courte théologie pour les premiers besoins de la vie.

1. Il est plus facile de connaître Dieu avec le cœur

qu'avec l'intelligence. Sa sagesse est trop élevée pour nous ; c'est assez qu'il nous permette de l'aimer comme le souverain bien.

2. Celui-là seul connaît bien Dieu, qui s'efforce de devenir semblable à lui.

3. Personne ne peut dire qu'il a vu Dieu; mais personne ne peut dire qu'il n'a pas senti sa présence.

4. Personne ne peut te dire ce que c'est que Dieu, ce qu'il fait. Ce n'est pas nécessaire. Honore-le avec reconnaissance dans ses œuvres que tu vois, et attends avec patience le moment où tu pourras un jour le contempler dans sa gloire.

5. L'homme a poussé très loin ses investigations ; mais il y a deux choses qu'il doit laisser à Dieu : l'éclat de son soleil et la mort. Souvent même, il donnerait volontiers une partie de sa science pour se procurer une seule heure de sommeil.

6. Dieu sait pourquoi il n'a pas fait les cinq doigts semblables.

7. Dieu sait toutes les langues, mais il n'en parle qu'une.

8. Dieu ne permet à aucun homme de régler son horloge.

9. La police de Dieu est douce ; mais il ne permet à personne d'entrer dans son bureau.

10. Dieu peut permettre aux hommes d'être aussi habiles qu'ils pourront ; ils ne le deviendront jamais autant que lui.

11. Celui qui veut fuir Dieu fait très bien, à condition toutefois qu'il se crée un monde nouveau.

12. Celui qui veut tromper Dieu se trompe seul.

13. Tu as souvent perdu patience avec toi-même ; Dieu ne l'a jamais fait. En cela tu as la réponse à la question que tu te poses souvent : Comment se fait-il, qu'avec tous les insensés qu'elle contient, la barque du monde n'ait pas sombré depuis longtemps ?

14. On comprend l'histoire aussitôt qu'on se souvient

de cette parole : La sagesse de Dieu et la folie de l'homme mènent le monde.

15. Les aiguilles de l'horloge de Dieu vont lentement, mais sûrement.

16. Dieu ne paie pas tous les jours; mais ses comptes sont parfaitement en ordre, et il règle tout à la fois.

17. Les moulins de Dieu moulent fin, et son balai nettoie bien.

18. Dieu prononce son jugement en dernier lieu; c'est pourquoi il est sans appel.

19. Quand Dieu veut punir quelqu'un, ou bien il lui ferme les yeux, ou bien il lui ouvre les portes toutes grandes.

20. Représente-toi Dieu d'après sa volonté, tout ira bien pour toi. Imagine-le d'après la tienne, c'en est fait de toi.

21. Quand Dieu veut faire une omelette, il met à l'œuvre des fous ou des archiprudents. Les impatients vont toujours plus vite que lui en besogne.

22. Dieu n'a pas encore cassé de jambe à ceux qui ont bien voulu se remettre entre ses mains.

23. Les coups donnés par Dieu laissent toujours un peu de baume sur les plaies qu'ils font.

24. Dieu guérit : on paie le médecin, et personne n'est remercié.

25. Dieu donne beaucoup quand on le prie, mais on ne lui extorque rien.

26. Ce que Dieu ne donne pas en grain, il le donne en paille.

27. Tous nous détenons les fiefs de notre bien-aimé Dieu et Seigneur, et cependant personne n'a moins que lui des vassaux sur qui il puisse compter.

28. Ce que Dieu plante, il l'arrose aussi.

29. La petite source de Dieu ne tarit jamais.

30. Croire en Dieu fait honneur à l'homme; donner sa confiance à Dieu, c'est faire honneur à Dieu.

31. Dieu ne ferme aucune porte sans en ouvrir une autre.

32. Personne ne veut croire aux œuvres de Dieu avant leur accomplissement; après, personne ne veut les respecter.

33. La confiance en Dieu, la bonne conscience et la patience, voilà les trois meilleurs médecins.

34. Savoir qu'on a un Dieu bon et clément met la paix dans le cœur.

35. Dieu a une main puissante et un cœur de père.

36. Celui qui sert Dieu a un bon maître.

37. Celui qui a Dieu pour ami, peut consentir à avoir beaucoup d'ennemis.

38. Avec Dieu et son bon droit, personne ne peut faire longtemps fausse route.

39. Dans le magasin de Dieu, tout est à vendre, pourvu qu'on paie avec la monnaie de l'application et du travail.

40. Avec la bénédiction de Dieu et le travail de l'homme, toute entreprise périlleuse réussit.

41. Dieu a fait la source, mais pas le seau.

42. Dieu est d'une générosité excessive, mais il faut que l'homme tende la main.

43. Ce qu'on enlève à Dieu devient la propriété du diable.

44. On peut prêter à Dieu sans crainte; capital et intérêts ne courent aucun risque.

45. Ceux qui espèrent en Dieu avec persévérance, ont en définitive choisi la meilleure part.

46. Là où Dieu ne sert pas de guide, on peut faire une ascension assez élevée; mais il arrive toujours un moment où il faut reculer.

47. Avec Dieu pour guide, le terme du voyage sera toujours bon, quand même le début aurait laissé longtemps à désirer.

48. La bénédiction de Dieu est tout.

49. Qu'en toutes choses, Dieu soit pour toi le commencement et la fin.

50. En dehors de Dieu, rien ne peut te satisfaire; si au contraire tu possèdes Dieu, tu possèdes aussi la paix; et il faut peu pour te contenter.

21. Ce que Dieu est.

1. A notre époque, tout est plein de questions. Nous avons la question scolaire, la question sociale, des questions politiques à n'en plus finir.

Cela se comprend. On pose des questions pour la frime, et on ne veut pas entendre parler de réponses. C'est pourquoi plus on pose de questions, plus l'obscurité augmente, et, comme punition, plus le nombre des questions va sans cesse grandissant.

Il n'y a qu'un être qui puisse mettre fin à toutes les questions, dès qu'on a répondu affirmativement à celle-ci: cet être existe-t-il? Car si Dieu existe, nous savons qu'il est la majesté, la sagesse, la sainteté, la toute-puissance, la vérité, la miséricorde, la grâce même.

O être merveilleux, dont nous n'avons besoin que de connaître l'existence pour posséder immédiatement tous les biens, plus de biens que tous les êtres ne peuvent en embrasser!

2. « Dans la mesure du possible, dit saint Augustin, tu dois te représenter Dieu comme la bonté infinie, qui ne se fractionne pas en propriétés diverses, comme la grandeur sans étendue et sans mesure. Il est partout présent sans dépendre de l'espace; il est éternel sans succession d'époques, il est immense sans superficie et sans parties. Il a fait le monde, bien qu'il n'ait pas besoin de lui; il a fait tout ce qui change, et lui ne change jamais; il est toujours actif, sans succomber sous le poids de la fatigue, et sans s'épuiser; il est la vie à laquelle participe tout être vivant, sans pouvoir jamais l'égaler; il est la plénitude de tous les dons qu'il distribue en abondance à tous les êtres, sans s'appauvrir.

En un mot, il a toutes les perfections, sans que chez lui aucune d'elles augmente ou décroisse ».

3. Dieu qui possède toutes les richesses en lui-même, Dieu qui n'a ni commencement ni fin, est l'auteur et le conservateur de tous les biens qu'on trouve dans le

monde. Il produit, conserve et perfectionne tout ce qui est actif. Dans l'âme, il est lumière, force et bonté. Pour les justes, il est un soutien, un consolateur et un rémunérateur. Pour les réprouvés, il est la justice qu'ils ont rejetée, et qu'ils trouveront éternellement en eux pour leur châtiment et leur effroi.

4. Pour nous, Dieu est la lumière dans laquelle nous connaissons la vérité, la force dans laquelle nous accomplissons le bien, et la félicité dont nous remplissent toute vérité et tout bien, autant que notre nature bornée le permet. En lui-même, il est la lumière, la force, la félicité sans limite, la lumière souveraine, la force souveraine, la félicité souveraine. Ce que nous avons et ce que nous faisons de bien, n'est pas autre chose qu'un écoulement de la source de tout bien : Dieu.

5. Celui qui parle de l'œil de Dieu, se représente Dieu en tant qu'il voit tout. On parle de la main de Dieu, parce que Dieu fait tout, de la puissance de Dieu, parce qu'il peut tout. Mais Dieu est tout œil, toute main, comme il est toute sagesse, toute puissance, toute sainteté. Son savoir ne diffère pas de son vouloir; son vouloir ne diffère pas de son pouvoir. Son verbe est son vouloir, son vouloir est son faire. Son éternité est son être, comme le sont sa justice et son amour. Sa toute-puissance est lui-même; sa bonté et sa sainteté le sont également. Ce qu'il est, il l'est tout entier. Celui qui rejette une parole de Dieu, commet un attentat contre lui. Celui qui aspire à l'aimer, doit lui donner asile dans son propre cœur, avec tout ce qui vient de lui : sa loi, ses joies et ses peines.

6. Inutile de te déranger pour trouver Dieu, car il n'est aucun endroit où il ne soit présent. Il est même dans l'enfer, et de la même manière qu'il est au ciel. Représente-le toi comme tu voudras, cherche-le où tu voudras, et trouve-le occupé soit à pardonner, soit à punir, soit à créer, soit à détruire; il est toujours le même : le Dieu immuable, le Dieu de vérité, de justice et de sainteté.

7. La plus impossible de toutes les impossibilités est la tentative de fuir Dieu. Tu ne peux t'enfuir que de sa justice vers sa miséricorde, de sa rigueur vers sa bonté, d'un Dieu irrité vers un Dieu pacifique.

8. Dieu est si grand et si élevé au-dessus de la pensée et de la parole humaines, qu'il est toujours plus sûr de se taire sur son compte que de parler de lui. Le meilleur langage que nous puissions lui tenir, est celui qui consiste en ces courtes paroles : « Mon Dieu, je crois en vous, car vous êtes la vérité sans tache ; j'espère en vous, car vous êtes un Père très bon ; je vous aime, car vous êtes le type, le résumé de toute bonté, de toute beauté et de toute vie. Je me soumets à vous, à votre Providence très sage et très douce. Je me donne tout à vous, mon souverain maître et mon tout-puissant protecteur. »

9. Tout ce qu'on peut dire de plus élevé sur Dieu, ce sont ces paroles : Un et tout. Il est un seul Dieu, et il est tout. Il est seul, et rien n'existe en dehors de lui. Il est à lui seul tout pour lui, et lui seul il se suffit. Il est tout pour toi, et lui seul te suffit. Si tu lui appartiens, tu t'appartiens, et tout t'appartient ; car à lui seul il est tout.

CHAPITRE II

DOUTE ET NÉGATION

1. Les négateurs de l'harmonie.

C'est toujours avec un étonnement profond, que je remarque l'impression produite par la musique sur les gens simples. Ainsi, le petit paysan robuste et mal dégrossi est dans le ravissement, quand il lui arrive d'entendre l'orgue de barbarie de quelque musicien ambulant; il perdrait ses repas pour voir le singe qui fait danser l'ours au son du tambour. Et le gamin de la ville? Ne profite-t-il pas de ce que la fenêtre est ouverte, à défaut de la porte, pour s'élancer, à demi-vêtu, sur la trace des soldats qui viennent de passer, et les suivre sous la pluie et sous la neige, au grand désespoir de sa mère?

Mais qu'arrive-t-il, lorsque je demande aux savants, si l'alternance du jour et de la nuit, la feuille verte et la feuille jaune, le moucheron que l'hirondelle happe au passage, la fleur qui décore le parterre, le scarabée aux éclatantes couleurs, la migration des cigognes, le chant du rossignol, les montagnes et les vallées, l'heureuse distribution de l'ombre et de la lumière, le bien triomphant du mal, le bonheur associé à la vertu, bref, si l'univers tout entier ne forme pas un concert si merveilleux, une harmonie si douce et si pénétrante, que seule la perfection suprême, la sagesse et la puissance divines aient pu les concevoir, les créer?

Au moment où je crois qu'ils n'ont rien à répliquer, et qu'ils vont me répondre affirmativement, les voilà qui se mettent à rire, et à me dire d'un ton dédaigneux : « Ah! bah! Des fadaises tout cela! Tais toi donc. Nous n'avons jamais vu d'harmonie, et jamais nous n'en verrons. Là où la simplicité niaise des ignorants parle d'harmonie, la perspicacité du savant ne voit que confusion et pur hasard. Pour nous, le monde n'est qu'un chaos informe et un immense champ de ruines. »

Je comprends alors ce que j'ai souvent entendu dire, et qui m'a toujours fait bondir le cœur d'indignation : « De même que l'oiseau de nuit n'aime pas la lumière ; de même qu'on n'accoutume pas un petit chien à entendre le son du violon, ni avec des coups, ni avec des caresses ; de même que la nature a refusé à la pierre la faculté d'entendre la musique, de même certains hommes n'apprécieront jamais l'harmonie, la mélodie, la beauté artistique. Ne te demande pas d'où cela vient ; si c'est leur faute. Prends-les en pitié, et supporte-les avec patience : ils ont des nerfs plus émoussés que ceux des paysans. »

2. La science sans hypothèse.

« Pour devenir philosophe, dit Taine, — il veut dire, pour rejeter et combattre toute religion de sang-froid, — il faut s'y prendre à bonne heure. De tardives conversions de ce genre laissent l'âme à jamais malade. Celui qui veut abandonner sa religion doit s'y mettre tôt ; autrement, il ne peut plus l'arracher sans ébranler tout le sol. »

Cet aveu sincère, qui fait songer à la parole de Britannicus :

« Je la voudrais haïr avec tranquillité, »

est la clef pour bien comprendre l'éducation populaire et la politique scolaire à notre époque.

Nous voyons alors, pourquoi la pédagogie moderne refuse à la religion le droit de prendre l'école et l'éducation sous sa protection ; nous comprenons la raison de l'affirmation de Jacobowski, disant que : « l'étroite formation chrétienne est pour la jeunesse un obstacle au développement du sentiment de la vérité historique, à la joie innocente que font naître la poésie pure et la beauté sensible. » Nous devinons alors, pourquoi le professeur Wilhelm Schuppe compare l'éducation religieuse à « un cachot, dans lequel la jeune intelligence s'étiole et se rabougrit, privée qu'elle est de l'air vivifiant du progrès. » Alors, nous n'avons pas besoin d'explications plus amples, au sujet du principe qu'Harald Hœffding donne comme la première exigence de l'esprit moderne : le principe que l'éducation doit faire « un homme, et non pas un être croyant ou incroyant. »

Toutes ces formules ne sont que d'hypocrites périphrases, destinées à voiler l'arrière-pensée qu'il faut veiller à ce que la foi ne prenne pas racine dans les jeunes cœurs. Car, il serait difficile que quelqu'un suivît partout et toujours ces guides, s'il pouvait dire plus tard avec Jouffroy : « Pendant longtemps, les croyances du christianisme avaient pleinement répondu à tous les besoins et à toutes les inquiétudes de mon âme. » Ceux-ci ne peuvent compter sur la fidélité de la génération future, que si elle grandit maintenant dans la conviction qu'il n'y a pas de paix dans la certitude, et que l'état de doute est un état conforme à la nature.

Nous comprenons cette logique de la part de l'irréligion. Mais ce que nous comprenons moins, c'est l'audace avec laquelle elle ose parler de sa science sans hypothèse. Tandis qu'elle exalte sans cesse la puissance irrésistible de la pensée moderne, elle défigure l'histoire pour les enfants et les adultes, à un point tel, que la postérité lui réserve un jugement effroyable. Pendant ce temps-là, Hæckel, — est-ce sciemment ou aveuglé par le fanatisme? peu importe, — propage sur l'évolution de l'homme, des gravures que les gens compétents affirment être faites pour aider au triomphe du Darwinisme. Pendant ce temps également, la pédagogie, avec ses phrases creuses sur la souveraineté de la science, tourne la tête aux jeunes gens, à une époque où l'ardeur du sang et les fumées de la liberté leur enlèvent si facilement toute réflexion. Et tout cela, comme le dit Taine, uniquement parce que, sans ce moyen, les hommes ne se fixent pas d'une manière stable dans l'incrédulité.

Et ce serait là une preuve en faveur de la puissance victorieuse de la science incrédule? Y a-t-il vraie science là où il y a absence d'hypothèse? Est-ce à propos de cette philosophie, ou à propos de la foi chrétienne, que saint Paul a dit : « Examinez toutes choses, et retenez ce qui est bon? »

3. Condition préliminaire pour devenir sceptique.

Un des hommes les plus malheureux fut Jouffroy, l'auteur de l'écrit fameux : *Comment les dogmes finissent*. Il avait rejeté la foi, et considérait le doute comme le plus grand des malheurs : « J'étais incrédule, dit-il, et je détestais l'incrédulité. » Il se glorifiait de faire partie de ces hommes qu'en France, depuis Voltaire, on appelle des philosophes, et s'écriait en gémissant : « La philosophie est pourtant une affaire d'âme. »

Oui, la question de la foi et de l'avenir était une pénible affaire de conscience pour cet infortuné. « Les doutes sur l'énigme de la destinée humaine sont effrayants, continue-t-il, quand on n'en trouve pas la solution immédiate dans les croyances établies. Seulement, n'ayant plus les lumières de la foi pour la résoudre, il ne me restait plus que les lumières de la raison pour y pourvoir. »

Mais avec ce pauvre lumignon, les choses allèrent mal pour le célèbre penseur, qui se demande avec anxiété comment quelqu'un peut vivre en paix, s'il ne sait pas d'où il vient, où il va, et ce qu'il doit faire ici-bas.

Jouffroy souffrait donc terriblement dans cette situation pleine d'énigmes, de mystères, de doutes et d'appréhensions. Un sceptique a rarement réalisé au même degré que lui les paroles d'Arthur Fitger : « Sa vie n'avait pas plus de repos que l'aiguille tremblotante de la boussole, qui va sans cesse d'un pôle à l'autre ». « Il fut un second Werther, dit Baunard ; son existence fut un martyre, ou, pour employer ses propres expressions, « une mélancolique révolution » pour laquelle la faiblesse humaine n'est point faite ; son âme ne pouvait point s'accommoder de cette situation intolérable, et, de fait, cet homme digne de pitié mourut à l'âge de quarante-six ans, victime de la violence de ces assauts intérieurs. »

Jouffroy était parfaitement doué au point de vue physique et intellectuel ; il avait en outre un cœur tendre, une âme délicate et sensible. « Pour de tels esprits, dit Taine, leur passage du christianisme à la philosophie n'est pas une source de repos ; c'est une révolution sanglante. Extirper les dogmes qui sont enracinés en eux, c'est leur arracher les parties du corps les plus vitales et les plus sensibles. Renier la foi a pour eux les mêmes conséquences que renier leur père et leur patrie. »

En d'autres termes, ceci veut dire qu'il faut à quelqu'un des nerfs solides, et un esprit très peu esthétique, pour supporter la situation dans laquelle le jette l'apostasie de sa foi.

Il est toutefois des gens robustes qui, à certains moments, se sentent mal à l'aise en pareilles circonstances. Georges Sand, par exemple, était de taille à supporter quelque chose en fait de discordance. Cependant elle écrit : « Il n'est pas bon de passer trop rapidement d'une croyance à une autre. Il faut avoir une religion ; autrement le talent est consumé par la fièvre dans l'âme vide, et meurt bientôt. Il m'a fallu trente ans pour me familiariser avec la philosophie comme je l'étais auparavant avec la foi; et, pour y arriver, il m'a fallu passer par le martyre de doutes terribles. »

Victor Hugo lui aussi a fait des expériences analogues, et il s'exprime ainsi dans un moment de sincérité :

« Je vous dirai qu'en moi je porte un ennemi,
Le doute ! . . . .
Je vous dirai qu'en moi j'interroge à toute heure
Un instinct qui bégaye en nos sens prisonnier ;
Près du besoin de croire, un désir de nier,
Et l'esprit qui ricane auprès du cœur qui pleure. »

4. L'homme peut-il se passer de religion ?

Celui qui répond le mieux à cette question, est Frédéric II, roi de Prusse. Ce prince s'est en effet passé de religion dans une mesure plus grande que ne le fait ordinairement la plupart des enfants des hommes; et, selon toute apparence, il le pouvait plus facilement qu'eux.

Toutefois, les railleries cyniques, indignes d'un homme, d'un savant, et surtout d'un monarque, par lesquelles il attaque le christianisme et la Bible, montrent qu'en agissant ainsi, il n'avait pas la conscience tranquille. Car celui-là seul attaque ainsi la religion, à qui elle ne laisse aucun repos. Mais dans des heures meilleures, il parle de son incrédulité en termes empreints d'une douloureuse mélancolie ; et, sur le bord de sa tombe, il prononce ces paroles significatives : « Je donnerais une de mes mains, pour pouvoir laisser à mon successeur ce pays tel que je l'avais reçu de mon vertueux père. »

Henri Fechner est dans le vrai quand il dit de ce souverain : « Ce n'était pas un athée. Sa prétendue philosophie n'était qu'un breuvage enivrant, dont il avait besoin, au fond, pour apaiser sa conscience de chrétien, relativement aux moyens politiques qu'il croyait devoir employer. Comme le succès ne couronnait pas toujours ses efforts, il déchargeait alors sa bile contre le christianisme, auquel il attribuait sa pénible situation intérieure. »

Mais ce qui montre le mieux l'insuffisance du repos que lui procurait sa propre philosophie, c'est la pensée du suicide, qui le hanta à plusieurs reprises, comme il l'avoue lui-même. On garde encore, comme une relique, le poison que, pendant la guerre de Sept Ans, il porta constamment sur lui, au cas où sa philosophie l'abandonnerait.

Cet esprit fort est donc lui-même une preuve de la vérité de cette parole : « L'homme sans Dieu est comme un vaisseau sans ancres. »

5. Sec comme une scorie.

Adolphe Gerecke, le citoyen de New-York bien connu, qui travaille avec tant de zèle à promouvoir le triomphe des idées juives, a écrit sous ce titre : *Faillite future du Moralisme*, un livre abominable, mais d'une importance capitale pour nous. Comme fond et comme forme, il appartient à ce que la littérature moderne a produit de plus grossier. Chacune des éruptions de rage irréligieuse qu'il contient, fait penser à l'aveu de Nathan :

> « Du Dieu que j'ai quitté l'importune mémoire,
> Jette encore en mon âme un reste de terreur;
> Et c'est ce qui redouble et nourrit ma fureur. »

Abstraction faite de ce côté haineux, l'ouvrage est un signe des temps.

L'éternelle manie de faire de la morale sans religion est devenue une calamité publique intolérable, absolument comme aux jours du rationalisme. Mais plus les prédicateurs de la morale libre et de la culture éthique s'en vont répétant qu'une seule religion répond à l'époque, à savoir une vie honnête; que le grand crime du christianisme est le mélange de la foi avec la religion; que notre devoir le plus impérieux est la création d'une religion sans dogmes, d'une religion purement humaine, dont les exigences morales n'aient rien à faire avec le surnaturel, plus la saine intelligence humaine doit s'empresser de réagir contre ces idées.

D'ailleurs, Gerecke a entrepris cette tâche sans la bien comprendre. Il dresse contre la manie exclusive de moraliser des canons de gros calibre, tels qu'un matérialiste seul peut les charger et les faire partir. Il traite tous les moralistes d'hypocrites immoraux, d'êtres dépravés, de charlatans dangereux pour la société, de gens qui portent préjudice aux masses, comme les marchands d'alcool et d'opium.

Quiconque lit ces aménités, — et celles-ci sont ce qu'il y a de plus doux et de plus convenable dans l'espèce, — se dira que l'esthétique n'est pas précisément le fort de cet homme. Pour lui, tous les sentiments de l'âme ne sont autre chose que des mouvements de l'organisme physique, ou, comme il dit : « des ondes de l'être sensible ». Il a complètement rejeté la croyance en Dieu, en l'âme, en l'éternité. C'est avec orgueil qu'il se donne le nom d'irréconciliable ennemi de la morale. « Sous ce rapport, dit-il, j'ai perdu toutes mes illusions, et je suis sec comme une scorie. »

Et cependant, voyez! Ce Don Juan, aux nerfs de Léviathan et au cœur de pierre, avoue que lui aussi a souffert des soucis torturants, qui lui empoisonnaient toute jouissance. C'est seulement à partir du jour où il a rejeté la croyance à la morale qu'il s'est bien porté, si bien porté, qu'immédiatement il a commencé à prendre de l'embonpoint.

Nous n'examinerons pas la valeur de cette nouvelle et curieuse consolation que le nihilisme moral et religieux apporte avec lui. Mais elle contient un triple aveu, qui est d'une importance considérable pour nous.

Elle nous proclame que même un guerrier farouche comme Gerecke, a dû payer sa lutte contre sa conscience par d'intolérables peines de cœur; puis, qu'il n'a pu se délivrer de ces assauts, avant d'avoir fait taire ce législateur et ce témoin intérieur; enfin, qu'il ne peut mieux se comparer qu'à une scorie, c'est-à-dire à une masse carbonisée, froide, impure, que personne ne peut toucher sans se salir ou s'égratigner.

En vérité, c'est une singulière perspective que nous offre l'incrédulité. Comme résultat d'un terrible combat intérieur, une pierre pour conscience, un fossile comme cœur, une mine de houille au-dedans de nous!

En vérité, c'est une triste image qu'elle a choisie pour se représenter ici. Comme jadis Erostrate, elle jette la torche dans le temple du cœur, puis s'éloigne en s'écriant:

« Bientôt il ne sera plus qu'un monceau de cendres,
Ce repaire de sauvages assauts ! »

6. L'incrédulité plus funeste que l'idolâtrie.

Aucun chrétien n'a encore cru en Dieu, — à supposer que sa foi fût vraie et vivante, — sans se dire que la sainteté de ce Dieu lui imposait aussi l'obligation d'aspirer à la sainteté.

D'un autre côté, il a parfaitement pu se faire qu'un païen ait été meilleur que les dieux inventés par sa faible intelligence ou sa folle imagination. Oui, il y a eu des milliers de Grecs et de Romains illustres, qui furent beaucoup moins imparfaits que les dieux auxquels ils croyaient, et qui se seraient révoltés, si on les avait seulement soupçonnés capables de choses que la poésie et la légende attribuaient à ces divinités.

La foi en Dieu est un stimulant pour arriver à la vertu la plus haute; la foi en des dieux mauvais est, — pour de nobles esprits du moins, — un rempart contre le mal; car elle présente les vices de ces divinités comme un exemple effrayant, qui permet de mesurer la profondeur de la dégradation à laquelle l'humanité peut descendre.

Or, que fait celui qui enlève aux hommes la foi en

Dieu? Il leur ôte la possibilité et le moyen d'arriver à la perfection; il leur supprime la règle immuable du bien et du mal, ainsi que toutes les barrières capables d'arrêter ce dernier; il leur enlève tout motif de crainte et d'espérance; en un mot, il fait de la morale une question de caprices.

On est saisi d'horreur en voyant la légèreté avec laquelle beaucoup d'écrivains traitent les saintes et délicates questions de fidélité, de justice, de chasteté. Mais à cela rien d'étonnant. L'athée n'admet aucune règle religieuse, par conséquent aucune loi supérieure à l'homme, aucune loi immuable ayant une valeur objective, par conséquent aucune loi ayant une valeur universelle. Il doit donc se faire à lui-même des idées morales, et celles-ci valent ce qu'il vaut.

Il ne faut pas s'étonner non plus, si on rencontre souvent chez ceux qui ne croient pas à un Dieu vivant, une suffisance personnelle révoltante, une certaine manie de vouloir se faire passer pour meilleurs que les autres, et un orgueil tout pharisaïque. L'écœurante façon dont s'encensaient les Encyclopédistes français, la jactance puérile des coupeurs de têtes de la Révolution, avec leurs grands mots de vertu et de philanthropie, en sont un exemple frappant. L'artifice qui consiste à faire de l'homme lui-même la règle de la perfection, en prêchant l'autonomie de la science, le droit absolu de la morale libre et du génie, n'est qu'une manière plus fine d'élever l'homme à la place de Dieu détrôné.

Pour enlever à l'homme son Dieu, il faut le corrompre par la fatuité et la morgue.

Le poète a bien raison de dire :

« En perdant Dieu, l'homme perd tout. »

7. Pourquoi tant d'énigmes ?

Pourquoi tant d'énigmes dans la nature, dans l'histoire, dans la vie, dans la religion?

La réponse est très simple. C'est pour amener l'homme à réfléchir. Sans cela, il réfléchirait trop peu.

Mais alors, ces énigmes devraient pouvoir se résoudre ! Car, les énigmes que nous ne pouvons pas résoudre sont aussi utiles que des révélations que nous ne comprenons pas, que des prophéties que nous ne pouvons pas expliquer.

Parfaitement. Les trois servent à rendre l'homme un peu plus modeste. Il est déjà assez présomptueux avec son ignorance. Qui pourrait le supporter, s'il comprenait tout ?

8. Enigmes.

Enigme est la vie, énigme est la mort,
Enigmes l'instant qui fuit comme l'onde,
L'éternité, le néant et le sort.
Enigme est l'esprit, énigme est le monde,
Enigmes le cours de l'humanité,
Le ver hideux, le brin d'herbe, toi-même.
Mais veux-tu savoir l'énigme suprême ?
C'est d'oser pousser la témérité
    Jusqu'à défier la puissance,
    La sagesse, l'intelligence,
  Pour qui l'énigme n'est qu'un jeu :
      Dieu.

9. Incompréhensible et compréhensible.

Ce que je ne comprends pas, c'est que des gens soucieux de leur honneur, nient un dogme parce qu'ils ne le comprennent pas. Ce que je comprends beaucoup mieux, c'est que des gens qui tiennent à leur repos, nient certains dogmes parce qu'ils les comprennent trop bien.

10. L'Athéisme, peur de Dieu.

Il est une chose qui m'inspire déjà un grand respect pour Dieu. C'est de voir ceux qui croient en lui devenir athées, au moins en passant, lorsqu'ils veulent commettre le mal. Ils chassent de leur intelligence, pour cet instant, la pensée de Dieu. Personne n'ose pécher en présence de Dieu, parce que chacun sent que le mal ne s'accommode pas avec celui qui est le souverain bien.

C'est la raison pour laquelle ceux qui ont de l'aversion pour la discipline, essaient de le nier une bonne fois, les autres de l'oublier, du moins dans de courts moments d'ivresse. Mais tous lui rendent ce témoignage, qu'ils le redoutent et le fuient à cause de sa sainteté.

11. Dieu et les dieux.

Celui qui fait à contre-cœur la volonté d'autrui, désire avoir beaucoup de maîtres à la fois. Il fait alors l'aimable et l'empressé auprès de chacun d'eux, et coule ainsi une vie douce et agréable.

Un Dieu unique est chose gênante, car il demande qu'on l'honore seul. Plusieurs dieux sont chose commode, car on les fait à sa fantaisie.

C'est pour cette raison que l'idolâtrie ne meurt pas. Quand on reconnaît un seul Dieu, on le sert ; mais quand on en reconnaît plusieurs on est servi par eux.

Toutes les idoles cependant ne se ressemblent pas. Celle qui est en pierre se brise facilement ; mais, quand elle a le cœur pour royaume, son trône est solide.

12. Gravité de l'incrédulité.

Très cher et malheureux ami, voulez-vous me permettre une question ? Elle ne peut vous offenser. Quand vous affirmez qu'il n'y a pas de Dieu, pas d'*au delà*, pas d'éternité, parlez-vous sérieusement, ou bien est-ce simplement pour dire quelque chose ?

— Vous avez bien fait de vous excuser. Autrement, la seule supposition qu'en pareille matière je serais capable de ne pas parler sérieusement, m'eût blessé au plus haut point. Pour qui me prendriez-vous donc, pour qui me prendrais-je moi-même, si je ne faisais pas preuve de sérieux ici ? Toujours vos préjugés ! Vous, chrétiens, vous ne pouvez pas vous figurer combien c'est blessant pour un libre-penseur, quand vous supposez qu'il ne parle pas sérieusement ! Soyez bien persuadés que le sérieux est chose aussi sacrée pour nous que pour vous. Ce n'est pas pour rien que nous avons conquis nos idées au prix de si longs combats intellectuels. Qui sait si nous n'émettons pas le principe qu'il n'y a pas de Dieu, au prix de sacrifices de conscience plus grands, et de troubles intérieurs plus profonds que vous, qui allez répétant à la suite de vos maîtres rigides : « Je crois en Dieu ? »

— Cher ami, je le répète, loin de moi la pensée de vous froisser avec ma question. Mais très souvent il n'est pas inutile de la poser, car vous savez aussi bien que moi, que, parmi les adversaires de la foi, il en est beaucoup, qui, pour me servir de l'expression d'Horace, appellent « le temple une baraque et la vertu un vêtement d'histrion ». D'ailleurs, je voulais vous amener à un seul point.

Vous trouvez que c'est une supposition déshonorante, de penser que vous êtes capable de ne pas parler sérieusement de Dieu ; vous regardez la question de savoir s'il y a une immortalité, comme une disposition de conscience qui vous cause de rudes combats ; et vous pensez qu'on peut mettre de côté ces sujets terribles par une simple négation ? S'il en est ainsi, me direz-vous que c'est sérieux ? Je comprends un incrédule qui se moque de la religion. Mais quand quelqu'un m'en parle avec émotion, et me dit en même temps qu'il ne croit pas, je me représente un homme qui rit d'un fantôme, parce qu'il ne peut y penser qu'en tremblant.

13. Le trait dans le cœur.

On reproche aux prêtres de jeter une note discordante dans les relations du monde, avec leurs fastidieuses exhortations à penser à Dieu et à l'éternité.

Si ce sont là des idées qui froissent le monde, nous sommes surpris qu'il ne s'adresse pas ce reproche à lui-même.

On peut s'estimer heureux aujourd'hui, quand, au cours d'un voyage en chemin de fer, ou à une table d'hôte, on peut échapper à une conversation sur la religion.

Si quelqu'un veut lire, par manière de passe-temps, un livre où il soit certain de ne pas rencontrer des digressions sur la foi, sur l'Eglise, il doit s'en tenir exclusivement à des ouvrages d'auteurs croyants ; autrement, il court risque de rencontrer, dans une dissertation sur les singes, une sortie contre l'immortalité de l'âme et contre la création de l'homme par Dieu, ou dans une aventure de chasse, une attaque contre les couvents de femmes et contre la charité chrétienne.

Plus l'auteur est incrédule, plus il parle fréquemment de la foi; plus cette idée le hante, plus il trahit clairement l'émotion de son cœur. Gizycki, par exemple, l'un des apôtres les plus infatigables de l'incrédulité moderne, a publié sur la morale sans religion un livre médiocre à la fois comme valeur et comme étendue. Sur les dix chapitres qu'il contient, il y en a deux qui traitent de matières théologiques, et ces deux chapitres comprennent 166 pages.

Léopold Schefer, le plus actif des poètes qui aient consacré leur vie à l'extirpation de la foi au Dieu vivant, n'a pas écrit moins de trois ouvrages sur la vraie religion et sur la vraie manière d'adorer Dieu.

D'où vient cet intérêt bizarre que les libres-penseurs portent à la foi? Évidemment pas d'un enthousiasme personnel pour elle.

Parmi ces théologiens d'un nouveau genre, il n'est personne non plus qui se fasse missionnaire par désir du martyre, pas plus que Julien l'Apostat et François II ne s'étaient faits sacristains dans l'intention de servir l'Église. Non, la raison est toute différente. Ils sont mûs par une espèce de nécessité intérieure, comme Prantl, qui avoue avoir écrit l'histoire de la Scolastique, pour que personne ne soit tenté d'aborder de sitôt un travail aussi peu récréatif. Ils ne peuvent se taire sur Dieu et sur l'éternité, parce que leur conscience en parle sans cesse. Avec leurs discours souverainement importuns sur la religion, ils ne laissent personne en repos, parce que la religion ne leur laisse pas de repos à eux-mêmes.

C'est à eux probablement qu'a songé le Sage, encore plus qu'aux bavards importuns, quand il a dit que: « dans le cœur de l'insensé, la parole de Dieu était comme une flèche qui perce la cuisse. »

Oui, Dieu est un bon tireur; et sa parole est un trait acéré et brûlant. C'est ce trait qui atteint aussi les adversaires de la religion; et ce qui montre le mieux la profondeur de la douloureuse blessure qu'il leur fait, c'est que celle-ci ne se ferme jamais. De là le motif pour lequel ils ne peuvent s'empêcher d'importuner tout le monde avec leurs plaintes à ce sujet. Ils ont beau affirmer des milliers de fois, qu'ils en ont fini avec la foi, chacun pense toujours avec Euripide, que « si leur langue jure, leur cœur ne sait rien du serment. »

14. Pourquoi tant de jugements divers sur Dieu?

Dans tes jeunes années, tu étais heureux et content, avec ta foi d'enfant. Alors, tu n'avais pas de désir plus grand que d'être bientôt près de Dieu. Maintenant, c'est un supplice horrible pour toi, de penser que chacun de tes pas te conduit devant la face du Seigneur.

C'est exactement ce qui se passa pour Adam. Tant qu'il fut fidèle à Dieu, il vivait heureux dans son voisinage ; lorsqu'il eut péché, il se cacha pour ne pas paraître devant lui.

Dieu est la joie du juste. Dieu est la terreur des pécheurs. N'est-ce pas là une de ses plus magnifiques prérogatives ?

15. L'homme fait à l'image de Dieu. — Les dieux faits à l'image de l'homme.

L'homme se froisse à l'idée de ne pouvoir se considérer comme son œuvre personnelle, mais d'avoir été créé par Dieu à sa propre image, et d'être obligé de se former d'après lui, s'il veut arriver à la perfection à laquelle il est destiné.

Cette erreur insensée l'a fait se séparer d'un Dieu vivant pour s'en créer un selon ses goûts, et d'après sa propre ressemblance.

Qu'a-t-il fait de Dieu et de lui-même en agissant ainsi ?

L'histoire est là pour nous le dire. A la place de l'aimable Providence de Dieu, il a mis le *Fatum* d'airain qui, jaloux du bonheur de l'homme sans défense, l'écrase sous le poids d'une froide raillerie, ou toute une armée de démons et de lutins, qui prennent plaisir à taquiner, à effrayer ou à tromper les mortels perplexes, timides et ingénus. Le Dieu qui n'éteint pas la mèche qui fume encore, et qui redresse le roseau courbé, s'est changé en un Moloch ardent, et en un Witslibaschli altéré de sang. Le Dieu de la pureté, le modèle de toute sainteté, a fait place à la déesse de la volupté, à l'adultère père des dieux.

Les dieux que l'homme se fabrique d'après sa propre imagination, sont des monstres et font des monstres. Quiconque les honore s'égare, et ne produit que des difformités. Seul le Dieu unique et saint, qui a créé l'homme à son image et pour être sa propriété, est humain et digne de l'homme. Et celui-là seul qui se forme d'après lui, a la perspective de devenir un homme vrai et complet.

16. Dieu, maître des temps.

Souvent les hommes ont lutté avec acharnement, parfois même jusqu'à l'effusion du sang, pour des questions que personne ne connaît plus, sinon le savant.

Aujourd'hui comme jadis, on lutte avec frénésie contre la foi en Dieu et en l'éternité. Elle n'est donc pas morte, cette foi! Non, tant s'en faut! Ce sont ses ennemis eux-mêmes, qui, en la combattant, veillent à sa conservation. C'est seulement lorsque le silence se fera sur son compte, qu'on pourra dire que c'en est fait d'elle.

Mais nous n'en sommes pas encore là. Au contraire, plus les temps se hâteront vers leur fin, plus la lutte contre Dieu et ses saints deviendra vive.

Ainsi, l'histoire tout entière de l'humanité montre que Dieu reste le maître des esprits. Dans les premiers jours, les hommes lui ont rendu témoignage en croyant à sa parole; dans les derniers, ils lui rendront témoignage par ce combat acharné contre la foi, que son Fils a prédit depuis longtemps.

17. Ingratitude de mendiant.

Jadis un mendiant se présentait chaque jour au palais d'un roi; et, devant la porte, il trouvait, comme s'il l'eût mérité, tout ce dont il avait besoin.

Qu'il vînt le jour, qu'il vînt la nuit, son aumône était

toujours prête, personne ne lui parlait avec mépris, personne ne lui faisait de peine.

Jamais il n'avait besoin de s'inquiéter s'il trouverait cette aumône; jamais il n'avait la confusion de paraître devant celui qui la lui donnait, car il ne voyait jamais sa main.

Toutefois, il est à croire que ce mendiant n'avait pas des sentiments très droits, car, un beau jour, il fit en lui-même cette réflexion: « C'est justice d'emporter l'aumône que je trouve ici; cependant, n'est-ce point là un amoindrissement pour mon honneur? De quel droit ce prince me considère-t-il comme un malheureux? Pourquoi me fait-il jeter cette aumône par ses serviteurs, alors que lui ne se montre jamais? Eh bien! jusqu'à ce qu'il vienne vers moi en personne, je lui jure une haine irréconciliable; je nie son existence. »

Comme les serviteurs l'avaient entendu, ils redirent ces paroles à leur maître, et l'un d'eux ajouta : « Maître, vous devez à votre nom de châtier sévèrement un tel outrage. Celui qui, au lieu de respecter un généreux donateur comme vous, a l'audace de l'insulter, doit être privé des faveurs que vous lui accordez. »

Mais le prince, dans son immense bonté, repoussa doucement ses serviteurs, et leur dit: « Le cœur d'un roi ne cherche pas à châtier ses sujets pauvres; il ne désire que leur bonheur. Si je donnais, c'était par pure bonté de ma part, et non à cause des mérites de ce pauvre. Dieu me garde qu'un jour on puisse dire de moi, que l'indignité du mendiant a mis un terme à ma générosité! Est-ce que chaque jour, Dieu le créateur n'est pas payé d'une façon encore plus injurieuse, lui que ses serviteurs ne servent qu'avec des plaintes, des murmures, des blasphèmes? Et cependant le Seigneur, au lieu de les molester, ajoute sans cesse de nouvelles grâces aux anciennes. Il accorde au criminel un délai suffisant pour se repentir de sa faute; à l'homme ingrat, il donne assez de temps pour sentir toute l'ignominie renfermée dans l'ingratitude, et tout l'honneur qui s'attache à la reconnaissance. »

18. Dieu salue bien des gens qui ne lui rendent pas son salut.

Il est admirable ce proverbe populaire : Dieu salue bien des gens qui ne lui rendent pas son salut. On ne pouvait formuler en termes plus durs un jugement sur l'incrédulité et sur l'ingratitude envers Dieu.

Quand un homme haut placé, quand un riche ne daigne pas même rendre son salut à un pauvre qui le salue respectueusement, celui qui est témoin du fait en reçoit une pénible impression, alors même qu'il n'est pas directement en cause. Il ne peut s'empêcher de penser : « Voilà un homme qui occupe une situation qu'il ne mérite guère ; et cependant il s'est enrichi aux dépens du travail d'autrui. Il manque complètement d'éducation, car on ne saurait s'expliquer cette attitude chez une personne bien élevée. »

Quel nom donner alors à cette conduite de l'homme envers Dieu ! de l'homme pauvre et indigent, envers ce Dieu qui l'a traité avec tant de bonté !

Mais quel jugement nous portons par là-même sur nous ! Que de fois, nous, pauvres créatures, pauvres mendiants, nous nous sommes déshonorés de cette façon envers notre Créateur et notre Dieu !

O homme ! Rends donc avec politesse, crainte, respect et modestie, le salut qu'il te donne le premier chaque jour ; et ne te figure pas qu'en agissant ainsi, il soit ton débiteur. Tu peux bien lui rendre son salut, puisqu'il te salue le premier.

19. Petite pharmacie de famille contre les indispositions en matière de foi.

1. L'incrédulité se retranche derrière notre connaissance imparfaite de la nature, et notre impossibilité à jamais pénétrer ses mystères. Quand sa sagesse l'abandonne, elle dit que l'explication de tout se trouve dans cet abîme insondable qu'elle-même non plus n'a pas pénétré.

Il est bizarre alors qu'elle parle si haut, puisque notre ignorance est son unique refuge.

2. Apprends à te connaître toi-même, et tu sentiras bientôt le besoin d'aspirer à quelque chose de meilleur. C'est la condition la plus importante pour t'approcher de Dieu.

3. Ce n'est pas une marque d'éducation, que de se promener de côté et d'autre, selon sa fantaisie, dans une maison où l'on reçoit l'hospitalité, de tout fouiller, de toucher à tout, de s'approprier ce qui plaît, de détériorer ce qu'on ne comprend pas, et, avec cela, de railler le maître qui a tout arrangé. Or, ne sommes-nous pas des hôtes dans le monde, cette maison de Dieu?

4. Boire à une fontaine et cracher ensuite dedans, est une marque d'insigne grossièreté. Ainsi parle le peuple, qui cependant puise moins à la source de tout bien que beaucoup de blasphémateurs repus.

5. Chacun se fait une philosophie d'après son tempérament.

6. Comment appelle-t-on, et comment juge-t-on les gens dont l'idéal est un vaisseau sans pilote, un équipage sans cocher, une armée sans chef?

Dans la vie ordinaire on les appelle des fous, dans la vie publique des brouillons, dans la politique des anarchistes, et en matière religieuse des athées.

Les fous, on les laisse passer, et on se contente de hocher la tête; les brouillons, on les destitue et on les met en tutelle; les anarchistes, on cherche à les rendre inoffensifs. Et nous respecterions les athées comme des esprits supérieurs? comme des bienfaiteurs de l'humanité?

7. Les ascensions sont difficiles pour les gens qui ont une maladie de cœur, ou qui ont déjeuné trop copieusement.

8. Celui qui a le sang vicié, éprouve des bourdonnements d'oreilles et voit trouble, dès qu'il va sur des sommets où l'air est pur et vif.

9. Des battements de cœur donnnent des vertiges; c'est pourquoi la tête tourne à tant de personnes, dès qu'elles entendent parler de Dieu et de l'éternité.

10. Le son des cloches est un supplice pour celui qui

souffre de la tête et du cœur. Mais celui qui a la tête libre et le cœur sain; celui qui cherche Dieu, se lève avec joie, et s'achemine de même vers l'église, dès que les cloches l'y appellent du haut de la tour.

11. « Notre fumée est plus brillante que le feu ne l'est ailleurs », disaient les anciens membres des milices bourgeoises. « La petite lueur de notre raison nous remplace facilement l'ancien Dieu et tous ses soleils », disent les modernes, avec non moins d'assurance. Seulement, si, par un temps d'orage, les lampes de mineur et les lampes de sûreté viennent à s'éteindre; si, dans l'incendie d'un théâtre, les lampes électriques font de même, on constate que le soleil et celui qui l'a fait peuvent encore avoir du bon.

12. Quand, avec les lumières de leur propre sagesse, les gens ont rendu une maladie incurable, ils font alors appel au meilleur médecin qu'ils connaissent. C'est pourquoi il n'y a pas de médecin qui surpasse notre Dieu.

20. Remèdes populaires contre les railleurs et les sceptiques.

1. On flatte la mère et on cligne de l'œil à la fille; on loue la libre pensée, et on pense à la vie libre.

2. Plus un homme est illustre, moins il peut se garantir contre les railleries; c'est pourquoi la religion en subit tant.

3. La porte du railleur est toujours grande ouverte. Or, une maison dont les portes ne sont jamais fermées est rarement propre à l'intérieur.

4. Beaucoup de gens aiment la raillerie; mais très peu y apportent du sel et de la finesse.

5. Servir la vérité n'est pas une servitude.

6. Celui qui sème de l'ivraie dans son champ, est un insensé s'il se flatte de faire une bonne récolte.

7. Affirmer n'est pas prouver; mais nier ne l'est pas davantage.

8. Se taire est la sagesse qui coûte le moins cher.

9. Un insensé jette facilement une pierre dans un puits ; et sept hommes intelligents ne peuvent la retirer, dit le proverbe.

10. Les enfants se reconnaissent à leurs questions. Ils interrogent pour interroger, et n'écoutent pas la réponse.

11. On juge quelqu'un à sa manière d'interroger.

12. Quelqu'un profitera des interrogations qu'il pose, à condition de le faire sagement. Bien interroger est un art que peu comprennent.

13. Si la vérité était un ruisseau, tous les hommes seraient plus ou moins atteints d'hydrophobie.

14. La vérité trouve difficilement un asile ; c'est ce qui explique pourquoi le Christ est né dans une étable.

CHAPITRE III

LA VÉRITÉ

1. Science et Vérité.

1. Il est facile d'expliquer pourquoi le monde fait tant le fanfaron avec la science, mais n'aime pas volontiers entendre parler de la vérité : avec la science, chacun s'arrange comme il entend ; celui qui a trouvé la vérité a trouvé son maître.

2. La science et la vérité sont souvent aussi éloignées l'une de l'autre que prédire et dire vrai.

3. Puisque les savants nous demandent sans cesse d'échanger la vérité traditionnelle contre leurs conquêtes, qu'ils nous disent au moins sur quoi ils sont tous d'accord. Tant que nous ne le saurons pas, impossible de tenir la balance égale entre la science et la vérité.

4. Il en est de beaucoup de chercheurs comme du bon père Noé, qui, confondant moyen et fin, but un peu trop du généreux breuvage qu'il venait de faire, et perdit sa vigueur. Tandis que le pauvre savant se prend dans les mailles de son propre filet, et se roule à terre impuissant, la vérité s'enfuit loin de lui, sans qu'il ait seulement eu le temps de l'apercevoir.

5. On peut tenir la science en très grande estime, sans que pour cela on soit obligé de s'enthousiasmer outre mesure pour l'expression : époque de la science. Nous aurions lieu d'être plus fiers de la nôtre, si on pouvait dire d'elle que c'est une époque de vérité.

6. La science est une esclave : on l'achète et on la vend ; elle doit consentir à tout ce qu'un maître brutal

demande d'elle, quand même ce serait ce qu'il y a de plus dégradant. Ce n'est pas pour rien que la vérité est si redoutée, et qu'on l'évite avec tant de soin : elle est une maîtresse avec laquelle on ne peut plaisanter, elle ne se vend pas, elle ne se prête à aucun trafic ; il faut se soumettre à elle sans restriction.

2. Soleil d'hiver.

Jamais l'été ne me fait plus défaut,
Que dans un jour d'hiver triste et morose,
Où le soleil blafard, à peine chaud,
Sème de fleurs ma fenêtre bien close.

Oui, la science est un bien précieux,
Et je l'estime autant que je l'admire.
Mais je connais quelque chose de mieux :
La vérité, dont l'aimable sourire
Est à la fois plus chaud, plus radieux.

3. Galanterie avec la vérité

Ceux qui, avec Lessing, veulent uniquement se livrer à des recherches, mais détestent une vérité immuable, rabaissent celle-ci au niveau d'un objet de caprices galants. Ils font comme Sémiramis, qui jetait d'abord son dévolu sur quelque pauvre diable, puis s'en débarrassait bientôt, — comme le font d'ailleurs bien des Sémiramis de nos jours, — afin de conserver pleine et entière liberté à sa passion.

4. Ce qui est vrai une fois l'est toujours.

La vérité est-elle un objet de mode qu'on change chaque année ? Ou bien est-elle un objet de brocantage qu'on fait valoir pour le vendre ?

La vérité est le pain de l'âme, l'air qui nourrit l'intelligence. Or, le pain et l'air sont aujourd'hui ce qu'ils ont toujours été. De même, ce qui est une fois vrai reste éternellement vrai.

5. Une curieuse liberté.

La plus bizarre de toutes les libertés que réclame notre époque, est celle qu'on appelle la *liberté de penser*.

Que signifie ce mot? Veut-il dire liberté *de* la pensée, ou liberté *pour* la pensée? Naturellement, liberté *pour* la pensée, autrement dit, affranchissement de la pensée.

— Bien. Mais affranchissement de quoi? Est-ce des lois de la pensée? Faut-il abolir la force de la logique et la rigueur de la conclusion?

— Quelle chicane de mots! Pourquoi interpréter ainsi d'une façon ridicule ce qu'on vous dit? Ce n'est pas la manière de penser qui doit être libre; mais seulement ce que quelqu'un veut penser. Il ne faut pourtant pas nous considérer comme des gens dépourvus de bon sens.

— Je vous en prie, ne vous fâchez pas. Il s'agit donc moins de la liberté pour la pensée, que de la liberté pour l'objet de la pensée, de la liberté non pas pour le moyen, mais pour la fin?

— Précisément. Et qui aurait quelque chose à dire là contre?

— Pourtant, j'ai un petit scrupule. Dites-moi, je vous prie, quand deux personnes suivent la même route, sont-elles libres, en marchant dans le même sens, d'aboutir à des termes différents?

— Quelle question oiseuse! Naturellement non! Celui qui suit un chemin doit arriver au but où il conduit. S'il veut éviter ce but ou en atteindre un autre, il a deux moyens à sa disposition : quitter la route, ou la changer. Quand plusieurs personnes suivent la même voie, elles doivent toutes arriver au même terme; et si quelqu'une d'entre elles veut arriver à un terme différent, elle doit se séparer des autres, ou, si vous préférez, suivre une voie différente de la leur.

— Parfait! Mais qu'est-ce que penser? Sinon suivre la voie qui conduit à l'objet de la pensée. Or, pour arriver à ce but, il faut prendre la voie qui y conduit, c'est-à-dire la voie de la logique.

Évidemment je puis bien ne pas suivre cette route; et alors je n'arrive pas où elle mène. Mais supposé que je la suive, j'y arrive nécessairement. De même, je puis désirer atteindre un but autre que celui auquel elle conduit; dans ce cas, je n'y parviendrai qu'en changeant la voie elle-même. Enfin, je puis m'abstenir complètement de penser; et alors je n'arrive à aucun résultat. Mais si une fois je pense, il me faut accepter celui qu'imposent les lois de la logique, à supposer toutefois que je puisse penser juste.

Si je veux donc arriver à un résultat de mon propre choix, je ne le puis qu'à la condition de changer la logique elle-même, c'est-à-dire les lois de la pensée.

Ainsi, vous voyez clairement que, pour l'objet de la pensée, ou, si vous aimez mieux, pour le terme vers lequel celle-ci se porte, il n'y a de liberté que si on revendique cette dernière pour la pensée elle-même, c'est-à-dire que si on change les lois de la logique, ou si du moins on l'en affranchit complètement.

— Mais je n'avais jamais compris la chose ainsi, et je doute qu'un homme, quel qu'il soit, comprenne l'expression *liberté de penser* dans un sens aussi radical.

— Alors, je regrette de vous dire que vous employez des mots dont vous ne savez ni la signification, ni la portée. De plus, vous êtes mal renseigné, quand vous prétendez que personne ne pense comme je viens de vous l'expliquer. Ceux qu'on se plaît à nommer les coryphées intellectuels parmi les modernes, disent, pleins d'une orgueilleuse assurance, qu'on devrait rompre avec les lois de la logique, comme avec toutes ces vieilleries qu'on appelle la table de Pythagore, la géométrie, les mathématiques. Une des raisons principales pour lesquelles les savants modernes recommandent même la suggestion et l'hypnotisme, c'est la perspective de voir ces sciences encore obscures, opérer, dans un avenir plus ou moins prochain, une nouvelle révolution dans les lois de la pensée.

6. Pensée et Réalité.

Il arrive souvent que, pour sortir de difficultés, l'homme prend une issue qui l'engage dans une impasse d'où il ne peut plus s'échapper.

C'est une issue de ce genre qu'a trouvée le Rationalisme, dans son inquiétude de cœur en présence de Dieu.

« A quoi bon désormais les preuves de l'existence de

Dieu? s'écrie Kant, avec toute sa suite. Leur utilité se réduit maintenant à démontrer que nous devons penser à lui. Mais ce n'est pas là une preuve de son existence, tant s'en faut; car l'obligation de penser à une chose n'établit pas sa réalité. »

Quelle bizarre contradiction! Les rationalistes prétendent admettre uniquement ce que la raison leur a démontré comme vrai. Et puis, d'autre part, ils vont jusqu'à dire qu'une chose peut être vraie, même nécessaire, sans exister cependant. Comme conséquence, cette chose pourrait exister et ne pas exister tout à la fois. La raison en établirait la fausseté alors même qu'elle serait vraie; elle existerait alors même que nous nous sentons inclinés à nier son existence.

Que penser, si tout cela s'appliquait précisément à la négation de Dieu? Comment Kant en est-il arrivé à refuser à la raison ce qu'il lui avait d'abord accordé si généreusement? En suivant ses procédés ordinaires. Toutes les fois qu'une idée entrait dans son cerveau, il l'exagérait au point de n'y plus rien comprendre.

C'est très vrai que Dieu n'existe pas parce que nous sommes obligés de penser à lui, et qu'il ne cesse pas d'exister parce que chacun croit pouvoir nier sa réalité. Ce serait un pauvre Dieu, si son existence dépendait de notre intelligence. Or, qui a émis des vues aussi pernicieuses sur Dieu, en dehors des rationalistes de l'extrême gauche? Personne. Ce sont eux qui ont le monopole de cette tendance.

Nous nous souvenons d'un savant, qui non seulement faisait dépendre l'existence de Dieu de sa raison, mais la réalité de chaque objet. Pour lui, une chose n'existait certainement que parce qu'il la connaissait. Pour lui, une aventure n'avait pas eu lieu au moment où elle était arrivée, mais seulement au moment où elle parvenait à sa connaissance. Qu'un homme pensant pût étudier l'histoire et les sciences naturelles, cela lui semblait aussi incompréhensible qu'à l'illustre champion du bouddhisme à Paris, le professeur Rosny, pour qui l'histoire n'a pas plus de valeur qu'un cancan de domestique. Il organisait lui-même sa façon de penser à sa manière. Quand il tombait en contradiction avec la vérité, il était alors convaincu que l'erreur ne venait pas de lui, mais de la nature, absolument comme Hégel, qui gourmandait celle-ci en termes de mépris, parce qu'elle est « un royaume illogique d'événements imprévus. »

Une telle manière de voir attribue à la pensée une puissance vraiment créatrice. Celui qui, étant logique, la pousse jusqu'au bout, doit affirmer que l'horloge n'enregistre pas le temps, mais le crée, que le calendrier fait l'année, et, qu'avec son télescope, l'astronome produit la durée de la révolution des astres, et les astres eux-mêmes.

Selon les affirmations du même savant, l'homme ne pense pas parce qu'il existe, mais il n'existe que parce qu'il pense, et, par conséquent, il est dans une certaine mesure son propre créateur.

Ici, toutes les lois de la logique sont renversées, toutes les conclusions fausses. Tandis qu'on disait jusqu'alors : « *Primo vivere, deinde philosophari* », il faudrait maintenant dire, d'après cette sagesse, que celui-là seul vit réellement, qui fait de la philosophie, et que le moment de sa naissance est celui où il met le pied dans une salle de conférences.

En face de telles erreurs, Kant, « le grand pulvérisateur universel », avait en partie raison. Dieu en effet n'existe pas parce que nous pensons à lui ; mais nous devons penser à lui parce qu'il existe. Dieu n'est pas une création de notre intelligence, mais il en est le créateur, de même qu'il est la base et la règle des lois de la pensée.

Or, s'ensuit-il de là que la pensée ne dise rien de la réalité ? Cette affirmation serait à son tour aussi exagérée que le principe exprimé tout à l'heure, et qu'elle veut réfuter. Faut-il donc toujours se mouvoir dans les extrêmes ? Comme s'il n'y avait que deux possibilités : ou bien créer les choses par la pensée, ou bien les ignorer complètement !

La vérité est au milieu. Nous connaissons le vrai, non pas parce que nous le faisons, mais parce que nous mettons notre pensée d'accord avec les objets. Nous ne pensons juste qu'en adaptant notre pensée à la réalité.

Donc, si nous sommes obligés de penser une chose, et que nous ne puissions pas la penser autrement, elle existe sans aucun doute, non parce que nous la pensons, mais parce que la nécessité nous oblige à la penser ainsi, et non autrement, — à supposer toutefois que nous voulions penser, et penser juste.

C'est précisément le cas pour Dieu. Il existe réellement, parce que toutes les conclusions de la raison nous conduisent impérieusement à la pensée de son existence. Nier cela, c'est déclarer que la pensée est la plus inutile et la plus trompeuse de toutes les activités.

En réalité, il n'y a que deux voies logiques : ou bien dire avec Kant que la raison est un instrument de tromperie, et que celui qui s'imagine avoir trouvé quelque chose avec elle, est digne de devenir la risée des enfants, ou bien s'écrier avec Musset :

« Et pourtant elle (la vérité) est éternelle !
Et ceux qui se sont passés d'elle,
Ici-bas ont tout ignoré. »

7. Trois classes de penseurs.

Si nous connaissions mieux l'histoire, nous serions plus calmes au milieu des luttes intellectuelles du présent, et nous marcherions au combat avec plus d'assurance et de fermeté. Car, chaque question débattue n'est que la réédition d'une ancienne dispute soulevée peut-être déjà des centaines de fois, et destinée à se terminer comme toutes se sont terminées.

La guerre entre l'Idéalisme et le Réalisme, par exemple, qui, à l'heure actuelle, se poursuit avec tant d'ardeur sur tous les domaines de la civilisation, et qui a eu pour conséquence la domination presque universelle du Naturalisme, ou pour parler plus justement du Matérialisme, était tout aussi violente qu'aujourd'hui au XIe siècle, entre les Nominalistes et les Réalistes, et même dans les siècles qui ont précédé Jésus-Christ.

Pourquoi Lucrèce est-il devenu maintenant le philosophe à la mode, comme jadis, au temps de la Pompadour ?

La raison n'en est pas difficile à trouver. C'est parce que, aussi bien qu'Helvétius et Nietzsche, il vulgarise la doctrine épicurienne et atomistique, cette doctrine d'après laquelle ce n'est pas l'homme qui pense et qui veut, par conséquent qui est responsable, mais ce sont les images et les impressions sensibles qui lui donnent ses pensées, ses sentiments, ses aspirations. En d'autres termes, cette doctrine d'après laquelle la matière qui est en dehors de lui, agit sur la matière qui est en lui, d'une façon purement sensible et irrésistible.

Par contre, on croit entendre Schelling et Hégel, quand on lit les philosophes grecs. Ici, pas d'objet ayant une nature déterminée, pas de vérité immuable, pas de loi morale objective, fixe, obligeant chacun. Pour eux, il n'y a de vrai que ce que chacun tient pour vrai; pour eux, cela seul est bon et juste que chacun considère comme tel. Protagoras voit en l'homme l'unique mesure des choses, absolument comme Schopenhauer. Comme Stirner et les Romantiques Allemands, il attribue à chaque homme, surtout à chaque génie, la liberté complète d'exécuter ce que son imagination, et même son caprice lui suggère comme beau ou juste. De même que Feuerbach, Strauss, K. Vogt et Bebel, Gorgias, le nihiliste en religion et l'anarchiste en morale, conclut de cela qu'il n'y a rien de solide, rien de certain, rien en dehors de l'homme qui puisse l'obliger : pas de Dieu, pas de religion, pas de dogme, pas de loi naturelle, pas d'ordre supérieur.

Ainsi, le monde oscille constamment entre les idéalistes d'un côté, les naturalistes, les positivistes et les empiristes de l'autre.

Les premiers ressemblent à des sultans de la pensée. A les entendre, on peut traiter la réalité, l'histoire, la nature, la morale et la loi comme Xerxès traitait la mer. Les seconds sont au contraire des esclaves de la pensée. Courbés sur leurs livres, sur leurs cornues et sur leurs verres grossissants, ils sont à la fois incapables de jeter un regard d'ensemble sur le monde, et inaccessibles à toute idée spiritualiste.

Ne vaudrait-il pas mieux que le monde se réfugiât auprès de ces maîtres de la pensée, de ces esprits pondérés, qui voient les arbres et la forêt qu'ils forment, qui envisagent avec calme les choses dans leur réalité ? Ne gagnerait-il pas davantage à fréquenter des hommes qui, par leur supériorité intellectuelle, sont aptes à recueillir un principe raisonnable dans les moindres faits d'expérience ou de perception ?

4.

Toutefois, il importe peu à un esprit sérieux que le monde rende justice ou non à ces maîtres de la pensée. Il se range sous leur drapeau, parce qu'il croit ne pouvoir agir avec plus de prudence que de dire avec le vieux Myson : « Il ne faut pas évaluer les choses d'après les mots, mais les mots d'après les choses ; car les pensées et les paroles des hommes importent peu à la réalité. Celle-ci demande seulement que les mots lui répondent. » Il les suit, parce que le monde ne lui semble pas encore avoir prouvé la fausseté des sages paroles d'Héraclite : « Il est vrai que mes préférences vont à tout ce qui se voit et s'entend ; cependant les yeux et les oreilles sont des témoins trompeurs, et la savantasserie ne rend pas intelligent, tant s'en faut. On ne peut donc pas accepter comme absolument vrai ce qui paraît tel à l'individu, mais seulement ce que la raison proclame comme vrai à tous.

En somme, il n'y a qu'une sagesse sûre, c'est de prendre pour guides ces esprits assez puissants pour pénétrer chaque chose dans tous ses détails, et assez modestes pour parler et agir selon la vérité et la justice dont ils ont constaté l'existence dans leur nature. »

8. Une correction moderne à un vieux classique.

Hésiode divise ainsi l'humanité : « L'homme le plus parfait, dit-il, est celui qui se doit à lui seul toute sa sagesse, qui sait en chaque chose considérer la fin. Il est encore digne d'estime l'homme qui se montre docile aux avis du sage. Mais celui qui ne pouvant se diriger lui-même, ne veut point écouter les conseils d'autrui, est un être inutile sur la terre. »

Pourquoi le poète ne fait-il pas une quatrième classe ? Ceux qui ont conscience de leur ignorance, et qui, bien loin de se laisser conseiller et enseigner, essaient de ravir la vérité à ceux qui la possèdent, pour essayer de les rabaisser à leur niveau ? Nous voulons parler de ceux dont un poète moderne a dit : « Leur parole est un poison, leur plume un poignard. »

Hésiode ne juge-t-il pas à propos de citer ces brigands parmi les représentants de l'humanité ? Ou bien n'y en avait-il pas de semblables dans l'antiquité ? En tout cas, il est certain qu'aujourd'hui leur nombre est si considérable, qu'on ne pourrait les négliger dans une classification. L'Apôtre connaissait déjà beaucoup de gens chez qui n'existait pas l'amour de la vérité. Malheureusement, ils ne font pas défaut chez nous non plus.

Si le poète écrivait de nos jours, il devrait ajouter à son énumération : « Mais le pire des hommes est celui qui méprise la vérité, au point d'user de ruse et de violence pour l'arracher des esprits et des cœurs. »

9. Pourquoi la vérité met-elle si longtemps à se frayer un chemin ?

Si la vérité existe ; si, en particulier, la doctrine chrétienne est la vérité révélée par Dieu, comment se fait-il qu'elle mette si longtemps à conquérir les esprits et les cœurs, alors qu'une découverte douteuse les entraîne comme dans un tourbillon ?

Tacite a donné la réponse : « Le temps et l'examen font prévaloir le vrai, tandis que le faux s'accrédite par l'incertitude et la précipitation. »

10. Orphée jadis et maintenant.

Il arrive souvent, même à des cœurs croyants et pieux d'être pris de défaillance, à la vue du peu d'impression que la vérité produit aujourd'hui. Jadis, les peuples l'acceptaient avec un tel enthousiasme, que saint Clément d'Alexandrie compare le Christ à Orphée, qui apprivoisait les lions, et animait les rochers par les doux sons de sa lyre.

Toutes les cordes de la lyre de la vérité sont-elles brisées ? ou bien la lyre elle-même tombe-t-elle de vétusté ?

Non ! mais c'est presque un miracle qu'elle existe et résonne encore. Il y a longtemps en effet que s'applique au christianisme le vieux proverbe : Pour remercier celui qui joue l'air de la vérité, on lui jette son violon à la tête.

11. Sentences des sept sages.

1. Penser juste n'est pas chose facile (Thalès).

2. La précipitation et la témérité en pensées, en paroles et en actions sont toujours dangereuses (Périandre).

3. Quand tu t'es trompé, ne rougis pas de revenir sur ton erreur, et de mieux faire à l'avenir (Périandre).

4. Ne parle jamais pour le seul plaisir de parler (Périandre).

5. Ne dis et ne fais que ce dont tu ne te repentiras pas (Périandre).

6. Connais-toi toi-même (Chilon).

7. Sache te commander (Sosiade).

8. Respecte-toi toi-même (Sosiade).

9. Sois sévère envers ton propre esprit (Sosiade).

10. Tu dois toujours être prêt à augmenter ta science en mieux (Thalès).

11. Il faut parler de Dieu en termes conformes à sa dignité (Bias).

12. Adorer Dieu est le premier de tous les devoirs (Pittacus).

12. Douze maximes pythagoriciennes.

1. Qui ne possède pas la vraie sagesse, ressemble à un comédien couvert d'oripeaux. Mais quel changement, quand il a déposé tout cet attirail !

2. L'esprit de celui qui a une grande opinion de lui-même, dessine toutes les lignes comme un peintre qui n'a pas la justesse du coup d'œil.

3. Le sot orgueil entraîne l'homme çà et là, comme un mauvais berger son troupeau.

4. On trouve des philosophes qui, tout en étant à jeun, ne parlent pas autrement que s'ils étaient ivres.

5. Quand Socrate voyait un riche à qui manquait la sagesse : « Encore un esclave doré ! disait-il. »

6. Tous ceux qui méprisent la vérité, et sont pleins d'une orgueilleuse confiance dans leur science, sont comme des chiens nouvellement achetés, qui aboient non seulement après les étrangers, mais après les gens de la maison.

7. Prendre un aveugle pour guide, et suivre un conseiller à qui on ne peut se fier reviennent au même.

8. Une langue qui ne sait qu'injurier et critiquer est l'indice d'un cœur malade.

9. La vie de celui qui ne possède pas la vérité, ressemble aux rêves de ces malades dont l'imagination troublée ne voit que des fantômes.

10. Considère-toi comme un insensé, aussi longtemps que tu ne te connaîtras pas toi-même.

11. On ne peut jamais parler de Dieu devant des gens pervers. Le danger reste le même, qu'on parle de lui en termes élogieux ou en termes blâmables.

12. La seule demeure digne de Dieu ici-bas est un cœur pur.

CHAPITRE IV

L'ESPRIT

1. Y a-t-il un esprit ?

Qu'est-ce que l'âme ? s'écrie le médecin. Voyez plutôt vous-mêmes si vous en apercevez la trace. Et il montre les chairs qu'il vient de taillader.

Qu'est-ce que le créateur ? demande le chimiste. Tout ce que je sais, c'est que la vapeur forme l'eau, et, qu'en fait de création, je n'ai jamais rien vu.

Qu'est-ce que Dieu ? dit le philosophe. Depuis longtemps je pressure la raison, et je ne l'ai pas encore trouvé ?

Où l'Ecriture parle-t-elle de Révélation ? vocifère le critique. Et il réduit en poudre le passage qu'on lui présente.

Le sauvage, lui aussi, dit après avoir entendu une belle musique : « Je vais prendre le son. » Alors il défonce l'instrument; et grande est sa déception quand il n'y trouve rien.

Il y a un esprit. Tu sens la façon dont il se manifeste. Mais à peine veux-tu le saisir d'une main grossière, qu'il échappe à ton étreinte.

2. Morale distinguée.

Le comte Halloh avait du sang d'aristocrate dans les veines; sa devise était : « Rien que du distingué, rien comme le peuple; » et, son dimanche, il le partageait entre son *home*, où il restait non rasé, et le *derby* où il allait s'ennuyer.

Comme héritage, son père lui avait laissé une houillère et l'art de dresser les chiens pour la chasse. Mais ce qu'il savait le mieux, c'était la haute science de Brillat-Savarin, dans laquelle il était passé maître.

Paresseux pour parler, il n'était éloquent que lorsqu'il exposait la distance qui le séparait du peuple; presque toujours plongé dans le sommeil, le bordeaux seul parvenait à le tirer un peu de son engourdissement.

Or, un jour qu'il venait d'accomplir sa vingt-et-unième année, de nombreux amis l'entouraient. Tous avaient longuement festoyé, et, plus que jamais, ils sentaient leur valeur.

Alors Halloh prit la parole et dit : « Quel bavardage insipide dans la gazette d'aujourd'hui ! Je ne lis pourtant pas les journaux; c'est à peine si j'ouvre un livre, car lire est trop vulgaire. Mais la *Post* m'est tombée sous la main, et qu'y ai-je vu? Que des expériences toutes récentes confirment à n'en plus douter les théories de Darwin. Pour moi, je n'en crois pas le premier mot, car c'est trop vulgaire. Une telle sagesse ne peut entrer que dans la tête du peuple. Celui qui se glorifie d'une noble lignée d'ancêtres, se moque bien de cela. C'est pourquoi j'appelle le principe de Darwin une stupidité. Comment! Un singe qui ne sait pas ce que c'est que le bordeaux et le champagne, mis sur le même pied que l'homme! Si ce n'est pas l'âme qui leur trouve cet excellent goût, qu'est-ce donc alors? Je crois qu'un darwiniste serait d'une sottise à manger des choux pour des asperges. »

« Halloh, celui qui ne sait pas apprécier ton champagne n'est pas digne d'avoir une âme », s'écria un des membres de l'assemblée. Et celle-ci de répondre unanimement : « Vive Halloh ! A ta santé, et à celle de nos âmes! Si seulement la course vers l'*au delà* n'était pas aussi incertaine ! »

« Vers l'*au delà*? reprit Halloh. Vous êtes encore intelligents ! J'admets l'existence d'une âme, mais pas son immortalité. Celui-là seul pense à l'*au delà*, pour qui la vie est dure. Les esclaves qui exploitent ma houillère, voilà ceux qui portent leurs espérances de ce côté. Tas de pleutres qui ne font rien de glorieux ici-bas, et qui rêvent de nous montrer leur puissance dans un autre monde ! Pour nous, notre dignité nous affranchit d'une telle illusion; La gloire qui nous attend dans la postérité, voilà notre immortalité ! »

Ici l'orateur s'endormit. Son domestique l'emporta sur son lit; puis il redescendit à la cuisine, où on put l'entendre dire en face d'une cruche d'eau : « Ces messieurs ne se gênent pas ! Le verre à la main, ils décident qui est un animal, qui est un homme, qui est immortel. Tant mieux si tout va à souhait pour eux, c'est-à-dire si les choses se passent là-bas comme ici ! En tout cas, je ne voudrais pas qu'on me demandât quels sont les mérites qui ont conduit mon maître à l'immortalité. »

3. Et tu dis : « Il n'y a pas d'esprit. »

Chacun connaît certainement, par une édition ou par une autre, le bon Joseph Sedley, que Thackeray a si magistralement dépeint dans sa *Foire aux vanités*. Ce héros taillé en hercule ne fréquente que les officiers et ne peut voir un pistolet; cette fine bouche dévore avec un appétit de lion; ce grand parleur, devant les menaces féroces duquel tous les domestiques tremblent, a lui-même peur d'une ombre, semblable à ces timides oiseaux qui, chaque année, s'envolent par centaines de nos pensionnats de jeunes filles. Bref, le personnage rappelle singulièrement ce garçonnet de Shakespeare, « dont la bouche foudroyante vomit le trépas, les montagnes, les rochers et les mers », cet orateur du même poète, « qui vous parle aussi familièrement de lion rugissant qu'une jeune fille de treize ans, de son épagneul. »

Si l'esprit n'est en réalité pas autre chose que la matière, ou la somme de ses forces, alors cet homme comique est une énigme.

L'explication qu'on en donnerait, en disant que chez lui le cerveau était aussi peu développé que son corps était puissant, serait manifestement un expédient, car elle transporterait la question sur un terrain où chacun sait qu'on ne peut arriver à une solution certaine. Il n'existe pas de dépendance prouvée entre le cerveau et la force intellectuelle. Le cerveau du chien, et surtout celui du castor, est beaucoup moins compliqué que celui de la brebis. Gambetta avait un très petit cerveau (1165 grammes) ; ce qui ne l'a pas empêché de conduire tout un peuple. D'après de nombreuses mensurations, le Chinois a le cerveau (1428, 1482, 1518 gr.) notablement plus grand que celui de l'Européen (1410 gr.). Selon Broca, c'est le crâne du Groënlandais (1530 gr.) qui se rapproche le plus de celui du Parisien (1558 gr.) ; mais celui de la Groënlandaise (1428 gr.) est considérablement plus grand que celui de la Parisienne (1337 gr.).

Virchow affirme que le crâne des anciens Grecs était beaucoup plus grand que celui des Grecs modernes. Sur 15 crânes de savants mesurés par Bischoff, trois étaient moyens et quatre très petits. Proportions gardées, le moineau a un crâne qui pèse presque le double du poids de son corps. Chez la mésange et chez le singe d'Amérique, il est, proportions gardées aussi, quatre fois plus grand que chez l'homme.

Non ! l'esprit, et surtout le caractère ne dépendent pas du corps ; souvent même ils sont en contradiction complète avec lui. Les grands hommes, et en particulier les saints, en sont une preuve. James Watt, Pascal, saint Basile, saint Grégoire le Grand avaient à peine assez de force pour se tenir debout, mais, dans leur corps, habitait assez d'esprit pour faire des découvertes magnifiques, et illuminer la terre de l'éclat de leur vertu, de leur science, de leur art de gouverner et de leur éloquence. Ne semblerait-il pas que le Créateur ait justement voulu rendre visible le contraste entre l'extérieur et l'intérieur ?

Et on dit : « Il n'y a pas d'esprit ! » Un Albert le Grand, un Grégoire VII, un Napoléon, autant d'hommes d'une énergie incomparable, qui ont rempli le monde de la puissance de leur esprit et de leur volonté, tandis qu'un mince espace suffisait à leur corps ; et il n'y a pas d'esprit !

4. Les saints, témoins de la puissance de l'esprit.

Très souvent, on voit chez les gens pieux, chez les saints en particulier, — un contraste bizarre entre la force extérieure et la vie intérieure. Tant qu'ils sont en bonne santé, ils remplissent parfaitement leurs devoirs. Ils font même davantage, sans toutefois paraître déployer une activité plus qu'ordinaire. Mais plus leurs forces décroissent au point de vue physique, plus leur activité devient incompréhensible, et plus leur influence grandit. Leur corps tombe en ruines, mais leur âme monte sans cesse, et, semblable au soleil, répand à mesure qu'elle s'élève une lumière plus claire et plus intense. Enfin, lorsqu'ils meurent, il se passe dans le monde quelque chose d'analogue à ce qui se passa lors de la mort du Christ : on dirait qu'un voile de ténèbres obscurcit le soleil.

C'est le triomphe de l'esprit qui a été si actif en eux, non seulement de l'esprit naturel, mais aussi de l'esprit de Dieu, sous l'impulsion duquel ils ont agi si fidèlement.

N'est-ce pas là une preuve de ce que peut l'esprit humain dans la faiblesse de la chair, quand il répond à l'impulsion de la grâce ?

Oui, c'est bien à ces vaillants que s'applique la parole de l'Ecriture : « Le sentier des justes est comme une lumière brillante qui s'avance, et croit jusqu'au jour parfait de l'éternité. »

5. Les négateurs du libre arbitre.

Je comprends parfaitement qu'un coup d'œil jeté sur vos propres actions vous porte à dire : « Pouvions-nous faire autrement ? La tentation, les ruses de Satan, les séductions de la chair étaient trop puissantes. Dieu a fait les choses ainsi ; c'est dans notre nature. »

Personne, c'est vrai, ne s'accuse volontiers de fautes qu'il a commises, pas plus le criminel qui a volé, que la petite fille qui a dérobé des friandises. Mais je vous en prie, pourquoi tout ce tapage ? Pourquoi cette obstination à refuser de reconnaître ce qu'en réalité vous avez fait ? En vous entendant avant l'action, on croirait entendre Ajax. A peine est-elle commise, que vous êtes la petite fille qui a dérobé les friandises.

Ce qui caractérise l'homme, c'est l'art d'agir et de se taire ; ce qui caractérise l'enfant, c'est de faire le brave, de tout briser, et... de s'enfuir.

6. La vraie raison de la négation du libre arbitre.

Ceux qui nient le libre arbitre, allèguent toutes les raisons imaginables pour faire accepter leurs théories. Tantôt ils invoquent la théologie, comme Luther et Calvin; tantôt c'est la philosophie, comme Kant; tantôt c'est le grossier matérialisme comme Lamettrie et Moleschott; tantôt ils cherchent à nous éblouir avec des expressions forcées, procédé que Schopenhauer emploie à la place de preuves scientifiques. Mais au fond, la vraie raison est ce sentiment d'accablement qui s'empare du malade paresseux, quand le médecin lui dit de quitter l'hôpital, et de reprendre son travail.

Un seul homme a eu la sincérité de confesser cela publiquement, et, chose curieuse, c'est le plus fort parmi les esprits forts : Lessing.

7. Suicide et libre arbitre.

Il n'est pas rare qu'on invoque le suicide comme une preuve de l'absence de liberté chez l'homme. « Personne, dit-on, ne se détruit par sa propre volonté. C'est certainement le fait d'une aveugle puissance secrète qui réside dans l'homme, et lui fait violence. »

Évidemment c'est une puissance aveugle que celle qui obscurcit la volonté, la paralyse, l'enchaîne, et finalement conduit au suicide, car c'est la puissance du mal. Cependant c'est l'homme lui-même, qui, de sa propre main, volontairement, s'ôte la vie. Cette action terrible prouve précisément chez lui une force de volonté telle, qu'il n'en manifeste jamais une semblable dans aucune autre circonstance.

Parmi tous les instincts de la nature, celui de la conservation est le plus fort, ou, si l'expression est bien comprise, le plus naturel. Impossible à la nature de se détruire elle-même. Aussi, jamais animal ne se suicide. Si Daumer regarde comme un suicide la mort d'un chat qui, pendant de longues années, avait été l'objet de son affection la plus tendre, c'est là une de ces fantaisies qui heureusement sont rares. Oui, là où il n'y a que des puissances naturelles, aucune autre puissance ne supprime l'instinct de la conservation, cet instinct qui l'emporte sur tous les autres et se les sacrifie.

Seul l'homme a le triste privilège de pouvoir attenter à sa vie. Il y a donc en lui une puissance supérieure au plus fort de tous les penchants naturels, une puissance par conséquent qui n'appartient pas à sa partie sensible ; et cette puissance est la volonté libre.

Nous ne voulons pas dire par là que, dans cette œuvre de destruction, l'homme agit chaque fois avec une volonté complètement libre, et qu'il est toujours responsable de cet acte. La responsabilité de l'action dépend en effet du rapport des puissances cognoscitives avec la détermination de la volonté. Or, ceci est une question à laquelle un seul être peut répondre sans se tromper : celui qui seul voit dans les profondeurs de l'esprit. Mais quoi qu'il en soit, il est certain que la faculté de se donner la mort suppose une puissance beaucoup plus grande que celle de l'instinct humain le plus fort, et que ce forfait prouve d'autant mieux la supériorité de la volonté sur les puissances sensibles, qu'il est plus contraire à la nature, et tend davantage à son anéantissement.

8. Une plaisanterie mal comprise.

Pour saisir une plaisanterie, et faire la juste application d'une ironie, il faut une culture et une certaine liberté d'esprit dont tout le monde n'est pas capable.

L'éducateur du genre humain a voulu, par suite de considérations pédagogiques, placer une ironie sur le chemin de son élève, pour lui faire remarquer dans quel abîme il pourrait tomber, s'il venait à oublier la noblesse de sa nature, et les obligations que lui impose son âme pensante et immortelle. Mais en agissant ainsi, il a cru devoir tenir compte de la sottise humaine. C'est pourquoi il a fait cette ironie aussi grossière que celle dont l'homme se sert pour éloigner les oiseaux d'un champ : il a créé le gorille.

Sans doute il doit se dire maintenant qu'il s'était fait de l'homme une idée trop haute ; car celui-ci a pris la plaisanterie au sérieux. Il a considéré la caricature qui devait l'effrayer, comme son père, son frère, son maître, son idéal ; et il s'est précipité plein d'enthousiasme vers cet être hideux, pour marcher avec lui, la main dans la main, au risque de tomber dans le précipice dont son aspect aurait dû le détourner.

9. Homme et animal.

Bien que l'animal naisse débile, il a vite fait d'acquérir toute la force que le Créateur lui a destinée. Et, qu'il soit jeune, qu'il soit vieux, cette force reste à peu près la même.

L'esprit, lui, ne cesse de progresser. Cependant, à une certaine époque de la vie, il est mûr. Alors, entre l'homme d'autrefois et l'homme d'aujourd'hui, il y a une différence aussi grande qu'entre le jour et la nuit. Ce qui n'empêche pas les sages aveugles de dire : « Qu'est-ce que l'homme a de plus que l'animal ? »

Insensés que vous êtes ! Comment pouvez-vous constater l'existence de l'esprit, si l'intelligence et les yeux vous font défaut ?

10. L'abîme entre l'homme et l'animal.

Le malheur mal supporté, ou l'asservissement au plaisir des sens peuvent plonger l'homme dans une telle nuit intellectuelle, qu'il est capable de s'écrier : « Heureux les animaux ! Leur sort est préférable à celui des humains. Eux, du moins, peuvent suivre la pente de leurs désirs. Aucune loi ne les enchaîne, aucune angoisse de conscience ne les oppresse. Ils font ce qui leur plaît. Et, quand leur fin est arrivée, ils s'éteignent en paix, sans crainte de l'avenir, car tout est fini pour eux. Oh ! si moi aussi j'étais un animal ! Je pourrais vivre sans soucis. La loi, la crainte de la responsabilité ne pèseraient pas sur moi, et la question de l'*au delà* me laisserait complètement indifférent. »

C'est là une terrible erreur de la part du cœur ; mais c'est aussi un précieux témoignage en faveur de la vérité. A ce moment surtout, l'homme sent la différence énorme qui le sépare de l'animal. Il se rend compte qu'entre eux il y a un abîme, que même l'aspiration à l'animalité ne saurait combler.

11. Philosophie de l'art de se vêtir.

Il est à croire que nous pourrions parfaitement nous entendre avec le docteur Ferrero, si nous entrions en discussion avec lui.

Nous lui accordons volontiers que la mode donne beaucoup à penser, non seulement aux dames, mais aussi aux messieurs, à ceux du moins qui exercent les honorables professions de maris, de pères et d'esthètes. Nous sommes également d'avis que, parmi les branches de la civilisation, qu'on peut invoquer comme des preuves de la puissance de l'esprit humain, il faut assigner une place très secondaire à l'art de l'habillement à côté de l'art culinaire.

Cependant, l'art de se vêtir est, lui aussi, une preuve de la supériorité de l'esprit humain. Jamais, jusqu'alors, aucun animal n'a fabriqué de vêtements pour son usage. Le Créateur de l'univers veille à ce qu'il ait, en temps opportun, son vêtement d'hiver. Si l'homme lui enlève ce vêtement, ou s'il transporte dans un climat froid un animal né sous les tropiques, celui-ci pourra se blottir dans un endroit chaud, mais il n'aura jamais l'idée de se fabriquer une couverture, qui le protège contre les intempéries et lui permette de vaquer en liberté.

Au point de vue de la nourriture comme du vêtement, il dépend de ce que la nature et son voisinage le plus proche lui offrent. Le sansonnet ne songe pas à emporter avec lui, par mesure de précaution, des provisions ou un vêtement d'hiver, dans la contrée inhospitalière vers laquelle il se dirige, au printemps; et l'hirondelle mourrait de faim sur un tas de blé, si les moucherons venaient à lui manquer.

L'Américain Macgowan prétend, il est vrai, que certains singes de Chine préparent et conservent dans des pots du vin, et du vin de deux sortes, du blanc et du rouge. Mais, provisoirement, il nous faut mettre son affirmation sur le même pied que celle de son compatriote Garner, qui a eu la bonne fortune de découvrir et de parler le langage de ces animaux et celui des fourmis.

Par crainte de nous rendre coupable d'un trop gros

péché envers la science, citons également, en les considérant avec le même sérieux, les fourmis agricoles de Mac Cook, et leurs sœurs du Nicaragua, que Bell et Mœller ont vu pratiquer la culture du champignon.

Oui, la nécessité rend l'homme inventif, car elle aiguise son intelligence, comme le silex aiguise le couteau. Mais là où il n'y a pas de couteau à aiguiser, tous les silex sont inutiles.

C'est ce qui fait qu'aucune inondation n'apprend aux chiens à grimper sur les arbres, et que le taureau mourrait de faim plutôt que de toucher à un morceau de viande. Mais le fou lui-même a toujours assez d'intelligence pour aviser aux moyens de se préserver du froid quand il en ressent les atteintes.

Par contre, prenez le chien, cet animal dont l'instinct est si développé. Voilà des siècles qu'il vit aux côtés de son maître, l'homme ; malgré cela, il ne comprend pas plus la différence qu'il y a entre un vêtement d'hiver et un vêtement d'été, que le renard ne comprend les avantages du parapluie sous lequel il pourrait cacher ses ruses.

Sans exagérer l'importance de l'art de se vêtir, on peut donc affirmer qu'il prouve chez l'homme l'existence d'une puissance étrangère à l'animal, puissance qui sait nous rendre indépendants de l'influence de la température.

12. L'hygromètre, mesure de l'esprit.

Sous ma fenêtre est un hygromètre public, un beau capucin.

A peine l'époque des fraîches matinées commence-t-elle, qu'il devient l'objet de l'attention universelle ; et je perds plus d'une minute à contempler ce spectacle attrayant.

Là arrivent en bandes bruyantes les ouvriers, avant de commencer leur rude travail quotidien. La température du dehors devrait les laisser bien indifférents, puisque la plupart d'entre eux subiront toujours la même chaleur dans leurs ateliers. Malgré cela, ils sont curieux de savoir combien il y a de degrés.

Puis, voici un couple qui s'en va prendre le train,

marchant péniblement sous le poids des lourds paquets dont il est chargé. Il n'a plus que le temps d'arriver. La femme, — il est vrai qu'elle est la cause du retard, — triomphe bien de la tentation d'aller rendre visite au capucin, mais le mari ne peut s'empêcher de faire un petit crochet pour voir quel temps il fera, malgré l'impatience de sa digne moitié, qui le conjure de se presser.

Ce sont ensuite des personnes pieuses qui sortent de l'église, des religieuses qui rentrent au couvent après avoir passé la nuit au chevet des malades, des domestiques qui s'en vont au marché en jacassant, des écoliers et des écolières qui se rendent au temple de la science. Tout ce monde-là n'a rien de plus pressé que de diriger ses pas vers le capucin hygromètre.

Un seul être ne lui accorde aucune attention : c'est le chien d'un vieux monsieur qui fait chaque matin sa promenade réglementaire. Tandis que son maître va consulter l'instrument météorologique, avec toute la lenteur dont la goutte est la cause, et tout le loisir que lui laissent ses affaires, le fidèle animal est là tremblant, serrant la queue, le dos arqué, une patte levée, visiblement animé d'un désir, celui de pouvoir continuer son chemin, parce qu'en marchant il ressent moins le froid qu'en restant au repos.

Pour l'animal, il suffit qu'il fasse froid; l'homme, lui, veut savoir le degré de froid. L'animal gèle sans penser à rien; l'homme croit qu'il est suffisant de boire et de manger sans penser à rien, mais il veut geler avec intelligence.

13. Une marque d'honneur méconnue de l'homme.

Voici un homme, voici un animal, et il n'y a pas de différence entre eux! Comment peux-tu te déshonorer ainsi? L'animal se précipite sur la proie qu'il aperçoit; l'homme peut jeûner, se priver.

14. L'intelligence des animaux.

1. Voici une poule qui se promène avec sa couvée dans le jardin. Parmi ses petits, il en est un si malin-

gro, qu'il aura peine, à coup sûr, de passer la journée. Les autres suivent leur mère partout où elle va ; celui-ci reste en arrière épuisé de fatigue. La poule se donne d'abord quelque peine pour le stimuler ; mais voyant que tous ses efforts sont vains, elle va avec les autres et abandonne le pauvret à son triste sort.

Ne comprend-elle pas sa misère ou n'éprouve-t-elle aucune pitié en face de sa situation ?

Je ne sais ; mais en tout cas, elle montre parfaitement la différence qui existe entre l'animal et l'homme. Dans une circonstance analogue, les mères humaines laisseraient tous leurs enfants bien portants, pour donner leurs soins au pauvre petit malade.

2. J'avais à peine écrit ceci, qu'une hirondelle entra dans ma chambre. Les fenêtres, dont les vitres sont fixées par du plomb, semblent être aussi vieilles que l'édifice lui-même, qui a déjà vu passer de nombreuses générations. Elles sont tenues proprement ; mais aucun des soins qu'on leur donne, ne peut faire disparaître la teinte sombre qui est la conséquence de leur vétusté. Pour mon œil, il y a une différence très frappante, selon que je regarde dans le jardin par le côté ouvert ou par le côté fermé. Mais qui n'a pas remarqué cela ? C'est mon hirondelle. Dans les efforts qu'elle fait pour reconquérir sa liberté, elle se heurte plus de vingt fois à la partie fermée. A la fin, je suis obligé de me lever et d'aller à son secours.

3. Dans un rapport lu à l'Académie des sciences de Vienne, le professeur Siegmund Exner dit avoir fait sur des pigeons voyageurs des expériences établissant que ces oiseaux reviennent à l'endroit où on les a pris, malgré tous les efforts faits pour les dérouter.

Il en a emporté dans des pays étrangers, il leur a mis d'épais capuchons noirs sur la tête, il les a fait tourner dans tous les sens dans une cage bien close, de telle sorte qu'il leur était impossible de se rappeler quelle route ils avaient suivie ; et, malgré cela, ils sont revenus à leurs colombiers plus vite que d'autres pour lesquels on n'avait pas pris toutes ces précautions, et qui connaissaient parfaitement le pays. Il est allé jusqu'à en électriser, jusqu'à en lancer après les avoir

5.

étourdis au moyen de narcotiques. Le résultat fut toujours le même.

Alors, quelle explication donner à tout cela ?

Une seule. Ou bien ils surpassent l'homme en force intellectuelle, ou bien cette merveilleuse facilité qu'ils ont de se retrouver, résulte d'un instinct purement naturel, sur lequel les influences qui troublent l'esprit pensant n'ont aucun effet.

4. Le Jeudi saint de l'année 1888, je faisais une petite promenade en compagnie de quelques amis. En arrivant près d'une métairie, dont la haie du jardin, assez élevée, courait le long de la route, un fait attira mon attention.

Dans le sol mou et incliné, le chien de la maison s'était ménagé un passage secret, qui lui permettait de faire certaines excursions défendues. Mais son maître avait eu vent de la chose, et il en avait fermé l'issue au moyen de solides bâtons. Au moment où nous passions, l'intelligent animal, un magnifique chien d'arrêt, avait voulu lui aussi utiliser quelques instants de liberté pour faire une courte promenade. Mais qui peindra son étonnement, quand il trouva barrée la galerie qu'il s'était si ingénieusement percée ! C'était vraiment pitié de voir ses efforts pour tenter de passer. Nous essayâmes bien de le calmer ; ce fut en vain. Finalement, il se coucha, l'air désespéré, devant l'œuvre de sa perspicacité, que la méchanceté de l'homme avait si cruellement anéantie, et passa son museau dans l'espace libre laissé entre les barreaux, pour jouir du moins d'une petite partie de cette liberté que son maître ne voulait pas lui accorder tout entière.

Tout à côté de lui, à une distance de deux ou trois fois sa longueur, le sol s'était abaissé sous l'action du dégel qui avait suivi le rigoureux hiver, et il s'était formé sous la haie, une dépression par laquelle plusieurs chiens auraient pu passer à la fois.

Voilà l'intelligence tant vantée des animaux !

CHAPITRE V

L'HOMME

1. Les larmes.

Ce matin j'ai cueilli une rose; et, comme je l'ouvrais, j'ai vu briller en elle une larme.

Cette perle sur cette étoffe de velours a rempli mon cœur d'une douce tristesse, et élevé ma pensée vers Dieu, l'auteur de tout bien.

La plus belle rose, celle qui est l'objet de ses soins les plus tendres : le petit enfant, il la cueille au matin de la vie, toute baignée des larmes du regret.

Larmes, vous êtes un trésor sacré! Vous êtes un ornement sur les joues du père et de la mère, parce que vous entretenez en eux le désir de la vraie patrie.

2. Tu l'as placé peu au-dessous des anges.

Dans ma faiblesse et ma lâcheté, je gémis sur les combats que je suis obligé de livrer chaque jour, et je porte envie aux esprits bienheureux qui jouissent de la félicité. Et cependant les anges, quand ils sont là, à mes côtés, qu'ils m'aident dans mes luttes et mes souffrances, sont pénétrés d'un saint respect pour moi. Ils éprouvent même une certaine confusion de ce que Dieu ne leur a pas donné, comme à moi, cette marque de sa confiance, et une ressemblance aussi grande avec son Fils.

Oui, s'ils étaient capables de jalousie, ils m'envieraient éternellement l'heureuse part qui m'a été donnée, de pouvoir fortifier ma faiblesse par la lutte, purifier mon imperfection par la souffrance; pour eux, en effet, s'ils ont été gratifiés du privilège de pouvoir contempler la magnificence de la participation à la vie du Christ, ils n'ont pas la possibilité d'imiter ses actions les plus sublimes.

3. Noblesse de l'homme.

Que signifient donc tous ces phénomènes dont le cœur est le théâtre ? Tantôt il est de feu, tantôt il est de glace, tantôt il s'élance vers le ciel, tantôt il tourne sur lui-même comme un insensé. Une autre fois le voilà parti en guerre ; puis, tout à coup il joue comme un enfant folâtre. Son étourderie lui fait-elle perdre la victoire ? alors il a les déchaînements furieux de la tempête.

O homme ! Reconnais ici la noblesse de ton sang. Le corps est argile et glace, l'âme est l'éclat du soleil ; le corps penche vers la terre, l'esprit issu d'un souffle divin est brûlé du feu de la nostalgie, jusqu'à ce qu'il retourne à Dieu.

4. Aux vieillards le conseil, aux jeunes gens l'action.

En présence d'un sage que l'âge et l'expérience rendent digne de respect, il sied à un jeune homme de parler peu, et de le faire avec une grande modestie. Or, en face de la Sagesse éternelle, un homme de soixante-dix ans n'est encore qu'un enfant.

Comment donc juger ceux qui parlent à tort et à travers, non seulement en présence de Dieu, mais contre sa Sagesse et sa Providence ? Qui a jamais commis une plus grande impertinence ?

Alors, répondra-t-on, en face de Dieu, l'homme n'a d'autre droit que celui de se taire ? Alors, il n'a qu'à laisser agir Dieu ? Pour lui, il n'a aucun rôle à jouer ?

C'est ne rien dire que parler de la sorte. L'homme conserve toujours des droits et un rôle. Il peut, à tout moment, se présenter au conseil de Dieu sans se faire annoncer, droit exclusivement réservé à des personnes unies par les liens du sang. Si on lui demande son avis, il peut parler lui aussi, et la bonté de Dieu le laisse dire son mot, plus souvent que la pauvreté de son intelligence ne le mérite. Même quand il n'est pas invité à parler, c'est assez d'honneur pour lui d'avoir accès dans ce conseil; il doit s'estimer heureux de pouvoir être un auditeur silencieux dans des négociations d'une telle importance. En tout cas, ce qui lui reste toujours, c'est d'exécuter les décisions de ce conseil.

Ici s'applique la parole: Aux vieillards le conseil, aux jeunes gens l'action. Ce n'est pas une bagatelle, que d'être investi de la confiance de l'Ancien des jours, pour exécuter ce qu'il a résolu. Il semblerait que l'homme élevé à cette dignité ne devrait pas se mêler des choses que Dieu s'est réservées à lui-même.

5. La fin de l'homme.

Toutes les richesses ne me satisfont pas. Je posséderais tout, que je croirais ne rien avoir. C'est ce qui me prouve, avec une évidence aussi claire que le soleil, que Dieu seul est ma fin.

6. Appel et vocation.

La vocation est l'accomplissement des devoirs propres à la situation particulière dans laquelle Dieu appelle les hommes à faire leur salut; elle est le moyen terme entre la prédestination et la félicité.

Rester fidèle à sa vocation, avec patience et courage, est le moyen le plus sûr pour arriver à la félicité; être infidèle à sa vocation ne veut pas dire perdre à jamais cette dernière, mais seulement s'en rendre le chemin plus difficile.

Ne t'inquiète pas de l'appel à la vie bienheureuse; mais inquiète-toi d'autant plus de ta vocation.

7. L'absence de fin impossible.

Le vert sapin recherche la lumière,
   L'eau du torrent les profondeurs.
   Vésuve, sous ses flancs trompeurs,
Fond et refond sa lave meurtrière.

Libre de fers, l'aigle dans l'air se joue,
   Bercé par le souffle des vents.
   Et toi seul, homme, tu consens
A demander ton repos à la boue?

8. Contradiction contenue dans le mot *homme*.

Une preuve que l'homme n'est pas pécheur de par sa nature, mais que le péché est cependant devenu sa nature, c'est la réflexion faite par celui qui tombe dans quelque faute : « Que voulez-vous ? dit-il, je suis homme ! » c'est-à-dire un pauvre pécheur.

9. L'homme à la fois énigme et contradiction.

Il y a, semble-t-il, un être sur lequel l'homme n'a jamais des idées bien nettes ; et cet être, c'est lui-même. Aujourd'hui il l'élève jusqu'au ciel ; demain les expressions lui manquent pour rendre le dégoût qu'il lui cause.

Dans la littérature, il n'en est pas autrement que dans la vie. Elle aussi oscille constamment entre l'idolâtrie de l'homme et sa condamnation.

Une telle contradiction sur un être qui nous touche de si près, suppose une cause. Nous entendons parler de tout, de l'homme lunaire, des mœurs de l'homme préhistorique, de l'état de la terre pendant la période gazeuse. Il n'y a que la question de savoir ce qu'il en est de l'homme réel, de l'homme vivant, de nous-mêmes, qui échappe à notre curiosité et à notre connaissance. C'est tout au plus si, après des réflexions un peu prolongées sur ce sujet, nous admettons la vérité de ces paroles du duc de Gothland : « L'homme porte un aigle dans sa tête, et ses pieds sont fixés dans la boue. Qui fut assez insensé pour le créer ainsi ? La folie souveraine. »

Dans son effrayante impiété, ce blasphème terrible met sur la voie ceux qui veulent trouver la réponse juste.

Ce duc de Gothland est en réalité l'homme dont il s'agit. Naguère, il était un héros vertueux et magnanime, la gloire de sa maison, l'orgueil de son peuple. Bientôt les soupçons et la jalousie firent de lui le meurtrier de son frère. Et très rapidement il devint ce traître à sa patrie, cet usurpateur, ce théophobe qui saluait l'enfer avec d'horribles paroles de malédiction, au moment où il tombait dans sa gueule béante. Miséricordieuse et pure est la toute-puissance qui l'avait créé noble et généreux. Mais ses crimes produisirent en lui de si terribles ravages, qu'il la traitait de folle et d'insensée, lorsqu'il jetait les yeux sur elle. Car d'un côté, il voyait en sa propre personne un monstre tel que n'en formeraient jamais toutes les bêtes sauvages réunies; d'un autre côté, il ne pouvait se convaincre qu'une vie, si criminelle fût-elle, serait assez longue pour effacer les traits de ressemblance de l'homme avec Dieu.

10. L'homme moyen.

Depuis Quételet, la statistique morale s'épuise par une accumulation de chiffres et de tableaux, dont le poids lui fait perdre trop souvent la pénétration et l'ampleur du coup d'œil, à ébranler les doctrines fondamentales du libre arbitre et de la responsabilité humaine.

Elle ne se contente pas d'affirmer d'une façon générale, que certaines lois régissent l'homme dans la vie morale, comme il y a des lois physiques qui régissent les astres. Elle cherche de plus, en supputant le nombre des mariages, des naissances, des crimes, des suicides et des cas de folie, à établir une moyenne qui lui permette de fixer, d'une manière précise, les lois de la volonté et de l'activité humaine, et de déterminer à l'avance, avec une certitude mathématique, la marche des événements.

La fin qu'elle se propose est, selon l'expression adoptée, de trouver l'idée d'*homme moyen*; en d'autres termes, de montrer ce que l'homme fait régulièrement sous l'influence de ses prétendus instincts irrésistibles, et sous la contrainte des circonstances extérieures. Il s'agit donc d'un côté de nier la liberté humaine, et d'un autre l'existence d'une loi morale impérative.

L'éthique moderne est si sûre de son affaire, qu'elle ne parle plus de lois, mais seulement de conformité aux lois.

Là-dessus se greffe une tendance très répandue dans l'histoire de la civilisation, tendance qui cherche à expliquer l'évolution de la société, de l'histoire, et même de la morale comme le résultat de lois physiques; telles les migrations des oiseaux et la formation des bancs de corail. Cette tendance porte le nom de *Système social de la morale,* et trouve un fidèle appui dans la sociologie, surtout dans cette science récemment découverte, qu'on appelle la psychologie sociale.

De là vient que, dans tous les domaines de la science, nous entendons parler de sauvagerie et de barbarie sociale, de mouvements sociaux, de maladies du corps social. Mais par contre on oublie l'influence de l'individu sur le tout, comme aussi son autonomie et sa responsabilité personnelle.

Personne ne doute que la société ait son activité et sa morale propres, qui ne coïncident nullement avec la morale privée des individus. Il est également certain que l'homme vit dans un rapport de dépendance avec la société tout entière, et que, vis-à-vis d'elle, il n'est pas aussi souverain que le proclament l'absolutisme rationaliste de Kant et de Fichte, le libéralisme, et en particulier la doctrine de Nietszche sur le *superhomme* et sa morale. Toutefois, nous ne pouvons qu'être reconnaissants à la science moderne, de travailler à faire mieux connaître l'idée de la morale publique, et la situation sociale de l'homme.

De fait, l'anthropologie doit être sociologique ; autrement elle porte la marque du mensonge sur le front. Or, la doctrine chrétienne sur les obligations de l'homme est sociologique. Car, d'après elle, l'homme n'a pas été créé pour lui seul ; mais, en raison de sa destinée et de ses dispositions physiques et intellectuelles, il dépend de la société, et doit la servir. C'est même là-dessus que repose le dogme du péché originel. On ne veut pas dire par là que tous les individus ont péché personnellement dès avant leur naissance, mais que le genre humain, comme ensemble, est devenu pécheur, et que chacun participe pour sa personne à cette faute, parce qu'il est membre du tout.

La morale chrétienne a aussi un caractère sociologique. En vertu de son égoïsme étroit, celle de la libre-pensée voudrait baser tous les droits et tous les devoirs de l'homme, uniquement sur la considération de ce qui lui est personnellement utile ou nuisible. C'est ce qui a valu au christianisme le reproche bien connu d'élever l'homme pour une piété stérile, et de ne rien faire pour l'utilité générale.

Celui qui parle ainsi, ne se rend évidemment pas compte que, selon la manière chrétienne d'envisager les choses, les vertus privées remplissent elles-mêmes un rôle social, c'est-à-dire doivent être pratiquées en vue du bien général. En réalité, les saints distribuaient en aumônes ce qu'ils épargnaient par leurs jeûnes. Mais ce sont là des devoirs sociaux trop particuliers; nous n'en parlerons point.

Bref, le blâme retombe ici sur ses auteurs. Il n'atteint pas le christianisme. Celui-ci n'a imposé l'obligation de préférer les intérêts de la communauté aux leurs propres, qu'à ceux qui aspirent à la perfection dans le cloître. Mais il proclame que c'est là l'idéal, et que celui-là n'accomplit pas les devoirs de son état, qui pense uniquement à lui, et ne veut pas satisfaire à ses obligations envers la communauté. C'est cet esprit chrétien qui animait le poète, quand il écrivait : « Celui qui travaille uniquement pour soi est un misérable; celui au contraire qui se sacrifie pour les autres se met en sécurité. »

Or, ceci est tout différent de cette tendance moderne, qui voudrait supprimer l'homme avec ses droits personnels, et sa responsabilité propre envers la société humaine.

La solidarité a certes une grande valeur morale; et on ne peut assez tenir compte de l'influence exercée sur l'individu par l'opinion et la morale publiques. La puissance de l'exemple, avant tout de l'exemple collectif, de l'exemple social, a toujours été proverbiale; et la doctrine moderne sur la suggestion et l'action psychologique de l'exemple des masses, ne fait que répéter l'enseignement de toute psychologie et de toute morale saine.

Toutefois, il est une autre considération qu'il importe de ne pas perdre de vue. Bien que chacun, dans sa conduite, soit intime, soit extérieure, subisse l'influence de la société au service de laquelle il doit passer sa vie, il est et reste néanmoins constamment ce qu'il s'est fait lui-même. Nous savons dans quelle mesure le sort extérieur de l'homme dépend des circonstances au milieu desquelles il vit. Cependant l'adage dit avec raison : « Chacun est l'artisan de sa propre fortune. » Nous admettons que les idées générales d'une époque, et les vagues de la morale publique ne passent sur personne sans laisser des traces, et que, dans une certaine mesure tous les hommes sans exception sont les enfants de leur siècle ; malgré cela, chaque caractère est sa propre création, et le sort éternel de chaque individu est la conséquence de ses propres œuvres.

De là il résulte que l'homme moyen n'existe pas en tant que mesure normale et idée générique, tel que le cherchent la statistique morale par voie de synthèse déductive, et Herbert Spencer par voie d'analyse et d'évolution inductive. C'est en vain qu'on chercherait une feuille de chêne idéale. Jamais on ne trouve deux feuilles d'arbres complètement semblables, parce que chacune d'elles se développe à sa façon, en vertu de qualités qui lui sont propres.

Vaine à plus forte raison sera la tentative d'établir, par des chiffres et des caractères distinctifs, un homme moyen qu'on pourrait, selon l'expression de Quételet, considérer comme le type du beau et du bien. Il faudrait alors le distiller en *homunculus*, c'est-à-dire le dépouiller de tout caractère personnel. Le résidu serait l'homme idéal.

Voilà donc une preuve que cet homme ne peut être imaginé que comme un être de raison. Car un homme réel, dès qu'il ferait son entrée dans la vie, comme individu, s'écarterait immédiatement de ce type par des signes particuliers. L'homme n'est pas une idée purement générique, mais un être personnel, libre, alors même qu'il dépend de la communauté dans laquelle il vit.

Si l'histoire de la civilisation tenait compte de cette pensée, elle serait moins fantaisiste, moins arbitraire, et donnerait des résultats plus pratiques.

Autre chose est la question de savoir si, par l'observation psychologique, on ne peut tracer le portrait de l'homme moyen ; en d'autres termes, concevoir l'homme tel qu'il est d'ordinaire dans la réalité.

Ici, il faut naturellement répondre d'une manière affirmative. Seulement, cet homme moyen ainsi compris n'est avant tout que l'idéal du beau et du bien. « L'homme moyen est plutôt, — ainsi parle non pas un moraliste, mais un statisticien, Max Haushofer, — une moyenne de bien et de mal, un être formé par voie d'additions, qui réunit en lui toutes les faiblesses et toutes les passions, mais aussi toutes les vertus du genre humain. A la conscience de l'homme moyen adhère un petit morceau de toutes les coquineries et de toutes les actions nobles et généreuses. Il en est de même de ses capacités intellectuelles. Il est un mélange de bêtise et d'intelligence, de civilisation et de sauvagerie. »

Ainsi s'exprime le savant en question. Tout ascète souscrira certainement à son jugement.

Oui, nous accordons à l'histoire de la civilisation et à la statistique, que l'homme tel qu'il appparaît de fait et ordinairement dans le monde, doit une bonne partie de ses capacités, notamment celles qu'il a pour le mal, à ses relations avec l'humanité qui l'environne. Ceci répond exactement à la doctrine chrétienne de la solidarité.

Les efforts de la science moderne pour expliquer la morale individuelle, uniquement par l'état et par les idées de la société, établissent donc la vérité du dogme chrétien de l'unité du genre humain, et de l'influence de sa santé générale sur l'état moral de ses membres. En d'autres termes, ils sont une preuve du dogme du péché originel.

Deux choses encore, et la statistique serait parfaite. La première consisterait à ramener dans de justes limites sa doctrine sur l'homme moyen. La seconde serait que, sans perdre de vue l'influence de la société sur l'individu, elle voulût d'une part reconnaître la liberté personnelle chez celui-ci, et d'autre part considérer chacune de ses actions libres comme une cause qui contribue à la bonne ou à la mauvaise santé du tout.

11. Le jugement du monde, preuve de sa chute.

Parmi les nombreuses et fines remarques de Jean Paul, il est bon de ne pas laisser perdre celle-ci : « Plus le génie est grand et plus le visage est beau, plus le monde pardonne ; mais plus la vertu est grande, moins il se montre clément. »

La dernière assertion est tout à fait naturelle ; mais elle est aussi tout à l'honneur de la vertu. Elle montre en effet, quel respect le monde a pour elle, respect si profond, qu'il se sent involontairement obligé de lui enlever la moindre tache qu'elle pourrait avoir sur ses vêtements ou sur ses souliers.

Mais la citation tout entière caractérise parfaitement l'esprit du monde. Cet esprit préfère pour lui le clinquant et la vaine apparence au bien véritable ; ce qui ne l'empêche pas de réclamer de la vertu le plus brillant éclat de la sainteté.

N'est-ce pas une nouvelle preuve que l'humanité est tombée, mais qu'elle a néanmoins conservé profondément enraciné en elle, le respect pour la vertu ; bref, qu'elle est viciée, sans cependant avoir perdu tout à fait sa bonté innée ?

12. La couronne royale perdue.

La couronne, on le voit, est tombée de ton front, car il garde encore les rouges stries qu'elle y a imprimées.

Renie ta race, éteins l'étincelle divine qui brille en toi ; tu as beau faire, chaque enfant te rappellera que jadis toi aussi tu portas le bandeau royal.

13. Le château en ruines.

A propos de je ne sais plus quel château disparu, j'ai lu cette légende, que des esprits planaient sans cesse au-dessus de lui, en poussant de plaintifs gémissements.

Je sais maintenant pourquoi nous ne trouvons pas le repos. Qui peut faire surgir à nouveau un château qui n'existe plus ?

14. Moitié bon, moitié mauvais.

Chacun veut avoir fait le bien, et personne ne veut le faire. Chacun veut faire le mal, et personne ne veut l'avoir fait.

Ceci prouve deux choses. D'abord qu'il y a dans l'homme un penchant naturel pour le mal ; et ensuite, que la haine pour le mal, et l'inclination vers le bien ne l'ont pas encore complètement abandonné.

On dit, il est vrai, que c'est là envisager l'homme d'après des idées préconçues, et d'une manière aussi arbitraire que de vouloir trouver les dogmes de l'Eglise dans la Sainte Ecriture.

Eh bien ! s'il en est du dernier reproche comme du premier, tous deux ne sont pas dangereux.

Pour aborder le premier, qui seul nous occupe ici, nous posons cette question : les irrésolus et les lâches sont-ils de vrais représentants de notre race ? Pas du tout. Des gens qui se glorifient de leurs crimes, comme Werner d'Urslingen, ce monstre qui portait constamment un bouclier d'argent, avec cette inscription : « *Ennemi de Dieu et de la pitié* », ne le sont évidemment pas non plus. Tout homme d'honneur se gardera bien de se mettre sur le même rang que ces rebuts de l'humanité.

D'autre part, il n'y a pas d'excès non plus dans ce ii nous est commun avec les anges.

Il faut donc s'en tenir à la doctrine chrétienne que, r sa nature, l'homme est moitié bon, moitié mauvais, qu'il doit se décider ou pour le bien ou pour le mal.

15. Race de péché.

Qu'y a-t-il de surprenant, si l'enfant qui a été engendré dans le péché par son père, et qui a sucé le mensonge avec le sein maternel, est lui-même péché et mensonge ! Chacun de tomber comme s'il n'en pouvait être autrement, et de dire : « Je suis si faible ! J'ai été séduit ; j'étais fou ». Mais jamais personne ne s'écrie : « Hélas ! je suis un pauvre pécheur ! »

16. Orgueil de race et misère noire.

Un seigneur noble, appartenant à une illustre famille, était tombé dans la plus grande misère tant par la faute de ses ancêtres, que par ses propres folies et ses débauches. La seule chose qu'il eût conservée d'un passé meilleur, était sa morgue héréditaire. Et, il y tenait avec tant d'opiniâtreté, que sa conviction était qu'il devait à son nom de mourir plutôt que d'avouer sa misère.

Cependant tout le monde la connaissait. Divers amis lui offrirent de venir à son secours ; il les congédia, en leur faisant remarquer qu'il n'avait nul besoin d'eux.

La chose vint aux oreilles du roi. Il fit savoir au noble ruiné qu'il lui suffirait d'exprimer un désir pour recevoir immédiatement tout ce dont il avait besoin. Il ajouta même que tout se passerait discrètement, et que sa réputation n'en subirait aucun dommage.

Cette prévenance royale vexa fortement notre orgueilleux. Non seulement il nia son dénûment avec plus d'énergie que jamais ; mais, pour mettre fin à toute médisance sur son compte, il ne permit plus qu'on jetât un regard dans l'intérieur de sa maison. Il la ferma donc à tout le monde. Tout ce qu'elle contenait en fait d'ustensiles de ménage, il l'envoya chez le brocanteur, et fit du feu avec les portes et les parquets. A le voir, il était le même qu'auparavant; rien d'insolite ne tranchait dans sa personne, sinon une vanité et une prodigalité, qui grandissaient à mesure que ses ressources touchaient à leur fin. Et ce fut vite fait. Au bout de peu de temps, il mourut misérablement. On le trouva dans un état de dénûment tel, qu'on ne l'aurait jamais soupçonné.

Image frappante de l'homme qui ne veut s'humilier ni devant les hommes, ni devant Dieu, et qui préfère mourir abandonné de tous, plutôt que de dire : « Je suis un pauvre pécheur ! »

17. O Dieu ! Qu'est-ce que l'homme !

La tempête mugit, l'esquif est entraîné,
    O Dieu ! qu'est-ce que l'homme !
L'incendie est ardent, l'aquilon déchaîné,
    O Dieu ! qu'est-ce que l'homme !
La terre au loin frémit; partout craquent les rocs,
    O Dieu ! qu'est-ce que l'homme !
Les peuples sont debout; terribles sont les chocs,
    O Dieu ! qu'est-ce que l'homme !
Le plaisir apparaît; mon sang de bouillonner,
    O Dieu ! qu'est-ce que l'homme !
Je déteste le mal, mais sans l'abandonner,
    O Dieu ! qu'est-ce que l'homme !

18. Petite puissance et grand malheur.

Une des meilleures règles de conduite qu'on puisse donner à un jeune homme arrivé sur le chemin de la vie, est la parole : « Ta puissance est petite, prends garde à elle. »

Tout maître sait quel mince bagage un jeune homme emporte avec lui dans la vie, au sortir de l'école, et la peine que ce bagage lui a coûté. La plupart du temps, il en a coûté encore plus aux autres qu'à lui. Mais le jeune homme s'en va, comme le prodigue de l'Evangile, persuadé que le monde lui appartient. Ainsi jadis, quand on lui avait donné quelques pièces de monnaie, le jour de sa fête, il croyait pouvoir faire le Monsieur toute sa vie.

Le monde est beaucoup plus malin que ce naïf. Lors même que son capital serait cent fois plus grand, il aurait vite fait de le lui dépenser. Un court temps s'écoule, et c'en est fait de lui ; c'en est fait de sa petite force. Elle ne lui a servi de rien ; et ce qu'il a gâté ou perdu ne peut s'évaluer.

Il n'a fait que passer à la tête d'une maison ; et ce que ses ancêtres avaient épargné pour lui, à force de travail et d'économie, se trouve entièrement dissipé. Il n'a pas laissé une œuvre utile ; mais il a entassé des montagnes de folies les unes sur les autres, et comblé les abîmes de la miséricorde divine avec la boue de ses atrocités. Il n'a pas rendu un seul cœur heureux ; mais il en a troublé, brisé des centaines. Il n'a rien accompli de bon, de grand, de noble ; mais le chef-d'œuvre que la toute-puissance de Dieu a créé, que le sang de Dieu a racheté, que la charité de Dieu a si magnifiquement orné, il l'a défiguré et détruit, non seulement chez lui, mais chez quantité d'autres, au point d'en avoir pour toujours anéanti les bases.

Quels grands malheurs une espèce de fou peut causer, malgré la faible puissance dont il dispose !

19. O homme, viens et vois !

« Voilà mon œuvre terminée ! De longtemps je n'en avais réussi une comme celle-ci ». Et le peintre va chercher ses amis pour leur faire admirer son travail.

Pendant ce temps, son singe s'approche du tableau, le gratte, le barbouille. Quel spectacle après cela, grand Dieu !

O peintre! ne te fâche pas contre l'animal. Autrement, Dieu pourrait en faire tout autant contre toi. Tu honores l'œuvre de Dieu comme artiste ; mais comme homme! Viens et vois!

20. Ressemblance des hommes entre eux.

Un Peau-Rouge n'est certes pas plus fier de ses artistiques tatouages que les étudiants allemands, qui ont passé par une salle d'escrime, ou si l'on en croit certaines mauvaises langues, simplement chez le coiffeur.

Si on leur disait que, dans leurs veines, coule le même sang que celui de ce sauvage, ils regarderaient cette affirmation comme une atteinte portée à leur honneur et à la dignité de la science. Cependant les rixes, les duels concourent, dans une large mesure, à prouver la parenté de notre civilisation avec les mœurs des sauvages. Si cela continue, le *tomahawk* et l'habitude de scalper seront bientôt en aussi grand honneur chez nous que chez les Indiens. Déjà beaucoup de membres de la noblesse anglaise suivent l'exemple des ducs Albert de Clarence et d'Avondale. Ils se font imprimer sur la peau leurs armes, leurs titres, leurs ordres, par des artistes japonais, probablement pour faciliter au grand maréchal du palais céleste, sa charge pénible au grand jour de la résurrection.

Sur ce point, les femmes rivalisent d'ardeur avec les hommes; et on voit des dames américaines chercher à surpasser les Peaux-Rouges en fait de tatouage. Mais elles n'y parviennent pas plus que nos dames européennes ne réussissent à triompher des Papouas en matière de coiffure.

Par contre, elles ont des succès éclatants sur le terrain de la morale. Il est impossible au nègre de passer sa journée d'une façon plus insouciante et plus inutile que beaucoup de nos dames civilisées, impossible au sauvage de laisser son cœur s'endurcir au même degré qu'elles. Bien qu'elles soient persuadées que si le sang de leurs serviteurs est rouge, le leur doit être bleu, sinon couleur or, leur caractère irascible et passionné donne chaque jour la preuve qu'entre elles et les gens du peuple, la différence est très mince.

Deux caractères se retrouvent chez tous les hommes : l'art avec lequel ils suivent leur penchant pour le mal, et les efforts qu'ils déploient constamment, soit pour se parer aux yeux du monde d'une beauté factice, soit surtout pour cacher leur laideur intérieure.

21. L'avare, souvenir du paradis perdu.

La tristesse m'envahit, quand je vois l'avare dévorer des yeux son trésor. Ainsi le prince, dont la couronne a roulé dans la poussière, s'empresse d'en ramasser les joyaux ; ainsi le pauvre cherche à travers les décombres les biens que lui a ravis l'incendie. Hélas ! c'est la poussière du Paradis perdu, que l'avare entasse ainsi.

22. Cruauté de la nature.

L'absence de pitié dont l'enfant fait preuve envers ses maîtres et ses supérieurs, nous montre la profondeur du mal qui existe dans la nature humaine. Il ignore la reconnaissance, les ménagements, la compassion. Au contraire, il ne recule devant rien, quand il se croit en état de leur créer des difficultés, ou de leur faire de la peine. L'étudiant lui-même se réjouit d'une faiblesse qu'il a découverte dans un de ses professeurs.

Que disons-nous? L'étudiant! Il n'est pas jusqu'à l'homme, — et il pourrait cependant se mettre à la place de ses supérieurs, — qui ne goûte une singulière satisfaction, quand il les voit dans l'embarras, ou que des bruits malveillants circulent sur leur compte. Si le désordre règne, tout le monde fait retomber la faute sur eux ; s'ils veulent rétablir l'ordre, chacun cherche à leur échapper. Font-ils quelque chose de bien? On leur prête les intentions les plus basses. Quelque chose ne leur réussit pas? Ils peuvent être sûrs de récolter une riche moisson de railleries.

Ce n'est que très tard, lorsque les amertumes de l'expérience nous ont amené à des dispositions plus charitables, à la compassion envers tous ceux qui souffrent, que nous éprouvons un sentiment de pitié au spectacle des humiliations d'autrui; et, même alors, c'est presque toujours par égoïsme.

23. Grandeur déchue.

« Le hasard, l'instinct aveugle, voilà ce qui guide l'animal, dit un esprit fort ; l'homme qui est son propre maître, est toujours prêt pour le plaisir et la bonne chère. »

Seule une grandeur tombée peut tenir ce langage. Le pire des ivrognes est celui qui a perdu, par sa faute, une situation jadis prospère et immeritée.

24. Cours de la vie.

Chez beaucoup d'hommes, les peines et les tourments n'aboutissent qu'à faire porter sur eux, dès ici-bas, ce jugement : « En voilà encore un à qui la vie a été donnée en vain ! »

25. Nos fautes ne sont pas des champignons, mais des éruptions.

Parmi les illusions les plus funestes, il en est deux qui occupent une place à part. La première est de nous plaindre des personnes aux fautes de qui nous attribuons les nôtres propres ; la seconde de croire que nous deviendrions immédiatement meilleurs, si nous sortions du milieu ennuyeux dans lequel nous vivons.

Non ! nos défauts ne nous viennent pas de l'extérieur, comme des miasmes délétères qui s'attacheraient à notre être ; ils ne poussent pas sur nous comme des champignons ; mais ils viennent de l'intérieur, et ressemblent à une éruption provoquée par un sang corrompu. De là vient que nous les portons partout avec nous, et qu'avec eux, nous propageons le poison autour de nous.

26. Transmission héréditaire de la faute.

Adam n'a péché qu'une seule fois, et tous ses enfants expieront éternellement cette faute ? Croira qui voudra à l'hérédité du péché originel ; en tout cas ce n'est pas moi !

Cependant, vous connaissez cette parole : « Que son sang retombe sur nous et sur nos enfants ! » Pères, vous avez prononcé la malédiction ; enfants, n'en portez-vous pas encore la peine ?

27. La corruption héréditaire.

Il est deux choses qui ne souffrent guère la discussion, tellement elles sont évidentes.

La première, c'est que presque tous, nous avons plus à désapprendre qu'à apprendre. Si quelqu'un conserve un doute à cet égard en ce qui le concerne personnellement, qu'il se présente. Comme on dit vulgairement, nous le vénérerons immédiatement comme un saint dans un corps mortel. Il y a si longtemps que le monde réclame des saints ! Mais personne ne l'osera.

Oui, c'est un fait qu'il nous faudrait plus de peine et plus de temps pour nous déshabituer de nos mauvaises inclinations naturelles, que pour nous familiariser avec la science et avec des habitudes meilleures. La plupart du temps, notre éducation est soi-disant terminée, bien avant que nous ayons seulement pensé à nous défaire de cet héritage mauvais. Nous avons déjà parcouru les différentes branches des sciences ; nous possédons une situation publique ; nous avons la réputation de gens sérieux, de savants, de chefs d'école, et nous n'en sommes pourtant qu'aux tout premiers débuts de cet art de désapprendre, si toutefois nous avons mis sérieusement la main à cette tâche difficile.

Notre retard sur ce point est d'autant plus curieux, que nous ne pouvons guère nous dissimuler cette seconde vérité : ne rien avoir désappris est au moins aussi triste que n'avoir rien appris. De fait, on peut être savant sans avoir beaucoup appris ; et beaucoup passent pour tels, dont la science est très mince. Mais c'est à juste titre que personne ne porte le nom de savant, s'il n'a pas enlevé une grande partie de la peau de serpent dans laquelle il est venu au monde.

De là trois conséquences. La première, que personne n'entre comme une *tabula rasa* dans la vie. La seconde, que parmi les choses écrites sur la table de notre cœur, — nous ne parlons pas de l'esprit, — ou pour mieux dire, parmi les choses intimement liées à notre cœur, nous trouvons beaucoup de mal. Nous n'examinons pas si le mal est plus grand que le bien ; il nous suffit qu'il y ait beaucoup de mal. La troisième, universellement sentie, sinon toujours avouée, est que la vraie formation du cœur suppose l'oubli, la purification.

N'est-ce pas exactement le sens du dogme chrétien de la corruption héréditaire ?

28. Le muet éloquent.

Le monde qui est capable de tout, sauf de se taire, ne se confie à personne, sinon à celui qui sait se taire. Sa vie est ce qu'elle est ; mais il ne veut pas l'étaler aux yeux du premier venu. Pour lui, le seul homme digne de ce nom est celui qui garde le silence.

Pourquoi se conduit-il alors si mal envers Dieu, le grand muet ?

Parce que si Dieu se tait, il est une voix intérieure qui ne cesse de se faire entendre : le Dieu qui se tait, est le Dieu qui parle par la conscience.

29. La conscience fausse.

Chez beaucoup d'hommes, la conscience fausse ressemble à l'éléphant : elle digère en immense quantité les aliments les plus grossiers, et tremble devant une souris.

30. Une maladie bizarre.

Dernièrement, j'ai rencontré un malade atteint d'une curieuse maladie. Bien qu'il semble sain des pieds à la tête, il se traîne péniblement. Nulle part il ne peut trouver de repos ; l'obscurité et le calme sont ses ennemis ; puis, quand le soleil brille, il souhaite d'être aveugle.

Chaque feuille est un traître pour lui, chaque soupir du vent un témoin indiscret. Passe-t-il près d'un buisson ? Il en entend sortir une voix qui lui crie : « Malfaiteur ! »

Toutes les fois qu'il aperçoit un homme, il croit voir un vengeur ; son effroi redouble, et il s'enfuit comme un brigand. S'il pouvait s'oublier lui-même ; s'il ne savait rien de la vie et du temps ; s'il n'y avait pas d'éternité, il s'estimerait heureux.

Il souffre, brûlé qu'il est par une douleur cuisante ; mais dans la situation où il se trouve, la vue d'un médecin et de remèdes, un aveu lui seraient mille fois plus intolérables.

Il préfère mourir, renoncer à la consolation et au salut, comme Caïn qui jadis refusa obstinément la grâce de Dieu.

Pour connaître la nature de cette maladie, ce n'est ni un médecin, ni un livre qu'il lui faut. Ces plaies si douloureuses sont certainement les conséquences du péché.

31. La plus grande misère.

Que ma détresse est grande! Là où je m'en aperçois le mieux, c'est dans ma faiblesse à combattre l'ennemi que je devrais terrasser le premier : moi-même.

32. Eternel travail du vigneron.

Personne n'est tellement parfait, qu'il ne trouve pas toujours quelques défauts à corriger en soi, et, supposé qu'il ait enlevé tous les gourmands qui croissent sur l'arbre de sa nature, ceux-ci repoussent toujours.

Il ne suffit donc pas de mettre une seule fois la main à l'œuvre. Il faut le faire souvent, et même tous les jours. Si tu n'es pas le jouet d'illusions personnelles, tu trouveras toujours quelque chose à couper en toi.

Tu serais dans l'erreur, si, pendant ton séjour ici-bas, tu croyais que tes défauts meurent si vite. Que tu le veuilles ou non ; que tu le croies ou non, l'ennemi habite constamment en toi. Tu peux le dompter, mais non l'anéantir. « Je sais, dit saint Paul lui-même, que le bien n'habite pas en moi. » Et ce n'est pas encore assez dire. Il avoue que c'est au contraire le mal qui habite en lui : « Ce n'est pas le bien que je veux que je fais, s'écrie-t-il, mais le mal que je ne veux pas; et sinon moi, du moins le péché qui habite en moi. »

Oserais-tu bien t'élever au-dessus de l'apôtre? Fais donc alors ce qu'il a fait. Il n'a cessé de se châtier et de réduire son corps en servitude.

33. Châtiment et pénitence.

Quand Dieu châtie, il rétablit dans leurs droits ceux que le pécheur avait lésés, Lui, le droit et la vérité.

Quand le pécheur fait pénitence, il devient le juste qui réclame le secours de Dieu pour être l'asile du droit.

34. Œuvre de Dieu et œuvre de l'homme.

Il y a deux choses que personne ne considère d'un œil tranquille : la mort et les peines éternelles.

Il y a deux choses auxquelles Dieu n'a donné l'existence que parce qu'il y a été obligé : la mort et les peines de l'enfer. Ce que Dieu a fait de lui-même, c'est la vie, la joie, le bonheur. Ce qui n'était pas dans le plan divin, c'est le poison, la dévastation, la douleur.

O homme! Regarde en tremblant les conséquences de tes fautes, et tremble aussi en voyant ce qu'est le péché.

35. Homme et nature.

Je ne puis donc cueillir la moindre rose,
Sans qu'une épine ensanglante ma main?
Homme insensé! Quel jardin grandiose
La terre serait, sans toi pour gardien!

36. Devinettes sur l'homme.

1. Qu'est-ce qui est aussi nécessaire que superflu?
Prouver à l'homme qu'il n'est pas bon.

2. Qu'est-ce qui est incroyable?
Ne pouvoir convaincre l'homme de son inclination pour le mal, et de sa faiblesse.

3. Quelle est la plus grande contradiction?
L'inclination de l'homme à se croire toujours plus qu'il n'est en réalité, et la possibilité qu'il a, malgré toute sa faiblesse, de faire davantage.

4. Qu'est-ce qui serait un miracle?
Un homme qui n'aurait pas son *mais*.

5. Qu'est-ce qui est infamant pour nous?
La pensée que nous pourrions faire beaucoup plus que ce dont nous nous croyons capables, malgré tout notre orgueil.

6. Quelle est notre propre condamnation?

La certitude que nous pouvons tout en Dieu et par sa grâce.

7. Qu'est-ce qu'on trouve le plus difficilement?

Un homme qui n'est pas plus fier de ses propres folies, que de tout le bien opéré par Dieu en lui.

8. Quel est le privilège en vertu duquel aucune créature ne peut rivaliser avec l'homme?

La capacité de devenir un monstre inhumain.

9. Pourquoi tous les êtres portent-ils envie à l'homme?

A cause de la faculté qu'il a de devenir meilleur.

CHAPITRE VI

LES FRUITS DE L'ARBRE DÉFENDU

1. Le monde va de mal en pis.

1. Il n'y a pas de contradiction à croire que Dieu a créé le monde, et à se mettre en même temps en garde contre celui-ci, comme étant une puissance mauvaise qu'il faut fuir avec soin.

C'est précisément parce que nous honorons Dieu comme le créateur et le maître du monde, que nous condamnons le culte des idoles, ce culte qui disparaîtra seulement avec lui. Nous ne pouvons pas tolérer qu'on abuse du monde comme d'un instrument de révolte contre Dieu; nous voulons sauvegarder ce qu'il a de bon, en cherchant à le maintenir dans sa véritable destination, qui est de servir Dieu.

Donc, en blâmant le monde qui est mauvais, nous ne combattons pas seulement pour l'honneur de Dieu, mais aussi pour son honneur à lui.

2. Tous les jours nous péchons, hélas! et ce serait folie de nous considérer comme meilleurs que tous ceux qui vivent dans ce monde.

Toutefois, nous avons le droit de blâmer ses serviteurs, et le devoir sacré de nous séparer d'eux. Ce qui constitue le monde, ce n'est pas la chute, mais la persistance dans la faute. Quand on parle du monde, on n'a pas en vue ceux qui tombent dans le péché par faiblesse, mais ceux qui emploient leur force à pécher, qui se glorifient du péché comme d'un droit, qui trouvent du goût et de la joie dans le péché.

3. A la question de savoir ce qu'on entend par le monde, un saint homme du VIIe siècle, l'abbé Isaïe, répond en ces termes : « Le monde est le penchant à

suivre ce qui est opposé à notre vraie nature, à rechercher les biens sensibles, afin de pouvoir en jouir à satiété. C'est pourquoi saint Jean dit : « N'aimez pas le monde, car le monde est tout entier plongé dans le mal » (I Joan., II, 15; V, 19).

4. Dans un passage bien connu, le même apôtre dit que toutes les pensées et tous les efforts du monde aboutissent à trois choses : « la convoitise de la chair, la convoitise des yeux et l'orgueil de la vie » (I Joan., II, 16).

En vérité, ce n'est pas là une parole flatteuse pour le monde. Mais malheureusement elle explique une grande partie de son histoire; et tous les connaisseurs d'hommes en estiment d'autant mieux la justesse, — à regret parfois, — qu'ils l'ont observé de plus près.

2. La funeste formule d'enchantement.

On trouverait difficilement un homme plus capable de renseigner sur les causes du doute, de l'incrédulité et du péché, que le Heine français : l'infortuné Alfred de Musset,

« Le moins crédule enfant de ce siècle sans foi. »

Parmi celles qui ont contribué à énerver son brillant talent, et à briser son cœur doué de si belles qualités, il en nomme une, qui justement nous autorise à dire, que bien peu d'hommes ici-bas ont mieux connu la nature du péché, et l'éloignement de Dieu.

De fait, le mot qui l'exprime, nous permet de sonder la profondeur du mal, et les remords cachés de la révolte contre Dieu. Ce mot nous explique ce qui d'ordinaire allume l'incendie de la convoitise, cause de tant de maux; il nous révèle l'origine de l'incrédulité, et nous fait comprendre comment l'homme peut trouver du plaisir à des choses contre lesquelles se révolte la partie bonne de sa nature. Ce mot est l'amorce avec laquelle les apôtres de la liberté, de la glorification personnelle, du progrès, font leurs victimes. Il est le condiment qui donne du charme aux plus abominables productions de la littérature et de l'art, qui brûle comme du sel jeté dans les yeux, égare l'esprit, trouble le cœur. Et ce mot est : *la curiosité du mal.*

Hélas! que de malheurs contenus dans ce seul mot!

Oui, le poète savait ce qu'il faisait en écrivant ces lignes : « *La curiosité du mal* est une maladie infâme, qui naît de tout contact impur.... C'est une torture inexplicable, dont Dieu punit ceux qui ont failli. Ils voudraient croire que tout peut faillir, et ils en seraient peut-être désolés. Mais ils s'enquièrent, ils cherchent, disputent. Du mal prouvé, ils en sourient; du mal douteux, ils en jureraient; le bien, ils veulent voir derrière. *Qui sait?* Voilà la grande formule, le premier mot que Satan a dit, quand il a vu le ciel se fermer. Hélas! combien de malheureux a faits cette seule parole! Combien de désastres et de morts, combien de coups de faux terribles dans des moissons prêtes à pousser! Combien de cœurs, combien de familles où il n'y a plus que des ruines, depuis que ce mot s'y est fait entendre! »

Oui, Musset connaissait le monde et le cœur. Avec ce seul mot : « *Qui sait? Qui sait?* » il a porté la lumière dans les plus secrètes profondeurs de l'histoire. Car ce mot est la parole séductrice qui entraîne les hommes sur le chemin de la mort; il est la funeste formule d'enchantement, qui, en dépit de leurs illusions, de leur découragement, de leur épuisement, les pousse toujours plus loin sur la route du mal, jusqu'au moment où ils tombent enfin dans l'abîme.

O malheureuse curiosité du mal!

3. L'orgueil, cause de la chute.

Quand l'orgueil monte du cœur à la tête, l'intelligence se trouble, les yeux s'obscurcissent, et tout le corps devient d'une rigidité étonnante. C'est pourquoi ceux que cette maladie tourmente, sont si facilement exposés à se rompre le cou et les jambes, quand ils marchent sur un plancher glissant.

4. Volupté et mensonge.

Tous les vents nous poussent vers des menteurs. Cependant, pour trouver les gens qui respirent le mensonge, qui sont le mensonge incarné, il faut cingler vers le cap de la volupté.

Celui-là est obligé de feindre, qui porte ses pas, ne fût-ce qu'une fois, aux bosquets de Cythère. Le mensonge devient une seconde nature pour l'homme qui vit habituellement dans la volupté.

5. Volupté et cruauté.

Un Néron te semble un être bizarre, n'est-ce pas? Tu ne peux pas croire qu'une telle mollesse puisse être unie à une telle cruauté, une telle volupté à une délectation si sauvage dans le meurtre.

Eh bien! détrompe-toi. Ceux dont le plaisir ne fait pas des meurtriers manquent leur fin.

6. Etre mauvais est pire que faire le mal.

« Avec vos éternels sermons, et votre manie continuelle de moraliser, nous dit-on, vous êtes bons pour nous décourager et nous dégoûter de tout. Vous nous traitez comme si nous étions des criminels, comme si nous nous précipitions d'un péché dans un autre. Quel si grand mal faisons-nous donc ? »

Mais qui prétend que le monde fasse constamment du mal, et rien que du mal ? Bien des hommes n'en commettent pas beaucoup, seulement ils sont mauvais; et souvent c'est pire que de faire le mal.

Voici une femme, personne ne peut dire qu'elle commet des crimes. Cependant tout le monde hausse les épaules quand on parle d'elle. La société qui l'entoure, ses occupations futiles et vaines sont telles, que même les gens du monde se demandent, si personne n'aura le courage de lui représenter l'inconvenance de sa conduite, et de lui faire toucher du doigt les dangers qu'elle court, dans une situation semblable à celle d'un danseur de corde.

Voilà un homme. Il ne fait rien de mal à proprement parler. Mais n'est-ce pas assez mauvais, qu'en raison de certains égards humains, il soutienne des gens aux procédés louches et à la conduite équivoque ?

Et cet adolescent ? Il n'est pas précisément dans une mauvaise voie. Cependant les siens sont mécontents de lui, parce qu'il se désintéresse complètement de ses devoirs envers Dieu et envers son âme, parce qu'il ne songe pas à sa vocation future.

Ainsi vivent des milliers de personnes, irréprochables à l'extérieur, justement estimées à cause de leur activité publique, mais enfermées comme dans une atmosphère tout empestée des miasmes de l'avarice, de l'ambition, de la sensualité, de l'amour-propre. Or, il n'y a pas de doute qu'il soit malsain de rester sans nécessité dans un milieu pestilentiel, où l'on est en danger de trouver la mort à chaque instant.

Mais il est également mauvais de ne pas faire le bien quand on le peut. On ne pense ordinairement qu'aux péchés de *commission*. C'est un tort. Il y a aussi les péchés d'*omission*, beaucoup plus nombreux que les précédents. Que se produit-il alors ? Le phénomène suivant. Ceux qui se débarrassent le plus facilement de leurs obligations ; ceux qui, comme des parasites, vivent sur le corps de la société humaine, par conséquent les membres les plus importuns, les plus inutiles de l'humanité, jouissent justement de la plus grande sécurité. « Personne, disent-ils, ne peut nous reprocher de mauvaises actions ». Et ils ont raison.

Enfin, il est mauvais de ne pas travailler à sortir de l'état où l'on se trouve, quand cet état n'est pas bon : état de tiédeur, de paresse, d'aigreur, de désaccord, de complaisance en soi, de faux repos.

C'est pourquoi quiconque a commis le mal, doit se demander si, depuis lors, il ne lui est pas arrivé quelque chose de pire. Le seul fait de ne plus le commettre ne l'efface pas. Tant qu'il ne l'a pas éloigné par la pénitence, son péché demeure ; et, qui plus est, il reste dans le péché. Or, plus cette situation se prolonge, plus il court le risque de voir le mal devenir pour lui une seconde nature.

Commettre le mal est donc mauvais. Mais vivre habituellement dans le mal est encore pire. Et, qui pense à sortir de cet état ?

7. Le jugement sur le monde.

On est souvent choqué de la sévérité avec laquelle le christianisme juge l'esprit du monde.

Oui certes, il le juge durement ; et il a raison.

Malgré cela, il n'use jamais de termes aussi amers et aussi impitoyables que le monde lui-même. Schelling donne à l'existence les noms de « plaisanterie, de « roman niais » ; Schopenhauer l'appelle une « duperie », un « épisode inutile et troublant, dans le calme ininterrompu de l'éternel néant ». Feuerbach nomme la terre un « asile d'aliénés, et une maison de correction ». Dans son *Atalante*, Swinburne considère la vie comme « une époque riche en jours que nous craignons de voir, féconde en nuits que nous hésitons à nommer ». Moritz Block prétend que, dans l'histoire de l'humanité, le mal prédomine à un degré tel, qu'il serait impossible de dresser une statistique du bien.

De fait, on le croit volontiers, lorsqu'on jette un coup d'œil sur les événements que les historiens anciens et modernes jugent dignes d'être mentionnés. Ce ne sont, pour ainsi dire, que scélératesses et folies humaines. Oui, c'est à rougir d'être homme, quand on lit des histoires de la civilisation comme celles de Wachsmuth, de Kolb, de Lippert, etc. Ces auteurs ne trouvent presque rien de grand à signaler. Pour eux, toute la civilisation se compose de crimes.

La littérature se meut dans des ornières aussi peu esthétiques. Les faiblesses des hommes lui fournissent son principal aliment. Depuis qu'il y a une poésie, elles ont été une matière des plus fécondes pour la satire, la comédie et toute espèce de sermons moraux. C'est ce qui a eu lieu dans l'Inde, en Grèce, à Rome. Plusieurs des gloires littéraires de la cour de Louis XIV : Molière, La Rochefoucauld, la Bruyère, doivent leur éclat à l'impitoyable critique qu'ils font de la vie mondaine. Mais c'est particulièrement sensible dans les sphères du Pessimisme moderne. Pour parler comme Puschkin, il ne sait représenter l'humanité que comme un groupe de sorcières réunies dans un sabbat, « où elles font entendre des chants lascifs, et exécutent des danses sauvages autour des divinités qu'elles ont fabriquées.

Quel docteur chrétien a jamais porté un tel jugement sur les hommes ? Tandis que des gens comme Sénèque ne trouvent rien de bon dans la nature humaine, et préchent que la seule sagesse consiste à s'en débarrasser le plus tôt possible, saint Augustin dit qu'il ne faut pas confondre le monde corrompu par les hommes avec le monde créé par Dieu; qu'il faut supporter le premier en tâchant de faire du bien au second. En réalité, les docteurs chrétiens recommandent beaucoup plus la patience envers le monde, qu'ils n'encouragent les attaques violentes contre ses agissements. C'est précisément ce que des esprits chagrins leur imputent souvent comme une lâcheté, une tendance profane, une apostasie de leurs principes.

Non! nous ne condamnons pas le monde. Nous ne le regardons pas comme foncièrement mauvais, quand ce ne serait que pour éviter cette accusation : « Celui qui ne croit pas à la vertu ne la possède pas lui-même ». Mais nous ne pouvons rien contre la vérité; et la vérité est qu'il existe beaucoup de mal dans le monde. Nous condamnons le mal; mais nous plaignons les méchants, car, dit saint Grégoire le Grand, « si la fausse justice est dure, la vraie est miséricordieuse. »

8. Les limites naturelles.

Comme un géant furieux, la mer fait rage. Malgré cela, ses flots se brisent soudain, car elle sent le frein que le Créateur lui a imposé, et écoute docilement sa parole : « Pas plus loin! Jusqu'ici! »

L'ambition, l'avarice, le désir de régner n'ont pas besoin de rochers pour limites. Ils se brisent d'eux-mêmes, car ils vont échouer contre l'écueil de leur cupidité excessive.

9. Le bonheur du monde.

« La religion chrétienne, dit-on, forme des caractères mous et efféminés, des gens tristes, qui portent la tête inclinée sur l'épaule gauche. Elle aurait vite fait d'étouffer tout sentiment de bien-être et de joie chez les peuples, si on lui laissait quelque influence sur la vie publique. N'est-ce pas chez l'homme la suppression de tous les plaisirs de l'existence et de toutes les énergies vitales, la ruine du courage nécessaire pour les grandes entreprises, s'il ne peut faire un pas sans être poursuivi par l'idée paralysante de la loi de Dieu? Qu'on adviendrait-il de la civilisation et de l'état, si on voulait faire passer dans la vie publique les doctrines du catéchisme et de la Bible sur la propriété, la sincérité, la fidélité à sa parole, la morale et le culte de Dieu? Avec elles, on peut diriger une salle d'asile, mais non une maison, à plus forte raison une commune ou un état qui aspire à la suprématie universelle. Seuls des esprits affranchis de préjugés, des cœurs indépendants et mûs par de fortes passions, des gens peu scrupuleux sur le choix des moyens à employer pour arriver à leurs fins, sont capables de faire leur bonheur propre et celui du monde ».

Que dire de ces propos? Simplement ce que disent ceux qui les tiennent, dans leurs heures de sérieux.

Combien de personnes, qui ne sont pas suspectes de bigoterie, déposent en pleurant une couronne sur la dépouille mortelle d'un enfant, et murmurent tout bas : « Repose en paix ! Oh ! que j'envie ton sort ! Tu as quitté la terre, avant d'avoir appris à connaître le monde. Heureux enfant ! Tu es parti avant que les passions aient troublé le cristal de ton âme, avant d'avoir senti leur cruelle atteinte. Pour moi, je ne puis que redire avec le vieux poète : « Heureux celui qui ne voit pas le soleil, le soleil qui n'éclaire aucun mortel heureux ! »

Ces paroles sont exagérées, c'est vrai; mais elles sont la réponse du monde à sa philosophie du bonheur.

Quant à la politique machiavélique, qui voit dans la lutte contre les commandements de Dieu une sécurité pour la civilisation et le bien de l'état, elle n'est pas redoutable. Rien de plus facile à démontrer que la meilleure philosophie de l'histoire se trouve dans ces paroles de l'Ecriture : « Les travaux des peuples et des nations seront réduits à néant; ils seront consumés par les flammes », et : « La justice élève les nations, et le péché rend les peuples misérables. »

10. Volonté propre et volonté de Dieu.

Que de fois nous voulons obtenir par force ce que Dieu nous refuse par amour! Et, quand nous le possédons, que le succès commence à nous sourire, comme nous voilà vite désabusés et découragés!

À force de tourner autour d'elle-même, la volonté propre s'use; le moulin qui s'est arrêté, gémit pour se remettre en marche.

On ne peut infliger de pire punition à un enfant que de faire sa volonté. Comme on doit dormir en paix, lorsqu'on repose dans la volonté de Dieu!

11. La misère du mondain.

C'est vraiment pitié de voir la conduite des hommes envers le monde. Au fond de leur cœur, ils le méprisent souverainement; ce qui ne les empêche pas de se cramponner à lui de toutes leurs forces. Pour conquérir ses faveurs, ils s'épuisent et vont jusqu'à se renier eux-mêmes, bien qu'il leur rende un mépris égal à leurs bassesses. Ils se plaignent d'être sans cesse ses dupes; néanmoins, ils le suivent comme l'enfant suit la main qui lui tend un morceau de sucre. Exploités par lui, puis rejetés comme des fruits dont on a exprimé le jus, ils croient encore à ses promesses.

Et tout cela, uniquement parce qu'ils n'ont pas la force d'imiter le prodigue, de revenir à leur père et de dire en toute sincérité : « Je me suis trompé, j'ai péché ».

12. Récompense du monde.

Un des poètes anglais les plus remarquables du temps de Shakespeare, Robert Greene, avait fait comme beaucoup de gens à qui Dieu a donné des talents extraordinaires : il les avait gaspillés. Et rapidement, l'orgueil l'avait conduit à sa ruine physique, intellectuelle et morale.

Après une orgie à laquelle il avait assisté, malgré son état de complet délabrement, il tomba gravement malade. Ses amis, jeunes pour la plupart, écrivains de talent, parmi lesquels se trouvait Marlowe l'athée, l'abandonnèrent pour courir à de nouvelles fêtes. Un brave cordonnier recueillit celui que le monde avait jeté dans la rue, au moment où il n'était plus capable de l'amuser par les saillies de son esprit. Non seulement il lui prodigua ses soins les plus charitables, avec son épouse, — car tous deux étaient pieux; — mais il lui rendit le ser-

SAGESSE PRATIQUE

vice encore plus grand, de faire renaître en lui la foi et l'esprit de pénitence.

C'est dans ces circonstances que le poète, le cœur touché par le repentir, écrivit sa dernière œuvre : « *Un sou de plaisir pour un million de regrets* ».

Quand il fut sur le point de mourir, il adressa à trois de ses amis, qui avaient été de préférence les compagnons de ses débauches, les lignes suivantes : « Inutile de vous dépeindre ma misère, ce n'est pas du nouveau pour vous. Mais pardonnez-moi la prière que je vais vous adresser. Puisse-t-elle vous ramener à des sentiments meilleurs ! Evitez le blasphème et l'ivrognerie; fuyez la volupté, et les compagnies dissolues qui vous ont détournés de la religion; ne prêtez pas l'oreille à leurs discours séducteurs; souvenez-vous de Robert Greene que vous avez adulé jadis; souvenez-vous de la misère dans laquelle il est tombé. Votre vie est un tout petit flambeau que vous portez dans vos mains; un léger souffle, et c'en est fait d'elle. Quant à moi, c'est fini. Je termine par où j'aurais dû commencer. Mon désir est que vous viviez ainsi, alors que moi je serai descendu dans la tombe ».

Et de fait, il y descendit courageusement, repentant, guéri. Voulant encore rendre plus pressante cette prédication dernière, que sa plume envoyait à ses amis, il demanda à la femme du cordonnier, de décorer d'une couronne de laurier, l'humble tombe dans laquelle son corps allait dormir son dernier sommeil. La pauvre femme se rendit à ce désir, malgré le sacrifice qu'il lui imposait.

Greene fut enseveli dans le nouveau cimetière de Bedlam. Les frais de ses funérailles s'élevèrent à 7 fr. 75 centimes, moins qu'un dîner ait jamais coûté au poète dans les jours de sa folle jeunesse.

13. La vérité sur la mort prêchée par le suicide.

Parmi les vertus de prédilection d'un esprit fort, il faut compter le mépris de la mort. Il en est ainsi depuis l'antiquité. Cependant si, dans la réalité, il est quelqu'un qui s'entoure de soins et de ménagements exagérés, c'est bien l'enfant du monde. Qu'on pense seulement à Schopenhauer. A ce spectacle, l'homme simple, qui ne cache pas ses inquiétudes à la pensée de la sombre visiteuse, ne peut s'empêcher de rire. N'est-on pas, en effet, « toujours plus audacieux en paroles qu'en actes ? »

Mais ne reprochons pas aux stoïciens anciens et modernes, la contradiction qui existe entre leurs paroles et leurs actes; contentons-nous de les prendre au mot.

Eh bien ! il est incompréhensible et illogique, que cette philosophie exalte si haut le suicide, et le mette si souvent en pratique. Il y a évidemment ici quelque chose qui détonne. Ou bien la mort n'est en réalité que la suppression complète de l'être, un retour au néant. Alors, c'est une lâcheté, quand un blasé se débarrasse de la vie; une bassesse sans nom, quand un criminel se dérobe au châtiment qu'il mérite, quand un comédien sifflé se soustrait au ridicule, en abandonnant volontairement le champ de bataille de la vie, comme un héros prend sa retraite après avoir accompli de brillants faits d'armes.

Ou bien le suicide est l'acte grandiose par excellence, comme on se plaît à le nommer. Alors le bond volontaire dans la mort, le bond « dans l'abîme en présence duquel tous les hommes tremblent d'effroi », comme dit Shakespeare, doit être quelque chose de terrible. Il n'est, en effet, personne qui ne regarde avec un étonnement mêlé d'effroi, le précipice dans lequel se jettent l'homme sans honneur, le libertin et le banqueroutier.

La vérité est qu'un voile de mystérieuse terreur environne la mort. Car, « ce n'est pas Dieu qui l'a faite », mais elle est « le fruit du péché » et la porte de l'éternité dans laquelle nous devons rendre compte de cette vie, et recevoir la récompense due à notre conduite ici-bas.

Une seule chose est plus horrible que la mort, c'est le suicide. Par lui, l'homme va répondre, sans y avoir été appelé, d'une vie qu'il a gaspillée et terminée par le crime.

14. Le point d'honneur.

Il n'est pas rare d'entendre dire qu'il y a des cas où le duel et le suicide deviennent des choses d'honneur, par conséquent un devoir.

Répondre à cela n'est pas facile, parce qu'on ne s'entend pas sur la signification du mot : *honneur*. Un accord sur ce point est certainement aussi difficile que sur la question des goûts.

Une Ninon nous rit au nez, quand nous lui représentons qu'elle porte atteinte à son honneur en menant une vie semblable à celle d'Epicure et de Leontium. Par contre, elle est profondément blessée dans son honneur si nous prétendons qu'elle n'entend rien au choix de la couleur des rubans de son chapeau. Un hobereau de la garde impériale allemande considère comme un homme d'honneur le grand usurier qui, pour la fête des Tabernacles, l'invite à partager à sa table les reliefs d'un butin enlevé dans de monstrueuses razzias. Le jour suivant, il tue en duel son meilleur ami, qui l'a soi-disant lésé dans son honneur en traitant, dans un moment d'impatience, son chien hargneux de sot animal.

Ces divergences expliquent pourquoi l'entente sur ce mot est si difficile.

L'ouvrage de M. de Below pourrait ouvrir les yeux à quiconque désirerait s'instruire sur ce point. Mais qui veut la lumière ?

Les uns voient l'honneur d'un homme en ce qu'il s'élève, plein de courage et de magnanimité, au-dessus des cancans des mauvaises langues. Dans d'autres sphères, celui-là seul est un homme d'honneur, que les bavardages d'un blanc-bec font tomber si bas, ou élèvent si haut, qu'il prend un pistolet, se tue ou tue celui qui en est l'auteur. Nous, chrétiens, nous honorons Zachée, parce qu'il a réparé quatre fois ses tromperies, au lieu de laisser au monde le soin de le faire à sa place. Et, sur la Croix, le Christ a promis le paradis au bon larron, en récompense de ce qu'il avait fait publiquement pénitence de ses crimes. Dans le monde, le point d'honneur demande qu'un capitaine de cavalerie, Meyerinck, se pende dans sa prison, comme Judas, après avoir servi d'entremetteur à des filous et à des juifs, pour leur permettre d'exploiter ses collègues.

Mais si quelqu'un a donné la preuve que les idées du monde sur le point d'honneur sont fausses, c'est bien le « brave » général Boulanger. Après avoir vu s'évanouir toutes les grandeurs que l'avenir semblait lui pro mettre, il pensa qu'un seul parti lui restait : disparaître d'ici-bas. Et il le prit, comme le soldat fanfaron des comédies, dont il avait d'ailleurs constamment joué le rôle. N'ayant rien pu faire pour sa gloire, il en écrivit du moins le testament et le laissa sur sa table, pour servir de document à l'historien futur. Puis, il fit le dernier pas, le seul qui pouvait lui donner une apparence de grandeur aux yeux d'une génération corrompue : il se suicida. Le divorcé se tua sur la tombe d'une divorcée, le soldat préféra la mort pour une maîtresse à la mort pour sa patrie.

15. Psychologie du suicide.

En Chine, il n'est pas rare qu'une femme en désaccord avec son mari se jette dans un puits ou se pende, uniquement pour lui créer des difficultés devant les tribunaux.

Qui sait si on ne trouverait pas ailleurs des cas analogues ?

Si abominable que soit une telle conduite, elle n'est pourtant que l'expression fidèle de l'impuissance des bouderies féminines. Plus quelqu'un est incapable de maîtriser sa rage, plus il est insensé dans la manière dont il décharge sa bile ; plus il éprouve de joie maligne à vexer celui qu'il déteste, plus il manque de mesure dans les manifestations de son dépit.

La raison pour laquelle la colère de la femme est si implacable, si insatiable, souvent si cruelle, c'est précisément qu'elle est impuissante et mesquine.

Une femme acariâtre trouve un singulier plaisir à fermer les portes avec une violence capable de les faire voler en éclats, uniquement pour que tous les habitants de la maison sachent bien qu'elle est en colère. Mais si son domestique ou son mari viennent à lui demander pourquoi elle est si montée, elle leur intime immédiatement l'ordre de sortir, s'enferme à double tour, et s'obstine d'autant plus à ne pas donner signe de vie, que le brave homme déconcerté la prie d'entendre raison. Dans les exhortations qu'il lui adresse, elle trouve une telle preuve de sa faiblesse à lui, et dans sa folle obstination une preuve si frappante de sa supériorité à elle, qu'il ne lui coûterait rien de se laisser mourir de faim. Oui, il n'a qu'à lui dire ceci, qu'elle va mourir de faim, qu'il ne s'en ira pas avant qu'elle ait ouvert; ce sera précisément pour elle une raison de rester enfermée au point de tomber d'inanition, et de ne plus pouvoir ouvrir, quand même elle le voudrait.

Telle est l'évolution psychologique chez celui qui se suicide. Par vanité puérile; parce qu'il ne trouve pas d'autre moyen de montrer à Dieu et au monde, que lui aussi il est quelque chose, il ferme avec fracas la porte au nez de son créateur et législateur. Dieu fait-il un pas vers lui ? Dans l'impuissance d'un dépit tout féminin, il verrouille sa porte, et trouve un plaisir d'autant plus grand à la contradiction, que Dieu lui parle plus doucement au cœur. Finalement, il s'aigrit et s'endurcit. C'est ce qui s'appelle jeter la clef par la fenêtre pour ne pas céder, ou, comme il se le figure, pour ne donner de son côté aucun signe de faiblesse. Enfin, une telle opiniâtreté et une telle confusion s'emparent de son esprit, que la mort en est presque la conclusion toute naturelle.

Celui qui se suicide fait rarement ce pas avec une claire conscience de son acte. Mais très souvent, — nous ne disons pas toujours, — il s'est mis, par sa propre faute, dans une situation où cette action horrible était pour lui une issue inévitable.

16. Désertion et résistance.

« Qui blâmera l'homme de briser le joug de l'existence ? Le sage quitte de lui-même le banquet de la vie, tandis que le convive vulgaire, on l'emporte sans mouvement à la fin du repas. »

Tel était le langage des anciens; tel est celui de beaucoup de modernes.

La vie pour vous n'est donc qu'une grossière bacchanale ? On comprend alors que les miasmes qui s'en dégagent, ne puissent être longtemps de votre goût. Pour nous, elle est une arène, un champ de travail, une plaine où ondulent les blondes moissons. C'est pourquoi nous y restons attachés, et nous ne la quittons que lorsque la mort nous en fait disparaître.

17. Le bilan du mondain.

Un des livres modernes les plus mauvais, et que nous ne nommerons pas, contient cette phrase, qui malheureusement s'applique trop bien à la plupart des mondains : « A l'heure de la mort, nous ressemblons à un financier qui prend le bulletin de la bourse, et s'aperçoit qu'il traine dans son portefeuille des titres sans valeur. »

CHAPITRE VII

LE MONDE

1. Critiques et prédicateurs sans vocation.

Il y a quelques années, mourait un ecclésiastique de marque, excellent prédicateur et savant distingué. Or, cet ecclésiastique, qui devait en partie sa réputation à la manière dont il avait su s'assimiler les œuvres d'un autre savant mort avant lui, en rupture avec l'Eglise, avait une singulière marotte. Il ne paraissait jamais en chaire sans parler de pénitence et de mortification. L'idée était assurément excellente, car en général on prêche trop peu sur ces sujets. C'eût été parfait si le malheur n'avait voulu que le brave homme fût d'une telle corpulence, qu'il en était difforme.

Une telle constitution n'est certes ni une honte ni un péché pour celui qui en est affligé. Et, moins que personne, notre prédicateur n'avait lieu d'en rougir. Mais toujours est-il que c'est là une de ces qualités dont pourrait parfaitement se passer celui qui se mêle de prêcher la pénitence. C'est pourquoi l'excellent prêtre, qui portait en lui quelque chose de cette inexpérience du monde, signe caractéristique de tout savant, aurait bien fait de choisir un autre sujet pour exercer son zèle apostolique. Car, avec le temps, les personnes pieuses elles-mêmes en vinrent aussi à secouer la tête, et à dire : « Est-ce un oiseau moqueur qui lui a inspiré ce thème afin de le rendre ridicule ? »

Ce prédicateur nous revient en mémoire, toutes les fois que nous lisons sur la charité chrétienne une de ces critiques connues, qui, depuis Spinoza, forment le condiment indispensable aux œuvres de la libre-pensée, ou que nous entendons louer les magnifiques collectes au profit des pauvres, qui terminent ordinairement les banquets maçonniques.

Nous ne voulons nullement porter atteinte à l'honneur des gens dont il s'agit ici. Ils peuvent parfaitement être plus prudents et plus soucieux du bien commun que tous les chrétiens de tous les temps ; et nous serions même très contents, si, au jour du jugement, on constatait qu'ils ont surpassé nos saints en pureté de cœur, et en perfection cachée. Seulement, ils feraient bien de se taire sur un point : celui de la vraie bienfaisance. Car ici chacun pourrait leur dire avec Shakespeare : « Ainsi une servante parle de canons, de tambours et de blessures. »

Ce n'est pas nous néanmoins qui nous permettrons de leur présenter le miroir. Mais ils n'accuseront pas un connaisseur et un peintre du monde, aussi incomparable qu'est Ch. Dickens, d'avoir altéré la vérité par suite de préjugés théologiques et apologétiques. Or, Dickens décrit d'une manière frappante la triste réalité dans Sir Joseph Bowley, membre du Parlement et fondateur d'un établissement de bienfaisance dans des vues électorales.

La main à demi-enfoncée dans son gilet, cet honorable philanthrope fait au pauvre Trotty Feck, — qu'il a envoyé en courses, à raison de soixante centimes, pendant la moitié du jour de la Saint-Sylvestre, — un sermon sur l'importance considérable du nouvel an.

« Tout homme qui pense, lui dit-il, — avec l'intention évidente d'amender le pauvre commissionnaire tremblant de faim et de froid, — doit comprendre que le retour d'une époque comme celle-ci, lui impose l'obligation de mettre ses affaires en ordre avec son banquier. Moi, fait-il remarquer gravement, en levant les yeux sur son portrait appendu à la muraille, je serais confus de commencer une nouvelle année, sans que mes comptes soient complètement réglés.

Toutefois, ce n'est pas là le plus important. Je me suis proposé d'inaugurer cette année par un acte de bonté et de bienfaisance. Oui, je veux prendre soin de toi ; je veux être ton père. Tu sais assurément que tu n'as pas été créé et mis au monde pour faire bombance, comme un animal sans raison, mais pour éprouver quelle dignité ennoblissante et quel honneur renferme le travail. Homme, sors dans l'air vivifiant du matin, vis économiquement, sois tempérant, pratique le renoncement personnel, crains Dieu, sois ponctuel à payer tes dettes, et tu trouveras toujours en moi un père et un ami. »

C'est sur ces paroles de consolation, que le généreux membre du Parlement quitta le commissionnaire, sans lui donner un centime pour le temps précieux qu'il venait de lui faire perdre avec son sermon. Seulement, il le chargea de porter à l'*alderman* Cute, une lettre par laquelle il le priait de bien vouloir le débarrasser d'un homme qui commençait à l'importuner, en le faisant mettre sous les verrous.

Quelques instants après, il offrait un grand dîner à ses amis, à l'occasion de l'anniversaire de la naissance de madame Bowley. Dans une salle voisine de celle où avait lieu le banquet, il avait réuni un certain nombre de pauvres, qui dévorèrent quelques maigres puddings; et la fête se termina par une partie de quilles avec les paysans, de qui dépendait le succès ou l'échec de sa prochaine candidature. Or, non seulement ceux-ci admirèrent une telle condescendance; mais ils déclarèrent que si un baronnet se mettait à jouer aux quilles avec eux, c'était un signe évident du retour de l'âge d'or, et que, sous le soleil bienfaisant de cette époque, l'Angleterre ne tarderait pas d'arriver au comble du bonheur.

Et, au début de la nouvelle année, Sir J. Bowley se mit au lit avec la ferme conviction d'avoir fait ce jour-là un acte de charité héroïque, que n'auraient certainement jamais pu accomplir tous les évêques et tous les moines de sa patrie avant la Réforme, pas même ceux que l'Eglise a proclamés saints pour leur amour envers les pauvres.

De fait, cette bienfaisance *sportive*, à la fois fanfaronne et brutale, qui, sous prétexte d'humanité, et de procurer la plus grande gloire de Dieu, se sert de la pauvreté pour légitimer des bals, des soirées musicales, des expositions de belles dames, était jadis inconnue de nos ancêtres. Ceux-ci s'imposaient des privations, des sacrifices et des jeûnes pour subvenir aux besoins des malheureux. Mais jamais ils n'auraient eu la pensée de se servir de la misère d'autrui comme d'une occasion de plaisirs, grâce à laquelle les pauvres bénéficient du tant pour cent, sur la somme destinée aux amusements personnels.

Nous ne chercherons pas ici de quel côté se trouve la meilleure manière de pratiquer la bienfaisance. D'ailleurs, ce serait inutile. Nous en dirons cependant assez pour imposer silence à beaucoup de gens, non seulement s'ils désirent conserver leur réputation comme philosophes, mais s'ils veulent que personne ne donne son vrai nom à l'humanité qu'ils prêchent et pratiquent.

Dans nos temps modernes, bien des personnes mettent un certain orgueil mal placé à déchirer tous les voiles qui couvraient cette question.

Déjà Spinoza considère la pitié comme un des côtés les plus misérables de notre nature, et croit que le sage doit se garder d'empoisonner les joies de son existence, en compatissant aux misères d'autrui. Enfin, Nietzsche a introduit logiquement, sur le terrain de la morale, le darwinisme, c'est-à-dire la destruction des plus faibles par les plus forts. Il déclare que c'est de tout point conforme à la bassesse du caractère chrétien, de tenir aussi opiniâtrement qu'il le fait à sa morale de vieille femme sur la bienfaisance et la charité.

Selon lui, le premier principe du code de la morale moderne, de la *morale de Messieurs*, est celui-ci : « Pour que des *superhommes* puissent émerger, il faut que les faibles et les malheureux disparaissent. Prolonger leur existence misérable en les secourant, est plus nuisible et plus hideux que n'importe quel vice. C'est avec raison que des époques de force, des civilisations énergiques ont vu quelque chose de vulgaire et de méprisable dans la pitié. Celui-là seul est en état d'ennoblir l'humanité, qui donne pour texte à sa prédication : « Arrière la faiblesse ! Vive la dureté ! »

2. Philanthropie et charité chrétienne.

La charité ne doit jamais regarder en arrière, mais toujours en avant ; car le nombre des bienfaits rendus est très petit, et la misère à secourir est immense. Les sociétés philanthropiques ne sont pas autre chose que des congrès. Elles ont à peine une année d'existence, que les comptes-rendus de leurs séances forment déjà d'épais volumes. La philanthropie est une coquette qui se sert des bonnes actions comme d'une parure, afin de pouvoir se regarder dans une glace. La charité chrétienne, au contraire, est une mère affectueuse qui a les yeux constamment fixés sur son enfant, et ne pense pas à elle, parce que sa tendresse lui fait oublier sa beauté.

Ainsi pensait Ozanam, l'illustre fondateur des Conférences de saint Vincent de Paul.

3. Esclaves et hommes libres.

On dit, — et ce n'est pas toujours à tort, — que les gens qui travaillent pour des intérêts terrestres, ont souvent plus de loyauté et de droiture que bien des chrétiens qui travaillent pour Dieu.

La raison en est claire et simple à la fois. On n'a qu'à faire cette remarque : le monde est dur dans ses jugements; le bon Dieu au contraire est plein de ménagements. Le monde use de violence pour crier ensuite au miracle! C'est pourquoi il a des esclaves sans nombre, tandis que Dieu a les rares hommes libres.

4. Valeur des principes du monde.

Vers 1845, Heine écrivait du jeune Lassalle : « C'est un véritable enfant des temps modernes. Il ne sait rien de la modestie et du renoncement personnel, que nous autres, nous étalons avec plus ou moins d'hypocrisie. »

S'il en est ainsi; si les principes de morale et de bienséance qu'on enseigne, et qu'on pratique dans le monde instruit, reposent uniquement sur l'hypocrisie, on pourrait être tenté de mettre le sans-gêne du moderne Spartacus au-dessus de tout ce clinquant de vertu dont les sociétés, qui travaillent à la propagation de la culture éthique, couvrent l'homme moderne, moyennant des phrases à bon marché et de chères cotisations.

De fait, grand est le nombre de ceux qui sont en extase devant un Lassalle, un Schopenhauer, un Ibsen, un Nietzsche, un Strindberg, et tous les représentants de l'esprit moderne, quels que soient leurs noms. « Voilà des caractères ! disent-ils. Ils sont parfois un peu frustes ; mais c'est précisément ce qui doit nous remplir de respect pour eux. On voit parfaitement que leurs intentions sont droites. Plus ils s'expriment crûment, plus on apprend à les estimer, aussitôt que l'on compare leur franchise à l'élégance brillante d'un Alexandre de Humboldt, d'un Renan et d'autres gymnotes électriques analogues. »

Et les socialistes de se mettre de la partie, en répétant à qui veut les entendre, qu'en raison de sa franchise, la jeune tendance réaliste l'emportera sur le monde actuel tout d'apparence et de mensonge, sur la pourriture morale du libéralisme hypocrite ; que l'état sain de l'avenir triomphera de l'état actuel vermoulu ; que le Socialisme, en un mot, vaincra la Bourgeoisie.

Nous ne pouvons pas dire si cette dernière prophétie se réalisera, car nous ne sommes pas prophète ; — et c'est pour cette raison que nous évitons soigneusement de contredire les socialistes, qui ont justement cette supériorité sur nous. Mais ce que nous savons, c'est que la grossièreté des principes modernes est aussi hypocrite que la finesse des anciens.

En parlant d'un de ces élégants héros de la morale libre de salons, d'un de ces hommes d'honneur étiolés, d'un de ces petits-maîtres, qui, en se regardant dans la glace, — et il s'y regardait souvent, — était tout étonné de ce qu'on pût être aussi bel homme sans religion, un poëte a dit : « c'est un bloc d'honneur bourgeois, grand seigneur de vertu, malgré qu'il nargue Dieu. » Que penser alors des *sans-culottes* actuels de la morale, qui, pour réfuter et convaincre, ne connaissent pas d'autres moyens que de salir et d'assommer ! Ces modernes cyniques savent qu'ils impressionnent plus la génération actuelle en poussant de sauvages rugissements, et en donnant de grands coups de massue, qu'en la couvrant de fleurs, comme cela se pratiquait jadis dans les *Bergeries*, ou en l'enivrant au moyen de *confetti* odorants. De là leurs menaces sanguinaires ; de là leurs bulles d'excommunication, et leurs accusations d'hérésie portées contre la société bourgeoise. Pour eux, il ne s'agit que d'une seule chose ; conquérir les applaudissements de la foule étonnée. Or, on le sait, la foule aime une nourriture fortement épicée.

Comme c'est tout naturel, ils ne veulent pas plus faire sur eux l'expérience de leurs pilules du docteur Isembart, que certains médecins de dames de leurs liqueurs douces et de leurs bonbons. On connaît le mépris avec lequel Lassalle s'exprimait sur les foules qui avaient foi en lui. Schopenhauer agissait de même. « Son système, dit Paulsen, prônait le renoncement au monde et à ses biens, mais sa vie fut celle d'un épicurien qui fait du bien-être une étude ; son système loue la pitié, mais sa vie semble être restée étrangère à cette vertu. »

Ce qui caractérise le naturalisme moderne, c'est le mensonge grossier et le dédain injurieux. Le naturalisme ancien avait au contraire, comme signes particuliers, une forme brillante et une astuce polie. Mais au fond ils se ressemblent. De bouche, ils prêchent le désintéressement et l'élévation des sentiments ; dans la pratique, ils cherchent leur avantage propre. Leurs doctrines ne leur sont inspirées que par l'égoïsme personnel ou par des égards purement humains. Et même, quand il leur arrive par hasard de parler avec sincérité, il ne leur vient pas à l'esprit de faire passer en acte cette conviction.

Le jugement de Heine sur la valeur des principes du monde, n'est donc pas aussi injuste qu'on pourrait le croire. Le poète ne fait que se montrer une fois de plus sous le jour d'un enfant terrible, qui divulgue les secrets de l'école avec une joie maligne.

Lermontow dit également :

« Nous n'avons pas la force de volonté suffisante,
   Pour renoncer au monde.
Nous craignons plus les hommes que Dieu,
Et moins le péché que la moquerie. »

Ceux qui reprochent si volontiers l'hypocrisie à l'esprit chrétien, répètent aussi la même chose. Les expériences qu'ils ont faites dans le monde, ne leur permettent pas de supposer qu'on puisse être convaincu des principes qu'on professe de bouche.

5. Corpus juris charlatanici.

Un jour, pour écrire un livre, un petit livre qui soit opportun, je consultai un ami qui connaît le monde à fond. « Écris, me dit-il, écris un *Corpus juris charlatanici*. Un tel livre est nécessaire non seulement aux médecins, mais aux flagorneurs, aux chevaliers de la plume et de l'argent, aux ambitieux, aux âmes basses ; bref, tu le vois, à tout le monde.

— « Mon ami, répondis-je avec stupéfaction, une vie ne suffirait pas pour composer un tel livre ; sans compter qu'il serait trop volumineux, et, qu'en conséquence, il ne répondrait pas au but que je me propose. »

— « Ô sainte simplicité ! s'écria-t-il. Voilà pourtant comme vous êtes, vous autres savants ! Est-ce ainsi que tu connais le monde ? Mais la moindre feuille de papier suffit. Extrais la moelle de tout ce qui a été écrit jusqu'alors sur la politique, sur la morale libre, sur la vie pratique. Ou, ce qui vaut mieux, observe les gens qui vivent d'après ces doctrines, et la chose te sera facile. Pour moi, j'avoue que ma science du monde est bien médiocre, si tous ses principes ne se résument pas ainsi : Avant tout, il faut se créer une belle situation. Comment ? par la violence ? par la ruse ? Ceci est l'affaire de chacun. Pourvu qu'on arrive au but, c'est l'essentiel. Seulement, aie soin de ne pas oublier le côté extérieur ; garde soigneusement les apparences ; sois irréprochable dans ta tenue ; égratigne chacun à ta fantaisie, mais fais bonne figure à tes victimes. Aie soin également de parler toujours en bien de la vertu ; pratique de temps en temps quelques bonnes œuvres, qui n'aient rien de trop pénible pour toi, et qui brillent aux yeux de tous. Enfin, fais une chasse en règle aux frocs et aux soutanes, là où tu es sûr de ton monde ; mais ailleurs garde prudemment le silence sur cette question. »

6. Nègres et civilisés.

C'était en Afrique. Un voyageur, — je ne sais plus son nom, — raconte qu'un matin, il était complètement impuissant à mettre en mouvement les nègres qu'il avait loués pour transporter ses bagages. « La chaleur est si intolérable, lui disaient-ils ; elle nous abat tellement, qu'il nous est impossible de faire un pas, chargés d'un fardeau, si petit soit-il. »

Ils partirent cependant, non sans maugréer, quand vers midi, au moment où la chaleur était la plus forte, ils trouvèrent un énorme sanglier qu'un lion avait abandonné, après en avoir dévoré une partie. Bien que l'animal fût lourd, et qu'il exhalât une forte odeur de pourriture, ils s'en emparèrent et le traînèrent avec eux jusqu'au soir, pour faire un souper de leur goût.

Ces nègres, nous les connaissons tous par expérience. La plus petite violence que Dieu, la foi, le devoir et l'obéissance nous imposent, dépasse nos forces, et nous remplit d'une répugnance invincible. Par caprice, nous traînons des fardeaux énormes, et nous trouvons de la joie à des choses dont ce sanglier n'est qu'une faible image.

7. Le Mufti et le curé de campagne.

Un mufti dit un jour à un pèlerin : « Quelle uniformité désolante ! Chez vous, oui est toujours oui, et non toujours non. Comment pouvez-vous supporter une telle tyrannie de la part de la Bible ? Le Coran, à la bonne heure ! Quand même j'ai dit oui, il me permet de dire non. »

De retour chez lui, le pèlerin raconta dans un cercle d'amis les paroles du mufti. Il ne les dit qu'à voix basse. Cependant, il y avait derrière le poêle un brocanteur qui les entendit, — il était de la race de Judas, — et les colporta de maison en maison.

Les paysans les accueillirent avec froideur, et restèrent paysans comme avant : « Que cet homme est sot ! » disaient-ils entre eux. Mais elles intriguèrent fortement les grands et les prétendus sages. « Ah ! s'écrièrent ceux-ci, depuis longtemps nous aussi nous pensions, que ce joug était trop lourd. Oui, le Coran est doux, le catéchisme est trop sévère. »

Un professeur eut vent de la chose. « En voilà des gens avisés ! dit-il. Le Coran est commode ; mais il est loin de l'être assez. Le mufti croit que le oui et le non sont suffisants. Pas du tout ! Avec cela, nous n'arriverons jamais à la civilisation moderne. Celui qui n'a pas un langage double ne va pas loin ; celui dont les actions sont toujours droites est un homme perdu. Nous avons besoin d'avoir tout en double, et même en nombre illimité, si possible : la pensée, la parole, l'action ; bref, la morale tout entière. Celui qui sait prier avec les moines et hurler avec les loups peut s'appeler un caractère, un homme prudent ; celui qui s'associe à d'autres uniquement dans des vues d'équité, et non pour son avantage propre, je ne puis que le plaindre, car il est traître à lui-même. Si la raison d'état ne justifie pas la tromperie, la violence et la ruse ; si le droit et la puissance ne sont pas indépendants de la morale, pourquoi ne pas confier le portefeuille de l'intérieur à de sottes matrones, et ceux de la justice et de la guerre à de timides gouvernantes ? Oui, de vils esclaves qui vont docilement au joug, peuvent être constamment dans l'anxiété au milieu du bien et du mal ; mais ceux qui ont des sentiments de maîtres sont bien au-dessus de tout cela. Ils construisent courageusement leur maison avec le bien et le mal.

L'art doit être affranchi des lisières de la pudeur et de la vertu ; et la science n'a rien de commun avec la foi et la prière. Autrement, le premier charbonnier venu serait bon pour occuper n'importe quelle chaire ; et l'école des beaux-arts deviendrait un pensionnat de jeunes filles.

Voilà ce qui s'appelle la *morale de génie*. Soyez donc forts ; et vous aussi montrez-vous des génies. »

C'est ce qui eut lieu. Tout concourut à faire passer en acte la nouvelle doctrine. Il y eut des génies en foule ; et ce n'était pas difficile de le devenir. Ceux qui s'en trouvèrent le moins bien, ce furent les bonnes gens honnêtes et simples. Avec de pareils esprits, leurs affaires allèrent bientôt très mal : ceux-ci avaient double façon de payer, double façon de mesurer ; ils parlaient un double langage, et ne savaient même pas ce qu'ils disaient.

Au début, comme ils étaient assez clairsemés, on se moquait d'eux. On disait : « Si tu as affaire au génie, que Dieu te vienne en aide ! » Puis on devint perplexe ; et bientôt on n'eut plus confiance en personne, de peur de se trouver en face d'un génie.

Or, il y avait près de là un vieux prêtre vers lequel on accourait de très loin. Il savait, disait-on, donner une décision dans tous les cas embarrassants. De plus, c'était un homme actif, plein de foi et de charité. On lui députa donc une ambassade pour lui demander conseil.

Et le prêtre, — on sait comme sont les vieux prêtres, — parla ainsi : « Je crains que votre sagesse ne fasse de vous des enfants. Depuis longtemps déjà, elle nous est connue par le meunier et l'aubergiste ; seulement, nous n'avons pas encore appelé du nom de *génies* les colporteurs juifs. Chez nous, on n'y va pas par quatre chemins. Celui qui suit une double voie, on le chasse, on le cloue au pilori ; celui qui a un double langage, on ne le croit plus jamais, et celui qui a une double mesure, on le traîne devant le tribunal. Bref, quand quelqu'un, selon les conseils de Nietzsche, se construit avec le bien et le mal un nid dans l'autre monde, nous l'envoyons s'arranger comme il l'entend dans cet *au delà*, où il peut se montrer paré de toutes les vertus de *sa morale de Messieurs* : il est trop idéal pour notre pauvre terre. Au renard convient la ruse : elle lui est naturelle. Mais ce que j'ai toujours considéré comme impossible, — et je suis vieux, — c'est que l'homme subisse une espèce de dressage pour la tromperie, et que, dans ce but, on fasse des frais immenses pour lui procurer des maîtres. Aucun livre, aucun titre de docteur ne changera ce qui est bien et ce qui est mal. Celui qui suit des voies tortueuses finit toujours par arriver au mal ; et il y arrive d'autant plus sûrement qu'il déploie plus d'adresse, car oui est oui, et non est non pour toujours. Vous feriez bien, je crois, de dire adieu au Coran, et de retourner provisoirement au catéchisme. Laissez en paix Mahomet, Bouddha et Confucius ! Le chrétien et l'homme peuvent vous suffire. »

Et le vieux prêtre se tut. Parmi ses auditeurs, les uns dirent timidement : « Qui n'est pas de cet avis ? Pourtant, le catéchisme n'est pas ce qui nous va le mieux. » Les autres, — et ils étaient de beaucoup les plus nombreux, — trouvèrent que le vieillard avait bien parlé. « Il est raisonnable que nous agissions d'après ses conseils, dirent-ils. Nous avons vu assez souvent la marche tortueuse de la fausseté ; la simplicité de la colombe est bien préférable. »

Les choses en sont restées comme elles étaient alors. On continue d'invectiver le monde hypocrite; mais on marche en foule dans la large voie indiquée par le mufti. On politique, on rampe sur ses genoux fatigués et sanglants; et enfin, à force de ruser, on finit par se précipiter la tête la première dans l'abîme.

Mais toi, petit troupeau, lève la tête avec joie. Méprisé, couvert de poussière, tu es dans le droit chemin, bien que tu marches dans la voie étroite. De même que les sages arrivèrent jadis à la crèche, guidés par l'étoile, de même la simplicité te conduira à ta fin, qui est ton Seigneur.

8. Ostracisme.

Les hommes pardonnent beaucoup de choses, mais ils ne pardonnent pas à quelqu'un d'être plus savant qu'eux; ils supportent tout, excepté une conviction arrêtée et une manière d'agir invariable, bref, une conduite basée sur le droit et non sur l'opinion du jour. La première chose les blesse, la seconde les ennuie.

Que le caractère chrétien se console donc, si le mépris, ou plutôt la jalousie haineuse, l'atteint quelquefois; qu'il ne tourne pas à tout vent de doctrine comme une girouette, mais qu'il demeure fidèle à ses convictions et à la vérité immuable. Il partage le sort d'Aristide, qui fut frappé d'ostracisme, uniquement parce que sa réputation, son surnom de *Juste*, le rendaient intolérable à ses compatriotes.

9. L'opinion publique.

On dit que la respiration de certains êtres communique à l'air des propriétés nécessaires à la vie d'autres êtres. Quoi qu'il en soit, un fait certain est que la respiration humaine est insupportable à l'homme. Quand un grand nombre de personnes se trouvent réunies dans un espace restreint, leur haleine produit des vapeurs qui peuvent devenir mortelles, ou tout au moins nuisibles et dangereuses.

La vie humaine collective produit une atmosphère analogue au point de vue intellectuel, moral et politique. Les faux principes individuels commencent par rayonner, et bientôt ils forment un ensemble de vues, de manières d'agir, qui se répand sur la société tout entière comme une épaisse vapeur. Personne ne peut vivre dans son sein sans la respirer, et sans se trouver peu à peu contaminé. Puis, le poison produit son effet ; une espèce d'étourdissement en est la conséquence, et alors les masses se démènent et chancellent comme des hommes ivres. Selon la parole du poète :

« Elles ont des têtes, mais pas de tête ;
Elles ont des voix, mais pas de volonté. »

Cette atmosphère s'appelle *opinion publique* ou *morale générale*, marais fétide dont les émanations délétères tuent facilement les solides convictions et les nobles sentiments de l'individu. Seules la fuite de ce voisinage dangereux, ou une soigneuse séquestration peuvent nous protéger contre ses atteintes. Celui qui prétend n'en avoir rien à craindre est déjà à moitié empoisonné.

10. Conscience laïque et conscience chrétienne.

Un jour, un monsieur bien mis entra chez moi et me demanda timidement, la rougeur au front, un petit secours d'argent. Sa pauvre mère souffrait depuis longtemps d'une maladie cruelle ; toutes ses économies avaient été employées à la secourir, et il était maintenant à bout de ressources.

La misère noire demande un prompt secours. Mais la poétique peinture qu'il venait de me faire de sa situation, excita un peu ma défiance. Elle me rappelait certains faits dont j'ai été la dupe. Tout récemment encore, une dame élégamment vêtue avait abusé de ma crédulité. Elle m'avait ému par une peinture analogue. Il s'agissait de sa sœur, sur le point de tomber dans le vice, si personne ne l'aidait à la secourir. Et je lui avais donné la somme qu'elle demandait. Or j'ai appris depuis, que cet argent avait été employé à autre chose.

Mais comme j'avais déjà réparé, en m'abstenant de boire, le dommage que ma faiblesse de cœur avait causé à ma maison, — car je n'ai rien, et je suis obligé de mendier pour vivre, — je me laissai de nouveau attendrir. Les motifs qu'alléguait mon solliciteur étaient si touchants ; l'assurance avec laquelle il les présentait si convaincante, que je rougissais presque d'outrager intérieurement un amour filial si tendre, en doutant de la vérité de ce qu'il me disait.

Je mendiai donc de nouveau pour lui, non sans penser que, cette fois encore, ma générosité pourrait bien s'en trouver mal. C'est ce qui arriva. Je remis à l'élégant monsieur la somme que j'étais parvenu à réunir. En partant, il me promit de me la rembourser un jour ; mais oncques ne le revis.

Il n'y a pas de prêtre ou de religieux à qui cette aventure ne soit arrivée plusieurs fois. Nous nous armons de circonspection et de défiance ; puis, un beau jour quelqu'un surprend notre bonne foi ; et, dans un joyeux banquet, on se moque de la simplicité des gens pieux, dont le cœur s'attendrit toujours à la peinture des misères humaines.

C'est là ce qu'on peut appeler de la conscience laïque, de la morale libre.

Une autre fois, je visitais une vieille femme gravement malade. Elle avait déjà mis ordre aux affaires de sa conscience ; mais une chose la tenait encore en souci. Longtemps elle avait servi dans une riche maison, où l'on jetait l'or par les fenêtres, quand il s'agissait de divertissements et de plaisirs ; seulement, les serviteurs ne pouvaient venir à bout d'être payés.

Dans son dénûment, la pauvre femme s'était appropriée, en cachette, une paire de chaussures mise au rebut par sa maîtresse ; — car, si elle la lui avait demandée, elle eût été congédiée sur-le-champ. Que de fois elle avait voulu réparer ce dommage ! mais jamais elle n'avait pu réaliser les épargnes suffisantes pour y arriver. Cela lui pesait si lourdement sur le cœur, qu'elle ne pouvait pas mourir.

Par bonheur, elle avait un vieux crucifix. Elle me pria de le prendre, et de l'employer à dédommager les enfants de la dame, morte depuis longtemps ; elle pourrait alors paraître avec plus de sécurité devant Dieu. Souvent, on lui avait dit de ne pas s'inquiéter pour si peu ; mais elle ne fut en paix que lorsque les choses se furent passées comme elle le désirait.

Ce cas s'est également présenté plus d'une fois pour chacun d'entre nous. Que d'objets sans valeur, que d'œuvres d'art affreuses ont émigré au fond des cloîtres, dans des circonstances analogues !

Ceci est de la conscience chrétienne, de la morale chrétienne.

11. Morale de théâtre ou morale libre.

Celui qui lit l'Introduction de l'ouvrage de Rœtscher sur Molière, est d'abord quelque peu ahuri. Il ne sait s'il doit la prendre au sérieux, ou la regarder comme une ironie. « Chez lui, y est-il dit, le moraliste n'a jamais fait tort à l'artiste. Il nous apparaît constamment comme un prédicateur déguisé, qui n'a jamais ennuyé ses auditeurs avec une morale sèche. Avec lui, personne n'a besoin d'avoir honte de ses faiblesses. C'est la raison pour laquelle la morale habile, facile et insinuante de ce poète, a eu une influence si considérable sur les spectateurs de ses pièces. »

Ainsi parle l'illustre dramaturge.

Inutile, après cela, d'examiner plus en détail la morale de Molière.

Ajoutons cependant qu'il est le père de toutes ces histoires d'adultère, de séduction, dont le théâtre est si riche. C'est précisément ce qui rend ses pièces si attrayantes et si conformes au goût du monde. Là où il flagelle un avare ou quelques femmes savantes, sa morale n'est pas blessante : entendre se moquer des autres ne fait de peine à personne, car personne n'est obligé de se considérer comme atteint par les coups de la raillerie. Quant aux rares préceptes de morale qu'il donne, on peut leur appliquer ses propres paroles :

> « Combien de gens font-ils des récits de bataille,
> Dont ils se sont tenus loin ! »

Ceci nous donne également la raison pour laquelle le monde élève si haut cette morale de théâtre, ou, comme il dit d'ordinaire, la morale libre. Celle-ci a précisément l'avantage de permettre à quelqu'un de faire le fanfaron en face du monde, avec de belles phrases, sans qu'il ait besoin de se mettre à la torture pour pratiquer ce qu'elles enseignent.

Personne n'a mieux dit cela que Molière lui-même,

dans un passage où le pauvre Chrysale se plaint de son aimable moitié :

> « Du nom de philosophe elle fait grand mystère,
> Mais elle n'en est pas pour cela moins colère ;
> Et sa morale, faite à mépriser le bien,
> Sur l'aigreur de sa bile opère comme rien. »

Nous comprenons qu'un monde pour qui la morale est un simple figurant muet ; qu'une génération qui honore, dans Molière, Gœthe, Augier, Sardou et Ibsen, les vrais éducateurs de l'humanité ; qu'une époque qui parle sérieusement de religion *piano forte* et de mystique *de Rigi* ; qu'une société qui méprise la vérité chrétienne, doit trouver très gênante une vérité qui pénètre jusqu'au fond de la conscience, qui ne permet pas qu'on marchande avec elle, qui, aujourd'hui comme demain, reste inflexible dans ses prescriptions. Il trouve bon que la foi et la religion soient comme une girouette, comme l'aiguille d'une boussole, comme un vêtement élastique. Mais si la sagesse divine se dresse devant nous, et nous crie comme jadis à Augustin : « Ce n'est pas moi qui passerai dans ta substance ; c'est toi qui passeras dans la mienne », elle perd alors tout droit à la tolérance.

Tout cela, nous le comprenons, c'est vrai. Mais ce qui nous échappe, c'est qu'on ose vanter cette morale de comédien comme le meilleur moyen d'éducation pour le peuple, et prétendre que la scène a pour mission d'éveiller les bons instincts et d'endiguer les mauvais. C'est là un manque de sincérité ; car, au fond du cœur, chacun est de l'avis du poète, quand il dit, à propos des comédiens moralistes :

> « Ils voilent prudemment des instincts secrets,
> Et appellent vertus des vices manifestes.
> Ils parlent de philanthropie en termes aimables,
> Et vous tuent pour un rien. »

12. Les vrais tartufes.

Dans son *Martin Chuzzelwit*, Dickens a tracé le parfait modèle d'un prêcheur de vertu franc-maçon, d'un Mirza Schaffy de la morale libre et de la religion, de l'honnête homme rationaliste, d'un moraliste moderne, dans la personne de M. Pecksniff.

Cet excellent personnage ne peut rencontrer quelqu'un sans cueillir immédiatement dans le jardin de ses vertus, un magnifique bouquet de fleurs d'éloquence, et le mettre à sa boutonnière. Quand il ouvre la bouche, c'est pour parler de la pure morale. Quiconque lui adresse la parole sent qu'ici, il est dans son élément de prédilection. Toujours digne, toujours calme, toujours plein d'un doux et noble orgueil, M. Pecksniff ne pense que morale, ne parle que morale, ne respire que morale. Bref, il a tant de sens moral, qu'un sauvage pourrait se civiliser à son seul aspect.

Mais c'est surtout quand il s'est donné un petit plumet, sans qu'il lui en coûte rien, que les sources de sa sagesse sont intarissables. On l'emporte chez lui; mais à peine l'a-t-on déposé sur son lit, que le voilà de nouveau debout, adressant d'affectueuses paroles de remerciment aux miséricordieux Samaritains qui lui ont prodigué leurs soins.

La teneur et les applications de ces principes de morale varient selon les circonstances. Il en est d'elles comme de la formule qu'il a mise à la base de l'éducation de ses filles, et qui est celle-ci : « Fais ce que tu voudras, pourvu que les apparences soient sauves. »

Or, il s'entend lui-même à merveille à sauvegarder les apparences. Seulement, les gens qui l'ont observé de près, pendant quelque temps, — autant de gens, autant d'ennemis, dit son fidèle Tom Pinch, — les gens qui, par conséquent, peuvent parler de lui en connaissance de cause, affirment que le soleil sera vert et la lune noire, avant que cet homme pratique le désintéressement; qu'il faudrait aller loin pour trouver un menteur au langage aussi doucereux, un agioteur, un espion, un séditieux, un hypocrite aussi rusé.

Malheureusement, l'histoire secrète et la fin de sa vie leur donnent raison. Elles nous montrent une fois de plus que les tartufes proprement dits, c'est-à-dire, pour parler avec Molière, ces hommes si étrangement faits, que : « Dans la juste nature on ne les voit jamais », ne sont pas les tartufes de la religion, mais ceux de la morale.

Ce M. Pecksniff, nous l'avons rencontré si souvent, que la description que nous en fait Dickens ne nous apprend rien de nouveau. Elle ne fait que fortifier en nous la conviction que nous possédions jusqu'à présent, à savoir que toute morale d'honnête homme, à laquelle une religion sincère ne donne pas la vérité et la vie, tombe inévitablement dans la tartuferie, et ne pourra jamais remplacer la religion.

Selon toute vraisemblance, le compatriote de M. Pecksniff, l'honorable vieillard Samuel Daniel, avait un semblable héros devant lui, quand il exhalait cette plainte :

« Quel être misérable c'est donc que l'homme,
Tant qu'il ne s'élève pas au-dessus de lui-même ! »

13. La vertu porte en elle sa propre récompense.

« La vertu se recommande d'elle-même, dis-tu; la vertu est à elle-même sa propre récompense. Pour arriver jusqu'à elle, à quoi bon tous ces procédés de foi en Dieu, d'espérance en la félicité, que le christianisme vous enseigne ? »

— Tu es un pauvre juste, si ta vertu est toute sa récompense, et si la beauté de cette vertu est le seul motif qui te la fasse pratiquer. Ne serais-tu pas très étonné, si quelqu'un voulait t'offrir une pièce de vingt francs pour elle-même ? Ou bien, au contraire, ne serais-tu pas surpris, si, lorsque tu parles de la vertu désintéressée, de la morale élevée, un des auditeurs interrompait ton discours, et te jetait à la face la parole de Shakespeare : « N'eussent été les affreux canons, qu'à la fin il eût fait un soldat ? »

Oui, si chacune des opinions que tu professes sur ton compte; si chacune de tes belles paroles, chacun de tes désirs pieux, était un billet de mille francs, depuis longtemps tu serais un Crésus. Mais le salaire se paie d'après les résultats, non d'après les promesses. C'est pourquoi, si tu veux que ta vertu produise des fleurs et des fruits, il te faudra semer sur un sol plus fertile que sur le sable de la vantardise, et sur le marécage de la suffisance personnelle, à savoir sur le sol béni de la crainte et de l'amour de Dieu; bref, sur le sol de la religion et de l'éternité.

14. Vie d'araignée.

Dans un angle de la fenêtre, suspendue à la muraille, l'araignée poudreuse est en embuscade. Son simple aspect indique que le vol la nourrit plus que le travail.

Mais, qu'un léger souffle vienne agiter les fils de sa toile, la voilà qui se hâte de sauver sa vie insignifiante. Il n'est pas d'ennemi en déroute qui fuie plus vite, quand au loin apparaît le danger.

Celui qui travaille et qui se rend utile, voit souvent passer chez d'autres le fruit de ses peines; car, dans son activité, il ne pense à lui-même qu'en dernier lieu.

Mais moins quelqu'un est utile, plus il tremble pour sa vie.

15. Construction de la tour spirituelle.

On rencontre des gens qui, après avoir été longtemps, des modèles d'exactitude et de zèle, changent au point de n'être plus reconnaissables. Ce qu'ils faisaient jusqu'alors avec la régularité la plus grande, leur devient importun, insupportable, odieux. Et, c'est en vain que le monde cherche une explication à cette conduite.

Ceci cependant n'étonnerait nullement quelqu'un qui les aurait observés de plus près auparavant. Ils étaient ponctuels quand on pouvait les voir. Ils étaient féconds en œuvres de vertu qui s'étalent aux yeux de tout le monde, non en celles qui ont le cœur pour point de départ. Mais là où ils n'avaient pas à craindre les regards d'autrui, ni de louanges en perspective, ils en prenaient à leur aise. Les moindres fragments informes leur semblaient d'excellents matériaux de construction, et peu leur importait de laisser ici un vide, là un rang non terminé. Quelqu'un survenait-il? Alors ils se hâtaient de jeter un badigeon sur les parties défectueuses, et personne n'en soupçonnait l'existence. Tandis que l'édifice construit de cette façon semblait toujours croître en hauteur, il déclinait d'une manière imperceptible, parce qu'une base solide lui faisait défaut. Et, un beau jour, il s'écroula.

Quelle sérieuse leçon nous donne pourtant le divin Maître, dans la parabole de la construction de la tour! Oui, celui qui ne bâtit pas solidement; celui qui ne soigne pas les plus petits détails; celui qui ne bâtit pas mieux pour les yeux de l'architecte divin que pour les yeux des hommes, construit pour une grande ruine.

16. Valet de bourreau et homme d'honneur.

Autrefois, quand un gentilhomme portait atteinte à une vertu délicate, arrivait un homme pauvre qui flétrissait publiquement son acte, puis le traînait au pilori, où il lui passait un énorme anneau de fer autour du cou. Et cela valait bien le bannissement.

Aujourd'hui, c'est le contraire. Celui qui a l'audace de briser, par la violence ou par la ruse, le plus beau joyau de l'innocence, remplit envers elle le rôle de cet homme. Il la cloue pour toujours au pilori de la honte, comme s'il était dans son droit.

Autrefois, on appelait le premier valet de bourreau, et on ne parlait de lui qu'avec horreur; aujourd'hui, on appelle le second un galant homme, un homme d'honneur.

Les pauvres, semble-t-il, n'ont droit qu'à la misère et à la honte. Ceux qui peuvent se payer toutes leurs fantaisies, sont au contraire toujours dans leur droit.

17. Religion d'honnête homme et christianisme.

Dans les cercles les plus élevés de l'enfer, Dante rencontra une troupe nombreuse de réprouvés. C'étaient des gens qui n'avaient pas fait de mal ici-bas, mais qui n'avaient pas fait de bien non plus; des gens qui « n'avaient sur terre encouru ni blâme ni louange. »

Un moderne historien de la littérature, qui ne peut s'empêcher d'admirer la magnificence et la virilité de cette pensée, mais qui se demande involontairement ce qu'il en serait, si elle était plus que le fruit de l'imagination, appelle ce passage véritablement *dantesque*. Il croit en avoir ainsi signalé la valeur, et en même temps évité le côté sérieux.

Mais non! l'honneur à qui mérite l'honneur! Or, si

c'est un honneur pour Dante de n'avoir pas peuplé le ciel de riens, c'en est un encore plus grand pour le christianisme de lui avoir suggéré cette pensée. Le Maître a maudit le figuier, non parce qu'il portait des fruits mauvais, mais parce qu'il n'en portait pas. Il a condamné le serviteur paresseux, non parce qu'il avait gaspillé le talent qui lui avait été confié, mais parce qu'il l'avait rendu sans l'avoir fait fructifier. Au dernier jour, il enverra au feu éternel ceux à qui il n'aura rien à reprocher, sinon de n'avoir rien donné à ceux qui avaient faim, de n'avoir pas consolé ceux qui étaient dans l'affliction, de n'avoir pas vêtu ceux qui étaient nus. Tous ceux-là appartiennent donc, comme dit Dante :

« A cette tourbe à Dieu si méprisable,
A ces êtres vils et déchus,
En qui ne fut jamais la vie. »

Ce sont là de graves paroles, personne ne le niera. Mais elles sont en même temps une preuve plus convaincante d'énergie et de virilité de caractère, que ces vaines déclamations contre la sainteté des œuvres chrétiennes, et que cette formule bien connue de la canonisation personnelle : « Je ne vois pas ce que j'aurais à confesser : je n'ai ni tué, ni volé ». Pour ceux qui tiennent ce langage, le poète n'a que cette phrase courte, mais pleine de sens : « Evite-les ; ce sont des cadavres vivants ».

Ne dites pas que le christianisme est trop sévère ; demandez-vous plutôt comment vous pouvez être assez injustes envers lui, pour toujours prétendre que ses saints ne sont pas autre chose que des cagots, des parasites, des âmes lâches et oisives, qui enfouissent leurs talents, des esprits bornés qui ne commettent pas le mal, uniquement parce qu'ils en sont incapables.

La main sur le cœur, et toute équivoque mise de côté, où est la vraie virilité ? où est le véritable honneur de la nature humaine ? Est-ce chez les athlètes chrétiens du désert ? est-ce chez nos vierges héroïques ? ou bien chez vos bons papas à la Voss, qui, mollement étendus dans leur fauteuil, prodiguent les belles paroles, tandis que leur tête disparaît dans la fumée du tabac, comme dans un nuage d'encens ?

Nous nous dispenserons de répondre à cette question.

Nous dirons seulement : Si nos Saints n'avaient pas fait preuve de plus d'énergie que ces héros de vertu, qui ont toujours la bouche pleine et les mains vides; s'ils n'avaient pas été plus utiles ici-bas que ces saints en paroles, ils seraient eux aussi parmi ceux que Dante voit rassembler par Charon, le noir démon aux yeux brillants, comme un tas de feuilles sèches, et jeter dans la barque fatale, pour les conduire dans un endroit où ils pourront se reposer de leurs travaux.

Nous ne condamnons personne, et très heureux nous sommes quand on nous rend la pareille. Mais nous vous invitons à descendre dans la lice, et à faire décider par qui vous voudrez cette question : A qui le ciel revient-il de préférence ? Est-ce aux saints de votre religion d'honnête homme, ou bien aux serviteurs méprisés du christianisme, qui opèrent leur salut avec crainte et tremblement, et s'écrient encore après avoir fait leur devoir : « Nous sommes des serviteurs inutiles, de pauvres pécheurs ? » A qui revient-il de préférence, au point de vue de la force morale, de l'utilité générale, d'après toutes les exigences de la vérité et de la justice ?

18. Comédiens et lutteurs.

Parmi les nombreuses figures que l'illustre Thackeray a photographiées, avec une fidélité incomparable, dans sa promenade à travers la foire de la vie, la riche Miss Crawley, — cette personne prudente qui reçoit presque toujours au lit, de peur que la fatigue ne l'oblige à s'aliter, — n'est certes pas la moins bien réussie.

« Tant que l'excellente dame était en bonne santé, dit l'écrivain, elle avait sur la religion et sur la morale des vues si libres, que Voltaire lui-même n'en aurait pas désiré d'autres. Mais dès qu'elle ressentait la moindre indisposition, — et cela arrivait souvent, — elle devenait d'une lâcheté incroyable, et sa maladie s'aggravait toujours par une peur atroce de la mort.

Nous nous garderons bien, continue Thackeray, de prendre le fait comme point de départ d'un sermon. Mais chacun sait que la gaieté, la jovialité, l'entrain, au moyen desquels le comédien se fait admirer sur la scène, sont loin de le suivre dans la vie privée. Souvent, très souvent ici, il est visité par l'abattement, la tristesse et le repentir amer, qui corrompent ses jouissances de la veille ; surtout quand il lui faut compter avec l'incertitude du lendemain.

O mes frères porte-grelots ! conclut l'humoriste, il n'y a donc pas d'instant où le rire, la danse, le bonnet de fou ne se changent en dégoût ! »

Nous préférons dire : « Frères souffrants, qui d'entre vous n'a pas de ces moments où il voit clairement que nous ne vivons pas ici-bas au milieu d'une foire, mais dans un lieu de préparation à l'éternité ? Pour qui d'entre vous n'est-il pas évident que la vie est la préface du livre de l'éternité ? »

L'amertume que le comédien éprouve à certaines heures, n'est-elle pas une invitation à la vie sérieuse, pour tout homme qui n'est pas disposé à embrasser cette profession ? N'est-elle pas, à plus forte raison, une exhortation adressée au chrétien, pour qui la vie ressemble souvent à un amphithéâtre, à une lice, où il est jeté en pâture aux bêtes sauvages à cause de sa sainteté ?

CHAPITRE VIII

RÉDEMPTEUR ET RÉDEMPTION

1. Conditions premières que doit réunir un fondateur de religion.

La fin de la Révolution française a produit une secte dont les idées s'accorderaient bien avec l'esprit de notre époque. On y reconnaissait la nécessité de la Révélation; mais on ne voulait pas revenir au christianisme. Alors, on découvrit une religion nouvelle, sans dogmes, c'est tout naturel, fondée uniquement sur l'amour envers un Être suprême et envers l'homme, une religion toute farcie de sentences de Confucius, de Zoroastre, de Socrate, d'Aristote, de Sénèque, de Rousseau et de Voltaire. Ce vin artificiel, pétillant, dans lequel il y avait malheureusement bien peu de vin naturel, fut décoré du beau nom de *théophilanthropie*.

Ce mélange insipide ne plut pas longtemps à l'humanité. La Révellière-Lépeaux, un des cinq membres du Directoire, l'âme de la religion nouvelle, errait un jour, l'air désespéré, dans les rues de Paris. Un de ses amis qui le rencontra, lui demanda pourquoi il semblait si préoccupé. Lorsqu'il en connut la raison : « Faites vous tuer, s'écria-t-il, et ressuscitez dans trois jours! »

C'eût été certainement le moyen de faire réussir l'entreprise; mais il n'était pas du goût de ce fondateur de religion. Lui et tous ses imitateurs, depuis l'école libérale jusqu'à Strauss et Renan, étaient trop peu sérieux pour réclamer la foi à leurs affirmations. Ils se contentaient d'un peu d'honneur pour leur personne, et ils ne pensaient nullement qu'il fût nécessaire de mourir pour attester la vérité de leurs idées.

A ce dernier point de vue, les plus modernes fondateurs de religion, les socialistes, y vont un peu plus énergiquement. Ils n'éprouvent aucun déplaisir à convaincre le monde de la vérité et du sérieux de leur cause, par le meurtre et l'incendie. Sont-ils également prêts à mourir pour leur foi, c'est ce que nous ne savons pas. Mais nous ne pousserons pas la cruauté jusqu'à exiger cette preuve de leur part. Nous serions déjà très satisfaits, si des hommes qui sentent en eux le désir de se produire comme réformateurs de la religion, pouvaient chercher le salut, non pas dans le blâme, le mensonge, le bouleversement et la destruction, mais dans l'édification ; s'ils voulaient surtout se dire que celui qui se donne pour le héraut d'une vie nouvelle, doit avant tout commencer par prêcher d'exemple.

Jadis, le monde soumettait à un rigoureux examen les fondateurs de religion. Tandis qu'aujourd'hui, on court après quiconque apporte du nouveau, pourvu qu'il couvre de son dédain ce qui a existé jusqu'à lui, on exigeait d'eux cinq conditions préalables, avant de les reconnaître comme les messagers d'une religion véritable : des faits miraculeux, une vie sainte, la mort pour la cause qu'ils représentaient, leur résurrection et l'expansion victorieuse de la doctrine proclamée par eux.

Jusqu'alors, le Christ seul a réalisé ces conditions. C'est pourquoi, on n'ôtera pas de l'esprit des hommes la conviction que sa doctrine est la seule vraie religion.

Nous aussi, nous demeurons dans cette conviction, jusqu'à ce qu'un autre ait réuni en lui les cinq conditions citées.

2. La critique et le Christ.

Il n'est pas nécessaire qu'un homme soit très susceptible, pour être profondément vexé, si, dans une société où il commence à raconter une histoire dont il se dit avoir été le témoin oculaire, on l'interrompt, et on ne le laisse pas continuer avant qu'il ait donné des preuves de son honorabilité.

Cela lui est pénible à un double point de vue. D'abord en soi, car le seul fait de suspecter son honorabilité n'est pas une mince atteinte portée à son honneur.

C'est une injure aussi blessante que si l'on disait à une honnête femme qu'on lui permettra de s'asseoir quand elle aura prouvé son honnêteté. Puis, qu'a-t-il gagné à ce que les gens disent : « Il a l'air honnête ? » Quand même on ne le considérera pas comme un menteur ou un hypocrite, cela n'empêchera de se demander : « Qui sait si ce n'est pas un fou, un fanatique, un halluciné ? Qui nous répond que, dans sa simplicité et sa bonhomie, il ne s'est pas laissé conter des rêveries qu'il a prises pour du bon argent ? »

Or, il est quelqu'un qui est tous les jours soumis à ce traitement, quelqu'un qui est même bien content quand le monde ne le traite pas d'une façon encore plus outrageante, et ce quelqu'un c'est notre Sauveur, le Christ Fils de Dieu.

Nos rationalistes modernes soumettent sa personne, ses discours, sa conduite à un examen aussi minutieux et aussi rusé qu'un juge d'instruction peut le faire dans l'interrogatoire d'un malfaiteur. Puis, quand ces messieurs sont au bout de leur sagesse, ils disent d'un air de condescendance : « On pensera ce qu'on voudra de sa doctrine ; ce qu'il y a de certain, c'est que, personnellement, il était un très honnête homme. »

La conséquence la plus claire de tout cela, c'est qu'il ne leur vient même pas à l'esprit de croire en lui et en sa parole ; c'est qu'ils font exactement comme Pilate, qui commença par déclarer qu'il ne trouvait aucun motif de condamnation dans sa conduite, et, malgré cela, le sacrifia à l'opinion publique.

C'est seulement ici que nous pouvons comprendre la grandeur du sacrifice que le Fils de Dieu a fait dans son incarnation. C'est ici que s'applique la parole : « Il n'y a rien d'extraordinaire à ce qu'un prince fréquente un prince ; mais ce qui est grand, c'est quand il s'abaisse jusqu'à des gens grossiers, dépourvus de tout sentiment de gratitude et d'honneur. »

D'autre part, il y a également en ceci une preuve que notre Rédempteur n'est pas comme le reste des hommes. S'il était du monde, le monde l'aurait traité comme il traite chaque homme. Mais, puisque les hommes « l'ont tourné en dérision, et que, lors même qu'il est depuis longtemps ressuscité d'entre les morts, ils gardent encore son tombeau », c'est une preuve qu'il leur est étranger, et porte en lui quelque chose qui le distingue d'eux, quelque chose qu'on ne peut passer sous silence, quelque chose qui provoque leur défiance et demande un examen approfondi.

3. La solution de toutes les questions.

J'avoue, cher ami, que chaque parole du Christ produit en moi le désir de m'approcher plus près de lui. Bien souvent, j'ai senti qu'en définitive toute notre paix et tout notre bonheur dépendent de la manière dont il est répondu à cette question : « Que pensez-vous du Christ ? »

Toutefois, cette pensée ne s'offre jamais plus clairement à mon esprit, que lorsque j'entends quelqu'un dire avec conviction qu'il « méprise tout, comme la poussière du chemin, à cause de l'excellence de la connaissance de Jésus-Christ », et qu'il est prêt à tout perdre pour elle, parce qu'elle le place au-dessus du monde.

Si je savais comment arriver moi-même à cette conviction que je t'envie ! Mais partout je trouve des hésitations, des difficultés ! Me renvoies-tu à sa doctrine ? Je me dis que d'autres ont exprimé des choses aussi belles et d'une manière peut-être plus agréable. Invoques-tu ses miracles ? Il me vient à l'esprit quantité d'actions inexplicables que d'autres ont accomplies, sans que pour cela on ait jamais pensé à faire d'eux ce que la foi chrétienne a fait de Jésus de Nazareth.

— Eh bien ! mon cher, il te reste encore un moyen pour arriver au terme de tes désirs :

> Au matelot jeté sur un récif,
> Il reste encore une épave flottante.

Mais ce qui s'offre à toi, ce n'est pas une faible planche, c'est une embarcation à la fois plus simple, plus artistique et plus sûre que tout ce que peut inventer la sagesse humaine, une embarcation qui conduit certainement au port du salut.

— Et quelle est-elle ?

— La personne même de Jésus-Christ. Tu peux douter de tout ; mais tu n'oseras jamais attaquer sa sainteté

Cela ne te réussirait pas. Lui-même a sommé les Pharisiens, — qui, dans ce cas, étaient les critiques les plus autorisés, — de le convaincre de péché ; et ils sont restés muets. Eh bien! celui-là même à la sainteté de qui tu n'oses pas toucher, — et tu le ferais si tu pouvais le convaincre de mensonge, — celui-là même s'est donné comme le Fils de Dieu; il a accepté les hommages d'adoration qui conviennent à Dieu, et il a donné sa vie pour affirmer sa divinité.

Quoi! tu dis que tu ne peux croire à ses miracles, alors que ses ennemis eux-mêmes ont été obligés de les confesser? (Joan., VII, 31 ; XI, 47). Mais sa sainteté, sa véracité, tu ne peux les révoquer en doute. Or, s'il est la véracité, il est aussi la vérité. D'ailleurs, c'est ainsi qu'il se nomme (Joan., X, 17). Et s'il est la sainteté, il est le Fils de Dieu, comme il l'a dit dans l'interrogatoire public qu'il a subi (Math., XXVI, 64).

Avec cela, toutes les autres questions sont résolues. Tu sembles toi-même te rendre compte que, pour lui, la preuve de sa divinité par les miracles n'est pas de tout point satisfaisante. Bien qu'il ait dit qu'ils « rendent témoignage de lui » (Joan., X, 25, 37, 38), s'il est vraiment le Fils de Dieu, les miracles les plus grands eux-mêmes sont tellement au-dessous de lui, qu'un éclat beaucoup plus grand tombe de lui sur eux que d'eux sur lui. C'est pour cette raison qu'ils peuvent seulement te déterminer à croire en eux, mais que tu dois croire en lui à cause de lui-même. Ils t'assurent que sa parole mérite créance ; mais sa parole seule te dit ce qu'il est. C'est pourquoi il est là seul, debout au milieu de ses miracles, les dominant tous. Pour les autres, pour les prophètes, par exemple, on croit que Dieu parle par leur bouche; pour lui, on croit qu'il parle en qualité de Dieu même.

La même chose a lieu pour sa doctrine. Tu peux la scruter autant, et aussi longtemps que tu voudras. Mais si tu te bornes à cela, tu n'arriveras jamais au but que tu désires. Lui-même a dit que celui-là seul « saurait à quoi s'en tenir sur sa divinité, qui pratiquerait ses préceptes » (Joan., VII, 17). Or, ce sera le cas pour toi, si non seulement tu t'efforces de réaliser dans ta conduite sa parole écrite, mais si, avant tout, tu cherches à imiter sa vie, c'est-à-dire lui-même, autant que tu le peux avec ta faiblesse aidée du secours de sa grâce.

Tu vois donc que tout dans l'Evangile et dans le christianisme : doctrine, miracles, te ramène constamment à la personne du Christ. Il n'y a qu'un moyen pour dissiper tous les doutes, pour admettre les mystères de la Révélation, pour triompher de la faiblesse humaine, pour arriver à la sécurité, à la vertu, au salut ; et ce moyen très simple consiste à se donner à celui qui comprend tout en lui, à notre Rédempteur et Seigneur, à l'Homme-Dieu, à Jésus-Christ.

4. L'aimant des cœurs.

Quelques instants passés près de la Croix du Sauveur suffirent pour convertir le larron ; un éclair, une parole venue d'en haut changèrent Saul.

Pourquoi donc moi, je reste la scorie opaque et dure que je suis? Suis-je donc plus résistant que le fer? Le bras du Seigneur s'est-il engourdi?

Hélas non ! C'est toi qui t'éloignes de lui, toi qui n'écoutes pas sa voix. Ouvre-lui le sanctuaire de ton cœur ; approche-toi de lui par la prière. Non ! tu n'es pas plus dur que le fer, et le Sauveur est l'aimant.

5. Le bon maître et le bon éducateur.

Quand nous rencontrons un homme qui prétend tout savoir, nous nous sentons mal à l'aise dans sa société. Il nous semble qu'il n'est pas un maître parfait, soit parce qu'il y a des lacunes dans sa science, soit parce qu'il ne sait pas se dominer. Dans le premier cas, nous ne le choisirions pas pour être notre maître, ni celui de nos enfants; dans le second, nous ne le prendrions pas comme éducateur. Car nous exigeons du maître qu'il excelle dans sa partie, de l'éducateur qu'il se possède parfaitement.

Le christianisme, espérons-le, conservera toujours ces deux conditions si justifiées.

Mais alors, pourquoi lui reprocher sans cesse de nous laisser dans l'obscurité sur tant de points?

C'est que l'Evangile se soucie très peu de satisfaire

notre curiosité. Si nous voulons trouver un aliment à celle-ci, il faut nous adresser ailleurs.

Une excursion à travers la littérature des premiers siècles est instructive à ce point de vue. Pour ne prendre qu'un exemple, que de choses d'une remarquable exactitude les livres sibyllins nous rapportent sur les derniers temps et sur la ruine du monde! Le Christ, lui, ne dit presque rien quand ses disciples l'interrogent à ce sujet ; il se contente de leur répondre que ce sont là des choses cachées aux anges du ciel, et même à lui, comme Fils de l'homme (Marc, XIII, 32).

Il en est de même des miracles. Dans les Evangiles apocryphes, le Sauveur fait les miracles les plus bizarres, et ceux qui sont rapportés dans la *Vie* d'Apollonius de Thyane, ou dans les *Métamorphoses* d'Apulée, surpassent tout ce qu'on peut imaginer. On voit qu'à cette époque l'amour du merveilleux était considérable. Or, le Christ se montre mécontent ; il a même parfois des paroles dures, quand on lui réclame un miracle. Là où ce désir est dicté par la pure curiosité, comme chez Hérode, il ne daigne pas même répondre. C'est la compassion seule qui le fait accéder à la demande d'une guérison miraculeuse.

Les Evangiles eux-mêmes, — comme ils nous le font remarquer en termes exprès, — nous racontent à dessein très peu de chose sur ces faits, que, d'ailleurs, ils rapportent en petit nombre. Ils ne nous parlent que des plus insignifiants, comme celui de la multiplication des pains et des poissons, et cela avec des détails si communs, — par exemple qu'on fit asseoir la foule par groupes, et qu'on ramassa les fragments qui restaient, — qu'ils semblent presque avoir voulu leur enlever le caractère d'événements extraordinaires.

Ici sont évidemment remplies les deux conditions si importantes, mentionnées tout à l'heure : nous avons un maître qui domine sa science, et un éducateur qui sait se maîtriser.

6. La plus grande folie.

« Connaître la sagesse et ne pas vivre en sage, est le comble de la folie », dit le proverbe.

Que penser alors de ceux qui ont continué à marcher leurs propres voies, après avoir contemplé la Sagesse de Dieu revêtue d'une forme humaine ?

7. La parole de Dieu écrite et la parole de Dieu vivante.

Vous catholiques, dit-on, vous êtes incompréhensibles. Depuis un siècle, la critique biblique s'occupe tellement de la Sainte Ecriture, particulièrement des Evangiles, qu'il est à craindre qu'elle n'en laisse rien subsister ; et c'est à peine si vous vous inquiétez de tout ce mouvement scientifique. S'il allait en sortir que les Evangiles ne sont pas authentiques, que feriez-vous ?

Chers amis, vous comprenez mal notre situation. Parmi tous les dangers qui nous menacent, c'est certainement celui qui nous préoccupe le moins.

D'abord, il ne faudrait pas être aussi convaincus que nous le sommes, que la Sainte Ecriture est inspirée par Dieu lui-même, pour craindre que la critique pût ronger ce diamant avec sa langue d'escargot. Puis, la Bible n'est pas le dernier motif de notre foi. Pour nous, ce dernier motif est Dieu lui-même, et Celui qu'il a envoyé, son Fils unique, Jésus-Christ. C'est pourquoi nous aurions la même obligation de croire, et la même sécurité dans notre foi, lors même que Dieu n'aurait jamais fait écrire un mot, ou qu'aujourd'hui, les quatre Evangiles disparaîtraient du monde.

Croyez-vous que ce soit pur hasard, si nous n'attribuons pas autant d'importance à la lecture de l'Ecriture Sainte, que ceux qui n'ont plus rien quand on leur a enlevé ce livre ? En tout cas, que personne ne dise que cela provient de notre dédain pour la parole de Dieu. Est-ce que nous la méprisons, cette parole, nous qui croyons qu'elle est sortie de la bouche même de Dieu, nous qui adorons en elle une parole divine, inspirée par le Saint-Esprit ? Non !

Mais pourquoi donc, encore une fois, attribuons-nous moins d'importance que vous à la parole de la Bible ?

Parce que nous croyons encore à une autre parole devant laquelle celle-ci elle-même s'efface. Nous respectons beaucoup plus que vous la parole de Dieu écrite ; mais nous respectons encore infiniment plus qu'elle le

Verbe de Dieu, qui n'est pas sorti de la bouche, mais du sein du Père, le Verbe engendré de toute éternité, le Verbe vivant de Dieu. Celui-ci a une telle importance pour nous, que nous n'hésitons pas un instant à affirmer, que lors même que l'Ecriture tout entière aurait disparu, nous n'aurions rien perdu.

Que lisons-nous donc dans le Verbe de Dieu imprimé, que nous ne voyions pas devant nous dans le Verbe fils unique de Dieu? Tant que nous porterons le Sauveur dans notre intelligence et dans notre cœur, nous n'aurons pas besoin d'avoir le souci de porter constamment la Bible dans notre poche.

Le Christ est notre livre, le Christ est notre Bible, et infiniment plus que cela : il est notre maître, notre modèle, notre tout. Sa vie est sa doctrine ; sa personne est son œuvre. C'est pourquoi sa doctrine ne changera jamais, et son œuvre ne périra pas ; car « le Christ est le même hier, aujourd'hui, éternellement. »

Telle est la raison de notre sécurité.

8. Un mot et tout.

Si un savant pouvait condenser toute sa science en un seul mot, de telle sorte qu'avec ce mot on sût tout, on parlerait de lui et de sa science, dans tout le monde, comme d'un miracle.

Nous chrétiens, nous sommes assez heureux pour posséder un mot dans lequel « sont cachés tous les trésors de la sagesse et de la science », un mot « qui contient en outre l'art de la vie » ; et ce mot c'est *Jésus-Christ*.

Ce mot, les Apôtres, les Pères de l'Eglise, les Docteurs l'ont étudié. Tout ce qu'ils ont appris et enseigné n'est qu'un écoulement de ce mot. Mais personne n'a jamais épuisé la plénitude de ce qu'il y a de caché en lui, pas plus qu'on ne fait baisser le niveau de la mer, quelle que soit la quantité d'eau qu'on y prenne.

Dans ce mot, les Saints ont puisé le courage pour pratiquer les vertus les plus éminentes, et la force pour accomplir leurs actions de géants, comme l'enfant suce la vie au sein maternel. C'est à ce mot que Paul fut redevable de son feu et de son zèle pour les âmes ; Laurent, de sa constance invincible ; Agnès, de sa pureté sans tache. C'est dans les richesses de ce trésor que, toutes les sources terrestres étant taries, Elisabeth et Vincent de Paul prenaient les sommes nécessaires pour leurs œuvres de charité.

S'ils n'avaient pas eu ce mot, ils eussent été aussi tristes, aussi faibles, aussi pauvres que nous, qui, pour notre malheur, nous fions à notre propre sagesse et à notre propre force.

Si nous savions utiliser les lumières, la force, les richesses contenues dans ce mot, nous pourrions être comme eux. « Il n'y a pas de vie, pas de sagesse, pas de salut ailleurs que dans le Verbe unique, éternel et divin, qui se communique à nous sous le nom de Jésus-Christ » (Act. Ap., IV, 12).

9. La parole du Verbe.

Quelle douceur, dans cette parole : « C'est moi ! » Et cependant les soldats furent renversés. Quelle faiblesse dans cette autre, qui tomba du haut de la Croix : « Tout est consommé » ! Et un frisson terrible parcourut les rochers, les montagnes et le ciel.

Qui pourra alors décrire l'effroi que causera, au dernier jour, la redoutable parole : « Retirez-vous de moi ! » Si des paroles empreintes de douceur ressemblent déjà à l'éclat soudain du tonnerre, quelle épouvante, quelle fuite précipitée, quel effondrement dans les feux de l'abîme !

La raison en est très simple : elles sont des paroles sorties de la bouche du Verbe que Dieu profère de toute éternité.

10. Le langage du Verbe divin.

Il n'est pas douteux que ceux qui ont lu Platon, Plotin, ou Pindare, affirment que la manière d'écrire de ces hommes est belle, magnifique, grandiose ; et que c'est en vain qu'on chercherait chez les écrivains sacrés des pensées aussi puissantes, une exposition aussi brillante, des images aussi sublimes. Ont-ils compris tous ces mots profonds, toutes ces phrases interminables, toutes ces comparaisons cherchées bien loin ? Là-dessus, pas de réponse. Par ménagement, on ne leur demande pas pourquoi ; car souvent :

« On se moque de ce qu'on ne comprend pas,
Et on loue pour se dispenser de comprendre. »

De plus, l'expérience prouve que les écrivains et les orateurs, qui donnent une attention considérable à l'éclat et à la pompe de la forme, ne sont pas toujours ceux qui parlent le plus clairement.

Malgré cela, il est incontestable qu'au point de vue de la forme, la littérature profane classique l'emporte sur la littérature religieuse.

Cependant, pour ce qui concerne celle-ci, il est bon d'établir une distinction importante.

Que le mode d'exposition dans l'Ancien Testament, en particulier dans le Pentateuque, dans les Psaumes, dans le Cantique des cantiques, dans Isaïe, Habacuc, Nahum, Ezéchiel, Daniel, appartienne aux productions les plus sublimes et les plus brillantes de la littérature, c'est là une chose qui ne sera pas révoquée en doute par quiconque a le sentiment de la vraie poésie et de la beauté littéraire. Dieu parlait alors aux hommes auxquels il devait faire de nombreuses concessions, à cause de leur faiblesse et de leur dureté de cœur, comme le divorce, la polygamie, la peine du talion ; et il parlait par la bouche de messagers humains, qui devaient rendre sa parole plus incisive au moyen d'ornements humains.

Mais, lorsque la plénitude des temps fut accomplie, et que le Fils unique de Dieu lui-même eut apparu sur terre, pour apporter à l'humanité la vérité entière, et lui enseigner le chemin du salut, on n'eut plus besoin de cet accessoire. De là, dans l'Evangile, cette simplicité d'expression à laquelle on n'est pas habitué.

L'Ancien Testament nous dépeint Dieu sous les images de l'aigle, du lion, du marteau, de la tempête, du feu, du tremblement de terre, de la mer en fureur. Le Christ, lui, n'a que les gracieuses et simples comparaisons de bon pasteur, d'agneau, de semence, de grain de sénevé, de source, comparaisons sans recherche, que chaque enfant comprend, et qu'on écoute partout avec plaisir.

C'est le langage qui sied à la majesté divine; c'est l'attitude qui convient à Dieu seul. Dans un défilé officiel, les gardes du corps apparaissent tout chamarrés d'or; mais on reconnaît immédiatement l'empereur à son uniforme simple, sous lequel il semble proclamer que lui n'a pas besoin de tous ces oripeaux. Quand un orateur veut faire adopter un projet par l'assemblée à laquelle il s'adresse, il lui faut épuiser tous les artifices du rhéteur. Si le monarque agissait ainsi, il ferait tort à sa dignité personnelle et à l'autorité de sa parole. Plus son discours est simple et bref, plus l'impression produite est puissante.

Le Maître lui aussi a fait usage de ce prestige de la majesté et de l'autorité. « Il parlait comme ayant autorité, et non comme un savant » (Matth., VII, 29). Ses serviteurs et ses messagers doivent prêcher sa parole comme l'exige le respect de sa dignité. Or, la vérité n'a pas besoin d'emprunter aucun ornement : sa propre beauté éclate d'elle-même.

Eschyle le maître du pathétique a parfaitement compris cela; et c'est ce qui lui a fait dire : « La vérité parle simplement; elle ne recherche pas la parure. »

La parole de Dieu est vérité et vie; elle perd de son éclat quand on l'entoure de trop d'ornements extérieurs, comme le soleil, si on lui donnait un manteau de pourpre.

11. Le langage de la vie.

Le cardinal de Cheverus avait pour principe, que la prédication doit surpasser en clarté la lettre et le langage ordinaire, puisque l'auditeur ne peut pas questionner le prédicateur sur ce qu'il ne comprend pas, ni s'en faire une idée plus nette par des lectures.

Le premier sermon qu'il prononça en anglais, alors qu'il n'était encore que jeune prêtre, nous montre comment il avait lui-même suivi cette règle. Afin de se rendre compte s'il possédait suffisamment cet idiome étranger, pour se faire comprendre du peuple, il demanda à un homme simple ce qu'il pensait de son sermon : « Oh! répondit celui-ci, votre sermon n'était pas comme ceux des autres; il ne contenait pas un mot du dictionnaire; tout se comprenait facilement. »

Le Seigneur Jésus, non plus, ne s'est jamais servi de mots qu'il eût fallu chercher dans le dictionnaire. Au Verbe de vie, il convenait de n'employer que des mots qui fussent pris de la vie. Il eût été bizarre que celui qui apparaissait comme l'interprète de la vérité, ait eu besoin de traducteur.

C'est une pensée que feront bien de méditer ceux qui parlent seulement pour faire admirer leur science morte. Celui qui se présente comme le messager de la vie, doit donner des preuves de sa mission, en se servant de paroles vivantes et compréhensibles.

C'est pourquoi ceux-là même rendent témoignage à l'Evangile, dont le langage est trop simple, trop pris de la vie.

12. Jamais homme n'a parlé comme cet homme.

Te souviens-tu du lac Génésareth,
Et de la foule épiant au passage,
Pour l'entourer, l'homme de Nazareth ?
Te souviens-tu de ce fameux rivage ?
Tous y venaient ou tristes ou souffrants ;
Tous s'en allaient et guéris et contents,
    Disant : « Aucun mortel, en somme,
    N'a parlé comme cet homme. »

Je connais bien plus d'un esprit puissant,
Au magnifique et vigoureux langage,
Mais dans celui de ce maître ignorant,
J'aperçois plus qu'un savant et qu'un sage.
Et c'est pourquoi la foule ne mentait,
Quand, autrefois, son sentiment était
    Que jamais un mortel, en somme,
    N'a parlé comme cet homme.

— Croire le peuple est souvent dangereux.
Vois donc plutôt qui vers ce maître vole !
Des mendiants, des artisans, des gueux,
Voilà les gens qu'il bénit et console.
— Eh bien, tant pis ! Toujours je les croirai,
Car je le sais, leur témoignage est vrai ;
    Et jamais nul mortel, en somme,
    N'a parlé comme cet homme.

— Que dit-il donc ? — Il dit : « Aimez la paix,
Souffrez, agissez, prenez patience,
De votre devoir ne sortez jamais ! »
— Et vous croyez cela sans défiance ?

— Parfaitement ! Celui-là n'a pas tort,
Dont la doctrine élève et rend plus fort.
   Non ! Jamais un mortel, en somme,
   N'a parlé comme cet homme.

— Si seulement il était plus causeur !
Mais, très souvent, il garde le silence.
— Bien cher ami, modérez votre humeur.
A ce sujet, voici ce que je pense :
Parler n'est rien, mais se taire à propos
Est le cachet des esprits les plus hauts ;
   Et jamais un mortel, en somme,
   N'a parlé comme cet homme.

— Ami, merci ! merci du fond du cœur,
Cet entretien qui m'a comblé de joie,
M'invite à croire, à croire sans lenteur,
A m'élancer sans retard sur la voie
Qui mène au Christ, à dire, en attendant
De le trouver, le mot réconfortant :
   « Non ! Jamais un mortel, en somme,
   N'a parlé comme cet homme. »

13. Il enseigne comme ayant autorité.

Le christianisme exerce encore sur les cœurs une puissance plus grande qu'on ne le croit. Le confesseur excepté, personne ne s'en rend mieux compte que le prédicateur.

Quand l'orateur le plus remarquable parle devant l'auditoire le plus sympathique, il n'est qu'un virtuose qui joue du plus parfait et du plus expressif de tous les instruments : la voix humaine ; par conséquent avec un succès plus merveilleux que n'importe quel autre artiste. Mais, si le même homme, investi d'une mission surnaturelle, monte en chaire pour parler au nom de Dieu ; à moins qu'il ne soit un comédien, il lui est impossible de se servir des mêmes artifices de langage que ceux qu'il juge bon d'employer dans sa tribune d'orateur ; et l'impression qu'il produit est incomparablement plus grande. Lui-même sent qu'ici il ne donne pas une représentation aux auditeurs, mais que ceux-ci sont l'instrument dont il se sert, l'instrument le plus puissant, le plus complexe qu'un artiste puisse manier. Et les auditeurs, eux aussi, sentent cela.

L'orateur joue devant le public sur l'orgue de sa voix ; le prédicateur joue sur le public, comme sur un orgue gigantesque. En réalité, la foule qui se groupe autour de la chaire, mérite le nom de roi des instruments, et le prédicateur celui de roi des virtuoses.

Celui-là seul qui, du haut de la chaire, est en présence de milliers de personnes suspendues à ses lèvres, de milliers d'intelligences qui se laissent guider, comme les bataillons qu'un général conduit au feu, de milliers de cœurs qu'il entraîne à sa suite, comme des bandes de captifs; celui-là seul, dis-je, peut se faire une idée de la puissance qui réside dans la prédication chrétienne.

Le monde d'aujourd'hui croit avoir tout expliqué, quand il a parlé de la puissance merveilleuse de la suggestion. Seul le prédicateur qui a eu des succès comme orateur profane, pourra mesurer parfaitement la différence qu'il y a entre l'influence de la parole humaine, et la puissance propre à la parole de Dieu. La parole ordinaire, qui est pourtant capable de si grandes choses, ne peut se comparer avec la parole sacrée. L'orateur profane le plus fêté n'a aucune idée de la manière dont la parole d'un prêcheur de pénitence simple, rempli de Dieu, pénètre l'âme et l'enflamme.

D'où vient cette puissance de la parole tombée du haut de la chaire, à laquelle on peut appliquer le mot que nous lisons sur le tombeau de Lucain : « La seule éloquence vraie est celle qui atteint le cœur ? »

La réponse est facile. C'est qu'elle n'est pas précisément une parole humaine, mais la parole vivante de Dieu. « Plus acérée qu'un glaive à double tranchant, elle pénètre jusqu'à la suture de l'âme et de l'esprit, jusque dans les jointures et dans les moelles. » Elle est présentée comme la continuation de l'Evangile, dans la force, et par l'ordre de celui dont il est écrit : « Jésus ayant achevé son discours, le peuple était dans l'admiration de sa doctrine, car il les enseignait comme ayant autorité, et non comme leurs scribes et leurs pharisiens » (Matth., VII, 28, 29).

14. La plus grande puissance.

Les historiens regardent comme un exemple de grand

courage et de force considérable, l'acte d'Alexandre le Grand se précipitant un jour au milieu de ses soldats mutinés, et en saisissant treize de sa propre main, qu'il livra sur-le-champ au bourreau. Les séditieux, paraît-il, furent tellement impressionnés par ce coup d'audace de leur général, que leurs bras paralysés soudain laissèrent tomber le glaive, et que pas un n'eut le courage de persister dans sa rébellion.

L'Évangile raconte que le divin Sauveur était un jour sans défense, prisonnier comme un malfaiteur, au milieu de soudards armés. Lorsqu'à la question : « Qui cherchez-vous ? », ils lui eurent répondu : « Jésus de Nazareth », et que lui leur eut dit d'une voix douce : « C'est moi ! » tous reculèrent comme aveuglés par la foudre, et roulèrent paralysés sur le sol. C'est seulement après leur avoir montré qu'il allait volontairement à la mort, qu'il se laissa enchaîner par eux.

Y a-t-il une puissance à la fois plus grande et plus digne de Dieu ?

15. Allégorie et lettre.

La critique moderne dit que le Christ s'est appelé fils de Dieu seulement au sens allégorique, comme il appelait ses disciples enfants de Dieu.

Elle interprète ses miracles d'une façon analogue. Elle y voit des actions symboliques sous lesquelles il a voulu cacher sa science des forces naturelles, son art de la suggestion et son influence fascinatrice sur les cœurs. Mais lui-même, il ne pensait guère à l'interprétation qui a été donnée plus tard à ses paroles et à ses actes ; et il eût été le premier à protester, s'il avait su qu'on dût les considérer comme des preuves de sa divinité.

Sans doute, le Christ a défendu aux démons de parler de sa divinité (Marc., III, 12 ; Luc., IV, 41) ; sans doute, il a fermé la bouche à plusieurs malades guéris par lui, pour que le bruit de ses miracles ne se répandît pas au loin (Matth., VIII, 4 ; Marc., V, 43) ; mais un double motif le faisait agir ainsi.

D'abord, ceux à qui s'adresse cette défense, n'étaient pas les hérauts destinés à prêcher la foi à sa divinité

Là où il avait à faire aux enfants de la vérité, qui étaient prêts [à rend]re témoignage à celle-ci, dès qu'ils la connaiss[aient, il] disait nettement : « Celui qui parle avec toi est le fils de Dieu » (Joan., IX, 37); « retourne à la maison, et proclame ce que Dieu a fait en toi » (Marc., V, 19; Luc., V, 30).

En second lieu, le Christ usait d'une telle retenue, parce que les miracles n'étaient pas l'unique ressource dont il disposait pour prouver sa divinité, et qu'il pouvait la faire connaître par des voies autres qu'en la proclamant en termes exprès. Il n'était pas un de ces maîtres qui agissent tous de la même manière, parce qu'ils n'en connaissent qu'une seule.

En face d'âmes droites et sensibles, qui étaient capables de comprendre des actions comme telles, et des paroles d'après leur sens littéral, il se présentait comme la vérité toute simple. Mais envers ceux qui regardaient la parole de vie comme des paraboles oiseuses et des énigmes, et chacune de ses actions comme un symbole vide, il choisissait une façon d'agir, qui leur fût appropriée. Bien loin de leur inculquer la foi par suggestion; bien loin de les rendre impuissants par un hypnotisme fascinateur, il s'adaptait à leur manière de penser habituelle et préférée. A eux, il ne parlait qu'en images et en paraboles (Matth., XIII, 34; Marc., IV, 34). Avec les amateurs de l'interprétation allégorique, il employait des expressions allégoriques. Auprès d'eux, il ne s'appelle pas le fils de Dieu, mais la pierre angulaire, la porte, la voie, la lumière du monde, le pain de vie, la résurrection et le jugement. Ici, ils ont le choix. Ici ils peuvent donner libre carrière à leur penchant pour l'interprétation symbolique, car l'allégorie elle-même les provoque.

Eh bien! qu'ont-ils gagné en apprenant à connaître le Christ dans de purs symboles : comme le roc qui ne nous laisse que le choix ou de bâtir sur lui ou de nous briser contre lui, comme la porte qui conduit à la vie, comme celui dont la voix fera sortir les morts du tombeau, comme celui qui assemblera les morts devant son tribunal? Pas autre chose que la confirmation la plus nette de la parole prise à la lettre : « Celui-ci est vraiment le fils de Dieu » (Matth., XXVII, 54).

16. Ecce Homo.

Regardez cet homme déchiré, meurtri de coups! N'est-ce pas là un spectacle capable d'attendrir le cœur d'un tigre? Depuis que le monde existe, y eut-il jamais un criminel châtié d'une manière aussi horrible? Ne semble-t-il pas porter les fautes du monde entier?

Regardez cet homme! Qui vit jamais un homme semblable à lui?

Regardez cet homme! Le mensonge, la haine, l'envie s'acharnent contre lui, pour lui ronger le cœur, comme les noirs corbeaux déchirent les cadavres. Il n'est pas de crime qu'ils ne lui imputent, pas d'outrage dont ils ne l'abreuvent. Voyez-vous leur colère contre lui? leur mépris, leurs haussements d'épaules, leurs plaintes?

Regardez cet homme! Qui vit jamais un homme semblable à lui?

Regardez cet homme! La Haine épuisée, tremblante, couverte de honte, est obligée de s'éloigner de ce patient; car, d'une hauteur encore plus élevée que celle des cèdres, et avec un calme plus majestueux que celui des glaciers au milieu des tempêtes, la majesté de son silence semble lui dire :

Regardez cet homme! Qui vit jamais un homme semblable à lui?

17. La vraie lumière.

C'est un miracle, dites-vous, que le soleil se soit voilé à la mort du Sauveur?

Quand il apparaît au matin dans le ciel, les étoiles s'enfuient. Quand un nuage le couvre en son midi radieux, ne semble-t-il pas dire : « Qu'avez-vous encore besoin du flambeau de mes feux? N'avez-vous pas la vraie lumière? »

18. Les négateurs de la Rédemption du monde.

A ceux qui nient la Rédemption par la mort du Christ, nous pourrions reprocher diverses fautes dont ils se rendent coupables : infidélité à la parole de Dieu, ingratitude envers sa miséricorde, grossièreté envers son amour. Mais ces reproches atteignent des vertus si délicates, qu'ils ne font parfois aucune impression, là où l'on ne rougit pas de partager les idées de Strauss sur la doctrine de la Rédemption chrétienne, c'est-à-dire d'en faire un tissu des vues les plus grossières, dignes des barbares.

Deux choses surtout ne peuvent leur être pardonnées, même au point de vue de l'enseignement profane sur le droit et sur la société.

La première, c'est qu'ils croient en avoir fini avec la doctrine chrétienne sur le péché originel et sur la Rédemption, par ce principe insipide du rationalisme : Celui qui commet les fautes doit les expier. « Comment ! disent-ils, tous doivent souffrir à cause d'un seul, et un seul doit souffrir pour tous ? » Ils nient ainsi la loi fondamentale de la vie publique, l'unité organique et la solidarité de l'humanité, bref, la société elle-même.

Il ne faut donc pas s'étonner, en second lieu, qu'ils aient des vues très étroites sur la justice, la justice privée aussi bien que la justice publique.

Oui, ils feraient bien d'être un peu plus respectueux de la pensée grandiose qui sert de base à ce mystère : la pensée que l'obligation de satisfaire pour le péché public, à cause de la violation du droit public, est si difficile, que Dieu lui-même se voit forcé de s'en charger, là où l'homme n'est pas capable de le faire. Alors, ils verraient quelle blessure profonde ils font à l'ordre privé et à l'ordre public, par la négation de ce dogme ; et ils avoueraient que rien ne vaut la doctrine chrétienne de la Rédemption, pour donner aux hommes le sentiment de la sainteté du droit.

19. Jésus de Nazareth.

Les hommes savent ce qu'ils font, quand ils refusent à l'auteur et au consommateur de notre foi, le nom de Christ, et l'appellent seulement Jésus de Nazareth.

Mais ils ne sentent pas qu'en agissant ainsi, ils rendent également témoignage à la vérité.

Ils nient que le Père l'ait sacré roi pour régner sur tous les peuples ; mais ils reconnaissent qu'il est le Sauveur et le Rédempteur de tous les hommes. Ce titre qui lui a coûté tant de peine, ne peut plus lui être enlevé, car il est son nom même. L'autre qui proclame sa grandeur, il l'a seulement choisi comme surnom.

Qu'on lui reconnaisse celui-ci ou non, il s'en soucie très peu, semble-t-il, car il ne cherchait pas sa gloire (Joan., VIII, 50). Il s'en soucie d'autant moins, que personne ne peut exprimer son nom propre, sans confesser que le salut n'est en aucun autre, car « il n'y a pas sous le ciel un autre nom qui ait été donné aux hommes, par lequel nous devions être sauvés » (Act. Ap., IV, 12). Il se dépouille de tout, même de son honneur. Toutefois, il y a une chose qu'il n'abandonne jamais, c'est son droit à ce que ses ennemis eux-mêmes l'appellent le *Sauveur*, le seul espoir du monde.

20. Expiation des iniquités et des délices.

Tout ce que les hommes ont jamais inventé pour apaiser leur rage, et les sauvages élans de la volupté qui bouillonnaient dans leurs veines, il t'a fallu le porter, ô Sauveur! Il t'a fallu expier nos fautes.

Chacune de nos iniquités t'a enivré de fiel; chaque goutte de nos délices t'a coûté une goutte de sang. Amère fut pour toi l'expiation des premières; mais plus amère fut l'expiation des secondes.

Seigneur! Toi qui as bu jusqu'à la lie l'amer calice des souffrances, et qui, pour payer nos coupables plaisirs, t'es plongé dans une mer de sang, enseigne-moi à fuir tout ce qui plaît et flatte ici-bas; enseigne-moi à expier et les iniquités et les délices.

21. Ecce Agnus Dei.

Dans sa soif de salut, l'homme jadis prenait un agneau sans tache, le mettait à sa place en confessant ses fautes, puis l'immolait. « C'est dans la mort seule, semblait-il dire, que je puis espérer du salut; ce n'est que par l'effusion du sang que je puis me débarrasser de la souillure du péché. Mais qui me garantit qu'en agissant ainsi, le ciel s'ouvre? J'offre du sang innocent; mais ce n'est que du sang d'agneau. »

Alors, le Seigneur, voyant la misère du monde, le prit en pitié et lui envoya son Fils unique pour le sauver. Il chargea celui-ci de toutes les fautes des pauvres mortels : la honte, la souffrance et la mort, amère récompense du péché. Et, tandis que lui-même saisissait le couteau, il s'écria : « Lavez-vous dans le sang qui découle de l'arbre de la croix! Aucun sang n'est plus capable de purifier le pécheur et de le sanctifier ; aucun agneau ne vous réconciliera mieux avec moi que l'Agneau de Dieu. »

Et, joyeuse, l'humanité se baigna dans ce sang ; et, depuis lors, elle vit en paix avec Dieu. C'est seulement là où, incrédule, elle a foulé aux pieds ce sang, que toute consolation et tout conseil l'ont abandonnée, au point qu'elle a porté violemment la main sur soi; puisque la mort des animaux ne pouvait lui procurer aucun repos. Aussi le sang humain coula en abondance comme des flots sans digue.

O homme ! Il ne te reste qu'à mourir dans ton propre sang, si tu ne veux pas vivre dans le sang de l'Agneau de Dieu.

22. Le Christ et les Saints.

On nous reproche, à nous catholiques, d'honorer souvent plus les Saints que Notre-Seigneur lui-même.

Formulé ainsi, le reproche est faux; car nous ne mettons pas leur culte au-dessus de celui du Fils de Dieu.

Il contient toutefois un certain fonds de vérité. Le Sauveur lui-même nous a donné l'exemple sur ce point. N'a-t-il pas glorifié les Saints plus qu'il ne s'est glorifié lui-même? Il a choisi pour théâtre de ses actions la petite Judée, ou plutôt la province reculée de la Galilée; il n'est, pour ainsi dire, allé à Jérusalem que pour y mourir ; et encore, cette capitale était assez insignifiante. Les sièges de la puissance, de la richesse, de la civilisation : Antioche, Alexandrie, Athènes, et, avant tout, Rome, la capitale de l'univers, il les assigna à ses Apôtres.

Le nombre des disciples qu'il laissa en quittant la terre, s'élevait à cinq cents; le premier sermon de Pierre en fit environ trois mille. Les miracles qu'il accomplit furent relativement petits; mais, comme il l'avait prédit, « ceux qui ont cru en lui ont fait des œuvres beaucoup plus grandes » (Joan., XIV, 12).

Tel il fut lui-même, tel fut aussi l'Esprit envoyé par lui, l'Esprit qui donna aux Apôtres et aux Saints plus d'éclat qu'il ne sembla jamais en avoir.

En soulignant cela, nous ne faisons toutefois que constater le fait, et nous respectons les dispositions de sa sagesse. Mais, que nous estimions les Saints plus que Celui par qui ils possèdent toutes ces prérogatives, c'est faux.

Nous ne trouvons ici qu'une confirmation des paroles qu'il a prononcées lui-même : « L'un sème et un autre moissonne. Je vous ai envoyé moissonner où vous n'avez pas travaillé; d'autres ont travaillé, et vous êtes entrés dans leur travail » (Joan., IV, 37, 38).

Celui qui a fait le travail n'est autre que le Sauveur. Les Apôtres et les Saints lui ont rapporté tous les fruits qu'ils ont récoltés.

En rendant témoignage au fait qu'ils ont été si riches en fruits, nous confessons seulement que le travail du Seigneur en eux a été très fécond.

23. Une seule lumière et mille rayons.

Un jour que j'arrivais sur une colline ensoleillée, je demeurai soudain cloué à ma place, les yeux aveuglés, l'esprit saisi de vertige. Ah! que n'avais-je quelqu'un pour m'orienter au milieu des innombrables merveilles qui venaient de frapper ma vue!

Toutefois, ma surprise ne fut pas de longue durée. Est-ce que toutes les délices enchanteresses dont j'étais le témoin; est-ce que la multitude des couleurs, leur éclat, ne venaient pas d'une source unique? Le vert des prairies, le bleu des forêts, le cristal des glaciers, le miroir du lac, la pluie de perles des cascades, la coupole du ciel se dessinant dans l'azur, tout cela n'était-il pas qu'un reflet du soleil?

Qu'est-ce pourtant que cet étroit coin de terre, et que vaut cette pauvre magnificence, quand l'œil de l'esprit pénètre par delà les espaces du monde! par delà les temps!

Là, sont rangés en un cercle immense les héros de la foi, solides comme le granit, les âmes saintes, pures comme la neige des cimes alpestres. Tous, ils reçoivent la lumière du Seigneur, et la réfléchissent à leur tour en rayons éclatants. Car, de même que les sources prennent naissance dans la mer, et reviennent, ou ruisseaux, ou rivières, ou fleuves, se jeter dans son sein; de même que l'éclat qui jaillit de la fleur et de la perle, a le soleil pour principe, ainsi ce qui est beau me crie sans cesse : « Loue le Seigneur! c'est à lui que je dois mon éclat. »

Des milliers de fleurs de Dieu s'épanouissent sur la terre, tranquilles et inconnues; des milliers d'astres saints brillent comme des diamants auprès de son trône : c'est le soleil des esprits, Jésus-Christ, qui donne à ces fleurs leur éclat; c'est parce que le Christ est leur flambeau, que ces astres font de la nuit le jour.

24. Le seul article de foi que personne ne peut nier.

La science prétend que c'en est fait de tous les articles de foi et du symbole des Apôtres. Nous devons pourtant faire une exception. Il y en a un qui demeure intangible comme les prophéties, parce qu'il appartient à l'avenir.

Cet article-là, on ne le fait pas disparaître du monde avec des mensonges; et la science est impuissante à faire la contre-épreuve des affirmations qu'elle peut émettre à son sujet.

Dans ce cas, il n'y a qu'à attendre. Seulement, le malheur est que tous les efforts de la science contre les autres doctrines de la foi sont peine perdue, si l'issue démontre que ce dogme repose sur la vérité.

Il s'agit de l'article décisif entre tous : Il viendra un jour pour juger les vivants et les morts.

25. Comment on trouve le Christ.

1. Ceux qui sont en bonne santé n'ont pas besoin de médecin; mais les malades, ou du moins ceux qui se regardent comme malades, en réclament un.

Que ceux qui se croient sains refusent, s'ils veulent, de reconnaître le Christ comme Rédempteur. C'est un témoignage suffisant pour lui, que le pécheur contrit et repentant accoure vers lui comme vers le vrai médecin.

2. Le Christ s'est fait si petit, et il a caché si soigneu-

sement sa magnificence, qu'il faut des yeux bien perçants pour le reconnaître.

Des gens dont le regard est troublé par le respect humain ou par l'amour-propre; des gens chez qui les passions mauvaises ont aveuglé l'œil de l'intelligence, ou bien ne le voient pas du tout, ou bien ne peuvent rien découvrir de particulier en lui.

Les petits, au contraire, et ceux qui sont purs, sont attirés vers lui par une force irrésistible.

3. Par l'interprétation des saintes Ecritures, les docteurs de la loi surent indiquer aux mages l'endroit exact où ils trouveraient le Sauveur. Mais ils n'y allèrent pas eux-mêmes. C'est pourquoi ils ne le trouvèrent pas.

Dans les livres, on ne trouve que sa trace. Pour le trouver en personne, il faut aller à lui, et y aller par la vie et par l'action.

4. D'après le témoignage du Christ lui-même, celui-là seul peut décider si sa doctrine vient de Dieu, qui l'observe fidèlement. Celui-là seul peut émettre son avis sur la question de savoir si le Christ est fils de Dieu ou non, qui fait tous ses efforts pour l'imiter.

5. Le pieux Siméon, qui avait passé toute sa vie en prières, reconnut le Sauveur du monde dans le faible enfant qu'on lui présenta. Les Pharisiens, qui lui étaient supérieurs en science, mais chez qui la suffisance personnelle avait éteint l'esprit de prière, le voient faire des miracles; et cependant, ils le méprisent, ils le rejettent!

La prière simple et humble conduit plus près de Jésus que la connaissance de toutes les sciences, y compris celle de l'Ecriture elle-même.

6. Ce n'est pas en courant de tous côtés qu'on trouve Dieu; c'est avec une volonté droite et un cœur pur. On trouve le Christ, pourvu qu'on le prie sincèrement, comme ce pauvre père qui s'écriait : « Seigneur, je crois; mais aidez mon incrédulité. »

7. Personne ne vient vers le Père que par l'intermédiaire du Fils; personne ne vient vers le Christ que par l'intermédiaire du Christ lui-même.

8. Ce qui serait une contradiction chez tout autre, est

justement le caractère le plus saillant du Christ : il est à la fois chemin et but, moyen et fin. Il est la voie sur laquelle nous marchons, la force qui nous soutient dans notre route, la patrie vers laquelle nous nous dirigeons. Il est à la fois Dieu et homme, le premier et le dernier, le commencement et la fin (Apocal., 1, 8).

9. Les anciens disaient qu'il est difficile de lutter avec un homme qui ne lit qu'un livre. C'est seulement dans l'hypothèse où ce livre contient de nombreuses vérités; et malheureusement les livres de ce genre sont rares.

Mais il y en a un dans lequel se trouve toute vérité; un livre que chacun peut lire sans avoir appris à lire, que chacun comprend, même celui qui n'a pas fait d'études. Appliquons-nous donc à l'étudier, ce livre unique, ce livre par excellence, qui est la Vie de Jésus-Christ.

26. La lumière du monde.

Les pauvres bergers veillaient
Dans la nuit sombre.
Sur la terre, pas de justice, pas de foi;
Au ciel, pas la moindre étoile.
Quelle sombre nuit !
Soudain dans les nues brilla
Une claire lumière.
Les anges chantaient : *Gloria!*
C'était le salut si longtemps désiré.
Quelle claire lumière !

La blanche clarté du jour se change
En nuit sombre.
Sur la croix, la vie s'éteint :
L'enfer pousse un cri de triomphe.
Quelle sombre nuit !
Mais voilà le sommeil de la sécurité troublé
Par une claire lumière.
La terre tremble, l'enfer frémit,
La mort succombe, le crucifié revit.
Quelle claire lumière !

De toutes parts, le monde s'écroule avec fracas
Dans la nuit sombre.
Au milieu de la tempête, le soleil s'obscurcit;
La terre s'embrase, la mer mugit.
Quelle sombre nuit !

Mais dans l'obscurité, jaillit soudain
    Une claire lumière,
C'est le chœur des anges, qui sonne de la trompette
Devant le souverain juge, et porte son auguste croix.
    Quelle claire lumière !

O Seigneur ! Tu diriges le combat de la vie
    Dans la nuit sombre.
  Quand ta face se dérobe à nos yeux ;
Quand la malice du méchant s'exerce en liberté,
    Quelle sombre nuit !
Mais, comme il lutte joyeux, celui qui possède
    Ta claire lumière !
Daigne nous guider à travers nos ennemis,
Et nous recevoir victorieux dans ton sein,
    Toi, claire lumière !

CHAPITRE IX

CHRISTIANISME

1. Le bienfait de la lumière.

Une nuit, je voyageais en chemin de fer avec deux jeunes filles aveugles, deux sœurs. Ces pauvres enfants ne voyaient pas combien l'obscurité était intense; mais, lorsque, en approchant de la ville vers laquelle le train nous emportait, la portière s'illumina soudain. « Oh! le gaz! Vois donc le gaz »! s'écria l'une d'elles.

Jadis, les païens appelaient de leurs vœux, et saluaient de loin la lumière que devait apporter le Christ. Nous, qui sommes nés au milieu de cette lumière, nous ne la remarquons plus depuis longtemps.

2. La preuve en faveur du Christianisme.

Dans une revue protestante, un écrivain a fait divers reproches aux pages que j'ai consacrées, dans mon *Apologie*, à l'*Origine du christianisme*. Elles peuvent bien, en effet, prêter flanc à la critique, et ne pas complètement répondre au but que je me suis proposé en les écrivant. Mais, l'auteur de l'article a moins en vue ce travail que l'Apologétique catholique tout entière.

Son principal grief contre celle-ci, est qu'elle veut démontrer la foi par des moyens scientifiques extérieurs, et qu'alors elle perd de vue ce qu'il y a de plus important, et même ce qui seul est important : la personne du Christ. « C'est seulement par cette dernière, dit-il, qu'on peut prouver d'une manière suffisante le caractère surnaturel, et par conséquent l'origine immédiatement divine du christianisme. De sorte que, selon lui, ce seront encore les théologiens évangéliques qui fourniront cette preuve.

Avec quelle joie, nous saluerions l'aurore du jour où nous pourrions prendre cette affirmation à la lettre ! Avec quel désir nous voudrions allumer le flambeau de notre foi et de notre charité pour Jésus-Christ, dans la théologie protestante ! Comme le mur qui nous sépare les uns des autres serait vite tombé !

Mais, par malheur, qui ne sait que notre austère critique a mis précisément ici le doigt sur la plaie béante, dont le saignement épuise depuis longtemps nos frères séparés ? Où trouvons-nous, chez ceux-ci, le théologien qui dise sans détour et sans arrière-pensée, qu'il suffit, mais qu'il est nécessaire, de confesser que Jésus-Christ est, dans une seule et même personne, le fils de la Vierge Marie, et le fils consubstantiel du Père éternel ?

Toutefois, nous ne jugerons pas nos frères ; et nous ne chercherons pas de quelle manière ils envisagent la question : « De qui le Christ est-il le fils » ? (Matth., XXII, 42). Nous nous contenterons de nous réjouir cordialement, en les voyant bien accueillir ce principe que, grâce à Dieu, nous ne cesserons jamais de proclamer : Il n'y a qu'un moyen pour amener les hommes à la foi, au christianisme ; et ce moyen consiste à les exhorter à dire avec saint Pierre, d'un cœur profondément reconnaissant : « Tu es le Christ, fils du Dieu vivant » (Matth., XVI, 16).

3. Un et tout.

La critique protestante porte une accusation encore plus grave contre l'Église romaine, selon son expression, ou plutôt contre la manière dont le christianisme présente sa doctrine.

Elle prétend qu'en matière d'apologétique et d'enseignement chrétien, nous voulons exclusivement convaincre l'intelligence, et l'obliger brutalement à accepter une certaine somme de vérités particulières. Ceci, assure-t-elle, correspond parfaitement à toutes les idées du catholicisme, d'après lequel le souverain bien, ou la félicité, n'est qu'une possession intellectuelle, c'est-à-dire la science de Dieu.

Ici, nous sommes en face d'un tissu d'erreurs.

Avant tout, il est faux que nous voulions user d'artifices pour amener l'intelligence à croire. En réalité, comme nous le dirons plus loin (x, 7, 8, 9,) la foi est une affaire de la volonté éclairée par l'intelligence et soutenue par la grâce. Les prétendues preuves en sa faveur démontrent seulement la faiblesse des objections qu'on lui oppose, et la nécessité pour la raison de se soumettre à elle. Mais elles ne contraignent nullement cette dernière. La soumission de l'intelligence à la foi dépend de la volonté. Quand quelqu'un ne veut pas croire, toutes les preuves ne servent de rien.

Or, cette doctrine est intimement liée à l'essence même de notre religion. Car, comme on le sait, ce n'est pas elle, mais c'est une tendance d'esprit tout autre, qui béatifie l'homme à cause de la foi morte, ou à cause de la vaine science. Chacun sait que, d'après la doctrine chrétienne, la foi doit être vivifiée par la volonté et par l'action.

Mais, il est également inexact que le christianisme se contente de quelques principes isolés relativement à la foi. Ceci est au contraire si peu compatible avec lui, que celui qui accepte seulement tel point de doctrine et non tel autre, mine en soi la foi tout entière, et le christianisme tout entier.

Le christianisme n'est pas un amas de formules doctrinales plus ou moins nombreuses, qui sont seulement juxtaposées les unes aux autres, et n'ont aucune dépendance entre elles ; mais c'est un tout si complet, si fermé, si parfait, qu'on ne peut en arracher aucune partie sans démolir l'ensemble. Brisez un morceau dans une sphère en verre, ce n'est plus une sphère. Il en est de même ici.

Cela provient de ce que le christianisme n'est pas une collection des doctrines de Jésus, mais qu'il est Jésus-Christ lui-même. Celui qui dit, avec Lessing, qu'il importe seulement de savoir ce que le Christ a enseigné ; que sa personne ne signifie rien, ne se doute même pas de ce qu'est le christianisme.

Strauss avait des idées beaucoup plus claires sur la vérité. Il avait tellement rompu avec la foi, qu'il n'avait plus aucun intérêt à se dissimuler ce dont tout dépend.

Selon lui, « ce n'est pas un pur hasard, si le combat contre la foi chrétienne s'est changé en lutte contre la vie de Jésus. Qu'un poëte illustre, un philosophe ou un savant célèbre se conduise ou non selon ses propres maximes, ses paroles gardent toujours leur valeur. De même, pour un fondateur de religion, dans le genre de Confucius ou de Mahomet, il importe très peu qu'il ait été lui-même un modèle de sainteté. Bien plus, quand même il serait certain que Bouddha n'a jamais existé, et que sa religion a été fondée par d'autres que par lui, cela ne la modifierait en rien, et ne porterait nullement atteinte à sa valeur. Mais, dans le christianisme, la personne du Christ n'est pas seulement l'objet le plus excellent de la foi vivante ; elle en est en même temps le modèle et le résumé. De même que la foi sans les œuvres ne fait pas le chrétien, de même on ne peut séparer le Christ, comme article de foi, du Christ comme idéal pour la vie. »

Ainsi parle Strauss, et avec raison.

Il n'y a qu'un christianisme, et ce christianisme se trouve seulement là où l'on croit à la personne du Christ et où l'on vit comme il a vécu. Celui qui croit tout ce que le Christ a dit, et ne croit pas au Christ, n'est pas chrétien. Et si quelqu'un, — hypothèse impossible, — possédait en lui toutes les vertus que le Christ a enseignées et pratiquées, mais ne les possédait pas par l'imitation du Christ, celui-là non plus ne serait pas chrétien.

C'est donc faire une œuvre inutile, quand un apologiste protestant moderne, partant du principe que cela est chrétien qui peut se ramener à Jésus-Christ d'une manière évidente, essaie une « reconstruction de l'idée que le monde doit se faire du Christ. »

Une époque qui n'est plus chrétienne, ne sera pas ramenée au christianisme par l'acceptation des différentes vues du monde sur le Christ, mais seulement par la foi en Jésus-Christ, fils de Dieu, et par l'imitation de sa vie. Quand on posséderait tout, on ne posséderait rien sans le Christ ; mais, celui qui possède le Christ n'a pas besoin d'autre chose.

Ainsi se vérifie à la lettre cette parole, que Jésus-Christ est à la fois un et tout.

4. La moderne et l'ancienne critique des Évangiles

L'Évangile dit qu'il faudrait de nombreux ouvrages

pour enregistrer toutes les actions du Christ. Malheureusement, on pourra bientôt en dire autant des livres dans lesquels on exploite l'aveuglement des contemporains de Jésus, pour montrer qu'en réalité sa parole et son œuvre sont très peu de chose.

Obsédée par cette idée, la critique moderne des Evangiles se meut, la plupart du temps, dans des discussions qui semblent très savantes, mais qui, ramenées à leur juste valeur, et exprimées en termes plus simples, signifient ceci : « Quel malheur que nous n'ayons pas vécu au temps du Christ ! son entreprise n'eût pas été loin ».

Qu'on nous permette alors de poser cette question : A quelle époque le christianisme a-t-il donc fait son apparition ? Dans quelle société son action a donc commencé à se faire sentir ? S'il avait tenté ses premiers essais de dominer le monde dans des siècles inconnus, parmi des peuples sur la civilisation desquels nous ne savons rien d'exact, comme c'est à peu près le cas pour le bouddhisme, on comprendrait cette façon de penser. Mais, il s'agit ici d'une civilisation, d'une société, d'une époque que nous connaissons mieux que la plupart des autres périodes de l'histoire. Sans aucun doute, il nous est beaucoup plus facile de nous orienter dans l'histoire des Césars que dans tout le moyen âge, et même dans l'histoire de la Réforme.

Or, pour ceux qui sont en état de comprendre cela, c'est, de la part de l'éternelle Sagesse, une disposition merveilleuse, qui nous la montre, dirigeant les peuples et les temps, comme le berger conduit son troupeau.

En raison de cette coïncidence, les paroles que le Maître opposait à ses juges : « J'ai parlé ouvertement au monde ; j'ai enseigné publiquement, et je n'ai rien dit en secret » (Joan., XVIII, 20), s'adressent encore aujourd'hui aux critiques de l'Evangile.

Ce n'est pas sans motif, que les plus anciens écrivains ecclésiastiques, comme Tertullien, Irénée, ont eu soin de signaler que, dans le christianisme, il n'y a pas de doctrines secrètes, et que quiconque en a le désir peut se rendre compte de la vérité complète à ce sujet. Les Apôtres et leurs disciples se faisaient pour ainsi dire un légitime orgueil d'engager publiquement la lutte avec leur époque et leur société. L'Evangile devait montrer sa puissance surnaturelle en renversant un adversaire aussi terrible, sans aucun moyen politique, dans une lutte publique et loyale, simplement en vertu de sa supériorité intime.

Les chrétiens ne dépréciaient pas chez leurs contradicteurs la civilisation profane, grecque ou romaine : autrement, ils eussent mal servi leur propre cause, et seraient devenus infidèles à la vérité et à la justice. Mais, où les ennemis du Christ et du christianisme prennent-ils le droit de maltraiter comme ils le font, la civilisation des Grecs et des Romains ? Dans certaines circonstances, ils attribuent aux anciens une perfection qui dépasse toute mesure ; mais, quand il s'agit d'expliquer l'expansion de la nouvelle doctrine, ils n'hésitent pas à rabaisser les païens d'une manière aussi démesurée, qu'ils les ont élevés tout à l'heure. Or, ce sont là deux excès.

Il est certain qu'au temps où le Christ et saint Paul ont vécu, la civilisation romaine, considérée seulement au point de vue extérieur et profane, avait atteint une hauteur qu'on voit rarement. Jusqu'à nos jours, l'histoire ne compte que deux époques qui puissent honorablement figurer à côté de celle d'Auguste : celle de Périclès et celle des Médicis. A n'en pas douter, on était alors en état d'examiner les doctrines du christianisme, de découvrir ses côtés faibles, s'il en avait, et de les exploiter contre lui, à supposer que ce fût de nature à l'affaiblir. En cette matière, les Grecs étaient, sans contredit, des maîtres incomparables.

C'est aussi, de la part de Dieu, une disposition admirable, que la doctrine de son Fils ait été mise à l'épreuve par ce peuple et par cette époque, et qu'elle soit entrée dans le monde avec le certificat de maturité que lui donnèrent les Grecs.

Sans doute, ceux-ci avaient alors perdu l'esprit et le sérieux de leurs ancêtres ; mais, en logomachie, en pédanterie, en sophistique, en querelles avocassières, on chercherait longtemps leurs pareils. Nos professeurs et nos académiciens, qui croient avoir été les premiers à provoquer le complet épanouissement de la critique des Évangiles, auraient encore de longues études à faire avant de les égaler.

10.

De plus, non seulement il était difficile de tromper les savants, mais le peuple lui-même, qui partageait leur finesse et leur ruse. A ce point de vue, les Grecs jouissaient de la plus mauvaise réputation auprès des Romains, plus lourds, et un peu plus honnêtes. « Personne ne trompera un Grec, disait-on ; mais, celui qui ne veut pas être trompé par eux n'a qu'à se bien tenir ». Aujourd'hui encore, le proverbe dit : « Un Grec vaut trois Juifs ». Que de milliers de Juifs il aurait alors fallu pour duper ce peuple !

Or, quand douze Juifs ignorants triomphent de cette société, n'est-ce pas une preuve qu'ils sont les représentants d'une puissance supérieure ? Ne doit-on pas dire alors de leur foi ce qu'on disait de son fondateur : « Le voilà qui parle publiquement, sans qu'on lui dise rien ? » (Joan., VII, 26).

5. L'an du Seigneur 64.

Pourquoi cette foule qui accourt, vêtue comme aux grands jours de fête ? Quelle solennité célèbrent aujourd'hui le peuple et le sénat ? Est-ce un nouvel hymen de Néron, ou l'incorporation de Thulé à l'empire ?

— Tu ne vois donc pas des chrétiens là-bas ? — ce peuple de magiciens et de meurtriers, — des chrétiens qu'on conduit au cirque, enchaînés comme des bêtes fauves. Pourquoi n'y pas aller, toi aussi ? Le spectacle sera magnifique. Tout ce qu'il y a d'illustre y assistera : la cour, le sénat, Rome tout entière.

Nous y étions hier : mon vieux père, ma femme, mes enfants et moi. Nous commencions tous à bâiller, quand apparurent soudain dans l'arène trois lions et un vieux prêtre. Mais, cette nuit, pense donc comme ce sera beau ! Les chrétiens vont nous éclairer. On va les garnir d'étoupe, les enduire de poix, et s'en servir comme de flambeaux.

C'est la jeune fille qui marche en tête, qui a excité le courroux de Néron. Il s'est jeté sur elle comme un sauvage ; mais.. elle était fiancée au Christ. On la conduit d'abord en laisse ; puis, c'est à elle là première qu'on mettra le feu. Il faut que le monde sache ce qu'on gagne avec la résistance !

Que murmures-tu ? Je ne pense pas que tu veuilles désapprouver Néron ?... Tu trouves que c'est trop de cruauté! Tu appelles cela un jeu inique ?...

Pour moi, l'empereur le veut; cela suffit. Ce qu'il réprouve, je le réprouve ; ses moindres désirs sont des ordres. Ainsi, j'évite sagement les rets du doute.

Les chrétiens sont des gens à part. Eh bien ! Puisqu'ils ne sont pas faits de la même argile que les autres, on les punit d'après un droit plus rigoureux. Pourquoi ce peuple odieux enfonce-t-il le glaive dans le cœur du monde entier ? Pourquoi parle-t-il sans cesse de pureté de conscience ? Qui pourrait alors vivre en paix ?

6. Le témoignage du silence.

Beaucoup d'écrivains s'étonnent que leurs collègues de la période impériale, dans la littérature romaine, parlent si peu du christianisme; et plusieurs ne sont pas éloignés d'en conclure que le nombre et l'importance des chrétiens ont dû être très minimes; car, autrement, ils auraient davantage attiré l'attention.

Or, ce fait montre seulement que les hommes et les écrivains étaient alors ce qu'ils sont maintenant, et ce qu'ils seront toujours.

Aristote fut si peu remarqué dans l'antiquité, qu'une opinion bizarre si l'on veut, mais très accréditée, en a conclu que la perte de ses ouvrages était le résultat de l'oubli dans lequel on les tenait. Trois des plus grands poèmes : *Héliand*, la *Chanson de Roland* et les *Nibelungen*, n'ont été découverts et estimés à leur juste valeur que dans les temps modernes. Descartes et Pascal attirèrent si peu l'attention de leurs contemporains, que l'Académie française ne pensa jamais à les admettre dans son sein. Shakespeare resta longtemps si méconnu, qu'aujourd'hui encore le nombre de ceux qui lui contestent ses œuvres est très considérable.

Le christianisme ne fait que partager le sort de tant d'événements de la civilisation, dont l'importance et la gravité ont été trop grandes, pour que le monde ait pu les comprendre immédiatement.

D'ailleurs, si, après quelques siècles, il prenait fantaisie à quelqu'un de parcourir les productions de notre littérature profane actuelle, ne pourrait-il pas être d'avis qu'il y avait à peine quelques vestiges certains de christianisme au xix° siècle ?

Les coryphées de l'opinion publique ne s'élèvent jamais au-dessus des goûts du peuple, leur tyran ; or, Ovide dit du peuple : « C'est une honte ; mais il faut bien l'avouer, le peuple n'estime que ce qui est utile. »

Ainsi font également les écrivains. Ce qui est capable d'amuser leurs lecteurs et leurs auditeurs, ils l'allongent tant qu'ils peuvent ; mais, ce qui n'est pas de nature à leur rapporter du profit, ce qu'ils ne comprennent pas, ce qu'ils ne peuvent pas dominer, ce qui ne leur plaît pas, ils l'ensevelissent dans le silence et dans l'oubli.

Il y a longtemps que la question sociale crie vers le ciel ; mais tous ces Messieurs ne l'ont pas entendue. Aujourd'hui, c'est à peine si nos littérateurs savent en plus, que les socialistes agissent injustement, en récompensant, par une si noire ingratitude, les efforts que le Libéralisme a faits pour introduire l'âge d'or dans le monde. Tous ceux qui se regardent comme des esprits supérieurs, craindraient de salir leur toilette de salon, s'ils se mettaient en contact avec le monde réel. Ils réservent toute leur compassion pour ceux qui ne comprennent pas qu'un homme important doit s'occuper seulement de littérature, des classiques anciens, des chroniqueurs, mais non des besoins de la vie et des nécessités de l'âme. Leur ambition la plus haute est de s'acquérir le titre d'esprits distingués, c'est-à-dire de froids pédants, que font sourire de pitié des luttes où il s'agit de la vie et de la mort ; d'hommes du monde blasés, qu'aucune nouveauté et aucune beauté n'est capable d'émouvoir ; d'*intellectuels*, à qui le sort de l'humanité offre tout au plus l'attrait d'une matière à spirituelles dissertations.

Quant à envisager ces petites choses de plus près, non ! elles n'en valent pas la peine. Ils préfèrent laisser ce soin aux esprits étroits. « Un homme distingué, dit en leur nom le malheureux Nietzsche, vit d'égoïsme. Rien ne peut ébranler sa conviction que tous doivent servir un être tel que lui. Il n'y a que les esprits serviles, qui s'abaissent vers les autres, parce qu'ils ne comprennent pas que toute ingérence chez autrui, en bien ou en mal, conduit à l'amoindrissement de la dignité humaine. »

Il en était exactement ainsi au temps du Christ. Les aveugles voyaient, les boiteux marchaient, les morts ressuscitaient; malgré cela, il n'y avait que les pauvres qui comprissent la parole du salut. Heureux celui pour qui elle n'était pas une occasion de chute ! Après avoir entendu un discours du Maître, les gens du peuple s'en allaient en disant : « Jamais homme n'a parlé comme cet homme » (Joan., VII, 46) ; et les grands docteurs de répondre : « Comment connaît-il les Ecritures, lui qui n'a pas fréquenté les écoles ? » (Joan., VII, 15).

Dans ces conditions, lui et sa cause étaient jugés. Que pouvait-il encore leur offrir ? Il ne parlait que de vérité, de justice, de pénitence. N'étaient-ils pas plus savants que lui ? N'étaient-ils pas justes eux-mêmes ? Qu'avaient-ils besoin de pénitence ? Il s'abaissait vers les pauvres et les malades; il invitait à venir à lui ceux qui succombaient sous le poids de leurs misères. C'était s'exclure de leurs sphères. Un homme qui s'abaissait à ce degré, ne pouvait que provoquer chez eux ces paroles : « Parmi les princes du peuple, parmi les pharisiens, y a-t-il quelqu'un qui ait cru en lui ? Non ! Il n'y a que cette populace ignorante et maudite » (Joan., VII, 48, 49).

Ils ne s'occupaient donc pas de lui, afin de planer plus haut que le peuple vulgaire. Non pas qu'il fût sans les inquiéter : il leur donnait du souci, et leur causait des insomnies. Par leur silence affecté, ils avaient l'air de le considérer comme bien trop insignifiant pour mériter leurs hommages. Mais, au fond, la raison qui leur dictait cette conduite, était la même que celle pour laquelle, dans des sphères analogues, on évite de parler de dettes dont le paiement presse, ou bien de la mort et de l'éternité. Ce serait une faute contre les bienséances de troubler la paix d'une société si délicate, par l'évocation de pareils souvenirs.

Partout, les mêmes hommes et les mêmes choses ! On eût alors manqué de distinction dans les sentiments, si on se fût occupé du Christ et de son œuvre. Aujourd'hui, tout cela serait interprété de la même manière.

En réalité, ce silence est un des témoignages les plus éloquents en faveur de la puissance de la vérité. On aime mieux taire que divulguer des choses qui inspirent une crainte secrète. On espère ainsi endormir le prédicateur importun qui les proclame sans cesse, c'est-à-dire la conscience, parce qu'on sent parfaitement bien que ce ne sont pas des répliques qui peuvent lui imposer silence.

7. Le christianisme sans droits et sans honneur.

Dans l'histoire du christianisme, on trouve de temps en temps des ordonnances de ce genre. « Ne pas rechercher ceux qui confessent le nom du Christ ; mais, s'ils sont dénoncés, procéder contre eux selon toute la rigueur des lois. »

Le simple sentiment naturel que l'homme a pour le droit se révolte déjà là contre, et les Pères de l'Eglise s'écriaient avec indignation : « Ou nous sommes des criminels. Alors il faut nous rechercher ; car, en portant cette défense, l'Etat se rend lui-même responsable de tous les délits qui s'attachent à notre nom. Ou bien, nous ne sommes coupables d'aucun crime envers l'Etat. Alors, il est injuste d'accepter des dénonciations contre nous, et encore plus injuste de nous condamner simplement parce que nous sommes chrétiens. »

Or, une telle conduite est incompréhensible pour l'homme versé dans la science du droit. D'après lui, on ne peut que l'appeler une monstruosité juridique.

Dans l'histoire du peuple romain, qui avait pourtant un sentiment si délicat pour le droit, elle est doublement monstrueuse. En défendant officiellement, et d'une manière expresse, à l'autorité de rechercher les chrétiens, et en faisant dépendre d'une plainte privée l'intervention de la justice, il déclarait par là-même que la confession du nom chrétien était une chose privée, une affaire qui ne pouvait être poursuivie que par des particuliers, et seulement par voie civile.

Nous n'examinerons pas en détail à quels abus ceci pouvait conduire, et a conduit de fait, d'après le témoignage de l'histoire. Constatons seulement que c'était bien fait pour servir certains intérêts privés. N'était-il pas naturel qu'un fils prodigue usât de cette loi pour se débarrasser d'un père qu'il trouvait trop sévère ? qu'un débauché, qui avait jeté les yeux sur une femme, fît de même pour supprimer un mari gênant? qu'un jeune homme taré l'invoquât contre une jeune fille belle et riche, qui repoussait dédaigneusement ses avances?

Tout cela blesse encore plus la conscience de l'ignorant que celle du savant. Mais, ce qui pour elle est incompréhensible au suprême degré, c'est cette ordonnance inouïe, d'après laquelle tout sujet qui a été déféré au tribunal civil, en vertu d'une plainte portée contre lui, est dès lors traité comme criminel d'état, et jugé en dernier ressort, sans procédure, au mépris de toutes les formes juridiques. L'accusateur n'a pas besoin de fournir de preuves; l'accusé n'est pas entendu sur les crimes qu'il est censé avoir commis : il n'a qu'à décliner ses noms, ses qualités, sa religion. On lui appliquera la torture pour avoir de lui des déclarations qu'il a déjà faites volontairement; on cherchera ensuite, par les mêmes moyens, à le contraindre à rétracter ses aveux. S'il refuse, il sera condamné à mort, et subira cette peine au milieu de supplices tout à fait contraires au droit. De défense et d'avocat, il n'en est pas question. La seule existence de l'inculpé est considérée comme un crime de haute trahison, et il est châtié en conséquence.

Si ce n'est pas là un renversement du droit qui va à l'encontre de toutes les notions de la jurisprudence, une suppression de tout tribunal compétent, il n'a jamais rien existé de semblable.

Or, les choses n'ont pas changé depuis. Elles sont les mêmes encore de nos jours. Dans l'Europe civilisée, nous ne parlons plus de persécution contre les chrétiens, c'est vrai; il est seulement question de conflits confessionnels ou de *culturkampfs*. Mais, si les noms changent, la chose demeure. Il n'y a pas encore bien longtemps, que l'auteur d'une persécution très violente contre l'Eglise, fit dire secrètement à un grand dignitaire ecclésiastique, de ne pas quitter la sûre retraite dans laquelle il vivait, afin de ne pas tomber dans les mains des sbires qu'il avait lui-même apostés pour le saisir.

Désirait-il, pour des raisons politiques, éviter les conséquences d'un acte de violence commis contre un prince de l'Eglise? Voulait-il, dans un élan de générosité personnelle, épargner un évêque qui n'avait fait que son devoir? C'est ce qu'on ignore. Toujours est-il qu'il cherchait à dépouiller une loi du caractère pénal, qu'il lui avait donné peu de temps auparavant.

Que de cas analogues avons-nous vus ces dernières années! Il est difficile d'imaginer de plus grandes inconséquences juridiques que celles dont elles ont été les témoins. Dans beaucoup de pays, surtout dans les grandes villes, où les bureaucrates avaient une éducation un peu plus élevée, une certaine liberté de coup d'œil, et une certaine habileté politique, tout allait son train, comme de coutume, sous les yeux mêmes des autorités. Bien loin de se livrer à des inquisitions vexatoires, celles-ci se montraient plutôt ennuyées d'appliquer, dans leur rigueur, les prétendues lois prohibitives, là où une vulgaire délation les y obligeait. Dans des coins perdus, où l'on estime la sécurité d'après le nombre des souris qui sont tuées chaque année aux frais de l'Etat; dans des circonscriptions administrées par des serviteurs à l'œil, qui cherchaient à se faire valoir auprès de leurs supérieurs, par une sévérité barbare envers de pauvres veuves réduites à la mendicité, ou des ramasseuses de broutilles à demi-mortes de froid, de véritables battues étaient organisées contre le prêtre, quand on savait qu'il y avait quelque part un moribond réclamant ses consolations.

Dans un pays d'Allemagne soi-disant catholique, un fonctionnaire reçut la dénonciation d'un policier contre un ecclésiastique, qui était censé avoir manqué de respect au gouvernement du haut de la chaire. Il déclarait tenir la chose de la bouche d'une connaissance, dont il ignorait actuellement la résidence; et cette connaissance lui avait dit la tenir, à son tour, d'une vieille tante morte dans l'intervalle.

En beaucoup d'endroits, on envoyait officiellement au sermon des dénonciateurs et des espions. Ailleurs, on s'en remettait aux renseignements donnés par un divorcé, ou par un ivrogne brouillé avec son curé. L'homme pouvait avoir une réputation aussi mauvaise que possible; peu importe, il était cru sur parole. La dénonciation pouvait porter au front la marque de la haine personnelle ; cela ne l'empêchait pas d'être favorablement accueillie.

Ordinairement aussi, la simple accusation était déjà une condamnation.

Exactement comme dans les premiers temps. Les ennemis de l'Eglise n'ont pas changé ; mais l'Eglise non plus. A elle s'applique toujours la parole que les premiers confesseurs du christianisme pouvaient répéter après le peuple d'Israël: « Notre Dieu n'est pas comme les autres dieux : nos ennemis en sont témoins. » (Deutéron., XXXII, 31).

8. Antiques et modernes idoles domestiques.

Un jour, Rachel pleine d'espérance allait porter ses pas vers la terre promise, où elle pensait trouver, avec le lait et le miel, toutes les délices du ciel. Toutefois, ne voulant pas s'exposer à une déception complète de la part du Seigneur du monde, elle emporta secrètement les idoles de son père.

Aujourd'hui, celui qui veut s'attirer les sympathies du monde, et, selon une expression reçue, comprendre l'époque, jure obéissance au génie de cette dernière. Seulement, comme il ne sait pas d'une manière certaine, si les choses iront toujours bien sans Dieu, il juge prudent de lui laisser encore une petite place dans un coin obscur et retiré de son cœur.

9. Le christianisme conforme à l'époque.

Un christianisme conforme à l'époque! Un christianisme d'accord avec la science! Cela me fait froid dans le dos. A quoi bon cette nouvelle horreur? Vous voulez donc encore en être pour vos frais d'invention!

C'est présenter à quelqu'un du vin qui enivre et qui brûle; c'est lui faire du pain avec de la chaux et du sable; c'est lui faire de la tisane d'orge avec de l'écorce amère. Quand vous l'aurez rendu malade, alors vous le guérirez avec le fer et le feu.

10. Les chrétiens à la mode.

Le marquis d'Argens pensait sans doute faire une

11

spirituelle plaisanterie, quand il disait que ses opinions religieuses variaient selon les saisons de l'année. En tout cas, il y a des gens qui croient se donner une apparence de grandeur d'esprit en répétant cette boutade après lui.

Voulons-nous savoir quelle somme d'esprit est nécessaire pour vivre selon ce principe? Nous n'avons qu'à le demander à un contemporain du même marquis, au galant abbé Pellegrin qui, à côté de poésies chrétiennes, a écrit des pièces très libres; et à côté d'une traduction de l'*Imitation*, une apologie de Voltaire.

Depuis longtemps, il serait oublié, s'il n'avait eu que ses œuvres pour le faire passer à la postérité. Mais son manque de caractère l'a rendu immortel, grâce aux vers moqueurs de Remi :

> « Le matin catholique et le soir idolâtre,
> Il dînait de l'autel et soupait du théâtre. »

Voilà donc ces hommes spirituels qui s'entendent à l'art pitoyable de changer leurs convictions selon la saison de l'année ! c'est-à-dire selon le soleil et le vent ; en d'autres termes, selon la faveur humaine et l'opinion publique, selon le courant politique et l'utilité du moment.

Or, si déjà, dans la vie ordinaire, on évite des gens chez qui les caprices se règlent d'après la température, quel nom donner alors à ceux qui s'orientent dans leurs principes selon le vent, comme les girouettes ? En vérité, ils méritent tous les noms plutôt que le nom honorable d'hommes de caractère. Et nous considérons une telle mobilité comme une éducation supérieure ! comme des sentiments dignes d'un homme d'honneur !

Non ! Molière n'est cependant pas notre homme ; mais ici nous ne pouvons faire autrement que de répéter après lui :

> « A mon sens il n'est rien qui soit plus odieux,
> Que le dehors plâtré d'un zèle spécieux,
> Que ces francs charlatans, que ces dévots de place,
> De qui la sacrilège et trompeuse grimace
> Abuse impunément, et se joue à leur gré
> De ce qu'ont les mortels de plus saint et sacré. »

11. Christianisme distingué.

Nous nous marions à l'église; nous faisons baptiser nos enfants, et enterrer nos morts religieusement; car, être de grossiers athées serait trop vulgaire pour nous.

Ce n'est pas nous qui manquons de respect au prêtre! Nous prions même quelquefois, et nous faisons nos Pâques. Cependant, si nous agissons ainsi, c'est que nous le voulons bien. Qu'on ne nous parle pas d'obligations; car, être des chrétiens ordinaires serait trop vulgaire pour nous.

Oui, nous sommes des chrétiens, de bons, de vrais chrétiens, des chrétiens de choix, délicats, instruits. C'est pourquoi Dieu nous doit avoir en estime particulière; car, être à ses yeux sur le même pied que tout le monde, serait trop vulgaire pour nous.

12. Un privilège spécial de la foi chrétienne.

Non seulement les bureaucrates qui jettent le trouble dans la foi, mais même des théologiens protestants, à commencer par Schleiermacher et Hase, pour aller jusqu'à Hossbach, Dreyer, Harnack, et beaucoup d'autres dont les noms resteront ensevelis dans l'obscurité, pensent qu'il serait grand temps, — si le christianisme veut avoir de l'avenir, — d'ouvrir toutes grandes les portes de la foi; et de balayer à fond les anciennes institutions de l'Église. Désormais, selon eux, le monde ne peut plus se soumettre à la doctrine enseignée par le catéchisme. Il faut donc renverser tout ce qui est en opposition avec la conscience de l'époque, et, ce qu'on laissera debout, l'interpréter de telle façon que nos nerfs délicats n'en soient pas choqués.

Nous faisons abstraction de ce que cette opinion supprime la foi à l'origine divine de la Révélation; car, à *priori*, il devrait être clair que l'homme n'a ni le droit ni le devoir de changer ce que Dieu a établi. Mais, même au point de vue philosophique et historique, elle provoque un singulier étonnement. Chacun sait pourtant qu'il y a des vérités qui ne changent jamais, parce qu'elles portent nécessairement leur contenu en elles-mêmes. Or, à notre époque, si fière de ses paradoxes, certaines gens prétendent qu'en raison de ses progrès continus, l'humanité peut parfaitement s'élever à une logique d'après laquelle deux fois deux ne fassent plus quatre, mais trois ou cinq. De plus, rien n'empêche que les phénomènes merveilleux dus au spiritisme et à l'hypnotisme, n'entraînent avec eux une transformation complète des lois de la pensée. Oui, George Halsted proclame triomphalement, qu'il lui est déjà arrivé de constater plusieurs fois la fausseté des vieilles stupidités d'Euclide, — comme il appelle les fondements de la géométrie.

Le malheur est, qu'en attendant, on plaint de tout son cœur ceux qui comprennent de cette façon les progrès de la pensée, et qu'on les isole du reste de l'humanité. Celle-ci, en effet, ne peut s'ôter de la tête que deux fois deux feront toujours quatre, qu'*après* sera toujours postérieur à *avant*, que la cause précédera toujours l'effet, que le tout sera toujours plus grand que sa partie, etc.

Pour cette seule raison déjà, on ne devrait pas considérer comme soumises au changement les vérités suprasensibles, par suite de leur nature. Mais outre cela, l'histoire de la civilisation devrait, elle aussi, prêcher la réserve. Le monde a subi assez de changements. A quel résultat est-il arrivé? A se faire dire par Victor Hugo :

« De projets en projets et d'espace en espace,
Le fol esprit de l'homme en tout temps s'envola. »

Toutes les fois que des innovations ont eu lieu, elles ont été contestées. Socrate expia, par sa mort, le crime d'être plus sage que ses contemporains, et César celui de leur être supérieur en génie et en habileté dans l'art de gouverner. Dante dut mendier un pain étranger sur des seuils étrangers, et Le Camoëns mourut dans la misère et le dénûment, à une date qu'on ne connaît même pas. Tout le monde sait le sort de Christophe Colomb. Tibère fit démolir la fabrique et briser les outils du premier inventeur de verre trempé. Les fileurs à main du Lancashire détruisirent la machine à filer du pauvre Hargreaves ; et, même dans ce siècle, les sages de Lyon brisèrent le métier à tisser du célèbre Jacquard. Frédéric II rejeta comme chimérique la proposition d'établir des fontaines lumineuses à Sans-Souci, et déclara à l'éditeur des *Nibelungen* qu'il n'avait pas de place dans sa bibliothèque pour ce livre, qui, selon lui, ne valait pas une pipe de tabac.

Bref, si les grands hommes et les grands découvreurs, qui se sont élevés au-dessus de leurs contemporains, avaient écouté l'opinion de l'époque, il n'y aurait pas eu de progrès possible. Une cause de notre admiration et de notre respect pour eux, c'est justement qu'ils n'ont pas plié les genoux devant ce Baal.

Pourquoi alors traiter d'une façon si injurieuse les plus élevées de toutes les idées, celles vers lesquelles, nous le savons, le vulgaire esprit de la foule ne monte jamais : les vérités religieuses et morales, en les faisant passer, pour ainsi dire, sous les fourches caudines de l'opinion publique? Quel être chétif serait devenu le christianisme, s'il s'était soumis à cette folle exigence, à l'époque du rationalisme! Quel Moloch sanguinaire il eût été, s'il eût prêté serment sur les droits de l'homme de la Révolution française! Les meurtriers du roi l'eussent alors salué avec des transports de joie, comme ce qu'il y avait de plus conforme à leur nature; mais l'humanité se serait détournée de lui avec horreur.

Par bonheur, il a su se mettre en garde contre l'un et l'autre de ces excès. En retour, il lui a fallu répandre à torrents, son sang le plus pur, c'est vrai; mais aujourd'hui encore, il plane bien au-dessus des opinions favorites, comme au-dessus des faiblesses et des erreurs de telle époque ou de tel peuple. Il est partout le même, parce qu'il ne ressemble à aucun peuple pris isolément; il est éternel, parce qu'il ne va pas avec le temps : « La science, dit le poète, rampe devant les flatteurs; la vérité plane librement sur les collines éternelles. »

On ne peut donner au christianisme de louange plus belle, qu'en disant de lui qu'il n'est pas ordinaire, pas conforme aux besoins du moment. Il ne court pas avec le monde, car il est au-dessus du monde; il n'est pas conforme à l'époque, parce qu'il n'a rien à faire avec le temps qui est mobile et destructeur; il est impérissable, parce qu'il est éternel.

13. Rénovation ou création?

Parmi toutes les doctrines du christianisme, c'est à peine si l'on en trouverait une sur laquelle il n'y a pas des opinions aussi contradictoires que l'eau et le feu. De sorte que, pour porter un jugement exact sur un point doctrinal quelconque, il n'y a qu'à le placer au milieu des excès dont il est entouré.

Ainsi en est-il de la question de l'origine du christianisme. D'un côté, nombre de gens affirment que seules l'ignorance et l'incompétence absolues de la société dans laquelle la nouvelle doctrine se répandit, peuvent expliquer l'importance prise immédiatement par une religion aussi insignifiante. D'un autre côté, on admet, avec un semblant de générosité, et une condescendance hautaine, — ce qui ne peut se nier, — la supériorité et l'élévation de l'Evangile. Mais alors, pour infirmer la valeur de sa doctrine, et éviter de reconnaître son caractère surnaturel, tantôt on attribue à ses premiers prédicateurs des qualités personnelles extraordinaires, — et qu'ils possédaient rarement; — tantôt on fait des circonstances de temps les plus naturelles quelque chose de si merveilleux, qu'à côté d'elles tous les miracles apparaissent comme superflus et très simples.

C'est là d'ailleurs une ligne de conduite qu'on a déjà suivie envers le Christ. « Il était tout naturel, a-t-on dit, que l'enseignement du Maître de Nazareth exerçât une action extraordinaire. Sans parler du charme enchanteur que la majesté et la dignité de sa personne produisaient sur l'homme du peuple, le savant, lui aussi, se voyait obligé de s'incliner devant la parole d'un homme qui, comme personne autre, réunissait en lui toute la civilisation de cette époque. Ce n'était pas pour rien qu'il s'était préparé pendant trente années, dans le silence, à sa vocation de Maître. De plus, ce fut un heureux hasard qu'il ait passé en Galilée le temps de sa préparation. Ce pays était favorisé entre tous; c'était le point de jonction entre l'Orient et l'Occident; c'était le théâtre sur lequel la doctrine des Juifs et la philosophie grecque pouvaient unir ensemble ce qu'elles avaient de meilleur. »

Ainsi parle cette critique, dont on peut dire avec le

poëte : « L'homme, comme l'enfant, se plaît à faire des bulles de savon, sur lesquelles il aime à voir s'étaler un nez difforme. »

Mais, en réalité, le Maître nous apparaît si simple et si modeste, que personne, — excepté les enfants qu'il attire à lui par son extraordinaire simplicité, — ne remarque dans son extérieur quelque chose de spécial. En réalité, il n'a rien d'imposant, lui, « en qui ne brille aucune beauté, lui, le méprisé, le plus petit parmi les enfants des hommes, l'homme de douleurs » (Isaïe, LIII, 2, 3). En réalité, il a passé dans un atelier les trente premières années de sa vie ; ce qui faisait dire aux Juifs, moitié par admiration, moitié par mépris : « N'est-ce pas le fils du charpentier? (Joan. VII, 15). En réalité, les Galiléens étaient une race peu estimée, à laquelle on n'attribuait rien de bon (Joan., I, 46), qu'on méprisait à cause de son langage grossier (Matth., XXVI, 73). Flavius Josèphe lui-même, qu'ils avaient choisi pour leur général, ne leur reconnaît qu'une qualité : celle d'être d'habiles spadassins.

Il en est exactement de même de l'activité des Apôtres et de celle de leurs disciples.

Il faudrait avoir perdu tout sentiment pour ce qui est grand et digne d'admiration, si on ne trouvait pas merveilleux qu'ils aient conquis le monde en si peu de temps. Il faudrait qu'on fût bien insensible à tout ce qui est sublime, si on voulait mettre en doute que la doctrine prêchée par eux éclipsait la sagesse du monde.

Mais ici aussi, on sait s'arranger pour voir dans ce fait autre chose qu'une preuve de l'origine divine des Evangiles.

« C'est par suite d'un merveilleux concours de circonstances, dit-on, que le nouveau mouvement fut communiqué au monde, au moment même où celui-ci avait rassemblé en lui tous les germes de la civilisation la plus haute. Tout était prêt ; il ne fallait plus que quelques esprits supérieurs pour transformer ces éléments en une civilisation universelle, en face de laquelle l'ancienne, disloquée comme elle l'était, ne pourrait tenir. Or, quoi de plus facile? et quelle époque pouvait être plus favorable ? Il eût été bizarre que, dans des circonstances d'une opportunité inouïe, il ne se fût trouvé personne pour comprendre la situation et l'exploiter. L'empire romain avait rempli la fontaine jusqu'au bord ; il suffisait que quelqu'un passât près d'elle et y puisât, pour fertiliser ce sol, qui avait été préparé par le travail intellectuel de l'antiquité tout entière.

Ainsi s'expliquent l'expansion rapide et le caractère cosmopolite du christianisme. Aux Romains on emprunta le coup d'œil politique, le talent d'unir les peuples et de les gouverner ; aux philosophes et aux orateurs d'Athènes, on emprunta la finesse intellectuelle et le goût artistique ; aux savants d'Alexandrie, la science, l'expérience et l'habileté de vulgarisation. »

L'explication est ingénieuse. Mais l'époque à laquelle elle s'applique, comme l'époque actuelle, peut parfaitement s'en passer ; car les esprits sérieux et réfléchis se posent ici trois questions.

1º Qui, mieux que Sénèque, le précepteur de l'empereur, le philosophe de la cour et de l'état, ou que Marc-Aurèle, cet autre philosophe qui régnait alors sur le monde, était plus capable d'accomplir cette tâche ? Qui le pouvait plus facilement ? Qui le désirait davantage ? Pourquoi faut-il que ces malheureux aient disparu d'une manière si lamentable, entraînant avec eux, dans la ruine, la civilisation qu'ils voulaient sauver ?

2º Comment se fait-il que ces pêcheurs galiléens, venus on ne sait d'où, aient découvert cette source merveilleuse et y aient puisé ?

C'est à dessein que nous disons : *pêcheurs*, et pas davantage ; car nous connaissons les exagérations dont saint Paul a été l'objet. Mais, arrière ces hypothèses invraisemblables ! En fait de formation profane classique, qu'aurait-il pu remporter de l'école d'un pharisien au cœur étroit ? Inutile d'autre part, de chercher longtemps dans quelle mesure un homme, qui ne manquait aucune occasion de s'exprimer avec dédain sur celle-ci, un homme qui faisait des cordes et des nattes dans ses moments de loisir, un homme qui ne recevait pas d'aumônes, pour s'obliger à travailler, aurait pu réparer plus tard toutes ces lacunes par des études savantes. Qui donc pourrait croire qu'on devient savant dans le tourbillon des affaires extérieures ?

Encore une fois, comment ces pêcheurs, ces publicains,

ces fabricants de nattes, auraient-ils pu s'emparer de l'esprit et de l'héritage des savants, des philosophes et des Césars ?

3° Quels termes employer pour caractériser l'aveuglement de ces empereurs et de ces savants païens, qui détestaient les chrétiens comme les plus grands perturbateurs de l'ordre existant, les redoutaient comme les pires ennemis de la prospérité publique, les persécutaient jusqu'à la mort, comme les fléaux les plus dangereux de la civilisation ? Qui cependant avait mieux accepté qu'eux tout ce que la civilisation d'alors contenait de bon ? Qui avait trouvé un moyen plus sûr pour la régénérer ? Qui donnait, au même degré, la preuve d'être les héritiers universels et les consommateurs de l'antiquité ?

Voudrait-on, par hasard, affirmer sérieusement que les anciens étaient si aveugles, qu'il leur était impossible de distinguer entre progrès et recul, entre nature et surnature ?

14. Servante et Maîtresse.

Il m'est arrivé plusieurs fois d'être tenté de rougir de la parole de Dieu, en considérant la sagesse du monde.

Celle-ci bondit comme l'Iroquois en costume de guerre, tout étincelant de plaques dorées qui résonnent à chacun de ses pas, gonflé d'orgueil, orné de plumes de paon, de queues de renard, et portant autour du cou les trophées de ses victoires. Celle-là s'annonce si doucement, qu'à peine on l'entend : la simplicité éclate dans son langage ; la vérité est son unique parure, — et vous savez si cette vérité est dépouillée d'artifices ! Elle est tellement modeste qu'elle semble presque confuse.

Un jour que ces pensées hantaient mon esprit, je me trouvai soudain transporté dans le fourmillement d'une foire. Qu'aperçois-je tout d'abord ? Une bande de paysannes qui s'agaçaient les unes les autres. Le rouge écarlate de leur costume, les boutons énormes qui brillaient sur leur corsage, leur bavardage surtout provoquaient l'admiration des badauds. Tous les regards étaient fixés sur elles.

11.

Sur ces entrefaites, une dame fendant la foule vint à passer devant ces jeunes filles. Elle était seule, et portait avec élégance et distinction un vêtement d'un goût parfait, mais simple. Personne ne fit attention à elle ; personne ne la suivit des yeux.

Je rentrai chez moi, tout confus de mes hésitations passées. La noblesse n'a pas besoin d'ornements. Mais qui sait l'apprécier ?

15. Double tâche de l'homme.

Quand les ennemis du christianisme ne trouvent plus de dogmes particuliers à combattre chez lui, ils dirigent leurs efforts contre les bases et l'ensemble de son édifice doctrinal, — preuve qu'eux aussi s'entendent aux disputes d'écoles, qu'ils reprochent si volontiers aux docteurs chrétiens.

« Le christianisme, disent-ils, ne peut penser un seul instant à entrer en lutte avec les systèmes scientifiques : *a priori*, c'en serait fait de lui. Il lui manque la première condition pour cela, à savoir une pensée fondamentale d'où dérivent toutes les doctrines particulières, et à laquelle elles peuvent toutes se ramener. Chez lui, c'est partout le dualisme, et même la contradiction insoluble.

Dans la théologie, c'est l'opposition entre la nature et la surnature. Dans la doctrine sur l'origine des choses, c'est l'opposition entre Dieu et le monde. Dans la vie extérieure, c'est l'obligation difficile de rendre en même temps à Dieu ce qui est dû à Dieu, et à César ce qui est dû à César. Dans la vie intérieure, c'est le funeste conflit entre la chair et l'esprit, qui fait dire à l'Apôtre lui-même cette parole de quasi-désespérance : « Malheureux que je suis ! Qui me délivrera de ce corps de mort ? »

Voilà ce qui, d'un côté, donne au chrétien des aspirations trop élevées, et d'un autre côté le tient collé contre la terre. Voilà ce qui explique la désunion qui existe en lui. »

Cette attaque contient deux reproches. Il est facile de répondre au premier. Le christianisme ne pense nullement engager un concours avec les édifices doctrinaux scientifiques. Il n'est pas une philosophie. Il n'enseigne qu'une seule science et qu'un seul art; mais ceux-ci sont beaucoup plus difficiles que tout ce qu'un philosophe peut apprendre à ses disciples, parce qu'ils sont l'art et la science de la vie. Comme dit un poète, « celle-ci est un étroit sentier qui longe de profonds précipices. Un faux pas, et nous tombons au fond de l'abîme. » Or ici, un édifice intellectuel parfaitement fini n'est pas nécessaire. Le sage va droit à ce qui seul a une importance capitale, à ce qu'il lui faut pour vivre et agir; bref, à la vie. C'est pourquoi le Maître a dit que l'unique moyen de savoir à quoi s'en tenir sur sa doctrine était de pratiquer ce qu'elle prescrit (Joan., VII, 17). C'est là le caractère distinctif de la Révélation; c'est là ce qui lui donne la prépondérance sur toutes les écoles de savants.

Le christianisme n'a pas plus l'intention de concourir avec ces derniers, pour savoir à qui sera décernée la palme du mérite scientifique, que ceux-ci de s'engager sur un domaine où jamais adversaire n'a encore osé se placer. Ils savent pourquoi. Les philosophes ont imaginé des systèmes très élevés, mais qui, malheureusement, ne sont pas très pratiques. Jamais le christianisme n'a pensé à les surpasser, en devenant un ingénieux catalogue d'idées mortes. Au contraire, il a pourvu à toutes les tâches de l'homme vivant, à tous les besoins de son esprit et de son cœur. C'est pourquoi son fondateur a pu dire : « Mes paroles sont esprit et vie » (Joan., VI, 64), chose qu'aucun savant n'a faite.

Ceci est déjà une réponse à la seconde partie de l'accusation. La vie n'est pas chose si simple, qu'avec une formule ingénieuse on puisse s'en tirer avantageusement. Car les seules expressions capables de caractériser la tâche qu'elle impose sont : purification, combat, sacrifice. Ces mots sont aussi courts que la route sur laquelle ils nous invitent à marcher est difficile.

Or, quiconque ne la suivra pas, cette route, n'arrivera pas à la porte qui seule conduit à la vie. Mais, pour cela, il ne suffit pas de quelques expressions apprises à l'école; il faut une marche prudente à travers les dédales embrouillés et sans fin des tentations, des séductions, des tromperies, des horreurs, des désenchantements, de l'exploitation, de l'oppression de tous les jours et de tous les instants. Heureux, si nous n'y laissons que des loques de nos vêtements, et non des lambeaux de notre chair !

Ici, nous parlons seulement de la vie naturelle, de cette vie dont vit le païen, qui ne sait rien d'une fin surnaturelle. Mais la miséricorde de Dieu est descendue vers nous, non seulement pour nous servir de guide à travers les difficultés de notre tâche terrestre, mais pour nous élever au-dessus de nous-mêmes et nous introduire dans un monde tout à fait nouveau, bien plus élevé : le monde surnaturel. Or, ce fait implique pour nous, outre l'obligation de croire, celle de vivre de la vie de la foi. Il est donc impossible que tout cela puisse être condensé dans une seule formule scientifique.

Mais, cette double tâche pouvons-nous l'accomplir? Cette doctrine ne justifie-t-elle pas les difficultés auxquelles elle a donné naissance? Nous qui éprouvons tant de peine pour dompter notre nature insoumise, comment pouvons-nous parvenir à la surnature? Comment pouvons-nous harmoniser, dans notre vie, ces mondes si opposés? Ne nous exposons-nous pas ainsi au danger de ne jamais sortir de la douloureuse contradiction, sur laquelle les saints eux-mêmes ont gémi?

Arrière ces scrupules! Assez de réflexions! Il s'agit pour nous de la vie. Or, « avec de simples paroles, la vie s'envole en vapeur; ce qui en constitue l'art, c'est penser et agir ». Essayons donc une bonne fois de vivre, et de vivre selon la doctrine du Christ. C'est le seul moyen de résoudre la question.

Des milliers de membres de l'humanité ont fait cet essai, et tous ceux qui l'ont tenté résolument ont réussi. Dès ici-bas, ils ont bénéficié du fruit de leurs efforts, et, dans l'autre monde, ils ont reçu une récompense au delà de toute espérance. Ils ont accompli fidèlement leurs devoirs pendant cette vie terrestre, et, par ce moyen, ils ont atteint la perfection devant Dieu. Ils sont devenus des saints, et, précisément par là aussi, des hommes complets, des hommes d'une seule coulée. Ils ont accompli les commandements de Dieu, et Dieu a été content d'eux. Le monde lui-même, qui les avait parfois jugés avec sévérité, a été obligé de les glorifier. Pour en arriver là, ils ont livré de grands combats. Mais le sentiment qu'ils avaient de lutter pour l'honneur de Dieu et pour leur propre justification, les a remplis d'une telle joie ; la conscience qu'ils avaient d'aspirer à la fin la plus élevée qui soit, leur a donné une telle assurance que, bien loin de succomber au découragement et à la tristesse, ils s'écriaient souvent avec saint Paul : « Notre cœur surabonde de joie au milieu de toutes nos tribulations » (II Cor., VII, 7).

Que personne ne se laisse donc effrayer, ni par la crainte que le christianisme réclame des choses exagérées et inconciliables entre elles, ni par les luttes qu'il faut livrer pour arriver à la fin suprême. Il en est ici comme partout : « L'esclave qui refuse de faire ce à quoi la nécessité ne le contraint pas, succombe déjà sous le poids de la crainte avant d'avoir accompli sa tâche, tandis que l'homme libre escalade d'un cœur joyeux les sommets les plus élevés. »

Toujours plus haut ! Celui qui satisfait aux exigences du surnaturel, satisfait aussi à ses obligations naturelles. Ici s'applique également la parole : « Cherchez premièrement le royaume de Dieu et sa justice, et tout le reste vous sera donné par surcroît » (Matth., VI, 33).

16. Humanité profane et humanité religieuse.

Vous, chrétiens, pouvez-vous croire sérieusement ce que vous enseigne votre foi ? Est-ce que la prière, la mortification, la grâce de Dieu rendent heureux ? Laissez donc de côté toutes ces illusions ; et dites, comme nous le faisons depuis longtemps : « Celui-là seul plaît à Dieu, qui est humain. »

Eh bien ! nous ne sommes pas aussi éloignés les uns des autres que vous le pensez. La foi, elle aussi, nous tient ce langage. Seulement, elle demande que nous en donnions la preuve ; car avec elle il faut des actes. Elle se soucie peu que quelqu'un se canonise ; celui-là seul est saint à ses yeux, qui se rend saint par des actes.

C'est la raison pour laquelle les chrétiens parlent peu ; car qui parle beaucoup agit peu. Et la foi nous incite à l'action, en disant à notre conscience : « Ce n'est pas la barque percée des paroles, qui nous conduit au pays de la vie ; celui-là seul arrive vers Dieu, qui lui est semblable, qui est humain dans ses œuvres. »

17. Nature et Surnature.

Un exemple frappant, qui permet de constater qu'en fait de frivolité et d'imprévoyance, les hommes ressemblent à certains saltimbanques, qui donnent des coups d'épée à droite et à gauche, sans savoir où ils frappent, est le reproche si souvent adressé au christianisme, de porter atteinte à la liberté humaine. « L'homme qui observe ses préceptes, dit-on, doit ou bien devenir infidèle à ses obligations surnaturelles, ou bien ne pas accomplir ses obligations terrestres. Mais contenter deux maîtres si différents est chose absolument impossible. »

D'après cette sagesse, il ne faudrait ni plus ni moins que destituer de ses fonctions celui qui se marie. Car il n'y a pas de doute que les soucis domestiques absorbent une grande partie de l'existence. Or, qui est-ce qui ne considérerait pas comme une grossière injure, de s'entendre dire qu'il est impossible de concilier les attributions du père de famille avec celles du fonctionnaire ?

Adressé au chrétien, ce reproche n'est pas seulement une injure ; il est la preuve d'un aveuglement impardonnable.

Sans doute, il est impossible d'accomplir simultanément des fins qui se contredisent ; et il est difficile de mener de front des professions diverses, qui ont entre elles certains points de similitude, celles de professeur et d'écrivain, par exemple, sans que l'une d'elles en souffre. Mais, quand quelqu'un poursuit une tâche plus élevée, et s'efforce en même temps d'en accomplir fidèlement une qui lui est subordonnée, cette dernière, bien loin d'être un obstacle à l'accomplissement de la première, lui est au contraire d'un précieux secours. Ainsi, quelqu'un qui s'occupe de la question sociale, l'étudiera beaucoup plus à fond, s'il est obligé de traiter scientifiquement ce qui concerne la propriété, ou de s'enquérir pratiquement des moyens de secourir les pauvres.

Une seule chose est donc importante, c'est que le chrétien soit fidèle à sa tâche. Sa destinée surnaturelle et sa tâche naturelle ne se gênent pas l'une l'autre; au contraire elles se favorisent. L'accomplissement de ses obligations terrestres est pour lui une espèce de bâton de voyage ; mais la foi et la prière lui donnent des ailes, avec lesquelles il s'élève au-dessus des difficultés où il eût succombé, s'il eût continué sa route à pied. Ici, il suffit d'essayer; alors se réalise la parole : « Ta force grandit à mesure que tu l'exerces. »

18. Savant, chrétien, homme.

Nombreux sont les hommes de science, qui considèrent comme impossible l'union entre le savant et le chrétien. C'est peut-être en punition de cela, qu'il y a tant d'ignorants qui regardent les savants comme des gens inutiles et peu pratiques.

Or, les deux opinions sont inexactes. Il est parfaitement possible à quelqu'un d'être à la fois un savant, un chrétien et un homme digne d'estime. Seulement, les exemples de ce genre ne sont malheureusement pas très fréquents.

Une exception honorable fut le simple et vertueux Euler. Inutile de nous attarder à sa valeur comme savant. Au jugement de tous, il fut l'un des plus grands mathématiciens du siècle dernier et de tous les temps. Comme homme, il avait un extérieur si captivant, que partout, au milieu de ses compatriotes, comme chez les Russes et les Français, il s'attira l'estime et le respect. Son activité était aussi étonnante que sa science était vaste. La perte de la vue ne lui enleva ni sa force d'âme, ni sa fraîcheur d'esprit, ni sa soif d'action. Il ne recherchait jamais de plaisirs tumultueux et bruyants; il préférait le cercle de ses amis et celui de sa famille, où il pouvait se laisser aller à une gaieté tout enfantine, à d'innocentes plaisanteries, ou bien encore s'amuser avec les enfants à l'inoffensif théâtre de marionnettes. Sa science ne fut jamais pour lui un sujet d'orgueil. Chacun s'appropriait ses découvertes; et il laissait faire, sans se montrer susceptible. Il n'était pas jaloux des avantages d'autrui; et, quand quelqu'un avait laissé échapper un mot heureux, il était le premier à le relever, et à en féliciter l'auteur.

C'est dans sa religion sincère, qu'il trouvait cette force. Il était pénétré du plus profond respect pour le christianisme, qu'il défendit à plusieurs reprises. Dans sa maison, il se considérait comme prêtre. Chaque soir, il rassemblait ses enfants, ses disciples qui vivaient sous son toit, et ses serviteurs pour faire la prière en commun ; et plus d'une fois il lui arriva de leur adresser une pieuse exhortation. Il observait de la manière la plus stricte les prescriptions de son église. Il croyait d'une foi vive en son Sauveur, et ne pouvait assez remercier Dieu d'avoir envoyé son Fils unique dans le monde, pour nous racheter. Avec cela, il était bon et doux envers ceux qui avaient d'autres opinions que les siennes ; il n'était sévère qu'à l'endroit des propagateurs déclarés de l'incrédulité.

Quand il mourut, on vit bien quelle admiration la noblesse de son caractère avait excitée dans le monde tout entier. Condorcet lui-même lui décerna cette louange : « Euler a été l'un des hommes les plus grands et les plus extraordinaires que la nature, — toujours la nature, jamais Dieu, — ait produits. Il a accompli plus de travaux qu'on ne saurait en attendre des forces humaines, dans une vie d'homme, et, dans chacun d'eux, il a fait passer une puissante originalité. C'était un homme dont la tête était continuellement en activité, et le cœur toujours en paix. »

Le libre-penseur ne parle pas des sentiments chrétiens d'Euler. Aussitôt après sa mort, il publia ses lettres, dans une édition tronquée, où il eut soin de supprimer tous les passages ayant trait à la défense de la foi chrétienne. Les incrédules auraient volontiers effacé le chrétien chez Euler, pour avoir un grand savant qu'ils eussent pu exalter comme un homme excellent. Mais non ! fragmenter un tel homme était impossible ; car, chez lui, le savant, l'homme et le chrétien étaient d'une seule pièce. S'il lui avait manqué une de ces trois parties, il n'aurait pas laissé un souvenir plus vivant et plus pur que des centaines d'autres, qui, malheureusement, ne lui furent égaux qu'en science.

19. La peur du surnaturel.

Voyez là-bas sur l'autel, trône de la grâce, le grand pontife, Jésus-Christ. Est-ce vraiment le Fils de Dieu? Sanglant, tremblant, percé de clous comme il est, ce n'est plus un homme; non! c'est un ver.

Alors, pourquoi la terre et l'enfer semblent-ils se préparer à l'assaillir? Partout où il jette les yeux, il voit des guerriers prêts au combat, des lances s'agiter, des boucliers étinceler ; partout l'angoisse et l'horreur. Pourquoi tous ces combattants? Ont-ils appris que des ennemis s'approchent en armes? Veulent-ils protéger le sacrifice de paix, pour que personne ne le trouble?

Non! ils redoutent de terribles puissances; et ils ont raison. Ces puissances ne sont ni le Dieu, qui, devenu faible par amour, est suspendu sans défense sur la croix, ni sa Mère, qui oublie ses propres douleurs, pour implorer le pardon des bourreaux de son Fils, ni la petite troupe d'amis découragés qui se tiennent au loin : ce sont les bataillons d'esprits, qui, dans le ciel, sont toujours équipés pour la lutte. Jadis, en une seule nuit, ils abattirent 185 000 ennemis pour délivrer Jérusalem. S'ils tiraient leur glaive pour protéger leur Dieu, qui pourrait échapper à la mort?

Oui, ils sont là pour protéger la grande victime expiatoire, qui devait sauver le monde de la mort. Mais ils n'obéissent qu'aux ordres de Dieu.

Comme le Seigneur, ainsi l'Eglise est constamment enchaînée, dépouillée, gardée, crucifiée, quand même on la croit morte depuis longtemps. Vous ses ennemis, soupçonnez-vous donc l'existence de forces puissantes, qui veillent sur elle en silence? Alors, combattez à son service, et ne luttez pas contre le plan de Dieu.

20. Nos pertes notre réconfort.

A commencer par Tertullien, pour aller jusqu'à Lamennais et à Dœllinger, l'histoire de notre Eglise compte bien des cèdres brisés et bien des anges tombés. A propos de la chute de Lamennais, l'illustre Ozanam disait : « Comme nous avons été punis, nous catholiques, qui avions plus confiance en l'esprit de nos grands hommes qu'on la puissance de notre Dieu! Nous avons été punis pour avoir donné une trop grande valeur à leur personne, et pour avoir repoussé les attaques de l'incrédulité avec un certain orgueil. Nous avons été punis parce que nous nous sommes appuyés sur un roseau fragile, au lieu de nous appuyer sur la folie de la croix. Ce roseau s'est brisé entre nos mains. Désormais, il nous faut chercher plus haut notre secours. Pour notre pèlerinage terrestre, il ne nous suffit pas d'avoir un frêle bâton; il nous faut des ailes, les ailes de la foi et de la charité. C'est la grâce, et non le génie, qui doit être notre guide. »

Ainsi s'exprime le penseur à la foi robuste et à l'intelligence profonde.

Si nous apportions toujours cet esprit dans l'appréciation de notre histoire, nos adversités et nos humiliations n'affaibliraient pas notre foi et ne briseraient pas notre courage. Au contraire, elles nous conduiraient plus près de Dieu, et seraient ainsi pour nous un élément de santé et de force.

21. Le royaume du Christ et le monde.

Le Christ a dit : « Mon royaume n'est pas de ce monde »; mais il n'a pas dit que le christianisme n'avait rien à faire avec le monde; qu'il ne vivrait pas par le monde; qu'il n'aurait aucune influence sur le monde. Il a seulement jugé nécessaire de déclarer qu'il est surnaturel dans son origine et dans sa nature. Qu'à côté de cela, il soit extérieur et sensible; qu'il se serve, et doive se servir de moyens naturels, c'est ce que le Sauveur ne pense même pas de faire remarquer, parce que cela va de soi.

22. Que faire? Cet homme opère beaucoup de miracles.

Un fait très curieux, c'est que les docteurs de l'incrédulité, qui s'occupent de la science des religions comparées, notent, sans remarque aucune, les prétendus miracles d'Apollonius de Tyane, de Mahomet et de Bouddha. Ils ne s'en moquent pas; ils ne les combattent pas; ils ne cherchent pas à les détruire.

Quand, au contraire, ils arrivent aux miracles du Maître ou des Saints, ils ne peuvent pas, lors même qu'ils conservent l'apparence d'une froideur distinguée, retenir quelques paroles plus ou moins ironiques.

Personne ne croit aux premiers miracles; et c'est pourquoi il serait insensé de perdre son temps à les discuter. Pour les seconds, on y croit; et souvent celui qui prend à tâche de les réfuter, n'est pas le dernier à leur donner créance. Car, pourquoi les combat-il ? Si ce qu'il avance est vrai : que les savants n'y croient plus, il n'a pas besoin de les réfuter pour eux. D'autre part, il n'écrit pas pour les fidèles ignorants. Il est donc ouvertement en lutte avec sa propre conscience.

Oui, faire la guerre aux miracles du Maître, c'est toujours redire la vieille parole de désespoir : « Que faire ? Cet homme opère beaucoup de miracles. »

23. Paganisme et Christianisme.

S'il est permis de considérer la tragédie antique comme la véritable expression de l'esprit païen, — et on est autorisé à le faire, — alors le paganisme était une lutte à mort contre la divinité, une lutte qui allait jusqu'à la rage par l'opiniâtreté qu'il y mettait, et jusqu'au désespoir, parce qu'il n'avait aucune perspective de succès.

Pour comprendre l'esprit du christianisme, nous ne pouvons évidemment pas avoir recours aux drames chrétiens, même les meilleurs, et encore moins à ce qu'on appelle les romans chrétiens, car il est trop sérieux, trop élevé pour se faire donner en spectacle, et devenir l'amusement de spectateurs oisifs.

Pour cela, nous avons d'autres tragédies pleines de gravité, très bien écrites, des chefs-d'œuvre non pas imaginés, mais vécus. Nous voulons dire la vie des Saints, dans laquelle nous trouvons empreinte la nature de notre foi, avec plus de vérité que jamais poète n'a réussi à le faire.

S'il en est ainsi, il nous est facile de comprendre la pensée dernière du christianisme. Ici aussi, il y a une lutte de l'homme avec Dieu; mais c'est une lutte pour savoir qui l'emportera ou de la générosité humaine, ou de la générosité divine. Aucune des deux ne veut se laisser surpasser par l'autre en fait de sacrifice et de libéralité.

Naturellement ici, comme dans le paganisme, c'est Dieu qui triomphe en dernier lieu. Mais quelle lutte honorable, quelle défaite heureuse pour le chrétien! Le païen est condamnable dans sa lutte contre Dieu, et digne de pitié dans son issue. Le chrétien, lui, trouve dans ses efforts pour répondre à la générosité de Dieu, un merveilleux exemple de magnanimité, et dans son incapacité à la surpasser, le gage de la récompense qui l'attend dans l'éternité.

24. Les vrais témoins du véritable esprit du Christianisme.

Un prétexte qu'on invoque volontiers pour se dérober aux obligations de la foi, est celui-ci : « La religion chrétienne, dit-on, engendre chez ses adeptes, la manie de tout condamner; et, par sa rigueur intolérable, répand partout le trouble et les désagréments. »

Il peut parfaitement se faire, que les auteurs de ce reproche se soient un jour rencontrés avec un maître rigide, un serviteur irréfléchi de l'Eglise; bref, avec quelqu'un, qui, aveuglé par un zèle intempestif pour la vérité, ou égaré par un cœur malade, ait été trop peu indulgent pour leurs faiblesses. Il y a toujours de ces âmes qui s'entendent à cet art funeste de rendre la piété odieuse, dure, importune. Ce sont la plupart du temps des gens qui ne se soumettent jamais eux-mêmes à une discipline sérieuse. Une seule personne de ce genre suffit pour corrompre chez plusieurs, et pour longtemps, le goût des choses spirituelles.

Pourtant, nous sommes convaincus que ceux qui formulent cette plainte, ont goûté bien rarement de cette lie, qu'il n'est pas toujours facile de séparer complètement ici de ce vin généreux qui est le christianisme. En tout cas, ils n'auront pas eu le malheur de se rencontrer avec les vrais profanateurs du nom chrétien, avec les Donatistes, les Hussites, les Puritains et les Jansénistes.

Mais s'il y a de ces misères parmi les chrétiens, il y a aussi des choses plus agréables et plus douces. Quels sont les vrais représentants de l'esprit chrétien? Est-ce un Knox, un Calvin? ou bien un François d'Assise et un François de Sales? C'est facile à trouver.

Eh bien! Quels sont ceux que ces grands saints ont condamnés? N'est-ce pas un trait caractéristique, propre à tous ceux qui s'efforcent d'imiter l'exemple du Maître, qu'ils ont peur de juger les autres, même pour leur propre compte? N'est-ce pas précisément une raison pour laquelle on les a traités d'utopistes, qui ne connaissaient pas les hommes?

Non! ceux qui ont l'esprit de Jésus-Christ, ne condamnent personne, et ne rendent la vie amère à personne. Sainte Catherine de Sienne se serait volontiers laissé précipiter en enfer, si elle avait pu ainsi en fermer l'entrée, de telle sorte que désormais personne n'y pût tomber. Saint Paul désirait devenir anathème pour sauver ses frères de l'anathème. Et certes il ne mentait pas! Parfois, il pouvait blâmer durement et punir sévèrement; malgré cela, il aimait les égarés et les pécheurs d'un amour semblable à celui qu'une nourrice a pour son enfant (I Thess., II, 7).

Voilà les vrais imitateurs de Celui qui s'est fait malédiction pour nous (Gal., III, 13); voilà aussi les meilleurs témoins du véritable caractère de notre religion, c'est-à-dire de la bonté et de l'amour dont notre Sauveur a fait preuve envers les hommes (Tit., III, 4).

Ceux-là peuvent donc jeter les regards sur eux, qui cherchent sérieusement la vérité. Alors, il ne leur sera pas difficile de trouver la réponse à cette question : Où est la lumière pour les yeux, la consolation pour le cœur, la guérison et le chemin qui conduit au salut?

Est-ce là où l'on méprise Celui qui a dit : Je veux la miséricorde et non le sacrifice; je ne suis pas venu appeler les justes, mais les pécheurs? (Matth., IX, 13), ou bien là où l'on invoque à la fois comme fils de l'homme et fils de Dieu, Celui qui « est venu chercher et sauver ce qui était perdu? » (Luc., XIX, 10).

CHAPITRE X

RELIGION ET FOI

1. Qui a besoin de religion ?

Que personne ne nous parle de marcher sous le joug de la foi ? Nous nous suffisons à nous-mêmes : nous sommes riches et bien portants. C'est bon pour le peuple de prier et de se confesser; il faut même l'entretenir dans ces sentiments; car, quand il les a perdus, il s'en prend à notre bourse et à notre tête.

Alors, vous vous figurez que la foi est une espèce de police secrète qui pourchasse seulement les pauvres, et épargne les riches? Non! Si la religion est juste, elle existe pour tous; si, au contraire, elle est une affaire de parti, elle mine le droit. Si quelqu'un en a surtout besoin, c'est le faible. Or, qui est le faible ici? Qui est le plus en péril? Faible est le peuple, c'est certain; qui ne le sait? Pourtant, il est loin d'être le plus faible, car il a dans le travail et dans la misère des génies tutélaires qui veillent sur lui. Ceux que la trinité diabolique : richesse, volupté, puissance, porte sans cesse au péché, courent, à n'en pas douter, des dangers beaucoup plus grands.

Si le peuple a besoin de la crainte de Dieu comme troisième rempart protecteur, dites-moi qui vous sauvera de ces trois ennemis?

2. Crime contre le trésor public.

Quand on désire rendre témoignage à la vérité et ne blesser personne, il est difficile de porter un jugement sur ceux qui veulent ravir à l'humanité la foi en Dieu, et en une justice éternelle devant laquelle s'efface toute distinction.

Ou bien ils ne connaissent pas la situation réelle du monde, et ne s'inquiètent nullement du nombre des misères et des peines de cœur qu'il y a sous le soleil. Dans ce cas, il est difficile de pallier la légèreté incroyable qu'ils apportent dans des choses aussi délicates, et le sans-gêne avec lequel ils enlèvent à l'homme les seuls appuis capables de l'empêcher de succomber sous le fardeau de la vie.

Ou bien ils savent ce qu'il en est du monde, et ils ont la barbarie de dire, avec réflexion et sang-froid, que celui qui souffre et qui est dans le malheur n'a besoin d'aucun soulagement, puisqu'eux-mêmes, les favoris de la fortune, manquent de toute pensée édifiante un peu élevée. Alors, on devrait les punir d'office, non seulement à cause de l'humanité offensée, mais encore davantage à cause du péril dans lequel ils mettent la société.

Que reste-t-il, en effet, aux pauvres, si on leur enlève la dernière consolation qui les soutient dans leur lutte toujours vaine pour améliorer leur situation, et pour les empêcher de succomber sous le fardeau intolérable des charges publiques? Que reste-t-il aux peuples gémissants, que seule la crainte de Dieu empêche de murmurer et de se révolter, sinon de transformer leur patience en une violence qui réduise le monde en poussière, et de chercher à se dédommager par le crime et la débauche de tant de sacrifices inutiles?

Celui qui touche au bien public, ne serait-ce qu'en dérobant un peu d'avoine ou de provisions destinées aux chevaux et aux soldats en cas de guerre, est traité comme un criminel contre la société. Celui, au contraire, qui pille le vrai trésor public, le trésor public spirituel, c'est-à-dire la foi, la base de l'ordre, la source de la patience et de l'obéissance, la condition de toute vertu publique, est sûr de l'impunité.

3. En deçà et au delà.

La principale raison qu'on invoquait jadis pour légitimer la lutte contre la religion, était que cette espèce de système dualiste, qui veut nous faire regarder d'un œil dans l'*au delà*, et marcher un pied de chaque côté d'un abîme impossible à combler, est incapable de donner une formation homogène à l'esprit, et de satisfaire le cœur humain.

Actuellement, cette tactique est passée de mode. Seules des œuvres qui puisent une eau vaseuse à des citernes abandonnées, la ressuscitent à de rares intervalles. L'incrédulité a peut-être compris qu'en agissant ainsi, elle se fermait la bouche. Car, ce n'est pas une double tâche, que nous assigne le christianisme, c'en est une triple, et malgré cela, très homogène. Elle consiste à procurer la gloire de Dieu, à veiller aux intérêts de notre âme, et à travailler au bien temporel et spirituel du prochain.

A supposer qu'on arrachât la religion du cœur de l'homme, il lui resterait donc toujours deux champs de travail, c'est-à-dire lui-même et l'humanité.

S'il était vrai que l'homme fût incapable d'accomplir une double tâche, il ne lui resterait plus qu'à dire avec Stirner et Nietzsche : « En quoi l'humanité m'inquiète-t-elle ? Si je ne demande rien à Dieu, à plus forte raison, je ne veux pas me tracasser à cause de ce monde insensé. Je suis mon propre maître, et, en dehors de moi, rien ne me cause de soucis. Le monde peut bien servir d'instrument à mes fins ; quant à faire quelque chose pour lui, jamais cela ne me viendrait à l'esprit. Les âmes serviles, les hommes vulgaires peuvent se courber sous le joug du monde. Pour moi, je me considère comme un *superhomme* ; j'existe seul ; et, en dehors de moi, il n'est rien qui possède quelque valeur à mes yeux.

Donc, soit peur de la conclusion logique inévitable, que l'anarchie menace à tout moment d'appliquer, soit amour du changement, notre époque a donné une autre forme à la pensée que nous indiquions tout à l'heure.

« Nous avons, dit-on désormais, de si grandes tâches à accomplir dans cette courte vie, que nous serions impardonnables de nous laisser distraire par des choses étrangères au champ d'activité qui nous est propre. Une religion qui jette l'esprit dans un milieu supra-sensible, auquel il est complètement étranger, et cela au moyen de dogmes révélés qu'elle lui impose ; une religion qui promet au cœur le bonheur dans une vie située par delà ce monde ; bref, une religion qui s'étend dans l'au delà, est l'ennemie de toute vraie civilisation humaine. Nous ne sommes pas des gens irréligieux, continue-t-on ; mais nous ne connaissons qu'une religion : celle qui se limite à la vie terrestre. Ennoblir sa nature par une excellente formation intellectuelle et morale ; vivre pour travailler à la civilisation de l'humanité, telle est la seule religion digne de l'homme. Finissons-en donc une bonne fois avec une religion qui s'élève au-dessus de la terre ; car elle est la mort de l'*en deçà*. »

Ce langage a au moins une qualité, celle d'être clair. Il ne manque de sincérité que sur un point, sur l'abus qu'il fait du mot *religion*. Car, une religion sans Dieu n'est pas une religion. Une religion qui ne fait que servir le *moi* et l'humanité, est égoïsme ou servitude ; elle n'est même pas une morale. Une religion que les animaux eux-mêmes peuvent posséder, — et c'est ce que dit l'esprit moderne, — n'est pas du tout un élément essentiel à la civilisation humaine. Parler de religion ici est un mensonge.

Abstraction faite de ce point, nous nous empressons de rendre à la nouvelle tendance, le témoignage qu'elle fait clairement connaître ce dont il s'agit dans les luttes intellectuelles du présent. Tous les efforts se combinent pour faire prendre au sérieux le mot d'ordre donné par Feuerbach, à savoir que la tâche de l'époque est de « renoncer à l'*au delà* et de se concentrer dans l'*en deçà*. »

A ce travail, sont occupés de robustes artisans. Les démocrates sociaux, ces forgerons de l'*en deçà*, ont été les premiers à comprendre, dans toute sa signification, le mot de Feuerbach. Ils ont envoyé immédiatement au maître une adresse enthousiaste de félicitations. Et depuis lors, ils s'appliquent, avec un zèle persévérant, à rendre populaire et pratique cette doctrine parmi eux. Et ils n'ont pas trop mal réussi.

Les pontifes de l'*en deçà*, les grands seigneurs du Capitalisme et de la Bourse, ont fait peu de bruit, il est vrai, mais ils n'ont pas moins bien employé leur temps.

Il ne manquait plus que des maîtres d'école, des apôtres de la culture éthique, pour mener à bonne fin, même dans la religion, le principe de l'anarchie : « Nous renonçons à l'*au delà*; nous ne voulons pas ce qui est éternel pour salaire; nous voulons le ciel sur la terre. » Et voilà qu'eux aussi ont fait leur apparition sur le champ de bataille.

Le trio est complet. Quand intelligence, argent et poings travaillent avec autant d'ensemble à concentrer l'humanité dans l'*en deçà*, le monde doit nécessairement devenir semblable à une fournaise remplie de charbons ardents.

Peut-être cette pauvre humanité s'apercevra-t-elle un jour, qu'un regard jeté sur l'*au delà* n'amoindrit pas l'intelligence; que seul l'effort pour arriver à un bien infini ennoblit l'âme; que l'espérance d'une félicité éternelle, non seulement ne détourne pas l'homme de ses obligations terrestres, mais peut seule le faire marcher droit et d'un pas résolu à travers toutes les misères de la vie. Pour le moment, elle semble être devenue inaccessible à ces vérités. Quand les épreuves qu'elle a provoquées avec tant de légèreté, lui auront ouvert l'esprit et le cœur, elle se demandera comment il lui a été possible de s'égarer, au point de nier ce qui est indéniable, et de croire qu'elle supporterait longtemps cette vie terrestre, sans une religion qui la transforme et l'embellisse.

4. Religion et mystères.

Les mystères de notre foi; les doctrines d'une Révélation divine; les vérités surnaturelles que nous ne pouvons pas pénétrer avec notre petite intelligence t'effraient? Tu aurais donc une certaine inclination pour une religion qui ne contiendrait que de l'humain?

Tu me fais pitié; car je vois que tu es du nombre de ceux qui parlent sans savoir ce qu'ils disent, et qu'à toi aussi s'appliquent ces paroles: « Ce que vous ne palpez pas, vous semble à des milliers de lieues; ce que vous ne comprenez pas, vous ne voulez pas l'admettre; ce que vous ne comptez pas, vous ne croyez pas que c'est vrai; ce que vous ne pesez pas n'a pas de poids pour vous; ce qui ne rend pas un son métallique vous semble sans valeur. »

Pour ce qui me concerne, j'avoue que je ne partage

pas tes craintes au sujet du surnaturel. Ce qui t'effraie est précisément ce qui m'incite à me soumettre à la foi. Ce que je comprends sans difficulté n'est pas au-dessus de moi, et je puis dire, sans orgueil personnel, pas au-dessus de l'intelligence humaine. Ce qui entre si facilement chez les hommes peut aussi venir d'eux. Or, ce que d'autres peuvent, moi aussi je le puis. Je ne vois pas pourquoi je me laisserais faire ma religion par mes semblables. Si donc on m'offre à bon marché une religion d'où le surnaturel soit complètement banni, j'aime mieux me faire la mienne ; je saurai alors à quoi m'en tenir.

Par contre, ce qui surpasse la sagesse humaine, aucun homme ne peut l'avoir trouvé. Si j'y crois, je suis sûr que je ne me courbe pas devant de simples caprices humains.

Donc, ou bien une religion avec des mystères, qui sont au-dessus de nous, et qui nécessitent la foi de notre part, c'est-à-dire qui nous obligent à nous soumettre à Dieu, ou bien une religion faite par l'homme, c'est-à-dire aucune.

5. Crainte ou raison?

C'est la crainte qui a inventé les dieux, prétend un vieil adage ; la crainte qui a toujours été l'arme la plus délicate du clergé, et qui l'est encore aujourd'hui. C'est avec la crainte de la corde et la crainte de l'enfer, que les prêtres ont, dit-on, imposé la foi aux hommes ; c'est avec le frein des inquiétudes de la conscience, qu'ils les conduisent comme on mène des animaux. Eh bien ! effrayez donc aussi le loup avec la crainte de Dieu ! Domptez-le donc avec la peur de l'enfer ! C'est votre faute si le lion commet encore des déprédations, et si le tigre n'est pas apprivoisé.

Que dites-vous là ? Vous savez pourtant bien vous-mêmes que la crainte, l'honneur, la honte sont très peu de chose sans la raison, une fois que le vin ou le sang vous ont troublé les sens.

6. Thomas.

Le vrai sceptique, l'éternel type de l'incrédule, c'est

l'apôtre Thomas. Ses frères, presque tous supérieurs à lui en âge et en expérience, avaient vu, douté, et enfin cru, parce qu'ils ne pouvaient faire autrement. Mais lui ne craignit pas de se donner pour plus prudent et plus fort qu'eux. La manière de s' prendre pour sortir de son doute fut aussi inconsidérée que sa vantardise : il fallait que le monde eût un exemple.

Eh bien ! l'occasion de donner cet exemple ne tarda pas à se présenter. Par une permission de Dieu vraiment merveilleuse, elle vint exactement comme il l'avait souhaitée. Il put donc montrer sa sagesse.

Que se produisit-il alors ? Voyant que la chose tournait un peu autrement qu'il ne l'avait supposé, le voilà déconcerté. Il n'avait que son opinion préconçue. Quand elle disparaît, le sol lui manque sous les pieds. Certainement les autres apôtres avaient longtemps hésité, examiné avec attention ; ils s'étaient formés leur conviction avec plus de calme que lui. Ce qu'il pouvait faire de plus raisonnable, c'était de croire aussi. Mais la confusion qu'il éprouva en leur présence fut un châtiment de sa présomption, un triomphe pour eux, et une justification de leur foi.

Si on voulait édifier la foi aux miracles et aux faits surnaturels sur le résultat des recherches de gens dont toute la sagesse se limite à cette parole : « Moi seul et c'est assez », on aurait une pauvre base. Il faut plutôt s'en rapporter au jugement de ceux pour qui la manifestation du surnaturel n'est pas quelque chose d'inouï, parce qu'ils ont la tête et le cœur solides.

Nous savons bien que nulle part les enfants et les femmes ne sont considérés comme des témoins, dont l'autorité a une valeur absolue. Mais quand il s'agit de miracles, leur témoignage a souvent plus de poids que celui d'une commission de médecins. Une personne hystérique ou un *medium* peuvent faire affirmer à ceux-ci les choses les plus monstrueuses. La foi des premiers leur laisse entrevoir le surnaturel d'une manière tellement évidente, qu'ils n'en sont nullement surpris. Cela ne leur empêche même pas de donner libre cours à leur curiosité et à leur malice, en cherchant, par exemple, à savoir quelle espèce de souliers porte la Mère de Dieu, et si son voile a été fabriqué au ciel ou à Bruxelles.

7. Qu'est-ce que croire ? — Comment on arrive à croire.

J'apprends, cher ami, que toi aussi tu es devenu incrédule. J'en ai été vivement peiné, toi qui étais si pieux jadis, aux jours de notre enfance, alors que, petits écoliers, nous étions assis côte à côte.

— Oui, jadis! C'étaient d'autres temps; n'en parlons pas, je t'en prie; ou bien il me faudrait dire avec Ovide : « Hélas! les plaies que je me suis faites moi-même me brûlent terriblement. »

— Donc, tu ne crois plus qu'il y a un Dieu, un Rédempteur, une âme immortelle!

— Non! Je ne crois plus à tout cela.

— Mais, pardon! Ne pas croire qu'il existe un Dieu, cela ne prouve pas qu'il n'y en a point. Tu peux ne pas croire que le sanscrit et le grec soient parents, cela ne change rien au fait de leur affinité. Ne pas croire ne prouve pas que tu as une opinion; cela montre seulement qu'une chose ne t'est pas familière. Il en serait autrement si tu pouvais croire que Dieu n'existe pas. Il est vrai que cela ne prouverait pas qu'il n'y en a point ; mais cela supposerait chez toi plutôt une conviction que la simple absence de foi.

— Ce sont des chicanes de mots que tout cela. Si tu veux, je t'affirme que je crois qu'il n'y a ni Dieu, ni âme, ni éternité.

— Bien! La lumière commence à se faire. Ne parle donc pas de chicanes de mots, et écoute-moi en paix.

Alors, tu crois qu'il n'y a pas de Dieu. Or, celui qui croit, accepte quelque chose sur le témoignage d'un autre. Nous, nous croyons à la parole de Dieu; elle est la seule puissance devant laquelle nous nous courbions. Tu crois aussi; mais la question est de savoir sur le témoignage de qui tu crois. Est-ce sur celui de ta propre intelligence? Évidemment non! car, alors ce ne serait pas de la foi, mais de la science. Par conséquent, c'est donc ou bien sur le témoignage d'un autre homme, ou bien sur celui de ta propre volonté et de ton propre cœur qui, selon la parole de Térence, « ne voient que ce qu'ils veulent voir. »

Or, ceci est-il pour toi une raison suffisante, ou une justification dans une chose si importante?

— Ecoute, j'en ai assez. Je suis patient; mais je n'aime pas les sophismes. Certes, on peut admettre de telles conclusions; on doit même les admettre; mais crois-tu que tout cela conduise à la foi?

— Cher ami, ne parle pas de sophismes. La logique du raisonnement, et la légitimité de la conclusion ne sont pas de la sophistique. Je sais bien que tu ne veux pas dire que j'ai voulu te forcer à croire en détournant la question. Ton reproche signifie seulement qu'avec les lois de la pensée mises en forme, je puis te jeter dans l'embarras, mais non te déterminer à accepter la foi. En cela tu as parfaitement raison, et je suis content de t'avoir enfin amené au seul point précis, grâce auquel cette importante discussion peut se terminer. Car, jusqu'ici, par manière de prudence, tu n'as fait que rester aux abords de la question, et j'ai dû la transporter sur ce terrain. Ce n'est pas moi qui me suis rendu coupable de ce que tu appelles *sophisme*; c'est toi. Pour moi, je préfère de beaucoup aller sérieusement au but, et je te sais gré de m'en donner enfin la possibilité.

Or, maintenant que tu as vu quelle sottise c'est de se payer de paroles vides sur une question aussi vitale, le point décisif n'est plus difficile à trouver. Tu sens que ce ne sont pas toutes les raisons pour ou contre qui peuvent amener un homme à croire. Tout ce que l'intelligence peut faire, c'est de comprendre qu'il est difficile de discuter logiquement contre la foi; qu'il est sot de rejeter une vérité révélée simplement parce qu'elle exige la foi, alors même qu'il y a suffisamment de motifs raisonnables pour la croire. Cependant, ce n'est toujours pas la foi. On peut être parfaitement convaincu dans son intelligence, et n'avoir pas la volonté de se soumettre à la vérité reconnue. Ah! le poète a bien raison de s'écrier : « Que de gens sont là, en pleine lumière du soleil, et appellent la lumière de tous leurs yeux ! »

Ce sont des gens qui voient la vérité, et qui pourtant ne croient pas, parce qu'ils n'en ont ni le courage, ni la force, ni la volonté. Si, chez toi, la volonté ne vient pas au secours de l'intelligence; si tu ne te soumets pas d'un cœur humble à la vérité reconnue; si tu n'obéis pas aux bonnes impulsions de ta volonté, tu resteras toujours en contradiction avec toi-même. Seule la soumission à la foi apportera de l'harmonie dans ton intérieur. Toute investigation intellectuelle ne sert qu'à te montrer le droit chemin ; mais tu ne peux le suivre qu'à condition d'avoir un cœur docile et une volonté forte.

Maintenant, ne m'objecte pas que cela demande un grand empire sur soi. Je voulais précisément te le dire. Et, parce que cela est difficile; parce que cela demande un grand sacrifice à l'orgueil humain, qui met la glorification personnelle au-dessus de tout, je te dirai une seconde chose, à savoir que si tu es abandonné à toi seul, tu n'accompliras jamais ce travail. Il te faut la grâce de Dieu. C'est pourquoi, sois bien convaincu qu'avec une prière courte mais sincère, dans laquelle tu lui demanderas de te donner la force d'accomplir ton devoir, tu feras plus qu'avec de longues recherches, des vœux stériles, des hésitations éternelles et des inquiétudes sans fin.

8. L'art de croire.

L'incrédule ne voit jamais Dieu ; c'est la raison pour laquelle, dit-il, il ne croit pas en lui. Le chrétien croit non parce qu'il voit, mais parce que la réflexion l'amène à croire. La foi n'existe pas là où la main peut saisir et l'œil voir.

Oui, mais si seulement j'avais des motifs pour croire ! s'écrie-t-on.

Des motifs pour croire ! Ou bien des motifs pour dépouiller la foi de ses droits ? Sache, ami, que tu les possèdes les uns et les autres, ou pour ton plus grand bonheur, ou pour ton plus grand malheur. Les premiers, tu les portes dans ton intelligence ; les seconds, tu les portes dans ton cœur.

Là où le cœur est agité, l'intelligence ne s'entend pas parler. Comment pourrait-elle alors être attentive au langage si doux de Dieu ? Crois-moi, ce qui nourrit les doutes, et ce qui empêche la foi d'entrer dans l'intelligence, se trouve dans le cœur, très souvent dans la conscience, mais rarement dans la tête.

Le doute habite loin d'un cœur pur ; mais il entre facilement dans un cœur pervers. Et parce que les miasmes du cœur agissent sur l'esprit, avec une sorte d'art magique ; parce qu'ils le paralysent et l'enivrent, celui-ci ne peut plus croire. Le cœur est-il exempt de faute ? Les motifs pour croire ne manquent jamais.

Alors tu accuses de péché celui qui ne croit pas ?

Oui, car autrement, je me mettrais en contradiction avec la parole de Dieu. Crois-tu donc qu'il n'y ait pas d'autre péché que le meurtre et le divorce ? N'y a-t-il pas, dans les profondeurs les plus intimes du cœur, un péché hideux s'il en fût, et cependant presque toujours inconnu ? Réfléchis un peu sur ce péché, source de tous les autres ; et tu sauras d'où vient l'incrédulité. L'orgueil, — les sceptiques en sont témoins, — enlève à l'intelligence la liberté dans ses recherches, et l'empêche de se courber devant la parole de Dieu. L'orgueil rend la volonté inflexible, le cœur plus froid que le marbre, plus dur que le fer.

C'est seulement lorsque cette glace qui entourait le cœur est fondue, que l'humilité trouve accès dans l'intelligence. Celle-ci alors croit avec joie ce qu'elle méprisait naguère.

Oui, l'humilité et la foi sont deux sœurs jumelles. L'humilité enseigne à croire, et la foi enseigne à être humble. Oui, laisse de côté les investigations spéculatives, pense davantage à la pratique. Tu ne fais qu'errer dans les ténèbres, quand tu vas sans cesse répétant la parole banale : « Je voudrais bien croire. Si seulement je pouvais ! » Qu'est-ce qui t'empêche de posséder ce trésor de la foi ? Penses-tu que c'est le manque de science ? Non ! C'est la volonté. Voilà le seul obstacle ; fais-le disparaître. On ne croit que si l'on veut croire. C'est précisément cette volonté qui nous donne la foi. Ce n'est pas la science qui donne la foi, entends-le bien, c'est la volonté. Ceux-là croient facilement qui veulent croire. Or, si le cœur est pur, l'intelligence est libre et la volonté est disposée à vouloir ; alors la foi est facile.

Dirige donc ta volonté et ton cœur vers Dieu ; la grâce t'aidera déjà dans ce premier et nécessaire travail ; et bientôt tu auras la foi.

9. La grâce de la foi.

Un savant allemand, dont le nom importe peu à la chose, — il mourut à l'âge d'environ soixante ans, — avait eu le malheur de grandir presque sans aucun enseignement religieux. Il appartenait à je ne sais plus quelle petite secte protestante, et séjourna longtemps en Amérique, pour y recueillir des documents, en vue d'un grand ouvrage d'histoire naturelle. Il occupa même dans ce pays une situation très élevée et très influente dans la franc-maçonnerie.

C'étaient là de mauvais débuts pour arriver à la foi. Malgré cela, la grâce trouva le chemin du cœur de cet homme, naturellement bon et charitable, sincère et accessible à la vérité. Vivement impressionné par le mauvais état de sa santé, qui lui faisait prévoir une mort soudaine, et par d'autres épreuves, il se retira du monde. Cette décision contrista fort ses amis. Ils le regardèrent d'abord comme une espèce d'original. Puis, peu à peu la défiance les gagna, et finalement ils l'accablèrent de leur dédain. Mais cela ne l'empêcha pas de suivre l'impulsion de la grâce.

Seulement, par malheur, il crut qu'il fallait la suivre en savant allemand. Il se procura donc quantité de catéchismes, de manuels théologiques, d'ouvrages de piété, et se mit à étudier jour et nuit. Bientôt il fut convaincu de l'existence d'une vérité unique, dont l'Eglise catholique seule était la dépositaire. Pour apprendre à mieux la connaître, il quitta la ville qu'il habitait, et vint se fixer à X... où il avait des amis charmants. Il resta là un hiver tout entier, allant chaque jour à la messe, puis retournant à l'église dans l'après-midi, pour y faire une visite au Saint-Sacrement. Prosterné devant l'autel, sur la dalle nue, il soupirait sans cesse : « Oh ! si je pouvais donc croire ! »

Personne ne pouvait le regarder sans éprouver une profonde émotion; car il personnifiait en lui la parole du poète : « Je vois chacun se rendre gaîment chez soi; moi, hélas! je ne puis en faire autant, car je n'ai pas de chemin pour m'y conduire. »

Il demanda conseil à un prêtre. Malheureusement, celui-ci ne sut pas se rendre compte de sa situation. Il crut ne devoir traiter le pauvre homme qu'en savant. A tout autre il aurait dit : « Croyez ! » A celui-ci, il répétait sans cesse : « Etudiez toujours, jusqu'à ce que vous soyez mieux convaincu. »

Comme l'hiver touchait à sa fin, le savant retourna près des siens. Mais il n'oublia pas ceux qui avaient été les témoins de ses luttes et y avaient compati. Il leur adressa de longues et nombreuses lettres. Toutes se terminaient par ces mots : « Priez pour moi, afin que je puisse croire. » Un jour enfin, l'une d'elles apporta cette consolante nouvelle : « Il me semble que maintenant je puis croire. Au mois de mai, je retournerai vous voir; et alors j'entrerai dans l'Eglise catholique. En attendant, priez pour moi. »

Quelques semaines s'écoulèrent. La joie régnait parmi les confidents de cette décision, quand un beau jour arriva un télégramme leur annonçant que le pauvre savant était mort subitement.

Cet homme n'avait pu accomplir extérieurement son passage dans le catholicisme. Il était cependant catholique de cœur; et Dieu l'aura sans doute jugé avec miséricorde. Mais s'il avait su distinguer entre comprendre et croire, il eût été depuis longtemps membre de l'Eglise catholique, et serait mort dans son sein.

Il s'imaginait que croire c'est pénétrer dans toute leur portée les motifs des vérités de la foi, tandis que c'est soumettre sa volonté éclairée par l'intelligence et dirigée par la grâce, aux vérités révélées, uniquement parce que Dieu les a révélées, qu'on les comprenne ou non. Toutefois, il n'est pas douteux que, vu les bonnes dispositions de son cœur, et surtout l'influence de la grâce, l'excellent homme n'ait eu la foi.

Cette histoire montre suffisamment qu'en dehors du travail exigé de l'homme, il faut aussi, pour avoir la foi, la grâce de Dieu. Or, celle-ci ne fait défaut à personne; elle prévient même celui qui la repousse en apparence.

10. La sagesse du catéchisme.

Presque à la même époque, un homme beaucoup plus remarquable encore que celui dont nous venons de parler, descendait dans la tombe. C'était un personnage également célèbre et comme artiste et comme savant ; les monuments religieux et profanes qu'il a fait construire dans trois capitales de l'Europe, proclameront longtemps son nom à la postérité. Né de parents catholiques et catholique lui-même, il n'avait jamais renié sa foi ; mais celle-ci était plus ou moins vivante en lui. Selon une expression reçue aujourd'hui, ce n'était pas un *pratiquant*, soit que le temps lui fît défaut, soit que les honneurs dont il était comblé, et les charges qu'il remplissait, l'empêchassent de faire quelques retours sur lui-même. Il faut dire aussi, qu'il avait grandi dans un temps, où il pouvait tout apprendre plutôt que l'estime des moyens de salut de l'Église.

Mais dans les six dernières années de sa vie, un changement s'était produit peu à peu en lui. Puis, le monde l'avait frappé comme il sait le faire, c'est-à-dire d'une manière aussi douloureuse qu'inattendue.

Chez beaucoup de gens, de tels événements produisent le même effet que la hache du bourreau sur un condamné. Pour lui, comme pour Dante, ce fut le chemin vers une nouvelle vie. Il commença à rentrer en lui-même. Bientôt une maladie vint le clouer sur son lit. Il avait alors quatre-vingts ans : c'était sa fin. L'illusion n'était pas possible.

Un jour donc, rassemblant ce qui lui restait de forces, il voulut accomplir son suprême et dernier labeur, avec la décision et la fermeté qu'il avait apportées dans tous ses autres travaux. Près de lui était son petit-fils. Il l'envoya chercher son catéchisme. L'enfant le lui apporta. Quand le vieillard l'eut parcouru, il se recueillit quelques instants. Puis s'adressant aux siens qui l'entouraient : « Maintenant, je suis prêt, dit-il ; faites venir un prêtre, que je mette mes affaires en règle. »

Ce fut facile, car cet homme était parfaitement préparé. Par la grâce de Dieu, la bonne volonté s'était jointe chez lui à la sagesse du catéchisme. En d'autres termes, il avait la foi, ce qui suffit pour combattre le dernier combat, triompher de la mort et conquérir une éternité bienheureuse.

11. La puissance de la foi.

Pourquoi le monde fait-il ainsi parade de sa force, et se glorifie-t-il ainsi de ses lumières? Je connais des esprits autrement plus puissants que lui, des bataillons auprès desquels la magnificence des empereurs et la sagesse des sages n'est rien. A voir leur aspect si fier, on dirait des vainqueurs du monde. Mais, quand la bouche de l'archange fait entendre ce cri : « Qui est comme Dieu? » les voilà qui fuient éperdus et tremblants. L'homme lui-même les renverse; l'homme plein de foi les nargue. Pourquoi cela? Regardez le Calvaire : le Verbe s'est fait chair, et il est mort sur une croix.

12. Efficacité de la foi.

Là où l'esprit de foi manque, un grand bonheur et un grand malheur deviennent facilement un danger immense.

Un long bonheur immérité rend présomptueux, dur, inabordable. En un mot, il tue toutes les impulsions délicates du cœur.

Mais le malheur, — notamment lorsqu'il arrive soudain après une période de prospérité, et qu'il soumet à une dure épreuve l'espérance, la patience, le sentiment de la justice, — devient facilement le tombeau de toutes les bonnes qualités.

Là au contraire où règne la foi, le bonheur remplit l'âme de ce sentiment de confusion et de crainte du secret jugement de Dieu, qui est un des plus sûrs remparts contre la présomption. Le malheur, dans ce cas, rapproche du Christ ceux chez qui la foi avait été très peu active jusque-là. Mais quand une fois ils sont unis au modèle le plus élevé de la souffrance humaine, l'affliction devient pour eux une purification de leurs souillures, une école de vertu, un principe de force intellectuelle, de pureté de cœur et de solidité de caractère.

13. La vie.

« Quand quelqu'un a la foi et porte le manteau du Christ, dit Luther, il n'est pas loin du salut. »

Et de fait, plus d'un homme est de cet avis. « Quoi!

s'écrie-t-on. Est-ce que je ne crois pas fermement? Est-ce que je ne vais pas à l'église? Alors, pourquoi m'inquiéter du reste? »

Oui, bien des gens arrangent ainsi à leur façon la corde de la cloche. « Regardez-moi donc! s'écrie Voltaire. Je me moque du pape, de la foi, et cependant chacun me salue poliment. Quand même je suis excommunié, n'étant ni voleur ni assassin, je n'en suis pas moins un honnête homme. »

Messieurs, je vous en prie, montrez-moi donc les preuves de la mission que Dieu vous a donnée de conduire les hommes à la porte du ciel! Montrez-moi donc l'autorisation que vous possédez pour tailler un morceau, grand ou petit, dans la robe sans couture du Christ!

Pour moi, je crois que celui-là s'entend le mieux à tracer un chemin pour la vie, qui nous conduit à la vie par sa propre vie, par sa mort, et par les enseignements qu'il nous a laissés. Or, ce guide nous invite à suivre ses exemples, en mettant dans notre vie de la foi, de l'action, de la prière, de la souffrance. Il a servi Dieu en esprit plus que tous les séraphins ensemble; il a élevé les mains vers lui; il a retenu son bras prêt à frapper; il a quitté son service pour celui du monde; et il a montré que la vie se trouve là où l'action s'associe à l'esprit.

J'éprouve toujours une certaine peine, quand j'entends quelqu'un se dépenser en paroles à propos de la vie. Car la vie n'est pas autre chose que l'âpre lutte entre le travail et la souffrance. Vivre, ce n'est pas travailler et souffrir comme les animaux. Non! c'est savourer le travail et la souffrance, parce qu'ils sont des moyens de nous purifier personnellement, d'améliorer les autres, et de conquérir le ciel.

14. Le juste vit de la foi.

La foi est le fondement de notre vie surnaturelle tout entière, c'est-à-dire la force motrice qui produit toutes les actions du chrétien.

Celui qui vit de la foi, n'est pas glacé et rempli de distractions dans la prière; mais il prie comme quelqu'un qui sait et sent que Dieu est devant lui, autour de lui, en lui. Celui qui vit de la foi, ne se laisse pas abattre, quand il lui arrive des choses contraires à ses désirs ou à son attente. Celui qui vit de la foi n'est pas toujours à se plaindre. Il ne succombe pas plus au découragement qu'il n'a d'enthousiasmes trop exubérants, car il sait que tout vient de Dieu, et que tout lui est envoyé par une disposition particulière de sa Providence.

Si tu vis de la foi, tu rempliras bien tous tes devoirs; tu accepteras chaque événement, qu'il soit le fait des personnes, des choses ou du temps, comme s'il venait de Dieu lui-même. Par la foi, tu peux élever au rang de vertus surnaturelles et les pratiques de vertus naturelles et les actions indifférentes, par conséquent les rendre méritoires pour le ciel.

15. Réconforts dans les tendances aux faiblesses dans la foi.

1. Croire à tout le monde et ne croire à personne proviennent d'une même cause : le manque de domination personnelle et le manque de réflexion.

2. Tout croire est trop ; ne rien croire est trop peu.

3. Celui qui a la foi facile, se laisse volontiers tromper par les autres ; celui qui ne croit à rien se trompe lui-même.

4. Croire à l'existence de quelque chose qui nous est supérieur, ne peut être un déshonneur pour l'homme, tant que la modestie et l'amour de la vérité habitent en lui. Mais quand on fait consister l'honneur à admettre seulement ce qui se voit et ce qui se touche, il faut alors qu'il y ait des notions très différentes d'honneur et d'homme.

5. « Nous ne croyons pas un saint sur parole, disaient nos sages ancêtres. Qu'il donne des preuves de sa sainteté, et nous verrons ». Pourquoi n'en disons-nous pas autant à ceux qui exigent de nous la foi à leur incrédulité ?

6. Tu ne dois pas, selon ta fantaisie, couper des la-

nières dans la parole de Dieu. Il pourrait arriver qu'il en fît des fouets pour frapper ta conscience jusqu'à la faire mourir.

7. La foi et une conscience qui n'est pas en paix ne dorment pas bien dans le même lit.

8. L'incrédulité n'a pas nécessairement une vie criminelle comme conséquence. Mais il n'est pas rare non plus de voir, que ce sont précisément ceux dont la vie n'est pas irréprochable, qui s'inquiètent le plus de savoir si la foi est nécessaire.

9. Comment peut-il se faire que les gens à mœurs équivoques, que les orgueilleux et les chercheurs de chicanes soient ordinairement en si mauvais termes avec la foi?

La réponse nous est donnée dans cette parole de l'Apôtre : « La sagesse qui vient d'en haut est pure, pacifique et condescendante » (Jac., III, 17). Là où il y a des colombes, dit le proverbe, d'autres colombes y accourent. Mais là où il y a des exhalaisons malsaines, on n'y voit que des pies et des corbeaux se disputer et se battre à coups de bec.

10. Le même Apôtre dit encore : « Qui est sage et intelligent parmi vous? Que celui-là montre, par sa bonne conduite, qu'il agit avec de la vraie sagesse. Mais si vous avez dans vos cœurs un zèle amer et un esprit de dispute, ne vous glorifiez pas et ne mentez point contre la vérité. Une pareille sagesse ne descend pas d'en haut; elle est terrestre, charnelle, diabolique. Car, où il y a zèle et esprit de contention, là est le trouble et toute action mauvaise » (Jac., III, 13 sq).

11. Il n'y a qu'un charlatan qui se contente de l'honneur et d'une apparence de succès. La foi au contraire s'afflige tellement quand elle ne peut provoquer l'action et la vie, qu'elle tombe malade et meurt même.

12. Il est facile de comprendre pourquoi la foi fait de si mauvaises affaires parmi les hommes. Le monde a peur d'un médecin sérieux et sévère ; il aime mieux le charlatan qui lui soutire son argent en lui vendant du baume agréable.

13. La foi sans les œuvres est une foi morte. La foi

réclame un homme complet. Celui qui comprend cela et n'agit pas en conséquence ; celui qui pense en chrétien et vit en païen, n'a pas le cœur et la tête d'accord; et cela le conduira à la mort.

14. La plupart des maux de tête proviennent d'un estomac en mauvais état, ou d'une maladie de cœur ; c'est pourquoi il est inutile d'essayer de les guérir avec des remèdes appliqués sur la tête.

Il en est de même des maladies de la foi. On ne les guérit pas facilement par un simple travail de tête ; mais elles cessent d'elles-mêmes dès que l'ordre règne dans le cœur.

15. Très souvent aussi, le mal de tête est la suite d'un refroidissement. Réchauffez votre sang, réchauffez vos membres, et la tête sera guérie.

Plus de zèle dans la prière, plus de victoires sur toi-même, plus de travail, plus de fidélité dans l'accomplissement du devoir, et la foi te donnera peu de maux de tête.

16. C'est un singulier aveu dans la bouche de ceux qui ont rejeté la foi, quand on les entend dire que c'est seulement par là qu'ils ont trouvé le repos. Alors, ils ne l'ont rejetée que pour endormir leur conscience inquiète? Et qu'ont-ils gagné avec cela? Les croyants parlent d'autant moins de la paix dont ils jouissent, qu'ils sont plus fidèles à suivre les prescriptions de la foi. Pourquoi gardent-ils le silence à ce sujet? C'est parce que, comme on le sait, personne ne parle d'un bonheur qu'il ressent profondément; personne ne met des étrangers au courant de ce qui se passe en lui à cette heure.

CHAPITRE XI

LA GRACE

1. La libéralité de Dieu.

O Dieu ! Que pouvais-je vous donner ? Moi qui cependant vous dois l'existence. De quoi étais-je capable lors de mon entrée dans la vie ?

Vous n'avez rien reçu de moi ; et vous m'avez donné constamment. Jamais je n'ai manqué de rien par votre faute.

C'était la grâce qui me comblait de faveurs, et me rendait au centuple le peu que je pouvais faire pour vous.

2. L'expérience de la vie.

Tout homme qui jette un regard sur sa vie passée, doit faire ces réflexions : « Ce qui a été l'objet de mes désirs les plus ardents ; ce que j'ai extorqué à Dieu en le menaçant de ne plus le servir, est souvent ce qui m'a rendu le plus malheureux, si malheureux que, dans la suite, je ne pouvais plus ni le voir, ni en entendre parler. Au contraire, ce que j'ai le plus redouté ; ce contre quoi je me suis raidi le plus longtemps, a été mon plus grand bonheur, et presque l'unique consolation de mon existence.

Parfois, j'avais conscience de commettre des folies impardonnables : c'était le moment où les choses allaient le mieux pour moi. Dans d'autres circonstances, je croyais pouvoir donner au monde une preuve éclatante de ma finesse, et je n'avais pas assez de regrets pour déplorer mon audace.

De plus, c'est toujours avec une confusion profonde, que j'entends quelqu'un m'adresser des éloges ; car c'est précisément là où je reçois le plus de félicitations que, dans mon âme et conscience, je suis obligé de m'attribuer le moins de mérites. »

N'est-ce pas là une preuve frappante de l'existence d'une puissance supérieure qui gouverne tout ? de la conduite bienveillante de la Providence divine ? Qui est-ce qui n'a pas remarqué des centaines de fois en soi des signes analogues d'une évidence incontestable ?

Jusqu'alors, personne n'a eu à se repentir de s'être soumis à cette puissance invisible et pourtant indéniable. Quand, au contraire, quelqu'un se heurte le front contre une paroi de rocher, et que son sang jaillit, n'est-il pas obligé d'en voir la cause ou dans sa fougue qui l'a empêché de reconnaître les voies de Dieu, ou dans son mauvais vouloir à suivre la direction que le Seigneur voulait lui imprimer ? Et même, en pareil cas, ne sent-il pas quelque chose comme une main douce, qui se glisse entre son front et l'obstacle, et qui l'empêche de se tuer comme il l'aurait mérité ? C'est la grâce divine.

3. Faiblesse de l'homme et puissance de la grâce.

J'ai travaillé tant que j'ai pu pour arriver à un but élevé ; j'ai même fait plus qu'il n'est permis de demander aux forces humaines. Bien des choses ne m'ont pas réussi ; bien pl... que je ne l'ai cru moi-même.

Ce dont j'aimais à me prévaloir ; ce qui flattait le plus mon amour-propre, gît maintenant en ruines, oublié. Et quand j'y songe, je suis comme saisi de peur.

Ce que je n'aurais jamais espéré de moi, m'arrivait comme un rêve pendant la nuit. Puis, cela grandissait, et devenait solide comme une forteresse que je n'osais toucher de la main.

Tel est l'homme : très faible quand il cherche une grande célébrité. Telle est la grâce : elle nous donne la victoire là où notre orgueil succombe.

O homme ! Pourquoi dire : « J'ignore ce qu'est la grâce ? » N'as-tu donc jamais rien entrepris ? N'as-tu donc jamais souffert ?

4. Les petites choses.

Fort dans les grandes choses, faible dans les petites, n'es-tu pas à toi-même une sorte d'énigme ?

Non! Et en voici la raison. Dans les grandes choses, la grâce t'assiste, tandis que dans les petites elle t'abandonne à tes propres forces.

5. Dieu et homme.

La prospérité et la pérennité sont assurées uniquement à ce que Dieu veut et exécute par l'homme. Laisse-le donc tout disposer comme il l'entendra, et contente-toi de faire son bon plaisir.

Les entreprises que tu as faites à ton propre compte et à tes propres dépens, ainsi qu'aux dépens des autres, ne suffisent-elles pas amplement à t'instruire?

6. La lutte pour la vie.

Des milliers de guerriers sont aux prises; de tous côtés les bouches à feu vomissent la mort, et jonchent le sol de cadavres, comme un faucheur abat l'herbe des champs. Enlacés les uns aux autres, les ennemis ressemblent à une sauvage agglomération de serpents. C'est une horreur, une confusion indescriptibles : on dirait une grande fête infernale.

Un homme cependant reste calme au milieu de la rage universelle. C'est le général. Invisible à chacun, mais proche de tous, c'est lui qui dirige l'action, soit qu'il s'agisse d'exciter l'ardeur des combattants, ou de les protéger contre la fureur des bataillons adverses. Sa pensée anime tous ses soldats; son assurance et son courage leur donnent force et confiance; et parmi eux, pas un ne songe à fuir, lors même que le flot des ennemis monte sans cesse.

Les peuples combattent avec le glaive pour la possession d'un petit tas de sable; nous, nous combattons en esprit pour la conquête de l'unique et vraie patrie : l'éternité.

Menacés de trahison à l'intérieur, entourés d'ennemis à l'extérieur, nous n'avons d'autre perspective que la victoire qui nous mène à la vie, où la défaite qui nous conduit à la mort.

Des soldats sans général tremblent alors qu'il s'agit d'un simple poteau de frontière. Et toi, tu oserais engager sans la grâce, sans chef, ce combat qui doit avoir pour issue la vie ou la mort éternelle ?

7. A chacun le sien.

A Dieu seul il convient de faire les plans qu'il exécutera par nous et avec nous. N'usurpe pas ce qu'il s'est réservé. Sois d'autant plus attentif à faire exactement ce qu'il te commande. Chacun à sa place.

8. La vie du chrétien, juste milieu.

Quand on entend parler les contempteurs de la vie chrétienne, il semblerait que le principe d'après lequel l'homme ne peut rien par lui-même sans la grâce, conduise nécessairement à la paresse morale, et à une confiance téméraire en Dieu.

Quand, d'autre part, on considère la vie de ceux qui formulent ce reproche, on entend beaucoup parler de dignité humaine et de puissance personnelle ; mais on voit peu d'actes répondant à ce langage.

Abandonné à lui-même, l'homme ne trouve jamais le juste milieu entre le trop et le trop peu, entre l'excès de travail et la paresse allant jusqu'à l'oubli du devoir, entre les inquiétudes excessives au sujet de la miséricorde divine, et un laisser-aller coupable, parce qu'il compte trop sur elle.

Il y a cependant un moyen très commode d'éviter ces deux écueils. C'est de suivre la vieille règle morale, qui est l'explication la plus simple et la plus facile à comprendre de la doctrine chrétienne sur la grâce. Prie et aie confiance, comme si tout dépendait de Dieu ; puis, agis comme si tout était laissé à tes propres forces.

9. Grâce et liberté.

Parmi les raisons qu'on allègue pour nier les doctrines de la foi, il en est une très peu honorable pour l'esprit humain. C'est le subterfuge qui consiste à invoquer les prétendues disputes théologiques, ou, comme on dit, le *furor theologicus*.

« Nous ne devons pas, disent nos savants, croire sans examen préalable ce que les théologiens nous donnent comme étant la parole de Dieu, attendu qu'entre eux, ils se livrent des combats acharnés. Combien d'ouvrages, par exemple, ils ont écrits sur les rapports de la grâce et de la liberté! Et à quoi ont-ils abouti avec tout cela, sinon à se fractionner en écoles entre lesquelles il n'y a pas d'accord possible? Par contre, il nous faudrait les croire sur parole que, sans la grâce, nous ne pouvons rien; car, sur ce point, ils sont tous du même avis. »

Quelle logique bizarre! Il semblerait que c'est parler en faveur de la vérité incontestable des dogmes chrétiens.

Si, de fait, les théologiens sont si portés à discuter sur toutes les questions où la parole de Dieu admet des interprétations différentes, cette faiblesse humaine dont ils font preuve, n'est-elle pas un témoignage convaincant de l'impossibilité de prendre les doctrines de la foi, dans un sens autre que celui dans lequel ils les prennent?

Ces esprits critiques pourraient encore tirer de là une autre leçon, à savoir dans quelle erreur profonde ils tombent, quand ils s'imaginent, ou du moins mettent en avant qu'il n'y a pas d'accord possible entre la foi et la liberté d'investigation. Ils peuvent voir ici, que la croyance la plus aveugle aux vérités de la Révélation, non seulement n'impose pas de limites à la pensée humaine, mais au contraire lui ouvre des voies nouvelles.

Le reproche qu'ils font aux théologiens signifie donc, que, par l'explication de certaines doctrines de foi, ceux-ci attribuent un champ plutôt trop vaste à l'esprit humain. De fait, c'est le blâme qu'on adresse généralement à la Scolastique.

Or, ceci admis, à quoi aboutissent les efforts persévérants de ces hommes, pour creuser des choses qui échappent à l'explication humaine?

A un double résultat. D'abord, à proclamer l'existence de mystères trop élevés et trop profonds pour que la raison humaine puisse les pénétrer complètement, lors même qu'ils nous sont manifestés par la Révélation. Puis, en second lieu, à constater que ce ne sont pas des hommes, pas les théologiens eux-mêmes qui ont inventé ces doctrines qu'ils s'efforcent d'éclaircir, mais qu'elles découlent d'une source plus élevée.

De ce qu'on ne peut réussir à expliquer toutes les vérités de la foi, ce n'est pas une raison pour les rejeter; c'en est plutôt une pour les admettre. Que répondrait-on à celui qui affirmerait ne pas croire ni à la lumière ni à l'électricité, parce qu'il n'en connaît pas la nature intime ? On lui dirait que notre impuissance à les expliquer ne change rien au fait de leur existence. Il en est de même pour chaque dogme, pour celui de la grâce en particulier.

Que nous ayons besoin de la grâce divine pour accomplir des œuvres surnaturellement bonnes et vraiment parfaites, c'est certain. Le Verbe éternel de Dieu nous le dit assez clairement. Mais, pour en être sûrs, nous n'avons nul besoin de la Révélation. Nous n'avons qu'à consulter notre expérience personnelle. D'un côté, elle nous proclame que, par nos propres forces, nous sommes capables de beaucoup de bien naturel. D'autre part, elle nous enseigne que nous succombons immédiatement, quand il s'agit d'accomplir une obligation un peu difficile, simplement du ressort de notre tâche terrestre; surtout s'il nous faut l'accomplir avec cette pureté d'intention et cette hauteur de vues, après lesquelles nous soupirons comme un idéal.

A côté de cela, nous savons par la même expérience journalière, que chaque action bonne dépend de notre activité libre, et que, malgré toutes les impulsions intérieures et extérieures de la grâce, malgré les lumières de notre intelligence, nous ne pouvons en produire une si nous ne la voulons pas, et si nous ne la faisons pas nous-mêmes.

Voilà qui est clair et indéniable au point de vue de la foi, de la raison et de l'expérience.

Mais comment concilier d'un côté la nécessité et la puissance de la grâce divine, et d'un autre côté la nécessité et la puissance de la liberté humaine ?

C'est justement la grande difficulté. Ici commence l'obscurité dans laquelle la perspicacité humaine essaie de porter la lumière, mais en vain. Quand les théologiens donnent divers éclaircissements à ce sujet, ils ont soin de dire que ceux-ci ne rendent pas compréhensible la chose elle-même.

En soi, il n'y a rien de bien difficile dans l'explication des rapports des deux puissances qu'on appelle la grâce divine et l'activité humaine. Pour cela, on n'a qu'à regarder un bateau à vapeur. Tout son mouvement vient de la machine. Mais, quand on se contente simplement de mettre celle-ci en activité, voilà le bateau qui commence à tourner sur lui-même, sans suivre aucune direction déterminée. Il vogue au gré des flots, et irait infailliblement se briser sur des récifs, s'il n'y avait rien pour régler sa marche. C'est pourquoi il lui faut un gouvernail. Celui-ci ne donne pas le mouvement, mais il lui imprime une direction. C'est donc la force motrice et le gouvernail réunis qui produisent le mouvement ordonné vers un but.

Mais est-ce une explication de la chose en elle-même ?

Non ! Cela n'explique ni la machine, ni le gouvernail, et encore moins les lois des mathématiques, de la mécanique et de la dynamique qui trouvent ici leur application; à plus forte raison la nature intime du mouvement. Les constructeurs du bateau eux-mêmes ne comprennent pas cette dernière.

Serait-ce alors une raison pour prétendre que le mouvement est une pure invention de la part de ces hommes, et que la meilleure preuve qu'il est une illusion des sens, est la diversité des systèmes adoptés par eux ? Qui ne considère pas plutôt le tout avec une admiration d'autant plus grande, qu'il est moins en état d'en comprendre les détails ?

Il en est ailleurs comme ici. Les doctrines de la foi contiennent beaucoup de lumière pour éclairer l'intelligence et l'occuper, beaucoup d'obscurité pour l'humilier.

10. La bénédiction de Dieu.

La neige tombe sur les monts ; les fleurs embaument les vallées. Puis, quand viennent les frimas, c'en est fait des fleurs et des fruits.

Toutes les œuvres de l'homme ici-bas : somptueux palais, riants guérets, science, états, puissance militaire, ne sont qu'une légère vapeur soumise à ton bon plaisir, ô Seigneur !

11. Œuvres de Dieu et actions des hommes.

Certaines gens croient encore que l'action de Dieu

dans l'âme, par sa grâce, conduit nécessairement l'homme à devenir insouciant dans les affaires de son salut, ou négligent dans ses efforts personnels.

Il n'est pas difficile d'éclairer ceux qui veulent savoir la vérité sur ce sujet.

Au lieu d'indiquer de longues et savantes dissertations, nous renverrons simplement à une belle et courte prière de la messe, datant du xve siècle, et que le Dr Huttler a réimprimée dans un livre aussi solide qu'agréable : *Le petit jardin de l'âme*. Puissent-ils la réciter une seule fois du fond de leur cœur ! Alors ils y trouveront sans peine la réponse cherchée.

Voici cette prière : « Dieu tout-puissant, par qui le peuple hébreu a été délivré de la captivité et de la servitude du Pharaon, et conduit du désert dans la terre promise, délivrez-nous aussi, pauvres pécheurs, de la captivité dans laquelle nous tient enfermés l'ennemi mauvais. Délivrez-nous des peines et des afflictions de cette misérable vallée de larmes, et conduisez-nous dans le royaume du ciel, où seul vous ouvrez et où personne alors ne ferme, où seul vous fermez et où personne alors ne peut ouvrir. Donnez-nous un cœur humble et repentant, afin d'effacer nos fautes par la confession, de les pleurer avec les larmes d'une vraie pénitence et de les expier par la rigueur de la satisfaction, de telle sorte qu'après la nuit de cette vie, nous puissions arriver à la gloire de la résurrection. »   Ainsi soit-il.

12. Prière d'action de grâces.

Dès ma naissance, ô Dieu, vous m'avez comblé de vos bienfaits. En même temps que mes lèvres suçaient le lait maternel, votre grâce abreuvait mon cœur.

A ma volonté indocile, vous avez donné le rempart de vos commandements ; à mon cœur mauvais, celui de la crainte. A chaque sacrifice que j'ai souffert en silence, la joie a inondé mon âme.

Quand infidèle je me suis éloigné de vous, comme le bon Pasteur, vous êtes venu à ma recherche. Vous m'avez rapporté au bercail, et vous avez oublié mes égarements.

O Dieu! Je devrais redire bien haut vos bienfaits,

pour que votre bonté fût proclamée partout. Mais, hélas! je me sens impuissant à le faire; ils sont tellement grands, tellement nombreux. Tout ce que je puis, c'est de les bégayer comme un enfant.

Seigneur, daignez accepter ces vagissements, en reconnaissance de toutes les faveurs dont vous m'avez comblé.

CHAPITRE XII

L'ÉGLISE ET LA VOIE DU SALUT

1. Le bon Pasteur.

Depuis des milliers d'années, Dieu, le bon Pasteur, conduit là-haut, dans la voûte des cieux, l'innombrable troupeau des étoiles; et pas une ne s'est éloignée de lui.

Avec une patience sans borne, et une énergie admirable, depuis des milliers d'années ce robuste pasteur dirige le troupeau bizarre et confus des hommes, dans lequel il y a plus de brebis galeuses et de béliers méchants que d'agneaux dociles. Et cependant, il vient à bout de tous, des bons par sa patience inépuisable, des méchants par sa puissance invincible.

Et tu crains de te perdre, ou qu'il t'arrive malheur, quand tu t'abandonnes avec confiance entre les mains de ce bon pasteur! quand, par obéissance envers lui, tu continues à rester dans son bercail, comme une brebis de son troupeau!

2. Croix et sacerdoce.

S'il est une chose que je ne comprends pas, c'est bien la parole de l'homme : « Qu'ai-je besoin de prêtre pour me conduire au terme que Dieu m'a fixé, pour me pardonner mes péchés, et me montrer le chemin de la vie? »

Alors, tu préférerais te confesser à un ange, qui, pur esprit qu'il est, ne comprend pas ta faiblesse, ni la fréquence de tes chutes! Alors, tu préférerais paraître devant Dieu, dont la lumière inaccessible te tuerait!

Insensé! Ne vois-tu donc pas le triomphe de la grâce dans le choix que Dieu fait de la bouche de l'homme, pour proclamer le salut à l'homme? Dans ce cas, c'est toujours lui-même qui réconcilie, qui guérit. Seulement, il se dérobe à nos regards, pour que son feu ne nous consume pas.

Si Dieu voulait être lui seul le dispensateur de la grâce, elle deviendrait une cause de tourments pour nous. Car si Dieu était son propre prêtre, qui te dirait, alors même que tu ferais tout ton possible : « Cela suffit ; il t'a choisi pour un de ses élus ? »

Mais tu prêtes une oreille distraite à mes paroles. Oui, je devine ta pensée. Tu voudrais être ton propre prêtre, comme Adam jadis. O homme! tu te suffis pour tomber, mais non pour suivre la voie qui ramène à Dieu.

Tes fautes ont creusé, entre toi et Dieu, un abîme escarpé et profond. La grâce a jeté sur lui le pont qui conduit au salut, et t'a indiqué le guide que tu dois suivre. Le pont est étroit : c'est la croix ; le guide, c'est le prêtre. Suis-le donc.

3. Hors de l'Eglise pas de salut.

Sur la rive droite d'un fleuve était une grande ville. En face, sur la rive gauche, s'en trouvait une petite. Mais comme celle-ci était adossée à un massif de montagnes sauvages et incultes, ses habitants étaient obligés d'aller chercher leurs moyens de subsistance dans la grande cité. C'est pourquoi, pour faciliter les relations, on avait joint les deux rives du fleuve par un pont célèbre au loin par sa longueur et sa beauté.

D'après une ancienne légende, en effet, on attribuait sa construction, sinon à un miracle, du moins à une intervention toute spéciale de Dieu. De fait, quiconque le traversait, le croyait volontiers. Car, en cet endroit, le fleuve était si large, si profond et si rapide, qu'on a peine à comprendre comment des mains humaines auraient pu faire une œuvre aussi remarquable.

De plus, il y avait un grand bateau qui faisait le service entre les deux villes.

De mémoire d'homme, on avait toujours vu cela, et les habitants croyaient qu'il n'en pouvait être autrement, quand, un beau jour, un mécontentement violent éclata dans la petite ville. Quelle en était la cause ? Une mesure prise par sa voisine d'en face. Voulant créer des ressources pour l'entretien du pont et du bateau, elle avait imposé un petit droit de péage à tous ceux qui s'en serviraient. On cria alors à l'injustice. Puis, l'imagination s'en mêlant, on en conclut que la grande ville avait fait exécuter ces constructions uniquement dans un but d'intérêt et d'exploitation. Il fallait s'affranchir de cette tyrannie, et quiconque avait encore un peu d'honneur, ne devrait plus à l'avenir se servir de ces moyens de passage, qui sentaient trop la féodalité.

Un comité composé des plus chauds partisans de la liberté se forma aussitôt. Ses membres construisirent de petites barques pour leur usage personnel. Il y en eut même un certain nombre qui, pour prouver aux citadins de l'autre rive, que chez eux on n'avait pas besoin de leurs inventions, se firent un point d'orgueil de traverser le fleuve à la nage.

Naturellement, il y eut une foule d'accidents. Mais ils n'eurent d'autre effet, que de redoubler la rage des champions de l'indépendance. Eux qui avaient reproché aux habitants de la grande ville leur oppression, exercèrent maintenant contre leurs propres concitoyens la plus vexatoire des tyrannies. Quiconque passait sur le pont était considéré comme un traître, un lâche, un niais. Bientôt, il n'y eut plus que les femmes et les enfants qui eurent le courage de le faire.

Finalement, grâce à l'habile exploitation d'un patriotisme mesquin, le mouvement prit le caractère du sport, « où celui qui est le plus fou recueille le plus de gloire. » Chaque victime que cette folie engloutissait, était glorifiée comme un martyr de la liberté. Quand quelqu'un avait triomphé de périls sérieux dans la traversée, on proclamait partout que c'était faux qu'il y eût du danger. Quand, au contraire, un accident se produisait sur le pont, ou sur le bateau, c'étaient alors des transports de joie insensés : le malheur des uns servait au triomphe de la cause des autres.

C'est l'histoire de la lutte contre l'Église, ce pont qui conduit à l'*au delà*, et dont la solidité est à toute épreuve. Tandis qu'en bas mugissent des flots avides de victimes, des ennemis sans nombre sont conjurés contre elle. Mais que l'un d'entre eux vienne à tomber dans l'abîme, et à crier au secours, on lui répond : « Que nous importe ? C'est ton affaire » (Matth., XXVII, 4).

4. Légitimité de l'existence.

Le Protestantisme, dit Hase, n'a pas besoin de fournir des preuves de la légitimité de son existence. Sa meilleure justification est son existence elle-même : il porte son droit en lui.

Cette doctrine est l'application du principe connu de Hégel, que tout ce qui est, existe de droit. D'après elle, toute révolution est légitime par le fait même qu'elle a eu lieu. Elle fait du droit du plus fort la loi suprême de l'histoire universelle, la raison de tout événement, et la pierre de touche de tous les droits.

Elle est aussi la philosophie de l'impiété. D'après le panthéisme, tout ce qui arrive est légitime en soi, comme évolution nécessaire de l'être divin universel.

Mais celui qui croit en un Dieu vivant, personnel, dont la Providence régit tout, doit rejeter cette conception comme une attaque contre le droit divin.

Aucun être n'a de droits en soi, sinon Dieu. En matière de droit, tous possèdent uniquement ce que Dieu leur a donné, et ce qu'ils peuvent baser sur lui. L'Eglise elle-même ne fait pas exception à cette règle générale. A ce point de vue, il n'y a aucune différence entre elle et l'Etat, entre elle et toutes les institutions humaines.

En fait de droit, chacun possède seulement ce qui lui est départi par Dieu.

5. Posséder le Christ, chercher le Christ.

« J'ai le Christ, cela me suffit; je suis certain de posséder la grâce. Toute œuvre humaine est bonne pour induire en erreur; l'Eglise en particulier est un obstacle au salut. »

— « Quel bonheur digne d'envie, d'être dès ici-bas certain de son salut! Oh! comme je serais reconnaissant à celui qui m'indiquerait le chemin à suivre pour arriver à cette douce sécurité! »

— « Mais, mon ami, rien de plus facile. Appuie-toi sur ta propre puissance; méprise toutes les futilités humaines, et tu seras sur cette voie. »

— « Comment dis-tu? Mon salut repose seulement

dans ma main! Moi, je suis mon propre médiateur devant le Seigneur! Et ce n'est pas là une œuvre humaine! Je me passerai volontiers d'une telle consolation. »

Chercher est un grand tourment, c'est vrai ; cependant c'est aussi une faveur; et chercher comme le Maître l'ordonne n'est certes pas le dernier des arts. Pour le Christ, ce n'est ni dans la solitude de la chambre, ni dans la solitude du désert qu'il faut le chercher. Lui-même nous indique l'endroit où on le trouve: « Là où vous serez réunis deux ou trois en mon nom, dit-il, là je serai. Celui qui me cherche ailleurs perd son temps. Celui qui me possède n'a pas besoin de me chercher. »

Cherchez-moi donc ; mais faites-le avec prudence et discrétion. Toutefois, celui qui veut me trouver infailliblement, n'a qu'à me chercher dans la société établie pour le salut des hommes, dans l'Eglise. »

6. Reproches adressés à l'Eglise.

Malgré tout le respect de l'époque pour Lessing, le père de la critique moderne, il faut avouer qu'il n'y a pas de travail intellectuel, non seulement plus infructueux, mais plus irréfléchi, que notre manière de pratiquer cette science.

Les reproches et les conseils que nos historiens de la civilisation prodiguent à l'Eglise et au clergé des temps passés, en sont un frappant témoignage. Ils prouvent que les savants sont aussi peu aptes que disposés à pénétrer la vie réelle, semblables à ces fonctionnaires qui, depuis leur bureau, mettent gens et bêtes à la torture avec une feuille de papier.

« Il n'est pas étonnant, dit-on, par exemple, que le IXe et le Xe siècles aient été témoins d'une affreuse barbarie. Le clergé était trop ignorant pour pouvoir exercer une influence civilisatrice sur le peuple. »

Ceci signifie qu'un homme qui n'a pas étudié l'histoire à l'Université de Berlin, auprès de Mommsen, la philosophie religieuse à Paris auprès de Renan, ou à Oxford auprès de Max Müller, ne peut exercer une influence transformatrice sur son époque. Les ecclésiastiques de ces deux siècles ayant omis cela, la conséquence en a été une barbarie inouïe. La consommation d'encre était alors si insignifiante ! Et puis, il n'y avait pas un seul journal ! Jugez donc !

Telles sont à peu près les idées de ces savants sur la meilleure des civilisations. Pourquoi ne vont-ils pas les expérimenter au Congo ou au Tonkin ? Les occasions ne leur feraient pourtant pas défaut.

Mais il ne vient pas à l'esprit de ces rigides critiques de supposer qu'une telle action civilisatrice était impossible à cette époque. Dans un temps où les synodes ordonnaient aux ecclésiastiques de lire assidûment la Sainte Écriture, les homélies de saint Grégoire le Grand, et les œuvres des Pères, afin de pouvoir prêcher au peuple la parole de Dieu ; dans un temps où les mêmes synodes leur commandaient de surveiller le travail des champs, d'enseigner à cultiver la terre, d'hospitaliser les étrangers, et d'entretenir les pauvres, le clergé avait d'autres soucis qu'un académicien du XIXe siècle.

Peut-être qu'aujourd'hui encore, il en a d'autres. D'ailleurs, les gens qui, par le mot de *civilisation*, ne comprennent qu'une pédanterie scientifique ou esthétique, ne seraient-ils pas les premiers à blâmer un ecclésiastique, qui négligerait sa paroisse pour se plonger dans l'étude de sa bible hébraïque, de la littérature ou des habitations lacustres ? Quand même ils ne se rendent pas compte que la vraie civilisation est celle qui ennoblit la volonté et le cœur, ils pressentent du moins qu'il y a d'autres influences civilisatrices que des mémoires ou des imprimés. Mais d'ordinaire, ce sont là des lueurs fugitives, qui ne durent que quelques instants, et restent sans influence sur la pensée et la vie de ces sages.

Le malheur est que toute notre sagesse profane soit élaborée dans des chaires d'écoles. C'est ce qui la rend si sèche. Nos critiques ne savent rien de la vie réelle, de l'homme réel. Selon eux, — du moins selon les agents des sociétés bibliques, — il n'y a pas d'autre pionnier de la civilisation que le pédant d'école et le colporteur de journaux. C'est pourquoi, il ne faut pas attendre de leur part un jugement équitable, nous dirions volontiers raisonnable sur l'Église, qui, elle, mesure sa pensée et son action aux nécessités de la vie réelle, soit individuelle, soit sociale. A la rigueur, tous ces gens-là pourraient voir dans l'Eglise une espèce de conseil d'administration d'une société chargée de propager des écrits populaires, et de favoriser le goût artistique. Mais jamais ils ne comprendront qu'elle est un établissement d'éducation pour le genre humain. Ils sont saisis d'horreur, à la pensée d'une institution divine, chargée de conduire celui-ci à sa destinée surnaturelle.

7. La critique contre l'Eglise.

Celui qui fait de la critique uniquement pour le plaisir de critiquer ; celui qui blâme aujourd'hui quelqu'un pour telle raison, et demain pour une raison opposée, ne peut pas se formaliser si on ne prend pas ses paroles au sérieux. N'est-ce pas déjà lui faire assez d'honneur, que de les considérer seulement comme le symptôme d'un état mental inquiétant ?

C'est de cette critique-là que font des historiens comme Jean Scherr et les docteurs du socialisme.

« A l'époque où l'Eglise régnait sur le monde, elle n'a rien fait pour abolir l'esclavage et le servage, disent-ils, rien fait pour améliorer le sort des classes laborieuses. Elle a laissé les choses aller leur train ; elle a favorisé la cause des puissants, des riches, des oppresseurs, avec lesquels elle a toujours su s'arranger moyennant finance. »

Ainsi parlent ces gens qui, oubliant le jugement qu'ils viennent de porter, écrivent dix lignes plus loin : « Avec cette impudence qui le caractérise, le clergé a empiété sur les droits les plus sacrés qu'une tradition séculaire avait affermis. Les doctrines chrétiennes d'égalité et de liberté jetèrent des germes de mécontentement dans les masses, et l'Eglise n'hésita pas à prêter son concours à la soif de bouleversement qu'elles firent naître. En encourageant une fausse piété, elle aboutit à ceci, que des seigneurs décrépits par l'âge, voulant réparer leur dureté passée, accordèrent par testament la liberté à leurs sujets, ou bien des adoucissements notables à leur situation, sans s'occuper s'ils portaient ainsi un véritable préjudice à leurs héritiers. Pour reprendre possession de leurs droits, ceux-ci avaient à redouter les anathèmes de l'Eglise. Ils ne pouvaient donc jamais assez se mettre en garde contre elle. Car là où les relations entre maîtres et subordonnés offraient le moindre prétexte à l'ingérence, cette puissance savait s'en emparer immédiatement, et, eu égard à l'influence qu'elle exerçait alors sur l'opinion publique, tout essai de résistance était vain de la part du laïque.

Dans ces conditions, il était donc inévitable que tous ceux dont la situation était gênée ou intolérable, s'attachassent à l'Eglise. C'est cette entente de l'Eglise considérée comme puissance divine, et de la grande foule de tous ceux qui souffraient et aspiraient à une amélioration dans leur sort, qui forma la grande force morale du moyen-âge, et fraya la voie à cette transformation des institutions sociales, qui distinguent si profondément les temps modernes des temps qui les ont précédés. »

Où est la vérité ? Un peu des deux côtés ; mais des deux côtés seulement en partie.

Qu'il y ait de part et d'autre des exagérations malveillantes, chacun le sent. Ces critiques en somme se soucient peu du vrai fond des choses. Ils se conservent ainsi la possibilité d'émettre de nouveaux blâmes et de déverser leur bile à plaisir. « Ils murmurent et chuchotent comme des trembles, et ils ne pourraient plus blâmer qu'ils mourraient de la mort des guêpes, qui périssent en perdant leur aiguillon. »

Ils reprochent à l'Eglise d'avoir enseigné aux chrétiens à souffrir l'oppression et la persécution en silence, comme des agneaux, ou plutôt sottement comme des moutons ; ils reprochent à cette même Eglise de s'être fait le champion de la liberté de conscience et des droits des persécutés contre les oppresseurs. Ils la blâment d'avoir anéanti le paganisme et ses mœurs, d'avoir fait accepter les lois chrétiennes par l'oppression, ou, comme ils disent, par la tyrannie cléricale. Ils la blâment également de s'être tue, par condescendance, sur mainte rénovation de l'ancienne vie païenne chez les grands et chez le peuple. Mais, si elle avait prêché la croisade contre Clovis et contre Brunehaut, on l'aurait naturellement tout aussi bien traitée d'hérétique, que pour ses entreprises contre les Albigeois et les Hussites.

Au XVIIIe siècle, on lui a fait de sa conduite contre le Gallicanisme et le Joséphisme le même crime que celui qu'on lui fait au XIXe, c'est-à-dire de ne pas avoir résisté assez énergiquement. Les mêmes personnes qui firent hier le Culturkampf, parce qu'elle portait atteinte aux droits souverains de l'Etat, la condamnent aujourd'hui parce qu'elle est entrée en négociations avec lui.

Ainsi parle cette bizarre critique à laquelle pourraient s'appliquer ces mots : « A quoi bon ces récriminations amères ? Faut-il que Rome porte la peine de ce que l'horloge du monde va autrement que vous ne l'aviez rêvé ? »

En vérité, tout cela est bien de nature à nous remplir de respect envers l'Eglise, car, quand les chiens poussent des aboiements formidables devant un fourré, mais se gardent bien d'approcher, le chasseur sait qu'il y a là un fier animal, lion ou léopard, dont la force puissante les inquiète et les irrite terriblement.

8. Renouvellement du Christianisme.

Partout perce le sentiment qu'en face du relâchement général de la discipline, de la morale et de l'ordre ; qu'en face des envahissements de tant de puissances ennemies, de la diminution de la foi et de la vie telle que l'Eglise la demande, il y a quelque chose à faire, si le christianisme veut s'affirmer et gagner une plus grande influence sur les masses. Mais la question est toujours celle-ci : Que faire pour sortir de la situation ?

Des catholiques impatients et pusillanimes croient que Dieu devrait intervenir directement. Au lieu de mettre la main à l'œuvre, ils se repaissent d'imaginations fantaisistes sur les miracles, dont ils espèrent bientôt être témoins, et vont souvent jusqu'à marquer par avance à Dieu, l'heure précise où il devra exaucer leurs vœux et réaliser leurs espérances.

D'autres, comme M. d'Egidy, prétendent qu'il faut renoncer à un grand nombre des doctrines et des institutions de l'Eglise, qui ne sont plus admissibles à notre époque ; mais par contre, tenir grand compte des opinions favorites de notre génération. Car, si on ne pénètre pas son esprit, on ne peut pas espérer non plus qu'elle fasse cause commune avec nous.

Or, tous sont dans l'erreur. Les uns oublient que les paroles et les actions de Dieu ne sont pas soumises à notre bon plaisir, et les autr... que le Christ a promis expressément d'être avec son ... jusqu'à la consommation des siècles.

Le salut ne consiste donc pas à attendre une nouvelle Révélation, ou à inventer une nouvelle religion selon le goût de l'époque, mais seulement à accepter, avec un nouveau zèle, l'ancienne et toujours nouvelle Révélation de Dieu, et à la faire passer dans notre vie. Le christianisme ne change jamais, et n'a pas besoin de changer. Ce qui a besoin de changer, c'est la vie de ses adhérents.

Ce ne sont pas des doctrines nouvelles qui feront triompher le christianisme à notre époque, pas plus que la manière nouvelle dont le défendent les grands savants. Mais ce sont ceux qui nous conduiront à lui par la parole et par l'exemple. Ce sont, avant tout, ceux qui seront prêts, comme jadis aux premiers jours de son existence, à vivre selon la lettre de ses préceptes, à mourir pour la vérité de ses doctrines, et qui, en attendant, travailleront tous ensemble, en communion avec l'Eglise, comme un seul homme, comme une armée invincible.

Qu'on suscite une vie nouvelle, et le christianisme se renouvellera.

9. Loi et contrainte.

Pour abréger la longueur de la route qui conduisait à sa maison, un bon paysan fit construire une passerelle sur la rivière qui l'avoisinait. L'innovation fut goûtée, et nombre de gens en usèrent.

Mais, comme souvent ceux-ci passaient sans attention, et que des accidents pouvaient arriver, le propriétaire fit mettre de solides garde-fous. Dès lors, on put circuler en toute sécurité, et bien que les remerciements à lui adressés fussent rares, chacun au fond était enchanté de l'invention.

Or, voilà qu'un jour un troupeau s'engagea sur cette passerelle. Le taureau, mis en mauvaise humeur parce que les deux garde-fous le gênaient dans ses ébats, heurta violemment de la tête les poteaux auxquels ils étaient fixés. Il ne réussit d'abord qu'à se déchirer le front et les joues. Mais rendu furieux par cette résistance inattendue, il redoubla ses efforts, et bientôt les barrières volèrent en éclats. La passerelle elle-même fortement ébranlée céda, entraînant l'animal dans sa chute.

C'est simplement une grâce que Dieu nous fait, à nous qui sommes si étourdis, si faibles, quand il place ses commandements de chaque côté de notre route. Et cependant, l'aveuglement et l'obstination de quelques fous suffisent pour changer en une cause de ruine ce qui était une cause de sécurité.

10. Prédicateur et sermon.

Beaucoup de gens vont au sermon, non pas pour entendre le prédicateur, mais pour le voir.

Ceci nous explique pourquoi le monde recherche tant certains prédicateurs dont les sermons seraient à peine lisibles, s'ils étaient imprimés; et pourquoi tant de prédicateurs qui parlent admirablement, sont si peu courus.

Si les prédicateurs étaient avant tout une prédication vivante, ils obtiendraient plus de succès, car deux choses agiraient alors sur leur auditoire : leur parole sur son intelligence, leur exemple sur son cœur.

C'est ce qui nous fait comprendre pourquoi le Christ produisait tant d'impression : « Il commença d'abord par agir; c'est seulement après qu'il enseigna » (Act., ap., I, 1).

Ce qui est et sera toujours l'honneur du christianisme, c'est qu'il n'est pas une doctrine morte, mais une doctrine « de vérité et de vie. »

11. Confession des péchés

Gaston Boissier dit que les premiers chrétiens mettaient déjà une espèce d'orgueil à se faire passer pour mauvais, en confessant leurs fautes, et que saint Augustin a porté cet art au plus haut point.

Que penser de cette assertion ? Sans doute, le chrétien peut devenir mauvais, s'il oublie ses obligations; mais aller jusqu'à se rendre mauvais, non! il lui faudrait alors renier complètement sa dignité.

Quelqu'un ne se rend mauvais qu'en s'attachant avec opiniâtreté au péché, et non en le confessant, à moins qu'il ne fasse ceci avec la jactance et la joie de Rousseau. D'ailleurs, l'Ecriture dit que « le juste s'accuse lui-même le premier » (Prov., XVIII, 17).

En confessant ses péchés avec humilité et confusion, il n'est pas encore justifié, mais il se débarrasse du moins de sa perversité.

La confession des péchés est donc la première condition et le premier pas vers l'amélioration, pour quiconque a commis des fautes.

12. La confession, combat entre deux natures.

Tu as bien pris déjà quelque médecine dans ta vie. N'as-tu pas alors constaté un terrible combat en toi? C'étaient la nature malade et la nature saine qui étaient aux prises l'une avec l'autre : la première succombait, la seconde triomphait.

Eh bien! parle sérieusement. Pourquoi crains-tu la confession?

13. Confession et nature.

Il est rare de trouver quelqu'un qui préfère se confesser dans une langue autre que sa langue maternelle, quand cela lui est possible. On a beau être familiarisé avec une langue étrangère; au tribunal de la pénitence, on aime toujours mieux se servir de celle qu'on a bégayée dans son enfance. L'Allemand trouve que ce n'est pas naturel d'accuser ses fautes en français élégant, le Français de le faire en latin classique.

Ceci nous montre l'importance de la confession. Elle enlève tout ce qui est étranger à notre vraie nature; elle fait disparaître les décombres sous lesquels elle gît ensevelie. Le péché est un élément étranger surajouté à notre nature, qui l'obscurcit, la rend sauvage. L'expulsion du péché par la confession, est le retour à la vraie nature.

14. Le saint Sacrement de l'autel.

Ce que la terre vous donne, ô Sauveur, vous nous le rendez ici transfiguré, changé en votre corps et en votre âme, en votre chair et en votre sang.

Ce que vous apportez du ciel : la grâce, la sainteté, la vie, le bonheur, vous nous le léguez en partage.

15. La vie selon l'Eglise.

Durant une guerre où la patrie avait été inondée par les armées ennemies, des corps francs s'étaient organisés de toutes parts, et non seulement ils avaient créé de réels obstacles à l'envahisseur; ils l'avaient même battu en plusieurs rencontres. Si bien, que celui-ci fut obligé d'abandonner ses positions. Car, d'un côté, il se trouvait engagé dans une contrée particulièrement favorable à ce genre de guerre, en raison des gorges et des forêts qui la sillonnaient de toutes parts, et d'un autre côté il était en présence d'adversaires connaissant parfaitement le pays.

A cette nouvelle, le général en chef arriva avec des forces considérables, et occupa militairement le territoire reconquis.

Les chefs des corps francs voulurent alors lui présenter leurs devoirs, espérant recueillir de sa bouche quelques paroles flatteuses. Mais, quel ne fut pas leur étonnement, quand celui-ci refusa de les recevoir, et leur fit savoir, par un intermédiaire, qu'il regrettait beaucoup de ne pouvoir les entendre, mais qu'il ne les connaissait pas.

Les solliciteurs se retirèrent donc déconcertés et furieux. Ils méditaient peut-être déjà des projets de vengeance, quand arriva le maire de l'endroit. Le digne magistrat venait leur annoncer que le général lui-même l'avait député près d'eux, pour leur dire de ne pas voir dans son refus des sentiments d'hostilité de sa part. Personnellement, il était plein de respect pour eux, et il leur était très reconnaissant des services qu'ils avaient rendus à la patrie. Seulement, sa charge lui interdisait d'agir officiellement d'une autre manière. Ils s'étaient fait annoncer comme des représentants d'une force armée dont l'existence n'était pas reconnue par les règlements militaires. Leurs bandes, par conséquent, ne pouvaient pas être considérées comme de vrais corps de troupes, ni eux comme leurs chefs. Il lui était donc impossible de les recevoir comme tels. Mais, s'ils désiraient lui être présentés comme personnes privées, il était prêt à leur donner audience.

Puis, le maire ajouta que le général leur donnait en outre, par sa bouche, un conseil amical, qui leur permettrait de mieux manifester leur patriotisme, celui de s'enrôler dans l'armée régulière. Il était loin de méconnaître les nombreux services qu'ils avaient rendus; mais ils en rendraient de beaucoup plus grands en agissant ainsi. Car, il ne pouvait leur dissimuler que souvent, avec les meilleures intentions, ils avaient commis des bévues regrettables, et que, par les petits succès inopportuns qu'ils avaient remportés, la direction supérieure de l'armée avait été frustrée d'avantages beaucoup plus importants.

Profondément vexés, les chefs convoquèrent alors une réunion générale de tous leurs partisans, afin de délibérer sur le parti à prendre dans la circonstance. Mais, ils ne tardèrent pas à recevoir de la part d'un grand nombre de ces derniers, une note dans laquelle ils déclaraient protester contre cette convocation. « Seule la totalité des membres, y était-il dit, a le droit de réclamer une assemblée générale. Les chefs n'ont aucun pouvoir à ce sujet. Ils ne voudraient pourtant pas croire qu'ils sont les maîtres! Jamais personne parmi eux n'avait eu l'intention de leur transmettre une autorité quelconque; si on les avait choisis, c'était uniquement parce qu'il fallait un pouvoir exécutif; mais l'ensemble de la troupe s'était réservé le droit de décider en dernier ressort; personne parmi eux n'entendait laisser empiéter sur sa liberté personnelle. La circonstance était donc très favorable pour leur donner une bonne leçon. »

De fait, les membres présents à la réunion ne furent pas très nombreux, et même quelques-uns d'entre eux y renouvelèrent verbalement leur protestation. Malgré cela, on passa à l'ordre du jour. Mais lorsque les chefs présentèrent la proposition du général, ce fut une véritable tempête. « Eh bien! Il ne faudrait plus que cela! Nous laisser enrégimenter! Nous laisser envoyer comme un troupeau sans volonté là où le général veut ! Faites-lui dire, de notre part, que nous irons où nous voudrons, et que nous resterons comme nous sommes, aussi longtemps que cela nous plaira. Nous sommes assez sages pour savoir ce que nous avons à faire. Est-ce que, par hasard, ce rigide monsieur croit nous envoyer au feu pour ses beaux yeux ? Croit-il que nous irons nous battre, pendant que lui empochera l'honneur ? Non ! S'il y a des lauriers à cueillir, nous préférons les garder pour nous. S'il veut se lancer dans des entreprises où il ne voit pas clair, cela le regarde ; quant à nous, nous ne nous prêterons jamais à ce jeu. »

Sur ce, ils levèrent la séance au milieu des cris et des chants, brisèrent quelques fenêtres sur la rue, puis se retirèrent chacun de leur côté.

Le général attachait évidemment trop d'importance à la forme extérieure : c'est excusable chez un soldat. Mais, de fait, il avait raison. Dans une société bien organisée, l'action qui s'exerce dans les limites de la subordination à ses lois, est plus méritoire et plus fructueuse que tous les efforts individuels ou collectifs, quand ces derniers proviennent de membres d'associations fantaisistes plus ou moins éphémères. C'est pourquoi ceux-là ont tort qui préfèrent leur bon plaisir à l'action exercée en union avec l'Eglise et leurs vues personnelles aux vues générales. Ceux-là, au contraire, ont raison qui sont convaincus que l'attachement à l'Eglise vaut mieux que l'isolement, et que des œuvres accomplies selon ses prescriptions et son esprit, sont plus parfaites que toutes les bonnes actions procédant de fantaisies individuelles.

Comme toute société, l'Eglise est un organisme ; elle est même la plus parfaite des sociétés humaines. De même que chaque organisme social forme une unité indépendante ayant son activité propre, intérieure et extérieure, aussi bien que sa fin particulière, de même aussi l'Eglise.

Il y a toutefois une différence au point de vue de l'activité. Si l'Eglise était une société, comme n'importe quelle autre association libre, la subordination envers elle serait aussi un acte de vertu sociale ; mais on ne pourrait l'effectuer sans une certaine réserve, c'est-à-dire qu'autant que, dans chaque cas particulier, on verrait sa doctrine concorder avec la vérité et sa vie avec la morale. Mais, comme en vertu de son origine divine elle possède la vérité et la sainteté, il ne s'agit pas, pour ses membres, de garantir leurs convictions personnelles et leur sainteté, en les séparant de ses vues et de sa vie. Pour eux, la perfection et la sécurité consistent à adapter leur opinion personnelle à sa foi universelle, infaillible, et leur morale privée à sa morale publique, à la sainteté de l'ensemble.

Toutefois, par le fait même que quelqu'un est membre de l'Eglise, il ne renonce pas à sa manière propre de penser et à sa liberté personnelle. Diriger sa pensée selon la Révélation et sa vie d'après les commandements de Dieu, n'est pas plus une servitude que de se soumettre aux lois de la logique. Dans une société ordinaire, la subordination n'est permise qu'autant qu'elle est justifiée par la vertu privée, la raison et la délicatesse de conscience. L'attachement à l'Eglise, au contraire, nous garantit, en vertu des promesses divines, qu'en elle, et en nous attachant à elle, nous trouverons la vérité et la sainteté. C'est pourquoi nous pouvons lui vouer obéissance et fidélité, sans crainte et sans arrière-pensée.

En accomplissant, par docilité envers Dieu, le commandement d'écouter l'Eglise (Matth., XVIII, 17), la soumission à cette dernière devient donc déjà une vertu surnaturelle, et la plus haute vertu sociale, celle qui sert de base à toutes les autres vertus surnaturelles, en particulier aux vertus publiques du chrétien.

16. La puissance secrète du Protestantisme et du Libéralisme.

On a déjà prédit des centaines de fois la ruine du Protestantisme. « Une société religieuse, dit-on, ne peut exister sans une religion commune. Quand elle se compose de chefs et de subordonnés, qui, pour la plupart, ne croient pas à l'existence d'un Dieu personnel, sa dissolution est inévitable. »

Malgré cela, le Protestantisme continue d'exister, et pense à tout plutôt qu'à une liquidation et à son testament. Il ne mourra pas de sitôt. Il disparaîtra peut-être comme société religieuse, ou fera place à une autre; mais, comme tendance de pensée et de vie, il vivra autant que l'humanité.

La raison en est claire. Ce ne sont pas des fins religieuses et des doctrines de foi qui lui ont donné naissance, et qui ont formé son lien intérieur. Voilà pourquoi se trouvent réunis dans son sein des hommes qui, en matière de foi, sont beaucoup plus éloignés les uns des autres que les catholiques et les ariens. Il n'y a pas de doctrine révélée qu'on puisse désigner comme symbole général du Protestantisme. Evidemment, il est impossible de compter la divinité du Christ dans le trésor de la foi de ses adhérents. Chez eux, les orthodoxes qui considèrent l'homme comme l'incarnation du péché et de la damnation, font très bon ménage avec les contempteurs des dogmes du péché originel et de l'enfer. D'un autre côté, les progressistes, qui appellent le symbole des Apôtres une honte pour la raison humaine, se sentent très peu incommodés dans le voisinage de ceux qui adorent chaque lettre de la Bible, comme une création immédiate du Saint-Esprit.

Ce qui les unit est tout autre chose que la foi. Tous commencent par s'efforcer de substituer le particulier, l'individuel, c'est-à-dire eux-mêmes, au général. Ils n'admettent pas l'Eglise comme intermédiaire entre eux et Dieu. Ou bien celui-ci doit communiquer lui-même ses dons directement à chaque individu, ou bien le pauvre mortel s'en tire comme il peut, ainsi que la chose se passe. Mais se subordonner à l'ensemble, se comporter comme membre d'une société organique, voilà ce que personne parmi eux n'admet, ce que tous considèrent comme la négation du propre *moi*.

C'est ce que le Protestantisme exprime par euphémisme, quand il prétend faire consister sa base fondamentale et son lien intime, dans la revendication des droits de la personnalité libre contre la tyrannie de la conscience et de la foi. Mais, comme Dieu n'a jamais eu en vue une telle oppression en fondant l'Eglise, pour être un pont jeté entre l'homme et lui, cette affirmation est sans valeur.

On peut dire plus justement que le Protestantisme a

proclamé la souveraineté de l'individu, c'est-à-dire qu'il a reconnu à chacun le droit de se conduire comme son propre maître, sinon comme son propre Dieu, et par conséquent son propre rédempteur.

Or, c'est précisément ce qui fait sa force et ce qui le rend immortel de sa nature. Il existait bien longtemps avant de former une société religieuse, et, s'il venait à s'éteindre comme tel, il continuerait de subsister comme principe de vie pour la plus grande partie de l'humanité. On a dit avec raison qu'il y avait des protestants avant le Protestantisme. La pensée fondamentale qui l'anime fut déjà exprimée, quand retentit la parole : « Vous serez comme des dieux » (Gen., III, 5), et le dernier protestant ne disparaîtra qu'avec le dernier égoïste.

Qu'on nous comprenne bien. Nous ne voulons molester personne. Nous ne parlons que des vrais protestants, et tous ceux-là ne le sont pas, qui font profession de l'être. Il ne nous vient pas à l'idée de dire que tout protestant fidèle à sa conviction soit un égoïste fieffé. Mais, nous affirmons que quiconque se met au-dessus de l'ordre commun, au-dessus d'une foi que tous doivent accepter, au-dessus d'une loi qui oblige tout le monde, ne serait-ce que la loi du jeûne et de l'observation du dimanche ; que quiconque nie une autorité à laquelle doivent être soumises la pensée et la vie de tous les hommes ; bref, que chaque égoïste conscient et déterminé, ou si l'on trouve le mot dur, que chaque individualiste, doit devenir protestant, s'il est logique.

De là les nombreux parents et frères d'armes qui assurent au Protestantisme son influence dans le monde. Souvent il ignore lui-même le nombre des partisans secrets qu'il compte dans ses rangs.

Quant au Libéralisme, inutile de nous étendre longuement ici sur lui. Il n'est pas autre chose que le Protestantisme affranchi de ses importunes formes extérieures, le Protestantisme simplifié et élargi, étendu à tous les domaines de la pensée et de l'action, de la science et de la civilisation, particulièrement à la vie publique dans l'état et dans la société ; en d'autres termes le Protestantisme n'appliquant plus seulement les principes individualistes à la religion, mais à tout.

Nous ne parlerons pas non plus de ceux qui, par sentiment d'hostilité, se sont plus ou moins éloignés de l'Eglise.

Mais, un fait que nous ne pouvons passer sous silence, c'est que parmi les gens qui se flattent de tourner le dos au Protestantisme et au Libéralisme, beaucoup ont au moins un pied dans l'un des deux camps, quand même ils s'en défendent en paroles. Combien, parmi eux, peuvent dire qu'ils n'ont aucun trait du particulariste et du séparatiste ? Si j'écris, dans un ouvrage, que les droits de l'individu sont en raison des devoirs qu'il remplit envers la totalité, que quelqu'un ne peut s'approprier un privilège, un bien, le revenu de son travail, qu'autant que cela s'accorde avec les avantages du tout, que se passe-t-il ? Les uns ferment immédiatement le livre en s'écriant : « Quel pitoyable ouvrage ! » D'autres ajoutent : « Quelles dangereuses idées socialistes ! » Des troisièmes continuent : « Voyez-vous ce partisan acharné de l'exploitation capitaliste ! » Chacun voit les choses à son point de vue ; personne ne veut entendre parler de la bourse commune, à moins qu'il n'espère en tirer quelque chose pour lui.

Si je veux mettre de l'ordre et de la discipline dans une société politique ou religieuse, et que, pour cela, je demande à tous les membres de renoncer à beaucoup de libertés et d'habitudes qui leur sont chères, et de ne voir que l'intérêt général, immédiatement j'entends crier de toutes parts : « Arrière ce zélateur déraisonnable ! » On comprend alors la parole de l'Apôtre ! « Tous ont en vue leurs propres intérêts et non ceux de Jésus-Christ » (Phil., II, 21).

L'impossibilité de s'élever au-dessus de l'individualisme est, en effet, très répandue, et produit partout les effets les plus déplorables.

C'est de là, par exemple, que provient cette morale mesquine qu'on rencontre même chez les prédicateurs, c'est-à-dire la prise en considération des petites circonstances de la vie ordinaire, des désirs et des sentiments étroits de l'individu. Faire passer les préférences personnelles après l'utilité générale, après les desseins de Dieu dans le monde ; montrer à l'individu la place sublime qu'il occupe dans l'histoire de l'humanité et du christianisme, voilà des idées auxquelles nous nous élevons trop rarement, et que nous n'osons pas faire voir de près au peuple, de peur de nous rendre impopulaires.

Oui, nous en sommes là. Toujours et partout l'exécrable *moi* est le point central autour duquel se meuvent notre pensée et notre vie. Toujours et partout nous sommes pénétrés de l'idée que nous nous suffisons largement à nous-mêmes.

17. Trop de soldats.

C'est seulement lorsque Gédéon eut choisi trois cents guerriers éprouvés, parmi trente mille hommes, que le Seigneur livra les Madianites entre ses mains.

Il semblerait presque aussi que nous sommes trop nombreux. Quand la bataille est engagée, que devons-nous attendre de ceux qui font les beaux esprits, se moquent des prêtres, et n'ont qu'une peur : voir l'influence du pape et des évêques devenir trop considérable? Qu'attendre de ceux qui ne craignent rien tant que de passer pour des cléricaux, et prouvent volontiers leur affranchissement de toute espèce de préjugés, en affirmant que l'Eglise pourrait parfaitement vivre sans ordres religieux, sans processions, sans fêtes, sans missions, en un mot, sans toutes ces magnificences exagérées qu'elle déploie?

Que dire de ceux qui prennent parti pour tous les hérétiques, de ceux qui sont convaincus que l'Eglise est injuste envers eux, qui se plaignent toujours de l'étroitesse de cœur et de vues, de l'intolérance et de la soif de domination qu'on rencontre à Rome?

Que dire de ceux qui se plaignent que les fidèles perdent trop de temps en prières et en réception de sacrements? que les saints tombent dans l'exagération avec toutes leurs œuvres de pénitence et leurs flagellations?

Que dire de ceux qui voient dans toute prière adressée à la Mère de Dieu, et, — horreur des horreurs, — au Sacré Cœur de Jésus, comme une excroissance malsaine d'une religion sentimentale toute féminine?

Que dire de ceux qui, avec les puritains, déclarent que le trésor des traditions et des bonnes œuvres de l'Eglise, est l'arsenal de l'Antechrist, et en font comme une espèce de parc et de glacière pour acquérir, même auprès des ennemis de l'Eglise, le titre d'esprits dégagés de tous préjugés ?

Que dire de ceux qui, une hache de charpentier à la main, nettoient l'arbre de la foi et de la morale de tous les gourmands jésuitiques et bigots, comme ils disent, et le dégarnissent au point d'en faire un poteau de frontière ?

Que dire de ceux qui accusent quelqu'un de fanatisme et de sottise, dès qu'il prononce une parole un peu vive pour la défense de la vérité ? de ceux qui considèrent comme un être fantasque et un traître à la science, celui qui participe à la vie de l'Eglise, et lutte pour arriver à la perfection chrétienne ?

De quoi pouvons-nous les croire capables, sinon de porter le trouble et la perplexité dans nos rangs à l'heure du danger, de faire des accommodements avec l'ennemi, et finalement de passer chez lui avec nos très précieux bagages, vexés qu'ils sont de ce que l'esprit de Dieu ne veut pas comprendre les besoins de l'époque, c'est-à-dire ne pas disposer son activité d'après leurs vues ?

A ces gens-là, on ne peut que crier ce que Gédéon, le champion de Dieu, criait jadis au peuple, de par l'ordre du Seigneur : « Arrière les timides et les lâches ! »

18. Le quadruple sacrifice.

Ce sacrifice que le Seigneur accomplit sur l'autel, par son prêtre, les différentes saisons de l'année l'offrent dans la nature, ce grand temple de Dieu.

Semblable au jeune lévite récemment honoré du sacerdoce, le Printemps s'avance radieux, riche en prémices de toutes sortes. Il vient offrir le sacrifice de louange.

Peu de temps après, quand la grêle et la foudre menacent la terre, l'Eté paraît. En offrant le sacrifice d'intercession, il apprend à l'homme à prier dans les nécessités.

Puis, quand les moissons sont rentrées, l'Automne se lève pour offrir à Dieu le sacrifice d'action de grâces, car l'homme, hélas ! serait capable de l'oublier. Heureux encore s'il ne faisait que cela ! Mais il entasse faute sur faute; il s'adjuge des dons comme s'il y avait droit, et se conduit en criminel, au lieu de témoigner à Dieu le respect qu'il lui doit.

Alors l'Hiver vient pour accomplir le sacrifice d'expiation. A la souffrance qui est peinte sur ses traits, on voit l'immensité du poids du péché.

O homme! Le monde tout entier prie, loue, remercie, expie pour toi. A-t-il été constitué pour être ton prêtre, ou bien est-ce toi qui as été établi le sien? Offre donc, toi aussi, le quadruple sacrifice; et montre que tu n'es pas rebelle aux enseignements de la Nature. Précède-la comme prêtre, et montre-toi digne de l'honneur qui t'a été fait.

19. Eglise et Etat.

Nous n'avons rien à dire de ces expressions : « L'Eglise est la femme, l'Etat est l'homme. »

Comme on le sait, la première se trouve dans l'Ecriture, et la seconde fait partie du vocabulaire de la plupart des langues modernes.

Seulement, il est bon de rectifier l'explication qu'on est trop souvent disposé à donner de ce principe. « L'Eglise, dit par exemple Bluntschli, possède en elle, toutes les marques d'une société civile. Elle ne s'en distingue qu'au point de vue de la fin. De par sa nature, elle est destinée à servir Dieu et à remplir des obligations religieuses, tandis que l'Etat a tout ce qu'il faut pour se suffire intérieurement. »

Il ne faut pas entendre ceci en ce sens que la religion convient seulement à la femme, et que l'homme et l'Etat n'ont pas d'obligations religieuses à remplir.

Non! si l'homme et l'Etat ont tout ce qu'il faut pour se gouverner parfaitement, ils doivent néanmoins donner la preuve qu'ils accomplissent leurs devoirs envers la société, envers l'humanité, et, comme c'est tout naturel, les plus importants de tous les devoirs, les devoirs envers Dieu.

De cette comparaison, il ne s'ensuit pas que l'Eglise soit subordonnée à l'Etat. L'Eglise n'est ni l'esclave ni la femme de l'Etat; mais elle est une vierge libre, la fiancée de Dieu. L'homme n'a aucun droit sur une femme qui n'est pas son épouse légitime.

Donc, d'après le droit particulier, comme d'après le droit du Christ, son fiancé, l'Eglise est indépendante. Comme vierge libre, elle marche donc déjà de pair, à côté de l'Etat. Un vieil adage dit, en effet, qu'une jeune fille vaut un homme.

20. Eglise et monde... sort commun.

Vous, Mesdames et Messieurs, vous riez quand on dépouille les prêtres. Patience! Après la mitre, viendra le tour du casque. On commence par piller les églises, en attendant qu'on dévalise les palais. Là où la croix et l'étole sont couverts de boue, l'uniforme ne reste pas longtemps sans souillure. Celui qui a fait la guerre aux tonsures, n'épargnera pas les belles boucles parfumées; la tempête qui brise les rameaux secs, dépouillera aussi de ses feuilles la branche verte. Quand on expulse les ordres religieux; quand on brise les chapelets, on n'est pas loin de s'attaquer aux superbes colliers et aux brillantes décorations.

Alors, ce n'est plus un cloître qui est dévalisé, mais une ville tout entière; ce n'est plus un établissement de religieuses qui est spolié, mais dix banques; ce n'est plus un évêché qui est troublé, mais un état. Ainsi la justice est sauve.

CHAPITRE XIII

LA VERTU CHRÉTIENNE

1. Médecin, guéris-toi toi-même.

Les Saints d'autrefois se retiraient dans le désert; et, après s'être guéris de leurs maladies morales, ils devenaient les médecins des autres. Ils savaient, en effet, à quoi s'en tenir sur ces trois points : que le monde est malade, qu'il est capable d'amélioration, et qu'eux-mêmes, — une partie du monde, — n'étaient pas meilleurs que les autres hommes.

Tout autre est notre conduite. Ou bien nous doutons de la possibilité d'une amélioration, et alors nous laissons tout aller son train, en nous comme en dehors de nous, nous bornant à des plaintes et à des blâmes stériles. Ou bien nous voulons changer le monde subitement, par un coup de force; et c'est la meilleure preuve que nous n'avons pas encore essayé de nous améliorer nous-mêmes. C'est pourquoi, non seulement nous ne guérirons jamais, mais nous contaminerons les autres au lieu de les guérir.

Si nous voulons travailler à l'amélioration du monde, nous devons nous dire, avant tout, que nous avons nous-mêmes besoin de guérison. Tout dépend de cette conviction.

2. La voie la plus sûre pour arriver au salut.

Chacun possède un défaut dominant dont il peut dire : « Voilà l'endroit où je suis vulnérable! » De là viennent tous ses combats; là se ramène tout ce qui l'élève ou l'abat.

La grande affaire pour chacun, c'est de bien connaître ce défaut, et d'écraser cet ennemi terrible. Quand quelqu'un vaincrait sur toute la ligne, excepté sur ce point, la victoire ne serait pas encore à lui, tant s'en faut. Si, au contraire, il triomphe ici, le plus difficile est fait ; car « celui qui protège l'endroit faible, protège facilement le fort. »

L'homme prudent ne doit rien négliger. Mais il doit donner une attention toute particulière au point dont la faiblesse est bien connue de l'ennemi, et diriger de ce côté toutes ses résolutions, tous ses examens de conscience, et particulièrement toutes ses prières, afin de conjurer les dangers qui pourraient en résulter.

Chacun a donc ses faiblesses ; mais chacun dispose également de moyens pour en triompher. Ici, il s'agit d'être attentif, non pas à ce que les autres font, mais aux remèdes dont on a constaté l'efficacité sur soi, afin de les employer le plus souvent possible.

Nous disons : *le plus souvent possible*, car, dans cette lutte, il n'aura pas constamment que des succès. Ce qui l'aidera une fois, lui sera d'un très petit secours dans une autre circonstance. Une certaine liberté d'esprit, et un changement dans l'emploi des moyens sont toujours à conseiller. Il n'y a que l'attention donnée à nos fautes et à nos côtés faibles qui doive rester la même.

3. Sentiment, vertu naturelle et surnaturelle.

Il n'est pas rare qu'un acte d'étourderie qui nous aura attiré quelques désagréments, nous inquiète et nous ennuie plus que des fautes où nous avons gravement offensé Dieu. Preuve que nous ferions une grande erreur, si nous voulions mesurer notre repentir et notre horreur pour le péché, d'après les sentiments que nous éprouvons au fond de notre cœur.

Il en est de même de la pitié éprouvée à la vue d'un pauvre ou du Sauveur souffrant, de la dévotion dans la prière, de l'enthousiasme pour le bien et des pieux désirs. Nous exagérons trop facilement la valeur de nos sentiments. Quand une fois nous avons éprouvé une impression sensible, nous croyons immédiatement posséder la vertu, et il peut se faire que nous en soyons très loin.

Ces moralistes moroses qui condamnent la pitié et

l'amour du prochain comme une imperfection, parce qu'ils ne voient là-dedans que le désir d'éloigner le spectacle importun de la misère d'autrui, ont donc un semblant de raison, à leur point de vue. Cela indique au moins qu'ils ont jeté un regard profond dans leur âme. Mais ce en quoi ils ont tort, c'est d'en tirer la conclusion, que personne ne doit penser autrement qu'eux.

De telles impressions sensibles ne sont donc pas de la vertu : car la vertu est une affaire de volonté ; mais elles ne sont pas mauvaises non plus. Elles sont des mouvements naturels qui peuvent et doivent devenir chez nous des occasions de bien.

Si nous saisissons par l'intelligence, et si nous pratiquons avec une volonté consciente ce vers quoi nous portent ces impressions, nous faisons des actes de vertu naturelle. Si nous le rapportons à notre fin suprême, à notre salut éternel, et si nous le pratiquons pour l'amour de Dieu, à l'exemple de notre Sauveur, c'est alors de la vertu surnaturelle, de la vertu méritoire pour le ciel.

4. Au soldat du Christ.

La fuite, c'est vrai, te met en sécurité. Cependant, ce n'est pas ainsi que tu remporteras la victoire. Lutte avec vaillance. Quand même ton sang coulera, cela ne veut pas dire que tu seras vaincu.

5. Nos luttes sont notre consolation.

L'Apôtre est obligé de faire cet aveu : « Je suis charnel, vendu au péché, je ne fais pas le bien que je veux, et je fais le mal que je ne veux pas ; le vouloir est à ma portée, le pouvoir d'accomplir le bien n'est pas en moi » (Rom., VII, 14 sq). C'est ce que le Sauveur avait en vue, quand il a dit : « L'esprit est prompt, mais la chair est faible » (Matth., XXVI, 41).

Qui serait alors assez orgueilleux pour nier qu'il sent en lui cette lutte ? Qui manquerait de force, au point de se regarder comme perdu, parce qu'il soupire sous la loi du péché ?

Porte donc ce joug avec courage, car Dieu le fait peser sur toi pour que tu ne t'élèves pas ; pour qu'au contraire tu aspires à la liberté des enfants de Dieu, en répétant avec le Psalmiste : « Quand apparaîtrai-je devant la face du Seigneur ? »

Ceux qui écoutent la voix de leurs passions n'évitent pas ce conflit; ceux-là seuls en sont à l'abri, qui leur imposent silence avec force. C'est la raison pour laquelle, dans ce combat intérieur, si pénible qu'il soit, il y a une certaine assurance de salut. Ecrie-toi avec douleur et amertume : « Malheureux que je suis ! Qui me délivrera de ce corps de mort ? » Mais prends courage, en entendant l'Apôtre te répondre : « La grâce de Dieu par Jésus-Christ Notre-Seigneur. »

Accepte donc d'être, par la chair, esclave de la loi du péché; mais, par contre, n'aie qu'un souci : celui d'être, par la raison, l'esclave de la loi de Dieu (Rom., VII, 24, 25).

6. Notre paix.

C'est en Dieu seul que tu dois chercher la paix. Mais tu ne trouveras jamais la paix avec Dieu, tant que tu ne l'auras pas avec toi-même, c'est-à-dire avec tes inclinations mauvaises, et avec tout ce que tu convoites à l'encontre de la volonté de Dieu.

Ta paix, pour toi, consistera donc à n'accorder jamais de trêve à tes mauvaises inclinations et à tes faiblesses, mais à lutter contre elles avec courage et persévérance.

7. Hors du lit, paresseux !

Voudrais-tu toujours rester enseveli dans ton lit, à l'abri de toutes les misères inhérentes à la lutte ? Sache qu'on ne triomphe jamais sans fatigues, sans luttes et sans blessures.

8. Encouragement au combat.

O mon âme ! ne tremble pas, ne gémis pas à la vue des souffrances qu'il te faut supporter, et des luttes qu'il te faut soutenir. Pour qui combats-tu donc ? Pour toi et seulement pour toi. C'est une affaire d'utilité personnelle qui est en jeu, et toi seule tu en auras la récompense.

Cependant, je le sais, ce n'est pas l'espoir d'une récompense qui t'incite à combattre avec courage ; c'est la reconnaissance envers ton Rédempteur. Sans doute, tu ne lui donnes rien ; mais l'amour te pousse à le servir, l'amour envers celui qui a souffert pour toi, qui, n'ayant pas commis de fautes, a souffert pour expier les tiennes, comme s'il en avait eu à expier.

En retour de ta pauvreté, il t'a donné ses richesses ; en retour de ta misère, sa félicité. Il n'a pas voulu jouir pour lui du fruit de ses œuvres et de sa douloureuse passion. Il te l'a donné pour te rendre riche. Avec sa richesse, il a aidé ta pauvreté ; avec sa félicité, ta misère. Il a fait tes péchés ses péchés ; et ses œuvres saintes, il les a faites tes œuvres. Il a expié tes fautes, comme s'il les avait commises lui-même, et tu possèdes les mérites de ses œuvres, comme si tu les avais accomplies. Il a supporté un dur labeur ; et c'est toi qui as bénéficié de la récompense presque sans effort de ta part. Quel échange ! Courage donc et persévérance !

9. La demi-vie.

« On ne peut guère s'imaginer quelqu'un de plus à plaindre et de plus digne de pitié, dit Cassiodore, que l'homme qui a tourné le dos à la lumière de la foi, ou qui est à tout moment en danger de la perdre par sa faute.

Il marche sans chemin sûr ; ou bien il court sans savoir où. Sa pauvre âme est comme enfermée dans une sombre gorge, d'où elle ne peut plus sortir. Elle ne sait alors rien faire de mieux que de s'y établir, comme si elle devait y rester toujours.

Elle se complaît dans ce qui est sa ruine, et conçoit une souveraine horreur pour tout ce qui lui donnerait mouvement et vie. Son incapacité pour le bien, son penchant pour le mal, son aveuglement en ce qui concerne ses devoirs et son salut, croissent au même degré qu'augmente en elle son horreur de la vertu.

Bientôt elle ignore à quel point elle est malade. Elle sent bien qu'elle est mal à l'aise ; mais d'où cela lui vient-il, elle ne peut pas, ou elle ne veut pas le comprendre. Elle s'excuse là où elle devrait se lamenter, et se condamne là où personne ne songe à l'accuser. C'est avec raison qu'on a dit d'un tel état, qu'il était une mort vivante, ou une vie morte.

On n'a qu'à observer la conduite de ces malheureux, pour voir leur infortune. Des gens qui portent en eux une âme aussi malheureuse, ont toujours des ombres sur le visage, quels que soient les soins qu'ils prennent pour les dissimuler. Au milieu de toutes leurs joies, ils ne sont jamais complétement affranchis de la mélancolie. Ils peuvent se précipiter dans le tourbillon des plaisirs; mais c'est précisément là qu'ils sont saisis soudain par l'anxiété et l'infortune. Voyez comme leur regard manque de fixité; comme leur cœur est inconstant! jamais le calme et l'égalité d'âme ne règnent en eux. Le plus petit événement leur fait perdre la tête; le premier venu les jette dans l'inquiétude ou fait naître en eux des soupçons. Ils sont toujours torturés par le souci de savoir ce que tel ou tel pense ou dit sur leur compte. Ils ont perdu leur point d'appui en eux; c'est pourquoi ils doivent s'appuyer sur le jugement et sur la faveur d'autrui, et régler leur manière d'agir d'après le bon plaisir des autres, ou d'après les circonstances. C'est la raison pour laquelle ils n'arrivent jamais à quelque chose de bien. Sont-ils en bonne voie? Ils tombent à mi-chemin. Jamais ils ne peuvent s'arrêter longtemps à une chose; ils vont par bonds violents d'une occupation à celle qui lui est opposée. Ils ont toujours les mains pleines, et personne ne sait ce qu'ils font. Personne ne pense à les encourager; souvent même personne ne pense à eux; ils vivent comme si le monde tout entier les suivait sans cesse d'un œil défiant et les contredisait partout.

Ils portent la raison de leur inquiétude dans le désordre de leur conscience; aussi sont-ils à charge à tout le monde, toujours à se plaindre, partout gênés, lésés dans leurs droits, dépouillés de l'honneur qui leur est dû. Et c'est d'eux, et d'eux seuls, que proviennent tous leurs tourments. »

10. La vie complète.

« Tout autre est la vie des gens vraiment pieux, continue Cassiodore. Extérieurement, elle ne se distingue pas de la vie ordinaire; mais en réalité elle porte en elle la marque de la vertu.

Ceux-ci ont terrassé les convoitises séditieuses de la chair, et les longues luttes que cette victoire a nécessitées, ont donné à leur âme une solidité inébranlable. Malgré cela, ils sont toujours portés à considérer les autres comme meilleurs qu'eux. Mais ces bas sentiments qu'ils ont d'eux-mêmes ne les rendent pas inquiets ou mesquins; car, reconnaître sa propre petitesse conduit à la vraie grandeur. Plus ils tiennent leurs sens sous une discipline sévère, plus ils veillent sur leurs pensées et sur leurs sentiments, plus ils mettent de circonspection à garder leur conscience pure, et plus la crainte de Dieu leur fait conserver sa présence, que plus ils s'habituent à avoir des relations filiales avec lui.

C'est précisément parce qu'ils s'estiment si petits, qu'ils font tous leurs efforts pour devenir grands, en essayant de monter au sommet de la vraie grandeur, à la perfection.

Toujours soucieux de ne blesser personne, ils oublient généreusement le mal qu'on a pu leur faire. Bien qu'ils marchent dans la chair, ils ne sont pas seulement semblables aux anges, mais ils sont plus forts qu'eux, parce qu'ils ont une plus grande faiblesse à vaincre et de plus grandes luttes à soutenir. La pauvreté les rend riches en patience et en mérites, la persécution trempe leur courage, l'affliction consolide leur force de résistance. Leur conversation ininterrompue avec Dieu élève leur âme au-dessus des plaisirs vulgaires, et leur inspire comme une impulsion naturelle pour tout ce qui est grand et difficile.

Tout leur être montre qu'une âme, et une âme forte et sublime, vit en eux. Sur leur face resplendissent toujours et le calme et la sérénité. Leur corps épuisé supporte des fatigues plus grandes que le corps délicat des gens du monde. Leur extérieur sans recherche, mais propre; leur maintien plein de dignité; leur œil clair et modeste; leur parler franc et sincère, qui va au cœur de tout homme sensible, et fait passer discrètement chez les autres l'amour de Dieu; leur bonté de cœur; leur ton de voix, également éloigné de la rudesse et de la douceur affectée, preuve de leur modération et de leur empire sur eux-mêmes ; bref, tout chez eux montre que le véritable esprit intérieur ennoblit et embellit l'homme, même extérieurement.

Leur démarche ne sent ni la dignité affectée, ni la précipitation, ni la légèreté ; la joie ne les fait pas plus sortir d'eux-mêmes, que la tristesse ne les abat. Même leurs traits portent l'empreinte de la douce sérénité de leur âme.

Leur conduite est toujours la même, car elle est l'écoulement de leur vertu, et la manifestation du Saint-Esprit, qui a élu domicile en eux.

Ils ne connaissent pas les faux égards humains, qui ne sont pas autre chose que des égards égoïstes ; ils ne laissent pas régler leur manière d'agir par l'aversion ou le dégoût. Ils ne refusent à personne un bon conseil, et ils le donnent sans arrogance hautaine. Ils savent unir l'humilité à la franchise, et la charité à la sévérité. Ils pratiquent le silence avec prédilection, mais ils le rompent aussi quand la charité le demande ; ils ne s'engagent jamais dans des querelles ; ils sont toujours attentifs à ne pas dire un mot qu'ils pourraient regretter plus tard ; jamais une parole futile n'effleure leurs lèvres. »

Que nul ne dise que ceci est trop élevé pour un homme né de la femme et conçu dans le péché ; car on l'a vu des milliers de fois dans la réalité, et on a vu des choses encore plus merveilleuses. Que de personnes sont restées silencieuses, soumises et reconnaissantes, alors qu'une longue maladie les clouait sur leur lit de douleurs, ou qu'elles étaient honnies, méconnues, poursuivies de tout le monde, et en apparence abandonnées de Dieu!

Telles sont les victoires que la grâce remporte dans les faibles, victoires par lesquelles les plus petits dans le royaume du ciel surpassent en force les plus grands de la terre.

11. Qui veut du grand doit oser du grand.

Qui veut du grand doit oser du grand, telle est la réflexion que j'ai souvent faite aux jours de ma jeunesse,

Et cependant, les années ont fui l'une après l'autre, et je suis toujours ce que j'étais.

Je rêvais alors de grandes choses dont parleraient les poètes futurs. Mais les beaux rêves n'étaient que de l'écume, et les grands projets restaient des rêves.

Je me laissais leurrer par ce principe, que tout ce qui est petit était indigne de moi. Mon orgueil jouait avec le grand, et je restais toujours ce que j'étais.

Un jour pourtant je vis, mais trop tard, que j'aurais pu accomplir du grand, si j'avais renoncé à mon orgueil.

Qui veut du grand doit oser du grand. Laissez-moi vous dire le sens de cet adage. C'est la vérité éternellement vieille et toujours nouvelle : Le plus grand est celui qui est fidèle dans les petites choses.

12. Jugement du monde et lumière de la foi.

Le monde estime nombre de choses qui ont eu du retentissement extérieur, mais qui sont loin d'avoir été inspirées par la vertu. A son point de vue, c'est très compréhensible ; pour lui, un beau vêtement est beaucoup plus précieux qu'une âme pure. Quant aux actions nobles et parfaites, il ne les comprend pas.

Pour nous servir d'un exemple qu'on rencontre tous les jours, qui fait à la jeune servante un mérite de dire la vérité, là où elle pourrait se tirer d'affaire avec un léger mensonge? « Quoi, dit-on, quoi! un mérite! Tout homme prudent se garderait bien de se mettre ainsi la corde au cou. Mais la pauvre créature simple n'ose pas, car elle craint de commettre un péché dont il lui faudrait se confesser. Pour appeler la chose par son nom, c'est une folie, et rien de plus. »

Ainsi juge le monde, parce qu'il n'est pas capable d'apprécier ce qu'il y a de grand dans l'acte de cette nature simple. Cette pauvre jeune fille pourrait s'épargner un crève-cœur, si elle voulait se résoudre à en donner un à Dieu par le mensonge. Ainsi placée dans l'alternative de supporter elle-même un désagrément ou de le faire subir à Dieu, elle préfère, « servir de bouclier à celui-ci, et présenter bravement sa poitrine aux traits. »

N'est-ce pas là un sentiment généreux ?

Oh! comme elles apparaissent grandes les choses que l'étroit esprit du monde traite avec tant de dédain, dès qu'on les regarde à la lumière de la foi !

13. Grand.

Grand c'était, quand debout dans l'arène, le martyr offrait un spectacle unique à la foule assemblée, et quand, froment du Christ, il était broyé sous la dent des fauves. Grand c'était, quand Bernard allumait un incendie, au souffle de son éloquence, et qu'un de ses regards soulevait des peuples entiers.

Mais grand c'est aussi d'alléger par des larmes silencieuses une douleur amère, d'être fort dans l'adversité, et de souffrir sans se plaindre de mordantes railleries.

Grand c'est d'engager ton honneur, ta vocation, ton avenir tout entier au service de maîtres stupides, qui te traiteront comme des balayures si tu n'es pas de leur avis en tout et toujours.

Grand c'est d'offrir sa vie pour la foule des sceptiques et des railleurs, qui comprennent le jeu et les festins, mais ne savent pas ce que c'est que le sacrifice.

Grand c'est de voir le bien et de le vouloir, d'être incompris, molesté, en l'accomplissant, et de trouver, au lieu d'encouragements et de secours, le blâme et le mépris.

Grand c'est de se voir obligé de casser des pierres, quand on sent bouillonner en soi ces instincts d'artiste, qui pourraient dresser une statue sur son piédestal, ou construire de superbes portiques.

Grand c'est quand l'inintelligence et la jalousie t'enlèvent la palme de la victoire, quand on exalte un fou et qu'on t'accable de reproches.

L'ascension des plus hautes dignités est facile, quand la faveur des hommes y porte. Mais ne jamais faillir dans le sacrifice, c'est plus que de l'héroïsme.

Grand c'est de faire de grandes choses en présence des grands ; mais se faire petit avec les petits, rester fidèle au devoir, que la société vous repousse ou paralyse vos efforts, ce n'est pas petit non plus, tant s'en faut.

14. Coopérateurs du Christ.

Lorsque le Christ s'écria : « Tout est consommé », il avait terminé ce que, de son côté, il pouvait faire pour ton salut. Mais, tout n'est pas fini pour toi. Il te reste encore beaucoup à faire, car le Christ n'a pas voulu te sauver, comme si tu étais un malade sans connaissance. Il a montré qu'il avait confiance en toi, en te choisissant comme son coopérateur dans l'œuvre de ton propre salut.

Néanmoins, tu n'agis pas seul ; il agit constamment avec toi. Ce que tu fais dans cet ordre, a autant de valeur que s'il le faisait lui-même. Tes souffrances, tes prières, tes mortifications, tes combats sont devant Dieu ses combats et ses prières.

Lutte donc avec cette pensée consolante, que le Christ combat en toi et avec toi, et que tu combats pour le Christ. Imite l'Apôtre qui « portait dans son corps la mortification du Christ » (II Cor., IV, 10), et qui, « souffleté par l'aiguillon de la chair » (II Cor., XII, 7), se consolait avec la persuasion « de compléter dans son corps ce qui manquait à la passion du Christ » (Col., I, 24).

15. Vraie et fausse humanité.

Nous l'avons dit souvent : L'homme qui se prend pour son propre original, devient forcément une difformité criante ; l'homme qui pense s'améliorer en prenant un autre homme comme modèle, devient doublement mauvais, parce qu'il unit en lui les défauts de deux hommes.

Oui, si l'homme veut réussir à devenir meilleur, il ne le peut qu'en marchant sur les traces de Celui qui vint du ciel, et retourna au ciel orné de toutes les vertus humaines.

C'est pourquoi, les vrais joyaux de l'humanité, dans lesquels Dieu et les hommes se complaisent, sont ceux qui renouvellent en eux, selon leurs forces, les actions et la passion du Christ.

16. Les désirs secrets du cœur chrétien.

Beaucoup de serviteurs du monde regarderaient comme

une grande impertinence de notre part, si nous leur proposions de nous communiquer, en toute sincérité, les pensées et les désirs qui les occupent dans leurs heures de calme.

Plutôt la mort que livrer mon secret,

dirait plus d'un parmi eux. Si on pouvait lire dans le cœur de tous ces prétendus savants qu'on rencontre sur son chemin, de tous ces gens qui fréquentent les théâtres, avec « des vêtements qui ne sont pas payés et des bijoux faux », ne rentreraient-ils pas sous terre de honte ?

Comme plus d'une dame distinguée, qui se moque de la simplicité et de la sotte piété de sa domestique, rougirait, si elle mettait ses pensées les plus secrètes à côté de celles qui occupent la pauvre enfant dans ses moments de solitude ! Quelle confusion, si elle pouvait lire les sentiments qui se pressent au fond de son cœur, durant ces labeurs quotidiens, source constante d'abnégation personnelle, durant ces longues heures qu'elle passe la nuit à attendre le retour de ses maîtres, durant ces courts instants qu'elle dérobe le matin à son sommeil, pour courir vite à l'Eglise !

Si nous jetons un coup d'œil sur le livre de piété que lit cette jeune fille, à la clarté d'une maigre chandelle, nous saurons quels vœux secrets remplissent son cœur. Il porte une marque à l'endroit où se trouve la vieille prière du matin :

« O Dieu dont la puissance soutient tout ce qui est au ciel et sur la terre ! Puisque, sans votre lumière et sans votre secours divin, il est impossible d'accomplir aucun acte méritoire pour le ciel, pauvre créature que je suis, j'accours vers vous, je vole vers vous, mon Créateur, mon Rédempteur et mon Sauveur, vous qui m'avez créée à votre image et à votre ressemblance, vous qui m'avez donné la raison et la volonté libre. Je remets aux mains de votre divine Providence, et sous votre protection, mon âme, mon corps, mon honneur, tout ce que je possède, et tout ce que vous m'avez prodigué en fait de biens temporels et spirituels.

Je vous recommande tous ceux pour qui je suis obligé de prier, et je vous demande, ô Dieu tout-puissant et bon, de tourner vers nous tous, pauvres pécheurs que nous sommes, vos regards miséricordieux, afin de nous pardonner nos fautes, et de nous préserver de tout ce qui pourrait éloigner de nous votre grâce et votre amour.

Je vous supplie de nous communiquer votre éternelle sagesse, et de nous donner l'intelligence suffisante pour accomplir nos œuvres selon les vues de votre divine volonté.

Embrasez-nous aussi des feux de votre divine charité ; pénétrez-nous des sentiments d'une telle dévotion, d'une telle tendresse, d'une telle humilité, d'une telle obéissance, d'une telle chasteté et d'une telle pureté d'âme et de corps, que nous soyons empressés à vous servir dans la vraie foi, dans la vraie vie chrétienne, et qu'à notre heure dernière, nous parvenions à la bienheureuse éternité ». Ainsi soit-il.

17. Homme des jours de pénitence et homme des jours de fête.

Le mot « homme des jours de fête », que j'ai trouvé dans Jean Paul, a éveillé en moi des souvenirs joyeux, et, qui plus est, des souvenirs édifiants et encourageants.

Il ne m'a pas rappelé, c'est vrai, tel ou tel homme célèbre qui, « froidement, avec des airs protecteurs, serrant la main en ami ou en cousin à chaque grandeur qu'il rencontre », fait penser à Eschyle, parlant quelque part « d'un airain faux qui, au premier usage, perd son éclat et noircit la main »; mais il m'a remis en mémoire des impressions de mon ministère. Quand je vais porter les consolations de la religion à un pauvre malade, et que je trouve à son chevet des personnes pieuses, qui, par amour pour Dieu, s'intéressent à sa misère, je me sens dans des dispositions semblables à celles qu'apporte avec lui un jour de fête.

Chose curieuse! Des hommes pour qui c'est constamment jour de fête; des hommes dont personne n'approche autrement qu'en costume des jours de fête; des hommes qui ne savent rien de la misère que le péché a répandue dans l'humanité, sont facilement pour les autres des hommes de jours de pénitence. Mais des hommes qui gémissent sur leurs péchés et sur ceux d'autrui;

des hommes qui mettent sur l'autel de leur cœur leur misère propre et la misère des autres, pour les offrir en sacrifice à Dieu; des hommes de pénitence; des hommes de sacrifice; des hommes de prière; des hommes intérieurs, voilà les vrais hommes des jours de fête; les hommes au contact desquels on devient meilleur, plein d'enthousiasme; les hommes dont la présence laisse au fond de l'âme une suavité intime qui demeure longtemps.

18. Spécialité et Universalité.

Aujourd'hui, le terrain de la science est envahi par des spécialistes, comme il est à croire qu'il ne l'a jamais été.

R. Lucas consacre son temps et ses forces à résoudre la question de savoir si les trichoptères ont des organes buccaux ou non, Hilberg écrit un volume de 892 pages in-octavo sur les lois de la construction du pentamètre chez Ovide. Celui qui veut être à la hauteur de son temps, comme on dit, ne doit plus écrire l'histoire générale d'une période, mais seulement photographier la note des dépenses faites à l'occasion d'une noce princière, ou d'une fête religieuse. Quiconque indique la manière de composer un poème, et la façon de penser dans tel ou tel siècle, est jugé à l'avance. Pour attirer l'attention, il doit se contenter d'une dissertation sur l'encre avec laquelle on écrivait alors. Tout au plus peut-il faire réimprimer servilement un ouvrage très ordinaire, composé il y a quelques siècles. Frohschammer avait raison de dire qu'aujourd'hui, aucune académie du monde ne voudrait élire, pour un de ses membres, celui qui en a été le fondateur. Pour avoir part à un tel honneur, Platon devrait d'abord prouver, par trois gros ouvrages de polémique, qu'il est l'auteur du *Philèbe*.

Ainsi en est-il de toutes les spécialités. Le philologue s'occupe pendant dix ans de rétablir une variante, ou de trouver la certitude d'une conjecture; le peintre fait une main qui s'agite à une fenêtre, et invite à entrer; un médecin se borne à enlever les taches de rousseur ou à couper les amygdales; le critique est comme ce cordonnier vénitien, qui trouvait affreux le portrait d'un des doges par le Titien, parce qu'une couture inexacte apparaissait dans l'un de ses souliers. Le savant moderne est tombé au niveau d'un ouvrier de fabrique, qui ne connaît rien en dehors des roues de montres et des clous de souliers, lesquels, soit dit en passant, il fabrique de main de maître, grâce à la façon dont il s'est spécialisé dans ce travail. Quiconque tient à s'entendre un peu en érudition, courbe son esprit sous ce joug de manœuvre. Celui qui briguait jadis un emploi auprès du ministre Lutz, ne pouvait l'obtenir qu'en indiquant expressément qu'il s'était préparé à telle ou telle spécialité, car, le tout-puissant ministre jurait sur le principe de Félix Mendelsshon Bartholdy : que la spécialité est une condition indispensable pour la perfection.

Dans la vie réelle, tout est en opposition avec ces idées. Là, règne une universalité telle qu'il n'y en a guère ; là chacun sait tout, juge tout, donne des conseils sur tout, est expert en tout. Le pharmacien se moque de l'infaillibilité des papes, parce qu'ils n'entendent rien à l'astronomie, comme ils l'ont parfaitement fait voir à propos de Galilée, et le tailleur déclare qu'il ne peut croire à la Bible, parce que les découvertes les plus récentes, en Egypte et en Assyrie, ont montré que sa chronologie reposait sur des erreurs grossières. Tous les membres d'une académie réunis ne pourraient peut-être pas établir exactement le nombre des sciences et des arts, qui passent sur le tapis dans une seule séance de commérage.

La même chose a lieu dans les relations d'affaires et de société. Chacun veut être, ou du moins, paraître tout, toucher à tout, être connu partout. Chacun laisse à d'autres le soin de ses affaires pour se mettre de toutes les associations, pour être partout une autorité, un auxiliaire, un guide, un commissionnaire, ou, comme on dit, un *factotum*. Chacun vit pour faire plaisir à tous, surtout à soi-même, mais non à ceux qui ont officiellement droit à ses services. Comme dit Martial : « on habite partout, et on n'est nulle part chez soi ». Pour trouver quelqu'un, il faut seulement le chercher là où il devrait être, et on le rencontre là où on le cherchait le moins.

Comme tous les extrêmes, ces deux défauts se touchent : l'étroitesse d'esprit est la cause immédiate de la suffisance personnelle. Plus est restreinte la sphère intellectuelle de quelqu'un ; plus est grande l'assurance avec laquelle il décide de tout, que plus est petite l'opinion qu'il a des autres.

Ce mal serait vite guéri, si nous apprenions à penser et à parler comme l'Apôtre, qui, en toute humilité dit de lui : « qu'il se glorifie de ne savoir que Jésus crucifié. » Il savait aussi autre chose ; mais il ne laissait paraître que cette seule science, parce qu'elle était la principale à ses yeux : il gardait le silence sur tout le reste.

La vraie spécialité dans la science serait de savoir beaucoup de choses, mais de faire seulement usage de ce qui est nécessaire à la vie et au salut, c'est-à-dire de ce que réclament le devoir et la charité. La vraie universalité nous est présentée par ces serviteurs à qui leur maître rend ce témoignage : « Si je dis à l'un d'eux : va, il va ; si je dis à un autre : fais cela, il le fait » (Matth., VIII, 9). Chacun d'eux était prêt à exécuter n'importe quel ordre, à embrasser n'importe quelle profession et à y demeurer fidèle, sans s'inquiéter si elle était dure, ennuyeuse, humiliante, si les louanges qu'elle lui rapportait étaient clairsemées, si les autres ne lui donnaient qu'une médiocre attention.

La plus belle spécialité est la modestie et l'humilité dans la science ; la plus belle universalité est la promptitude à faire tous les sacrifices en esprit d'obéissance et d'abnégation.

19. Extériorité et Intériorité.

On reproche à la foi chrétienne d'attacher trop d'importance aux extériorités, même de les regarder comme étant seules importantes, et, en conséquence, d'oublier que ce n'est pas l'acte, mais l'intention qui fait l'homme et le chrétien.

C'est une critique que nous acceptons avec reconnaissance, peu nous importe d'où elle vienne. Elle nous prêche une vérité que nous ne pouvons entendre assez souvent. Certes, nous ne nions pas que le Pharisaïsme blâmé par le Maître, et qui consiste à chercher la justice dans une pénible conformité aux lois, passe facilement, dans ce monde léger, pour être de la sagesse aux yeux d'esprits plus sérieux (Col., II, 23).

En face de cet extrême, s'en trouve un autre qui est loin de lui ressembler. C'est le Sadducéisme, qui, sous le nom de liberté d'esprit, prêche le mépris de toutes les formes et de toutes les pratiques extérieures, et prétend que la loi est un obstacle, quand on s'est clairement rendu compte que la religion est une affaire entre la conscience et Dieu.

Ces deux extrêmes qui se combattent sans cesse, ont néanmoins leur bon côté : ils ne nous laissent pas perdre de vue la vérité qui se trouve au milieu d'eux.

Pour nous recommander cette vérité, le Sauveur a dit qu'il y a des choses « qu'il faut pratiquer sans omettre les autres » (Matth., XXIII, 23). Il a déclaré que « celui-là seul a la charité, qui observe ses commandements » (Joan., XIV, 21). Mais il assure aussi que la chose principale dans sa loi est « le côté intérieur, la charité, la justice, la pureté d'intention et la piété » (Matth., XXIII, 23). Lui-même il a montré, par sa très sainte vie, que l'harmonie peut parfaitement exister entre l'action extérieure et l'intention intérieure.

C'est cette doctrine que le christianisme a toujours enseignée; c'est cet exemple que les vrais disciples du Christ ont toujours essayé de suivre. Là où il n'y a aucune manifestation de l'Esprit et de la force de Dieu (I Cor., II, 4), là il n'y a pas de vraie vie; en tout cas, pas de vie saine. Mais quelqu'un aurait accompli la lettre de la loi, de la façon la plus parfaite, et il n'aurait pas fait cela par amour, avec un cœur pur, avec une conscience sincère, et une conviction droite, qu'il n'en aurait pas le moins du monde accompli la fin (I Timoth., I, 5).

L'action est le corps de la vie chrétienne ; la conscience en est l'âme. L'union des deux fait le vrai chrétien. C'est le résumé de l'Evangile ; mais c'est là aussi la pensée fondamentale de la vie de l'Eglise.

Une prière de la messe, datant du XVe siècle, exprime admirablement cette pensée. Voici ce monument magnifique de la foi catholique.

« O doux Père! Accordez-nous de devenir tels, que

vous daigniez habiter en nous, et y rester toujours. Demeurez dans nos cœurs, et donnez-nous votre grâce.

O Seigneur Jésus-Christ, fils de Dieu, roi du monde et du temps, Dieu éternel ! vous voulez que chaque prière soit commencée par vous et terminée de même, aidez donc, ce prêtre et nous tous, qui sommes vos enfants, à prier de telle sorte que nos gémissements trouvent accès auprès de vous. Prêtez-nous votre assistance, afin que, devant l'œil pénétrant de votre majesté, nos sentiments intérieurs soient en harmonie avec les paroles de notre bouche, et qu'ainsi nous obtenions le salut du corps et de l'âme, après avoir honoré et glorifié votre saint nom sur la terre.

O Esprit Saint ! Parce que ce prêtre est un envoyé de toi vers nous, pauvres pécheurs, et un envoyé de nous vers ta majesté divine, donne-lui de renfermer toutes nos prières dans la sienne, et de ne pas cesser d'intercéder pour nous avec larmes et gémissements, afin que le Père tout-puissant daigne nous écouter par Jésus-Christ notre Seigneur. » Amen.

20. Liberté d'esprit.

« Comment, dit-on, un homme peut-il vivre heureux sous le poids de toutes les pratiques dont le charge la loi chrétienne ? A chaque pas qu'il fait, il est poursuivi par l'inquiétude, ici de transgresser un commandement, là d'encourir une peine. Même lorsqu'il prie, il se trouve paralysé par des milliers de prescriptions mesquines, à propos de rites et de cérémonies, dont la négligence peut être pour lui une source de péchés. Ne semblerait-il pas que le chrétien se trouve comme enfermé dans une armure de fer, dans laquelle il ne peut pas plus se mouvoir que David dans celle de Saül ? »

Nous voudrions mettre en doute que beaucoup d'hommes se font, en réalité, une conception fausse des préceptes de la vie chrétienne, que ce serait perdre notre temps. Il y a des esprits à courtes vues, des cœurs étroits qui, ne distinguant pas entre moyen et fin, encombrent d'une multitude de scrupules le chemin de la perfection. Il y a des gens qui cherchent le salut et la perfection dans l'accomplissement servile de certaines minuties insignifiantes. Il y en a qui blâment le plus petit manquement, avec une dureté d'autant plus grande qu'ils se disent moins à eux-mêmes, que « le royaume de Dieu ne consiste ni dans le manger, ni dans le boire, mais dans la justice intérieure (Rom., xiv, 17), et dans un cœur affermi par la grâce » (Hebr., xiii, 9).

Pour les contempteurs de toute subordination ; pour les prédicateurs de la fausse liberté, l'asservissement des intelligences par l'Église est un grief toujours bien accueilli. Ils en tirent la conclusion que l'humanité n'arrivera jamais à la liberté, tant qu'elle n'aura pas brisé le joug des commandements.

Mais, c'est là de l'exclusivisme. Les uns comme les autres, surtout les champions de la fausse liberté, « semblables à des chauves-souris que des gamins ont clouées sur la porte d'une grange, et qui geignent et se débattent jusqu'à l'arrivée des avides corbeaux », sont atteints de cet esprit païen et de cet esprit juif, qui empêche les hommes de pénétrer à fond la loi parfaite de la liberté (Jac., i, 25 ; ii, 13). Pourquoi ? parce qu'il les rend esclaves de la lettre et de la forme (Hebr., ii, 15) ; parce qu'il en fait des enfants qui tremblent devant un maître sévère.

Nul reproche n'atteint ici le christianisme, car il nous enseigne clairement la vérité. Il nous a délivré de l'esprit servile d'opiniâtreté et d'inquiétude, et nous a inspiré ces sentiments d'enfants, qui nous font dire du fond du cœur : « Abba, Pater ! » (Rom., viii, 15). La seule sujétion qu'il nous impose, est d'obéir à la vérité et à la justice (Rom., vi, 20) ; et, cette obéissance est loin d'être un esclavage.

Le chrétien se soumet volontiers à la vérité reconnue ; et cela parce que c'est un devoir pour lui. Il s'y plie, non parce qu'il ne peut faire autrement, s'il ne veut pas encourir la damnation, mais par amour pour la vérité. De même, il s'incline devant la loi, non pas à cause de la triste nécessité qui l'y oblige, mais par amour pour la justice. Il accepte chaque sacrifice qu'elle impose, non pas en gémissant, mais par reconnaissance envers celui qui a fait refleurir le bien ici-bas.

De cette façon, il accomplit la lettre de la loi, par respect pour son esprit. C'est la raison pour laquelle il ne sent rien de son poids, et n'est pas écrasé par son joug. Il laisse les esclaves réclamer contre les entraves du dogme. Pour lui, il suit l'impulsion de son cœur. Il n'est pas sous la loi; il est plutôt au-dessus d'elle, parce qu'il la considère comme un moyen commode, pour offrir au Père des intelligences, le sacrifice de sa propre intelligence. Il pratique l'obéissance; mais il la pratique comme homme libre, fidèle à la parole de l'Apôtre, qui recommande sans cesse la liberté de l'esprit, et insiste expressément sur ce que nous pratiquions l'obéissance à cause de la conscience (Rom., XIII, 5). Il est en effet « facile de déterminer le domaine de la liberté, là où se trouvent associés une loi juste, un maître équitable et un serviteur prêt à obéir. »

Là où il n'y a pas d'esprit, la discipline fait défaut : il n'y a ni loi, ni règle. On peut extorquer des pratiques extérieures; mais celles-ci elles-mêmes ne résistent pas longtemps.

Là où l'esprit existe, au contraire, la discipline et l'ordre, le recueillement, la solitude, la délicatesse de conscience sont choses toutes naturelles. Or, là où il y a délicatesse de conscience, il y a aussi amour de la vérité, amour de la justice, amour de l'ordre; et où ce triple amour existe, il y a la vraie liberté d'esprit.

21. Esthétique chrétienne.

« Les extrêmes se touchent », dit le proverbe. En effet, ceux qui rejettent toute religion extérieure, et ceux qui, semblables aux anciens Romains, la cherchent dans un cérémonial des plus rigides; les idolâtres de la lettre et les mystiques sans discipline sont parents par l'esprit. Aux uns comme aux autres, il manque le sentiment de la mesure et de la beauté.

Celui qui possède un véritable goût artistique, est péniblement impressionné, quand quelqu'un essaie seulement de discuter sur les rapports qu'il y a entre une œuvre extérieure et l'intelligence. Seul l'homme qui ne comprend rien au beau, ou ne s'est jamais rendu compte que la religion et la vie chrétienne n'accomplissent pas mieux leur tâche que la science, quand elles ne tiennent pas compte des exigences artistiques, peut douter que les pratiques extérieures forment une partie indispensable de la religion et de la vie morale. Seul un tel homme peut se demander si celles-ci remplissent mieux leur fin, quand elles existent uniquement dans les paragraphes des juristes, sont exécutées sous l'œil vigilant d'un sergent-major, ou lorsqu'elles répondent aux conditions demandées par l'esthète.

Inutile de donner des preuves que l'accomplissement du devoir et la fidélité à la vocation, que la bonne tenue et la conduite digne font tout aussi bien partie du culte de Dieu et de la piété chrétienne, que de l'éducation profane. Jamais personne ne cherchera la perfection chrétienne sous un extérieur négligé, dans la malpropreté, le désordre, la grossièreté, la curiosité, l'intempérance de la langue, la conduite arrogante. On est en droit de supposer chez le chrétien tout ce qu'on exige d'un homme bien élevé.

Mais un chrétien qui veut faire honneur à sa religion, ne se contente pas de se conformer aux lois de la justice et de la charité : il cherche aussi à mettre de l'art dans sa vie. Nos Saints, et non seulement ceux qui étaient sortis des rangs élevés de la société, comme saint Ambroise et saint François de Sales, mais aussi sainte Catherine de Sienne, sainte Thérèse, Catherine Emmerich se distinguaient par une telle noblesse, une telle amabilité, une telle aménité, une telle délicatesse, au milieu de leur pauvreté, que le monde, qui aime tant à médire, les en blâmait.

Ils attachaient une si grande importance à cela, parce qu'ils comprenaient que d'un côté, la vertu n'est pas parfaite, si la parure de la beauté lui manque, et que, d'un autre côté, le raffinement extérieur est un excellent moyen pour élever l'âme.

Il n'y a qu'une philosophie du désespoir, comme celle de Jouffroy, qui puisse prétendre que le beau est inutile. Nous savons le contraire par l'esprit de notre foi, et par expérience personnelle. Non ! la vraie beauté n'est pas inutile ; mais elle facilite l'acceptation du vrai et la pratique du bien. Ruskin a raison de dire que le beau a souvent autant d'importance que l'utile. Et ceci s'applique également à la religion.

Les pratiques de celle-ci n'ont pas pour but de faire

de nous des enthousiastes sans utilité et des automates, mais de nous rendre affectueux, aimables, serviables, et en même temps soumis à la volonté de Dieu. Bref, elles tendent à faire de nous des gens qu'on peut utiliser partout, pour la terre comme pour le ciel.

Personne ne se soumet aux préceptes de la foi chrétienne, sans recevoir l'esprit du christianisme, l'esprit de la vérité, de la sainteté, de la beauté la plus haute. Plus au contraire quelqu'un croit en piété et en délicatesse morale, plus il devient un homme intérieur, et plus aussi s'affinent son goût et sa conduite extérieure.

Celui-là se perfectionne et se rapproche d'autant plus de Dieu, que son extérieur se forme davantage d'après l'esprit du goût artistique chrétien. Celui-là développe d'autant mieux en lui l'esprit chrétien, qu'il se plonge plus sincèrement dans la vie chrétienne et dans la vie de l'Eglise, c'est-à-dire dans la pratique de la vertu chrétienne et du culte public de Dieu.

Personne ne s'efforce d'arriver à la pureté du cœur, et à la délicatesse de la charité envers Dieu et envers les hommes, sans que cela l'entraîne à veiller sur ses yeux, à modérer sa langue, à affiner ses mœurs, et à mieux accomplir ses devoirs professionnels.

Quiconque s'applique à modérer ses mouvements, à tempérer sa précipitation, et même seulement à limer sa langue et son style, ne sera pas longtemps sans en ressentir de salutaires effets dans son caractère et dans sa vie intérieure tout entière.

La raison en est évidente. Le beau est le résultat de l'harmonie qui existe entre une belle forme et une intelligence supérieure. Sans la forme, l'esprit ne peut se manifester ni atteindre la perfection. Sans l'esprit, la forme ne peut subsister : elle meurt.

L'art tout entier résulte de la juste compréhension de cette vérité. D'elle dépend l'intelligence pour la foi et pour la religion, ainsi que toute vie véritablement humaine.

Là où la discipline extérieure n'est pas jointe à l'esprit, on fait des automates ou des hypocrites. Là où la forme est négligée, l'esprit devient grossier ou inutilisable. Là où les deux agissent de concert, il y a un homme complet qui fait honneur à sa race.

Si tous les chrétiens considéraient leur tâche morale et religieuse comme une activité artistique, ils chercheraient à devenir ce que Schiller appelle « l'homme esthétique ». La vie offrirait alors un spectacle plus consolant, et de moindres difficultés s'opposeraient à l'acceptation de notre foi; car, « avec un fil, la beauté nous conduit là où la raison et la force ne pourraient nous entraîner avec un câble. »

22. Plus fort que la philosophie et la science.

Dieu m'a procuré un jour le bonheur d'assister à ses derniers moments, un de mes frères dans le sacerdoce, et je dois dire que j'ai reçu de lui beaucoup plus que je ne lui ai donné. Car, non seulement la fermeté, la joie et la sérénité avec lesquelles il a quitté cette vie, m'ont épargné le pénible devoir de le consoler; mais c'est plutôt lui qui m'a rempli de consolation et de joie.

Sa jeunesse et sa vigueur lui valurent cependant une agonie terrible. Quel spectacle navrant, de voir les souffrances que lui causait cette lutte suprême entre la vie et la mort !

Durant cet assaut terrible, qui le fit se tordre comme un ver, pendant de longues heures, il attachait sur moi ses yeux creux, injectés de sang, et me disait d'une voix entrecoupée : « Que dois-je faire encore ? »

A ce moment une pensée me traversa l'esprit. J'aurais voulu vous voir tous au pied du lit de cet agonisant, vous grands maîtres des syllogismes et des distinctions subtiles, vous pontifes des laboratoires, qui vous glorifiez de réduire en vapeur et la pierre et le fer; j'aurais voulu vous voir, barbouilleurs de papier, qui n'avez qu'un sourire de pitié, quand quelqu'un s'occupe d'autre chose que de bouquins jaunis par le temps ou rongés par les vers. Quelle réponse auriez-vous faite à ce moribond, s'il vous eût adressé une telle question ?

Mais la détresse d'un mourant demande un prompt secours. Je fixai donc mes regards sur les siens, et lui dis, selon l'usage chrétien : « Ce que vous allez faire? mon frère. Vous allez accomplir la volonté de Dieu jusqu'au bout ». « Oui », dit-il; et le calme reparut sur ses traits amaigris.

Est-ce qu'une dissertation sur les coups inévitables du sort aurait ramené aussi vite la sérénité dans l'âme du mourant? Je ne sais. Tout ce que je sais, c'est que chaque fois que les souffrances devenaient plus vives; quand l'amertume des remèdes lui semblait insurmontable, il suffisait de le faire penser à la volonté de Dieu, et aussitôt il acceptait tout avec résignation.

Dans cette circonstance, ce simple mot : la volonté de Dieu, eut une force mille fois plus grande que la philosophie et la science, dans lesquelles il était cependant loin d'être novice. « Bien! Bien! » disait-il souvent. Lorsqu'il eut perdu connaissance, il répétait encore machinalement ce mot, tellement il lui était devenu familier.

Ce fut seulement lorsqu'il cessa de le prononcer, que je m'aperçus de l'imminence de sa fin. Un silence solennel et grandiose se fit alors; et le moribond s'en alla en paix dans la maison de son Père.

23. Condition pour atteindre la fin.

Le voyage des Hébreux dans le désert est une image qui peint assez bien la marche du chrétien dans la vie. Tous voulaient arriver dans la Terre Promise; mais souvent ils trouvèrent ennuyeuse la longue route qui y conduisait. Et, lorsqu'après avoir accompli la mission qui leur avait été confiée, les espions dirent que la terre était excellente, mais que ses habitants étaient forts, et qu'il était difficile de la conquérir, tous se mirent à murmurer, et commencèrent à se repentir d'avoir entrepris ce voyage. Ils voulaient même retourner en arrière, chose que Dieu leur imputa comme un péché.

Ceci nous montre que personne n'arrive nécessairement au terme de son voyage, par le seul fait qu'il s'est mis en route pour l'atteindre. Il faut en outre persévérer. Sans combat pas de victoire; mais le combat doit être continué jusqu'à ce que la victoire soit remportée. Celui-là seul entrera dans la paix du Seigneur, qui durant les courts instants de son pèlerinage et de ses luttes, persévérera jusqu'au bout. Alors il pourra s'écrier le cœur plein de joie : « Avec peu de travail, je me suis acquis un grand repos. »

24. La prière comme expression du véritable esprit chrétien.

Il y a, pour juger une époque et une société tout entière, un point de la plus haute importance, qui, malheureusement, est trop peu dégagé, aussi bien dans l'histoire de la civilisation et de la morale, que dans celle de l'apologétique et de l'histoire des dogmes. Nous voulons dire la manière dont les hommes, sur qui on veut porter un jugement, s'expriment dans leurs prières et dans leurs chants religieux. Impossible de passer ce sujet sous silence et de le traiter avec dédain, à moins de ne pas savoir nous-mêmes ce qu'est la prière.

Nulle part l'esprit humain ne manifeste aussi clairement les motifs qui le font agir. Rien ne fait mieux connaître les sentiments intimes de l'homme. C'est la raison pour laquelle l'Eglise a déclaré que ses prières publiques étaient une preuve et une règle pour sa foi.

Si on donnait plus d'attention à ce point, on pourrait faire disparaître bien des préjugés contre le christianisme. Ainsi, par exemple, il serait impossible d'accuser le chrétien de se glorifier de ses bonnes œuvres devant Dieu, si on se pénétrait bien de la belle prière de Gerlach Petri, un auteur spirituel contemporain de Thomas a Kempis, prière qui exprime si bien l'intelligence du véritable esprit chrétien. La voici :

« C'est avec un esprit humble, et un cœur contrit et repentant, que nous nous prosternons devant vous, ô Dieu. Nous accourons vers vous, comme des brebis autour de leur pasteur; nous nous réfugions sous vos ailes, comme de faibles oiseaux sans défense, et nous vous prions, ô Seigneur, de vouloir bien nous accepter dans votre miséricorde. Amen ».

25. La piété est utile à tout.

Je ne crois pas, je ne prie pas, et cependant je fais mon chemin. J'ignore ce qu'est la fièvre ou la goutte; un bon festin, voilà ce qu'il me faut, et, tous les jours il est à ma disposition. Je suis né sous une bonne étoile. Qu'ai-je donc besoin de la piété? Et cependant on dit qu'elle est utile à tout!

16

Le ver aussi pourrait en dire autant. C'est ici qu'on voit la sagesse à courte vue des hommes. Mais que feras-tu, quand la tempête te ballottera avec violence sur les flots en fureur, que les flammes de l'incendie s'élèveront au-dessus de ta tête, que la calomnie et le mépris se rueront contre ta nacelle désemparée, que l'édifice de ton corps fera mine de tomber en poussière, que la mort te menacera de son glaive? Qui te préservera de la ruine, si la piété ne t'a pas enseigné la conduite à tenir en pareille circonstance? Qui t'enseignera le grand art de supporter avec courage le poids de la vie et de la souffrance, de savoir te passer de bonheur et de faveurs, sinon la piété?

26. Contrepoids et complément de la justice.

On dit que les personnes qui prient beaucoup sont entêtées, susceptibles et impropres aux affaires.

De fait, il n'est pas rare de trouver des gens qui prient, dont les défauts évidents sont de nature à rendre la piété suspecte. Mais, la plupart du temps, il ne faut pas une grande perspicacité, pour voir que ce n'est pas la piété qui leur ôte ce qui pourrait les rendre parfaits; que ce sont eux, au contraire, qui enlèvent à la prière ce qui appartient à sa perfection, à savoir la dévotion et la piété.

Par contre, on trouve aussi beaucoup de gens, — Fichte en faisait partie, — dont on peut dire qu'ils possèdent toutes les qualités qui rendent un homme estimable : fidélité au devoir, accomplissement exact de tout ce que prescrivent le droit, la vocation et les convenances. Cependant personne n'est à l'aise dans leur société. On dirait presque qu'ils sont trop parfaits. Non! ce n'est pas cela. Mais on sent qu'il leur manque quelque chose dont ils auraient besoin, comme complément de la justice. S'ils étaient moins froids; s'ils étaient plus modestes, plus affables, plus doux envers les autres; s'ils savaient s'oublier un peu et s'élever au-dessus du terre à terre des affaires, jusqu'à Dieu; bref, s'ils avaient un peu plus de piété, ils seraient des hommes plus parfaits.

27. Dormir et prier.

Tu n'as pas le temps de prier, dis-tu; il te faut travailler. Tu considères donc la prière comme le sommeil, qui suspend le cours de la vie? Eh bien! je te prends au mot. Commence d'abord par bien prier. Ce sommeil te rendra plus frais et plus dispos pour aller au travail.

28. Prière et homme de cœur intérieur.

« Que dois-je faire? me demande-t-on souvent. Dois-je prier dans un livre, ou librement, du cœur? Lequel des deux vaut mieux de prier en latin ou en français? N'est-ce pas un manque de respect envers Dieu, quand on prie assis, au lieu de le faire à genoux? N'est-ce pas amoindrir le Christ, en priant la Sainte Vierge et les Saints? »

Bonne âme! Ne sois donc pas enfant, ou plutôt esclave à ce point. Prie comme ton esprit te porte à le faire; prie de la façon qui favorise le plus la dévotion en toi. Tu peux prier sans livre; c'est le meilleur. Si le recueillement ne t'est pas possible sans un livre, au lieu de perdre en efforts inutiles les instants précieux de la prière, prends cet auxiliaire. Saint François de Sales a fait ainsi, et il avoue qu'il s'en est parfaitement trouvé.

Prier à genoux est l'attitude la plus convenable. Mais si tu es fatigué, mets ton corps à l'aise, afin qu'il ne gêne pas ton âme. Sainte Thérèse n'était certes pas une amie de la mollesse; or, elle donne ce conseil qu'elle-même mettait en pratique à l'occasion. Que tu sois assis ou debout, que tu marches ou que tu sois couché, que tu pries dans telle ou telle langue, que tu te tournes tantôt vers le Sauveur, tantôt vers sa sainte Mère, tantôt vers les anges et vers les saints, c'est toujours le même Dieu que tu pries.

En un mot, mets de côté les formalités mesquines et tout ce qui ne concerne pas Dieu et ton intérieur. Le libre essor de l'esprit et l'expression sincère des sentiments du cœur, voilà ce qui seul est d'un grand prix devant Dieu (I Petr., III, 4), voilà ce qui seul fait la vraie prière. L'attitude extérieure n'est certes pas indifférente; mais elle n'est pas non plus ce qu'il y a de principal. Conduis-toi donc dans la prière selon les bienséances humaines et chrétiennes. Avant tout, suis le principe de l'Apôtre : « Je prierai avec le cœur, mais je prierai aussi avec l'intelligence » (I Cor., xiv, 15).

C'est ainsi que tu réaliseras le mieux les intentions du Maître, qui veut la prière en esprit et en vérité.

29. La prière, chant du paradis.

Comme les enivrements de la jeunesse gonflent ma poitrine! Le soleil du matin qui monte rajeuni dans l'azur, la rosée dont les perles étincellent, les oiseaux qui chantent dans les bosquets, tout cela réveille un joyeux écho dans mon cœur.

Si beau que soit le monde, il serait un désert, si tous les chanteurs qui l'égayent restaient muets; et moi, je m'en irais solitaire et triste à travers la campagne, si je n'avais personne pour m'interpréter la nature.

Le plus beau pays de la terre ressemble à une solitude, quand aucune voix ne loue Dieu. Mais là où la prière emplit l'air, comme le chant de l'alouette, il semblerait qu'on jette un regard sur un coin du paradis.

Celui qui fait taire la voix de la prière, coupe la langue aux rossignols de Dieu. Celui qui supprime les chants du cloître et de l'Eglise, est un garnement qui détruit les nids.

On gémit de ce que le jardin de Dieu est dévasté! Ce n'est pas difficile. On en chasse les gardiens; on raille ceux qui cultivent une fleur divine; on punit ceux qui élèvent une alouette céleste.

Il serait pourtant facile de faire de cette terre un paradis de délices. On n'aurait qu'à laisser les portiques du Seigneur se remplir de joyeux chants d'action de grâces.

30. Simples questions d'un médecin d'âmes éprouvé.

(Thomas a Kempis).

1. Quoi de plus insensé que de s'attacher à ce qui est vain et périssable, et de haïr ce qui seul est vrai et durable?

2. As-tu déjà éprouvé quelque préjudice à t'abstenir de ce qui est défendu ?

3. Pourquoi t'occuper des autres, tant que tu ne te connais pas toi-même ?

4. Pourquoi te réjouir de la chute d'autrui ?

5. Qu'as-tu gagné, quand tu as perdu Dieu pour une chose périssable, qu'il te faudra bientôt abandonner ?

6. N'est-ce pas un grand aveuglement pour un homme qui se sent faible et pécheur, de ne pas vouloir que les autres le tiennent pour tel ?

7. Pauvre homme ! Pourquoi veux-tu recevoir des honneurs pour un bien que tu sais parfaitement ne pas t'appartenir ?

8. A quoi te sert la vaine louange des hommes, quand, à l'intérieur, ta conscience te dit que tu es faiblesse et péché ?

9. Qu'as-tu gagné, si tu déplais à Dieu, en essayant de te plaire à toi-même ?

10. Comment se conduira dans les grandes choses celui qui ne sait pas se vaincre dans les petites ?

11. As-tu quelquefois reçu de Dieu un ordre dont tu n'aies pas trouvé l'écho dans ta conscience ?

12. Prétends-tu gagner, avec des ménagements, la couronne que des héros n'ont obtenue qu'au prix des plus durs combats ?

CHAPITRE XIV

LA PERFECTION

1. Trois classes d'honnêtes gens.

Beaucoup de gens pratiquent très bien les obligations extérieures de la religion, ainsi que leurs devoirs d'état. Par contre, ils prennent un soin exagéré de leur corps et entretiennent pieusement leurs passions. Ils parlent beaucoup de devoir et de précepte, particulièrement là où il s'agit de faire valoir leurs droits et d'imposer des charges aux autres. Mais les mots de pénitence, de mortification et de vie intérieure sonnent d'une façon désagréable à leur oreille. Ces mercenaires restent attachés de cœur au péché, et sont toujours en danger de succomber à la première tentation. Ils rejettent également toute discipline, aussitôt que leur orgueil et leur cœur amolli commencent à trouver ce joug incommode.

D'autres accomplissent, avec la plus rigoureuse exactitude, les devoirs de la religion et les devoirs de leur état. Pour cela, ils pratiquent même la mortification extérieure. Mais ils croient que cette ponctualité automatique leur tient lieu de toute autre chose, et se considèrent volontiers comme meilleurs que d'autres qui ne sont pas aussi exacts. De la vie intérieure, de la lutte contre les caprices et la susceptibilité, de l'humilité, de la piété et de la charité, ils n'en ont pas même l'idée, ou, si cette idée leur vient, ils ne s'en émeuvent nullement, car ils considèrent tout cela comme un accessoire inutile, dans le genre d'un ornement, et non comme l'âme du tout.

Ces gens secs et durs n'arrivent jamais à quelque chose de complet, et s'élèvent difficilement au-dessus d'une certaine médiocrité. Mais une fois qu'ils se sont épuisés sous le fardeau des pratiques extérieures, ils deviennent souvent les plus indisciplinés de tous les hommes, et se dédommagent de leur rigidité première, par un mépris complet de l'intérieur comme de l'extérieur.

Quelques-uns enfin cherchent, avant tout, à former l'homme intérieur en s'efforçant de déraciner leurs vices et d'acquérir la vertu et la piété. En agissant ainsi, ils ne négligent aucune de leurs obligations publiques et privées ; ils accueillent leur prochain avec ces égards et cette délicatesse prévenante dont la bonne éducation et la charité chrétienne font un devoir ; ils s'exercent à des pratiques de pénitence commandées ou libres. Mais ils se soumettent à toutes ces choses extérieures avec une certaine retenue, une certaine mesure et une certaine modestie. Ils craignent même, en usant de ces pratiques, de devenir victimes de l'exagération ou de la complaisance personnelle. Ils ne se dissimulent pas que « l'exercice corporel est peu de chose, mais que la piété est utile à tout » (I Tim., IV, 8).

En d'autres termes, ils savent que les œuvres extérieures ne sont que des moyens secondaires pour arriver à la perfection, par conséquent qu'elles doivent céder devant des considérations plus élevées, ou devant l'obligation de se ménager ; mais que l'effort vers la perfection intérieure est la chose principale, et qu'elle n'admet aucune limite, aucune négligence.

Ceux-ci se trouvent sur la voie de la perfection, quand même il leur arrive de se sentir faibles et de trébucher.

2. Passion et perfection.

Tu me parles de la perfection ; je voudrais bien la posséder. Un instant, j'ai travaillé à y arriver ; mais la force m'a fait défaut. Alors j'y ai renoncé. Les dons sont différents pour chacun. Les uns ont des natures douces comme des agneaux ; la mienne est passionnée à l'excès.

— Eh bien ! C'est la passion seule qui te rend cette voie si difficile. Mais si tu subis ses chocs avec patience et courage, sache qu'alors ta vertu m'inspire plus de confiance que si je voyais en toi un saint depuis ta naissance.

La vertu ne demande pas une force de géant, semblable à celle d'un lion. Mais, pour la pratiquer, il ne faut pas non plus être comme ces vers flasques, qui se tordent sur la terre après une averse. La vertu est un noble coursier. Elle ne fait pas regretter la peine qu'elle a donnée.

C'est ainsi que les assauts de la passion deviennent pour elle une source de force.

3. Tu portes deux peuples dans ton sein.

Si tu veux servir Dieu sérieusement, tu sentiras bientôt ce qu'éprouva un jour Rébecca. Les deux enfants qu'elle portait dans son sein se battaient, et Dieu lui dit : « Il y a en toi deux peuples ; mais ils se sépareront l'un de l'autre, et le plus grand sera le plus petit » (Gen., xxv, 23).

Jusqu'alors, ces deux peuples, quelque différents qu'ils puissent être, ont vécu en paix en toi, car tu ne t'es pas encore appliqué sérieusement à les séparer. Mais s'il t'arrive un jour d'envisager le bien, comme il convient de le faire, tu sentiras bientôt dans ton intérieur un combat terrible, opiniâtre ; car le mal qui est en toi ne se laissera pas facilement vaincre par le bien. Ici, il ne faut pas seulement que le plus grand serve le plus petit ; il faut que la chair et la volonté mauvaise deviennent subordonnées à l'esprit.

L'effort vers la perfection commence avec la lutte ; et ce n'est pas un mauvais signe, quand celle-ci est ardente : c'est une preuve que le mal sent que cela devient sérieux.

4. Triple mortification.

La première espèce de mortification consiste dans l'abstention. C'est le degré le plus bas, mais aussi le plus nécessaire. Elle évite tout ce qui est de nature à faire naître les tentations, ou les causes du péché. Cette mortification suffit ; mais elle est ennuyeuse, car elle vit de la crainte.

La seconde consiste dans la détestation. Elle n'est pas nécessaire, mais souverainement à conseiller. Elle fuit non seulement ce qui flatte les sens et l'amour-propre, mais elle le déteste et l'écarte comme une cause de péril, et par crainte de déplaire à Dieu.

Cette espèce de mortification est d'un degré plus haute que la précédente; elle est plus sûre et moins ennuyeuse, parce qu'elle préserve de nombreux combats, et qu'elle est déjà tempérée par la charité, bien qu'elle subisse encore l'influence de la crainte.

La troisième consiste dans la recherche. Si quelqu'un la choisit, il est sur le chemin de la félicité. Car celui qui, par amour pour la croix du Christ, et par désir de devenir semblable à lui, fait volontairement violence à ses convoitises, à son orgueil, et ne néglige aucune circonstance de combattre sa sensualité et son amour-propre, est aussi loin du danger de tomber, qu'il est possible de l'être dans cette vie terrestre. Celui-là foule aux pieds son pire ennemi, et l'amour qu'il a pour son Sauveur, lui rend doux ce qui est amer à sa nature.

5. La meilleure de toutes les mortifications.

Sans mortification, sans victoire remportée sur soi, et sans abnégation personnelle, il est impossible de conquérir le royaume de Dieu.

La mortification la plus nécessaire, la plus inévitable, est l'acceptation des contrariétés et des ennuis quotidiens. Mais, pour qu'elle soit méritoire, il faut qu'elle ait lieu dans cet esprit qui, à chaque chose désagréable, faisait dire à saint Dominique : « C'est ma pénitence ».

De cette façon, nous fatiguons notre corps, et nous l'empêchons de se révolter contre l'esprit; nous domptons l'insubordination de celui-ci, en le pliant à cette discipline de tous les jours. De cette façon, nous apprenons par la voie la plus courte, les vertus si nécessaires d'obéissance, d'humilité, de patience, et, la plus importante de toutes, celle qui s'appelle la persévérance dans le bien.

6. Dois-je devenir un saint?

« Ne te laisse pas effrayer par ce mot de *sainteté*, dit saint Bernard. La Sainte Ecriture donne le nom de saints, non pas à ceux qui ont déjà acquis la sainteté parfaite dans cette vie, mais à ceux qui s'efforcent d'y arriver, non pas à ceux qui ont déjà complètement purifié leur cœur, mais à ceux qui n'aspirent à rien tant qu'à cette purification ». « Ce n'est pas que j'aie déjà saisi le prix, ou que j'aie déjà atteint la perfection ; mais je cours pour tâcher de le saisir » (Phil., III, 12). Ainsi parle l'Apôtre de lui-même.

Tu vois que lui non plus n'avait pas atteint le but. Mais il était dans les dispositions de devenir un saint, et c'est pourquoi il en est devenu un.

Prends donc aussi la ferme résolution de devenir un saint coûte que coûte, et quel que soit le temps que cela te demande. Une fois cette résolution prise, continue comme tu as commencé, et n'oublie pas de faire chaque jour des efforts en avant. Mais, si ta fidélité subit des échecs; s'il t'arrive d'avoir des défaillances, — tu es homme, et en conséquence, tu restes toujours faible, — relève-toi promptement, et persévère dans ton désir et dans tes aspirations à devenir saint; tu atteindras certainement ce but.

7. La raison de tous les obstacles dans le bien.

Pourquoi donc je ne trouve aucune vraie joie, aucune vraie consolation dans toutes mes prières et dans mes efforts? dis-tu quelquefois. Pourquoi un rien suffit pour m'abattre? Je ne crois cependant pas manquer ni de sérieux, ni de bonne volonté pour servir Dieu et devenir meilleur. Pourquoi donc n'ai-je pas plus de succès?

Dans Isaïe, les Juifs posent la même question à Dieu : « Pourquoi jeûnons-nous, et n'abaisses-tu pas tes regards sur nous? pourquoi nous humilions-nous, et as-tu l'air de l'ignorer? » (Is., LVIII, 3).

Or, sais-tu ce que Dieu leur répondit? « Voyez dans quelle intention vous jeûnez », leur dit-il. L'amour-propre qu'ils entretenaient en eux, par leur rigidité et leur soumission aveugle à la loi, était précisément l'obstacle qui les tenait éloignés de Dieu. C'est pourquoi celui-ci ajouta : « Vous trouverez votre joie en moi, quand vous ne ferez plus votre volonté propre; et moi, je vous élèverai au-dessus de ce qu'il y a de plus élevé sur la terre » (Is., LVIII, 13, 14).

Reconnais donc ici ton ennemi, le grand obstacle qui

s'oppose à ta perfection. Fais davantage violence à ta volonté propre, et tu puiseras plus de consolations dans le service de Dieu; tu travailleras avec une joie plus grande, et tu t'élèveras plus facilement au-dessus des misères de cette vie terrestre, lors même que tu ne pourras pas complètement dépouiller le vieil homme ici-bas.

8. Progrès sans fin.

La vertu et la perfection ne connaissent pas de limites. Jamais il n'est permis au juste de croire qu'il est en possession de sa fin. « Ce n'est pas que j'aie déjà saisi le prix, ou atteint la perfection, dit l'Apôtre; mais je cours pour tâcher de le saisir ». (Phil., III, 12). Quelle que soit la distance que tu aies déjà franchie, tu dois toujours te souvenir de la parole suivante : « Que le juste pratique encore la justice, et que le saint se sanctifie encore » (Apoc., XXII, 11).

L'auteur de toute sainteté n'a pas dédaigné de nous donner lui-même cet exemple, tant qu'il a été notre Maître ici-bas : « Il a été obéissant jusqu'à la mort ».

As-tu entendu? Jusqu'à la mort. Va donc, marche de l'avant, et n'aie pas de repos jusqu'à ton dernier soupir. « Il te faut courir dans le stade, jusqu'à ce que tu aies atteint le but suprême » (I Cor., II, 24), dit l'Esprit Saint. « Sois fidèle jusqu'à la mort, dit-il encore, et je te donnerai la couronne de vie » (Apoc., II, 10).

9. La plus sûre voie pour arriver au salut.

Il n'y a qu'une seule voie qui conduise à Dieu, et cette voie c'est le Christ. Cependant, il en est beaucoup qui cherchent le Christ, et, par lui, le Père, et qui ne trouvent ni l'un ni l'autre.

Longtemps Hérode chercha à voir le Christ. A la fin, il le vit; et il ne le trouva pas. Combien il y en a qui cherchent le Christ, et qui le cherchent comme les Juifs durs et opiniâtres, dans les pratiques extérieures et dans une justice morte, ou, comme les païens orgueilleux, en faisant un compromis avec la faveur du monde et l'esprit de l'époque ! (I Cor., I, 22). Mais, en le cherchant ainsi, on ne le trouve jamais.

C'est dans la croix seule que tu peux le trouver. Ce court principe est le résumé de l'Evangile, de la foi, du christianisme. Les uns peuvent rougir de ce mot, comme étant une pure folie ; les autres s'en formaliser. Quoi qu'il en soit, aucun autre Christ ne nous a été annoncé, sinon celui qui est mort sur la croix ; et aucune autre voie ne vous est indiquée pour aller au Christ, sinon la voie de la croix.

C'est une voie difficile en apparence ; mais c'est précisément celle que nous trouvons le plus facilement ; celle dans laquelle, — que nous le voulions ou non, — nous devons tous marcher ; celle qui nous conduit le plus sûrement à notre fin. Quelle parole consolante, que celle que le Seigneur nous fait adresser par son ange : « Vous, ne craignez pas ; car je sais que vous cherchez Jésus qui a été crucifié » (Matth., XXVIII, 5).

10. Regardez-moi !

Un ministre péruvien que torturaient des conquérants avides d'or, poussait d'amers gémissements. En l'entendant se plaindre, son roi qui était étendu à côté de lui, sur des charbons ardents, et qui subissait cet atroce supplice sans proférer un mot, se retourna et lui dit : « Regarde-moi ! Est-ce que je suis sur un lit de roses ? »

Le Christ pourrait nous adresser les mêmes paroles. Je gémis sur mes misères, sur mes peines de cœur, sur mes désillusions, sur les oublis et les humiliations dont je suis victime. Est-ce que mon Sauveur a été mieux partagé ? Est-ce que je vaux mieux que lui ?

11. Un moyen très simple pour arriver très haut.

Celui qui considère ce qu'est Dieu, ce que nous valons, nous et toutes les choses d'ici-bas, se convaincra que ce qui est exigé de nous n'est pas exagéré, mais très minime. Il ne lui sera alors pas difficile de tout abandonner, mais tout, de se vaincre, et d'aspirer à ce qu'il y a de plus élevé.

12. Une seule chose suffit.

Seigneur, faites que je vous satisfasse, et bientôt je

trouverai que vous me suffisez. Si vous me suffisez, Seigneur, je serai toujours riche.

13. Dieu doit croître; moi, diminuer.

Celui que la Sagesse éternelle elle-même a salué comme le plus grand des enfants des hommes, dit de lui : « qu'il doit diminuer, et que le Christ doit croître » (Joan., III, 30).

Ces paroles indiquent quelle fut sa vie, car il a toujours agi conformément à elles. Plus les hommes se pressaient autour de lui, plus il se hâtait de les adresser vers Celui devant qui il voulait s'effacer, et il s'est effacé en réalité, comme l'étoile du matin disparaît devant les premiers rayons du soleil. Plus on le louait, plus il chantait les louanges de son Seigneur, plus il accentuait sa propre indignité.

Quel exemple pour les serviteurs, et pour les prédicateurs du Christ! Combien il en est, parmi ces derniers, qui exercent leur charge pour détourner les cœurs de lui et les amener à eux, pour amoindrir le respect dû à Dieu, et en confisquer une partie à leur profit! Combien de serviteurs des hommes, et de prêtres de leur propre honneur! Oui, ils sont peu nombreux ceux qui sont prêts à devenir chaque jour plus petits aux yeux de tous, afin que Dieu seul croisse en eux.

Il n'y a pourtant que cela qui féconde l'activité humaine; c'est là tout le secret de certains succès. Les gens qui les remportent ne connaissent en effet que deux choses : disparaître eux-mêmes, et voir Dieu seul honoré.

14. Comment Dieu nous prépare aux grandes choses.

Sara était âgée de quatre-vingt-dix ans, lorsqu'elle conçut Isaac. Jusqu'aux plus extrêmes limites du possible, elle avait gardé l'espoir de devenir mère. Pour cela, elle avait prié, pleuré, fait des vœux ; mais tout avait été vain. Finalement, voyant que tous ses efforts n'aboutissaient à rien, elle en avait pris son parti, quand un jour, contre son attente, ses vœux d'autrefois furent exaucés.

C'est ainsi que toute fougue, tout désir déréglé doit mourir en nous, jusqu'au degré où, ce qui formait auparavant l'objet de nos vœux les plus ardents, ne soit plus possible qu'avec des sacrifices, et même jusqu'au degré où nous ne puissions plus y penser sans en éprouver du déplaisir.

Alors seulement, nos désirs seront accomplis, et plus richement accomplis que nous ne l'aurions jamais supposé.

L'abnégation personnelle est une source féconde en bénédictions.

15. La voie qui conduit à la paix.

Dieu peut t'envoyer ce qui lui plaît : misères, calomnies, persécutions, comme il l'a fait pour son Fils, durant sa vie tout entière, tristesse jusqu'à la mort, comme celle qui envahit le Christ au jardin des Oliviers, doutes relatifs au salut de ton âme. La terreur du jugement peut te torturer ; le Père lui-même qui est dans le ciel, peut sembler t'abandonner, comme il le fit pour ton modèle, sur la croix. Quoi qu'il en soit, crois en Dieu et aie confiance en lui. Sois certain qu'au fond de tout cela, tu y trouveras toujours une chose très précieuse : la paix du cœur. Or, avec cela, on peut supporter l'épreuve, quelle qu'en soit la durée.

Mais cette durée ne sera pas éternelle. Dieu fait chaque chose en son temps. Toi, de ton côté, accomplis ce que tu dois faire; aie patience avec Dieu et avec les hommes, avec les circonstances, et surtout avec toi. Cela te rapportera les meilleurs fruits (Job, XXII, 21 ; Luc., XXI, 19). Mais quel est celui qui, ayant résisté à l'ordre et au temps de Dieu, — aurait-il, avec cela, travaillé à la cause la plus sainte, — à jamais obtenu la paix? (Job, IX, 4.)

16. Ce qui surpasse tout et survit à tout.

C'est quelque chose de grand que d'être apôtre, docteur illustre, ou d'avoir été favorisé par Dieu de dons merveilleux.

Que personne cependant n'en soit jaloux. Il y a encore

quelque chose de beaucoup plus grand, et que tout le monde peut posséder : c'est la charité, « la charité qui est patiente, pleine de bonté ; la charité qui n'est pas envieuse, qui ne se vante point, qui ne s'enfle point d'orgueil, qui survit à tout. »

17. Comment on devient saint.

Aucun saint n'était aussi saint à sa naissance qu'à sa mort. Tous ont dû le devenir. Chez tous, la sainteté n'a pris racine dans leur cœur que très lentement, au prix de grandes peines, de nombreux combats, et après des chutes fréquentes. Mais, à force de pratiquer les mêmes vertus, ils ont acquis peu à peu de la facilité pour elles ; la facilité a produit l'habitude, et l'habitude a produit la sainteté.

C'est seulement chez le Christ qu'il en a été autrement. Il était né aussi saint qu'il est mort. Il était saint dès le commencement, et ne devint pas saint dans la suite. Chez lui, la sainteté ne venait pas de l'extérieur à l'intérieur, mais de l'intérieur à l'extérieur. Ceci est au-dessus de nos forces, c'est vrai ; cependant, c'est un grand exemple pour nous.

Chez nous, la voie qui mène à la sainteté, va de l'extérieur à l'intérieur. Il n'y a que des humiliations nombreuses, qui nous conduisent à l'humilité ; qu'une attention constante donnée à l'intelligence, à l'imagination et aux désirs du cœur, qui produise en nous le recueillement ; qu'une abnégation personnelle de tous les instants, qui nous fasse parvenir à la domination de nous-mêmes.

Ce serait peine perdue également, d'attendre que la sanctification vînt des œuvres extérieures. Beaucoup de gens multiplient les privations, les actes d'abnégation et de renoncement, non par désir d'arriver à la sainteté, mais par nécessité, par stupidité, par ambition, quelquefois même par calcul. C'est pourquoi, ils ne deviendront jamais humbles malgré toutes leurs humiliations, et jamais saints malgré tous leurs sacrifices. Les Pharisiens étaient des modèles d'attachement à la loi ; mais ils étaient aussi des modèles d'orgueil et de manque de charité. Les fakirs indiens surpassent tous les saints en fait de dureté contre eux-mêmes; malgré cela, ils demeurent des caricatures repoussantes de la sainteté, parce qu'ils laissent régner dans leur cœur un désordre aussi considérable que dans leurs ongles et dans leur chevelure.

Tout dépend donc de l'intention d'où procèdent les actions extérieures. Pour que nos combats et nos victoires sur nous-mêmes nous conduisent à la sainteté, ils doivent être d'un côté le résultat d'intentions saintes, comme chez le Christ, ou d'efforts sincères faits pour arriver à la sainteté. D'un autre côté, ils doivent aboutir à rendre l'esprit plus prompt pour imiter le Maître. Ce ne sont pas des artifices violents ou fins, qui conduisent à la sainteté; c'est l'ennoblissement de tout l'homme, avant tout de l'homme intérieur, d'après les exemples de la perfection divine faite homme; en un mot, l'imitation de Jésus-Christ. C'est dans ce sens, qu'Angelus Silesius a dit cette belle parole : « Quand le Christ serait né des milliers de fois à Bethléem, s'il ne naît pas en toi, tu es à jamais perdu. »

18. L'art le plus difficile.

L'art le plus difficile est d'apprendre à souffrir. Tu dois le pousser jusqu'à ce que personne ne remarque la souffrance en toi, et, à plus forte raison, n'en ressente les effets.

19. Les disciples et la mère.

Les disciples entouraient fièrement leur Maître, lors de son entrée à Jérusalem. Quand l'heure de sa passion sonna, tous pensèrent à eux. Mais la Mère du Sauveur, qu'on n'avait pas aperçue au jour du grand triomphe, se tenait alors près de son Fils, pour le consoler.

Quand le Maître distribue des honneurs, il a des serviteurs en foule; mais quand il est dans l'affliction, il n'y a que les nobles caractères qui se pressent autour de lui.

20. Agir et souffrir.

Quand tu accomplis une bonne œuvre, quelque parfaite qu'elle puisse être, ce n'est toujours qu'une moitié d'œuvre divine. Nous admettons que Dieu vit en toi et agit par toi; nous admettons que tu ne détruis, par aucune infidélité, l'œuvre de Dieu en toi; cependant c'est toujours toi qui accomplis l'action.

Il en est autrement quand tu souffres. C'est alors Dieu qui accomplit ses desseins en toi; tu n'es que le théâtre de son action, et, dans ce cas, il n'y a certainement pas l'ombre de cet amour-propre, qui corrompt si facilement la meilleure œuvre.

Apprends donc à souffrir, en pensant que Dieu est actif en toi; et garde si bien le calme, qu'il puisse y accomplir ses desseins sans difficulté. Ce que tu fais, c'est l'acte de l'homme; ce que tu souffres, c'est l'œuvre de Dieu.

21. La force attractive de la Croix.

Selon l'expression de Vittoria Colonna, il y a des personnes près desquelles « le soleil éternel resplendit avec une telle intensité, qu'on en voit les rayons pénétrer jusqu'au plus profond de leur cœur »; des personnes, — le bienheureux Henri Suso était une de celles-là, — qui possèdent une puissance merveilleuse pour consoler les autres. Elles n'ont pas une science considérable, pas des talents extraordinaires, et cependant elles attirent près d'elles ceux qui souffrent, et les renvoient consolés, souvent sans leur avoir dit beaucoup de paroles. Leur aspect, leur être tout entier fait une impression profonde. Les turbulents, les débauchés, les criminels ne peuvent supporter leur voisinage, leur regard, le ton de leur voix. Mais, un seul mot tombé de leurs lèvres donne du courage à ceux qui succombent sous le poids de la vie.

La puissance merveilleuse qui parle par leur bouche, est la puissance de la Croix. Celui qui est exercé à la souffrance sait consoler les autres, sans même y penser. Ses paroles et son attitude sont toutes différentes de celles des enfants du monde. Chez lui, rien d'étudié, de convenu; tout est naturel, simple, attrayant.

Voilà ce qui produit la ressemblance avec le Christ, qui a dit : « Quand j'aurai été élevé sur la croix, j'attirerai tout à moi (Joan., XII, 32). Souffrir, en le prenant pour modèle, donne part à cette bénédiction dont le poète a dit : « Le Sauveur a les bras étendus sur la croix ; il semble que, par lui, une douce paix se répand sur la terre. »

22. Tout pour tout.

Si l'on veut suivre celui qui va son chemin, comme un géant, il ne faut porter aucun fardeau avec soi.

C'est pourquoi on doit sacrifier toutes les choses terrestres, toutes sans exception, même la profession la plus belle et l'activité la plus sainte. Non seulement il faut sacrifier les choses, mais même l'attachement qu'on peut avoir pour elles. Celui qui laisse son cœur se fixer sur un seul bien terrestre, y demeurera attaché; car l'affection pour le terrestre est une colle solide.

Non seulement nous devons abandonner les biens d'ici-bas, qui nous quitteraient toujours sans cela; mais nous devons nous renoncer nous-mêmes, laisser de côté l'amour que nous nous portons; car le Christ, lui aussi, s'est immolé par amour pour nous.

Or, que perds-tu, si c'est lui que tu gagnes, et si tu le possèdes pour ne plus jamais le perdre, lui, qui non seulement est tout, mais au-dessus de tout? Abandonne donc tout pour lui, et tu trouveras tout en lui.

23. Jeunesse éternelle.

Trois désirs habitent en chacun de nous : grandir sans peines, arriver le plus tôt possible à la maturité, et ne jamais décliner.

Le temps de la croissance et de la maturité, nous ne pouvons pas l'abréger; car rien ne peut changer l'ordre établi par Dieu. Alors, pourquoi toujours ces récriminations contre l'âge?

Mais l'homme peut et doit arrêter son déclin. Celui qui s'exténue pour une récompense temporelle, arrive vite au soir de la vie; celui qui travaille pour la récompense éternelle jouira d'une clarté sans fin.

Le monde suce sa victime comme le vampire suce sa proie, puis la rejette loin de lui. Le ciel, au contraire, est plein de sollicitude pour nous. Il veut nous avoir pour toujours; c'est pourquoi il nous ménage et nous conserve nos dons.

Quel est celui qu'un sacrifice fait pour l'amour de Dieu ait jamais tué? Quel est celui qui, une fois engagé dans le combat, n'a pas senti l'impulsion vivifiante de la vertu? Le courage grandit à mesure que les ennemis approchent; nous soupirons après les batailles; les cicatrices sont un ornement que nous recherchons avec orgueil.

Combien seraient voués à la mort, si Dieu leur accordait du repos! Mais la lutte les absorbe tellement, qu'ils n'ont pas seulement le temps d'être malades.

Ceux qui n'ont rien à souffrir déclinent rapidement. C'est dans la guerre que grandissent les héros; et, comme le disent toutes les légendes, les héros ne vieillissent pas.

Les légendes toutefois ne sont pas seules à proclamer cela. Tous ceux-là en sont une preuve, que Dieu a trempés dans les combats de la vie, et purifiés pour en faire des élus.

Les scories sont brûlées par le feu; l'or seul reste dans le creuset, et brille d'un éclat d'autant plus pur que l'ouvrier le travaille davantage.

Celui qui se ménage deviendra une plante de serre chaude; celui qui se met dans la fournaise de Dieu, brillera d'un éclat éternel.

Que celui donc qui veut garder une éternelle jeunesse, souffre en silence comme les saints ont fait, les saints qui ne vieillissent jamais.

24. Petite mystique du bienheureux Thomas à Kempis.

1. Un cœur inconstant, dissipé, dans lequel aucune bonne pensée ne tient, est un véritable repaire du mal.

2. Plus on se répand à l'extérieur, moins l'intérieur se porte bien.

3. Très souvent une grande précipitation et un trop grand empressement dans les actions extérieures enlèvent la paix intérieure, et rendent indifférent pour les choses du ciel.

4. Celui qui ne sait rien se refuser, ne deviendra jamais fort et indépendant.

5. Celui qui s'abstient de choses permises, est plus en sécurité contre celles qui ne le sont pas.

6. Celui qui désire vivement les choses terrestres, les perd souvent, et ne gagne pas les biens célestes.

7. Dompter ses passions vaut mieux que chasser les démons.

8. L'homme se fait illusion sur sa bonté et sur sa force, jusqu'à ce qu'il rencontre des adversaires habiles.

9. Celui qui présume trop de lui-même, tombe dans le désespoir quand il se trouve en face de contradictions. Mais celui qui est humble ne succombe ni sous la persécution ni sous la calomnie : la douleur ne lui enlève rien, puisqu'il ne s'attribue rien; elle le pousse au contraire vers Dieu, la vraie source de toute force et de toute confiance.

10. Les richesses et les honneurs ne satisfont point. Celui-là seul sera satisfait, qui cherche Dieu avec des intentions pures.

11. Celui qui s'est exercé à n'aimer rien de terrestre, et à ne pas s'aimer lui-même, triomphera facilement de la tristesse et du découragement.

12. Le cœur n'a pas de repos, tant qu'il cherche sa consolation dans les choses terrestres. En dehors de Dieu, il n'y a ni repos, ni paix; en Dieu se trouve la vraie paix du cœur.

13. Celui qui sert volontiers les autres, et compatit aux souffrances d'autrui, augmente toujours le nombre de ses amis, et diminue l'intensité de ses souffrances.

14 Celui-là est vraiment noble que ses vertus ennoblissent.

15. Celui-là est un maître puissant, qui règne sur ses convoitises.

16. Celui-là est beau, qui est pur de tout péché, et dont les vertus forment la parure.

17. Celui-là est un riche digne d'envie, qui est rempli de la grâce de Dieu, et ne cherche pas l'honneur du monde.

18. Le temps nous est donné pour opérer le bien, et

non pour vivre oisifs, ou pour nous livrer à de vaines plaisanteries.

19. Celui qui ne rompt pas résolument avec les principes du monde, ne deviendra jamais fort ni sage.

20. N'entreprends que ce dont tu te sens capable, après un humble examen de toi-même.

21. Le temps et la pratique donnent l'habileté et l'expérience; et, avec cela, on triomphe de beaucoup de choses.

22. Regarde souvent dans le petit livre de ta conscience, afin d'y voir tes progrès ou tes reculs.

23. Tout homme doit vivre comme s'il devait mourir chaque jour.

24. Ne t'opiniâtre pas dans des idées préconçues, et ne prends pas facilement une décision irrévocable, même dans des choses de peu d'importance, si tu n'es pas convaincu, devant Dieu, qu'elle est un devoir pour toi.

25. Plus quelqu'un se sent loin de la perfection, plus il en est près.

26. Tant que l'homme constate en lui quelque chose à supprimer ou à améliorer, il est en bonne voie.

27. Défiance excessive et trop grande confiance en soi sont deux maux dont tu peux chaque jour ressentir les effets pernicieux.

28. N'aie qu'un souci : plaire à celui qui te voit, toi et toutes tes actions.

29. Une seule action faite en vue de la fin dernière, est plus utile que les préoccupations continuelles de l'insensé.

30. Veux-tu que ton action plaise à Dieu, fais-la avec spontanéité, d'un cœur joyeux, et non en récriminant.

31. Sois vigilant envers toi-même ; sois bon, juste et édifiant envers ton prochain ; sois constamment fidèle envers Dieu.

32. Celui qui se cherche lui-même se trouvera. Celui qui cherche Dieu sincèrement, et rien que Dieu, le trou-

vera certainement, lors même qu'il lui faudrait passer par de douloureuses épreuves.

33. Dans chacune de tes actions, propose-toi de plaire à Dieu seul, qui voit dans le fond de ton cœur, et qui aime la sincérité et la pureté d'intention.

34. Un serviteur de Dieu doit apporter de la modestie dans tout ce qu'il fait. Garde donc partout une juste mesure. Dieu ne te demande pas de brutaliser ta chair; mais il te demande de ne pas ménager tes passions. Evite tous les excès, soit en fait de travail, soit en fait de rigueurs envers toi, soit même en fait d'exercices de piété. Pourtant, ne te laisse pas non plus aller à la mollesse. Dans les actions extérieures, il suffit que tu sois le plus faible parmi les consciencieux; c'est seulement dans le zèle de l'esprit, et dans les vertus intérieures, que tu dois essayer de croître chaque jour.

35. La modération est la vertu du début; la patience, la condition du progrès; la persévérance dans le bien, le gage de la perfection.

36. Tous tes efforts doivent tendre à dompter tes passions, à purifier ton cœur, à diriger ton esprit vers Dieu, et à habituer ta volonté à exécuter généreusement les ordres de ta conscience.

CHAPITRE XV

ÉDUCATION PERSONNELLE

1. Combien de temps doit durer l'éducation ?

A un moment déterminé de la vie, on déclare que l'éducation est finie. Cela ne veut pas dire qu'un jeune homme est élevé. Cela signifie seulement que l'éducation, par des étrangers, a duré assez longtemps pour pouvoir espérer qu'il est maintenant en état de s'élever lui-même.

L'éducation par les autres n'est qu'une préparation à l'éducation personnelle. Or, celle-ci est le devoir propre de la vie tout entière. C'est pourquoi, elle ne prend fin que quand Dieu nous rappelle de cette terre, pour nous faire participer à sa gloire éternelle. A ce moment, elle est terminée ; car là, il n'y a plus de progrès.

Gloire à celui qui, durant sa vie tout entière, s'est donné une éducation telle que Dieu lui-même puisse la déclarer suffisante ! Malheureusement, il est très restreint le nombre de ceux à qui Dieu pourra rendre ce témoignage au jour du jugement, parce que la plupart terminent leur éducation beaucoup trop tôt.

2. La loi suprême de l'éducation personnelle.

Un défaut énorme, dans l'éducation moderne, est qu'on veut instruire et former les enfants en les amusant.

Il semble que les pédagogues aient puisé, dans leur propre vie, ce principe funeste ; car, depuis l'antiquité, il règne presque d'une manière générale dans l'éducation. Nous comptons sur le temps et sur notre nature, auxquels d'ailleurs nous attribuons toutes nos folies et toutes nos fautes ; ou bien nous nous consolons avec ce principe routinier : cela viendra. Mais non ! cela ne vient pas. L'éducation personnelle, c'est-à-dire, pour parler avec Calderon, l'obligation « d'enlever la peau de serpent, qui couvre l'esprit et le cœur, afin de s'approcher du ciel, resplendissant de jeunesse et de beauté, » ne réussira que si nous lui donnons pour base la parole du Rédempteur : « Le royaume du ciel est emporté de force ; et ce sont les violents qui s'en emparent. » (Matth., XI, 12).

3. Ne nous attendons pas à une victoire facile.

« Ne nous attendons pas à une victoire facile, Dieu nous la laisse difficile à dessein, afin que notre couronne soit un jour plus magnifique. » Ainsi s'exprime l'illustre Ozanam.

Il ne fait que dire, sous une autre forme, la parole d'un homme encore plus grand : « En vérité, en vérité, je vous le dis. Si le grain de blé qui est tombé à terre ne meurt pas, il demeure seul sans porter de fruit. » (Joan., XII, 24 sq.)

4. Utilité des reproches.

« S'adresser des reproches à soi-même, dit le sage, est la première étape vers la vertu, mais seulement la première. Recevoir des reproches de la part d'autrui, conduit beaucoup plus près d'elle. »

En effet, quand je soigne moi-même mes plaies, il est bien rare que je guérisse complètement ; car, quand il faut couper, je le fais seulement tant que je n'éprouve aucune douleur. Quand, au contraire, l'instrument est aux mains d'un autre, celui-ci taille jusqu'au vif. C'est douloureux, c'est vrai ; mais la guérison et la santé en sont la conséquence.

5. Devenez comme des enfants.

« Si vous ne devenez comme des enfants, dit l'Evangile, vous n'entrerez pas dans le royaume des cieux. »

L'enfant, lui aussi, a ses défauts ; mais on peut l'en

corriger. Il se fâche ; mais immédiatement il embrasse celui contre lequel il était irrité, et il l'aime mieux qu'auparavant. Il pleure quand on le taquine, ou qu'il a peur ; mais il rit aussitôt que son étourderie pourrait lui nuire. Il jette un objet, puis le reprend, quand on lui dit qu'il a quelque valeur ; et, alors, il le garde avec soin.

Hélas ! A combien de péchés m'a conduit la vanité ! Je disais, et je croyais que c'était indigne d'un homme de revenir sur un jugement irréfléchi, de supprimer toute précipitation dans sa manière d'agir. Or, ceci n'était pas une preuve de caractère et de fermeté ; c'étaient plutôt des insinuations de l'orgueil et de l'opiniâtreté, qui m'empêchaient d'avouer mon tort.

De cette manière, beaucoup de fautes commencées sont achevées ; beaucoup de demi-bévues deviennent des bévues complètes ; beaucoup d'actions, faites d'abord sans réflexion, deviennent des péchés, parce qu'on les commet ensuite en connaissance de cause, et qu'on s'y attache.

J'aime mieux être un enfant. Je ne veux garder de rancune contre personne ; je ne veux pas rougir de rétracter ce que j'ai dit ; je ne me ferai pas scrupule de laisser inachevée une parole dite à moitié, une action commencée, et de ne plus continuer dès que j'aurai mal parlé ou mal agi.

Un jeune rejeton capable d'être dirigé et de devenir un arbre magnifique, est plus beau qu'un vieux tronc rabougri qui résiste à tous les efforts faits pour le redresser.

6. Nous ne sommes plus des enfants.

Tout à son temps. On porte les enfants, ou bien on guide leurs premiers pas ; mais les hommes marchent seuls. Pourquoi toujours s'entendre dire : « Veillez, soyez sur vos gardes, priez, restez dans l'ordre ? Ne pouvons-nous pas voir nous-mêmes ce qui peut nous faire du bien ou du mal ? Nous ne sommes plus des enfants ! »

Si Dieu l'avait voulu, vous seriez encore innocents, comme aux jours de votre prime enfance. Mais depuis que vous êtes sevrés, le vin qui pétille dans un verre un joli visage, un vêtement de soie est pour vous une menace de mort.

Petits enfants, petites chutes; grandes personnes, grandes chutes.

7. Le cœur semblable à un moulin.

Le cœur de l'homme ne peut jamais rester tranquille. Il lui faut toujours quelque chose pour l'occuper; autrement, il tourne sur lui-même et s'use, comme les meules d'un moulin quand elles tournent à vide.

Tout dépend de ce qui forme ses occupations. S'il moud de bonnes pensées, de saints désirs, de fortes déterminations, c'est pour lui la vie et le salut; s'il moud des désirs impurs, des projets ambitieux, des rancunes acharnées, il se détériore et travaille pour sa ruine.

8. La forêt sous la neige.

Sur chacune de leurs branches, les arbres portent un lourd fardeau de neige. Ils le portent aussi fièrement que si c'était un ornement royal; car, à chaque brise qui passe, l'éclat des perles et des diamants brille sur le bord de leur manteau.

Si tu supportes avec courage le poids de la croix, comme le Seigneur l'a fait, ta honte et tes plaies deviendront les perles de ta couronne; chacune de tes larmes sera un diamant, et ton âme aura part à l'héritage céleste.

9. L'homme doit souffrir.

O mon Dieu! quand je suis accablé de travail, je soupire après le repos, afin de pouvoir penser davantage à toi et à mon âme. Me donnes-tu un moment de répit? Immédiatement je gémis de t'oublier et de me négliger d'une manière impardonnable.

Quand le fardeau du travail charge à nouveau mes épaules, je suis content. C'est alors que je suis le plus recueilli, que je donne le plus d'attention à la prière et à la paix du cœur. Oui, mieux vaut pour moi porter le joug, car, alors je sais que je suis constamment sous tes yeux et dans ta main. Mais, si tu m'accordes seulement un instant de repos, je me laisse aller à la négligence et à ma paresse naturelle.

Ne cède donc pas à mes plaintes; mais juge-moi digne d'être ton disciple, et compte-moi parmi ceux que tu estimes capables de gravir les sommets de la perfection. Toi seul tu sais ce qui m'est utile. Quand ces angoisses ont disparu de mon âme, je trouve bon que ta houlette m'ait poussé en avant, et que ta verge se soit abattue sur moi. C'est, pour mon cœur, une cause des plus douces consolations.

Oui, il m'est plus utile de vivre sous le poids du travail, que de pouvoir organiser librement ma vie d'après mon propre bon plaisir. Oui, il vaut mieux que tu me donnes la chasse à travers les halliers de la vie, quand même mon sang jaillira de cent égratignures, que de me laisser figer dans l'inertie.

Je me désavoue donc dès maintenant, si, à l'heure de l'épreuve, je devais, par impatience et inintelligence, protester contre ta sage direction. Je te demande de ne pas exaucer la prière que je pourrais te faire à ce moment, car, à mon heure dernière, je voudrais jouir de la consolation de dire : « Qu'il est bon pour moi d'avoir porté le joug du Seigneur, dès les jours de ma jeunesse ! »

10. Donne-toi à Dieu.

℟ Un monarque récompense les chefs et les soldats qui se sont emparés d'une forteresse.

Ta volonté est un royaume : oblige-la à se rendre à Dieu; il te récompensera magnifiquement.

11. Formation du caractère.

Quand quelqu'un nous demande de lui faire connaître un caractère solide, un caractère sur lequel on peut compter, un caractère dont on peut dire : « C'est un rocher que le flot bat en vain », nous l'adressons à un homme mortifié et pur.

La mortification et la chasteté donnent en effet une telle trempe à l'homme, qu'il deviendrait bientôt dur et rude, s'il n'avait soin de se plonger dans le bain de l'humilité et de la charité. Sans humilité, la chasteté rend orgueilleux ; sans la charité, la mortification rend raide, dur, sujet à l'esprit de contradiction.

Il en est de la formation du caractère comme du salut. Pour y arriver, il faut être ou innocent ou pénitent ; mais on n'y arrive jamais sans humilité, sans piété et sans charité.

12. Redoute ce qui est petit.

Un tout petit ver ronge un fruit ; une simple tache met un vêtement hors d'usage ; un prétexte insignifiant ruine toute discipline ; une voie d'eau imperceptible fait sombrer le vaisseau de la foi.

13. Portes de derrière.

« Une porte de derrière, dit le proverbe, perd la maison tout entière. »

Dans l'éducation, ces portes de derrière sont la grand'-mère et la mère qui vit en mésintelligence avec le père, ou qui idolâtre son enfant.

Dans le mariage, cette porte de derrière est la pensée qu'on n'est pas uni pour toujours.

Dans les questions de foi et d'obéissance, c'est la réserve : « Oui ! à condition que cela concorde avec mes vues et mes inclinations. »

C'est la raison pour laquelle la famille, l'état, le caractère, la vie morale et religieuse ne prospèrent plus parmi nous. Tous, nous ne craignons rien tant que la soumission parfaite, le dévouement sans réserve, la persévérance ; bref, nous ne croyons pouvoir vivre sans portes de derrière.

Les anciens élevaient la jeunesse d'après le principe que la docilité est la première et la dernière des vertus. Mais nous sommes tellement peu familiarisés avec elle, que nous ne sommes pas même saisis d'horreur en présence de la pensée hideuse et déshonorante, que tout le monde exprime aujourd'hui : « Eh bien ! quand je serai par trop fatigué de la vie, il me reste la ressource de la quitter quand bon me semblera, par la porte de derrière du suicide. »

14. Le moyen pour arriver à fixer notre esprit.

Il est curieux de voir l'inconstance de notre esprit, non seulement dans la prière, et dans le service de Dieu, mais aussi dans l'étude et dans la simple conversation. Je le comparerais volontiers à un jeune chien. Tandis que son maître va droit son chemin, sans détour et sans arrêt, celui-ci s'épuise à faire tous les circuits imaginables. Tantôt il saute par dessus un fossé, tantôt il s'amuse avec une pierre, tantôt il jette l'effroi dans une bande d'oiseaux paisibles. Les sujets de distractions ne lui font jamais défaut ; mais il est rare qu'il suive tranquillement son maître, excepté quand celui-ci le caresse. Eh bien ! « Il faut nous défaire de cette inepte légèreté ; car, pour un esprit élevé, il est honteux de parcourir les airs comme un cerf-volant, que le vent emporte d'un côté, et qu'un gamin tire de l'autre. »

Apprends à envisager ta fin avec fermeté, puis à y tendre sans détour, sans précipitation, mais avec constance. Or, tu n'y arriveras que par un exercice sérieux et persévérant. Personne ne te demande de suivre l'exemple des saints qui passaient des nuits en prières, qui restaient des heures entières plongés dans la méditation. Il faut cependant t'apprendre à te mettre en garde contre la dissipation et la divagation de l'esprit, à demeurer recueilli au milieu de toutes tes occupations, et à persévérer dans le travail une fois qu'il est entrepris, malgré tous les obstacles extérieurs, et toutes les difficultés intérieures qui peuvent surgir.

Or, jamais tu ne pourras faire cela, tant que, d'un côté, tu ne seras pas arrivé au recueillement de l'esprit, et, d'un autre, à une grande force de caractère.

Le meilleur moyen pour parvenir à l'un et à l'autre, est le constant exercice de la prière et du renoncement personnel.

15. Les meilleurs fruits.

Un sentiment délicat pour la vérité ; un caractère exquis, qui ne moleste jamais personne, qui sait, au contraire, être un sujet de joie pour tous ; un cœur qui a horreur de tout ce qui n'est pas pur, voilà trois fruits si précieux, que ni le travail personnel, ni l'aide d'autrui ne suffisent à les faire mûrir. Il faut que le Maître du jardin de notre âme, Dieu lui-même, y mette la main.

Aussi, personne ne goûtera de ces fruits, qui ne s'appliquera pas à prier et à vivre constamment dans l'intimité de Dieu.

16. Crainte des hommes et crainte de Dieu.

Parmi les plus grands obstacles au bien, il faut compter la crainte des hommes, autrement dit le respect humain. Il n'y a pas de moyen plus efficace pour triompher de lui, que la crainte de Dieu. « Celui qui craint Dieu ne craint pas les hommes ». (Prov., XIV, 26 ; Eccli., XXXIV, 16). Celui qui a la crainte de Dieu n'a qu'une peur, celle de perdre Dieu. « La crainte de Dieu chasse tout mal » (Eccl., I, 27).

Arndt a sur ce sujet, à propos de nos pères, des paroles aussi belles que vraies : « Leur lance, dit-il, traversait cheval et cavalier, cuirasse et bouclier. Ils craignaient Dieu, mais Dieu seul, et regardaient la vertu comme l'unique sagesse. »

17. Un bon remède contre la sensualité.

Veux-tu te faire une idée vivante de l'égoïsme vulgaire, et de l'indigne abaissement dont la sensualité est la source pour l'homme ? Après avoir vu un exemple saisissant de la misère humaine, ou en avoir entendu parler, va immédiatement dans une de ces réunions mondaines, où règnent la coquetterie et la galanterie. Tu éprouveras une telle pitié pour ceux qui abaissent leur dignité d'hommes à des choses si puériles et pourtant si périlleuses ; tu éprouveras un tel dégoût, que, pour le moment du moins, tu seras guéri de faire comme eux.

Oui, c'est un excellent remède contre ce fin poison, que d'envisager le sérieux de la vie et la misère du genre humain. On ne peut pas se figurer qu'un serviteur zélé des pauvres tombe victime de la sensualité.

18. Conservation de la paix.

« Pour se battre, dit le cardinal de Cheverus, il faut toujours être deux ; je ne veux jamais être le second. »

19. Surtout, ne pas se chagriner, ni chagriner les autres.

Ne pas me chagriner, c'est par là que je dois commencer. Celui qui se chagrine n'est pas sage.

Ne pas chagriner les autres, c'est par là que je dois continuer. Chacun a suffisamment de croix à porter, sans que je lui en impose de nouvelles.

Etre l'enfant de la paix, voilà le terme le plus élevé de mes aspirations. Quant à toi, si tu aimes la contrariété, prends ce plaisir sur toi ; car je ne te permets pas de le prendre sur moi.

20. Arts élevés.

Il y a quatre arts si élevés, que jamais le diable n'arrivera à les posséder. C'est : se repentir, faire mieux, se laisser enseigner et croire que l'homme est faillible.

Deux mots les résument tous : plier le genou. Pour cela, il faudrait un changement complet dans sa nature. Tel qu'il est maintenant, on lui briserait les jambes plutôt que de le faire mettre à genoux.

21. Souffrir et avoir souffert.

Chacun tremble en face du danger ; mais, quand la forteresse est prise d'assaut, c'est à qui se vantera d'avoir été le plus brave. Chacun veut avoir souffert, et chacun serait bien aise d'être débarrassé de sa souffrance.

Toi, souffre de telle sorte qu'avoir souffert soit pour toi une source de consolation éternelle.

22. Quelques principes d'éducation personnelle.

1. Les mauvaises herbes poussent dans tous les jardins.
2. Les mauvaises herbes viennent sans qu'on les sème.

3. Quiconque est un sanctuaire pour soi, ne doit pas trouver mal que les autres l'aient en horreur.

4. Mieux vaut revenir sur ses pas que s'égarer.

5. Ne jamais commettre le mal est la meilleure des pénitences.

6. Les pensées ne paient pas d'entrée; mais l'enfer n'est pas une douane.

7. On change souvent, mais on s'améliore rarement.

8. Les péchés entrent en riant et sortent en pleurant.

9. Ce qui est agréable à boire l'est moins à payer.

10. Péché d'ivresse s'expie à jeun.

11. Main de médecin trop piteux rend le mal souvent chancreux.

12. Chacun a son petit grain de folie; celui qui ne le croit pas en a deux.

13. Un homme de paille ne doit pas s'approcher du feu.

14. Mieux vaut tard que jamais.

15. Quand l'œil voit ce qu'il ne devrait pas voir, la tête pense ce à quoi elle ne devrait pas penser.

16. Faillir n'est pas une honte; c'est ne pas se relever quand on est tombé qui en est une.

17. La petite parole : « Cela ne fait rien », a conduit plus d'un homme à sa perte.

18. Ce n'est pas une honte d'avoir des défauts; ce qui en est une, c'est de ne pas vouloir en entendre parler, et de s'obstiner à les ignorer.

19. On te pardonne bien des défauts; mais surveille-toi pour en avoir le moins possible.

20. Veux-tu savoir si tu es assez rigide envers toi-même? — et c'est très important. Rends-toi seulement compte de ceci : si la sévérité que tu exerces envers toi, te rend plus doux envers les autres.

21. Les trois arts les plus difficiles sont : savoir se taire, user de ménagements envers les autres, et prati-

quer la patience. Aussi, sont-ils ceux dans lesquels on met le plus de temps à passer maître.

22. L'art de commander et de réussir à se faire obéir s'acquiert par l'obéissance.

23. Aucun caractère n'est beau sans la patience.

24. Aucun homme n'est complet s'il n'a pas appris à se vaincre lui-même.

25. Sans droiture et simplicité, sans décision et fermeté, personne n'attire la confiance d'autrui.

26. On n'a de confiance qu'en celui qui sait sortir de lui-même sans maussaderie, et acquiescer aux demandes des autres sans basse condescendance.

27. Des sacrifices continuels sont l'école qui convient à un cœur fort.

28. Le juste mélange de la douceur et de la force ne s'obtient que dans le creuset des humiliations.

29. La haute école de l'éducation pour l'homme, consiste en ces examens approfondis qui détruisent les dernières retraites de l'amour-propre.

30. Un homme qui doit communiquer aux autres la chaleur et la vie, doit posséder Dieu en lui d'une manière si vivante, qu'on le sente sans que lui-même songe à le faire sentir.

23. Conditions de progrès dans la vertu.

Chasteté dans la jeunesse, condescendance dans l'exercice de l'autorité, modération, force et circonspection dans la vertu, docilité dans l'obéissance, patience dans les épreuves, repentir après la chute, pénitence pour la faute commise, crainte du mal seulement, courage et persévérance dans l'accomplissement du devoir, telle est la ligne de conduite que doit suivre quelqu'un, s'il veut faire des progrès dans la vertu.

24. Bon poids, bonne mesure.

Quand un jour tu seras couché dans la tombe, et que ton âme aura paru devant le tribunal de Dieu, tu ne t'inquiéteras guère de ceux qui pensaient et parlaient bien ou mal de toi. C'est à peine si les louanges et les critiques que tu as reçues ici-bas effleureront le plateau de la balance. Reproches amers, honneurs brillants te sembleront comme un rêve lointain.

A cette heure, un sourire ne remplacera pas les obligations de conscience, et les paroles railleuses du moqueur ne seront rien en comparaison de la sentence dernière.

Oh! comme ta vie serait riche en vertus, si la pensée de la mort et du jugement t'était plus familière!

CHAPITRE XVI

SAGESSE PRATIQUE

---

1. Résumé de la sagesse pratique.

Commence d'abord par implorer la protection de Dieu, agis ensuite avec réflexion. Avec un peu de patience, tout ira bien.

2. Vis dans le présent.

Garde-toi de la funeste tendance à différer et à promettre. Garde-toi de ces paroles : « Demain, la prochaine fois. » Ce qui te sauvera, et ce qui peut seul te sauver, c'est la grâce, non pas cette grâce que tu te promets de posséder plus tard, mais la grâce du moment présent.

C'est seulement si tu utilises cette grâce, et si tu en tires tout le profit possible, que tu peux espérer recevoir la suivante, et, avec celle-ci, tu dois agir de même.

C'est dans ce sens que s'applique la parole : « N'ayez pas de souci du lendemain. Le lendemain aura souci de lui-même. A chaque jour suffit sa peine » (Matth., VI, 34).

3. Commence avec Dieu et finis avec lui.

Ce qui commence sans Dieu ne peut finir avec Dieu. Toutefois, il n'est jamais trop tard pour chercher sa protection. Quand on a confiance en lui, qu'on le prie, qu'on pratique les bonnes œuvres, il tourne tout à bien.

4. Deux souvenirs d'enfance.

Quand nous étions enfants, on nous a dit souvent : « Ouvre la bouche, ferme les yeux. » Et alors on nous mettait un petit morceau de sucre sur la langue, ou quelquefois aussi, pour nous taquiner, un grain de sel.

Aux jours de notre adolescence, notre orgueil se serait révolté, si on nous avait dit qu'une grande sagesse était contenue dans ces paroles. Mais depuis, nos sentiments ont changé; l'expérience nous a instruits, et, n'est-il pas vrai que nous disons maintenant, — le faisons-nous, c'est une autre question : — « En vérité, si nous voulons vivre en paix avec le monde et avec nous, il n'y a pas de meilleur moyen, peu importe ce que Dieu nous envoie, et ce que le monde nous fasse, que de nous dire : « Ouvre la bouche, ferme les yeux? »

Une autre parole qu'on nous adressait, hélas! souvent en vain, comme règle de conduite à suivre sur notre route, nous revient à la mémoire, maintenant que nous nous sommes heurtés tant de fois la tête en courant. Elle nous semble être une règle de prudence des plus naturelles. Et cette parole est : « Ouvre les yeux, ferme la bouche. »

La malice des hommes, la crainte qu'ils inspirent, suffisent pour inculquer cette dernière règle. Mais, pour ce qui concerne la première, nous avouerons que seuls la crainte de Dieu, la piété et un secours intérieur surnaturel, peuvent nous la faire observer.

5. Pharmacie pour les mauvais jours.

Qu'as-tu donc aujourd'hui? Il semble que tout te soit à charge, les personnes, les choses et toi-même par dessus le marché.

— C'est le jour qui veut cela. Je voudrais bien savoir qui peut me blâmer d'éprouver un sentiment pénible, en voyant que tout est conjuré contre moi?

Ce que j'entreprends, je le fais sottement; sur la route unie je marche en zigzag; la moindre parole aimable soulève en moi une tempête. Je voudrais tout briser; je ne dors pas; je digère mal; parler ne me dit rien. En un mot, je ne sais pas où je voudrais être. L'éclat du soleil lui-même me gêne. Il semble qu'à tout moment on me conduise à la potence. Je ne sais quel nom donner à cet état. Je suis tenté de croire que le monde est fou, et que sa folie m'a fasciné.

— Mon cher ami, calme-toi. Ne va pas si loin chercher les causes de ta folie. Regarde-toi seulement. Tu crois être fasciné, ensorcelé, parce que toi-même tu portes le trouble dans ton cœur.

Ton cœur ! voilà l'auteur de la maladie dont tu souffres. Ton cœur ! voilà la cause de tes dégoûts. Ton cœur ! voilà le cauchemar qui t'obsède, la malchance qui te poursuit, la vieille femme que tu rencontres, le mauvais œil dont tu te crois victime.

Du cœur sort le bouillonnement qui remplit la tête d'un bruit terrible. Si le cœur était sain, tout cela n'existerait pas.

Ne cherche donc pas longtemps le remède à tes humeurs noires et à leurs funestes effets. Tu le possèdes en toi ; — car je suppose que tu as la foi : — c'est le courage viril, qui consiste à se dominer et à travailler quand même.

6. Notre capital le plus fructueux.

Il vaut mieux bien employer les petits dons que tu possèdes, que désirer posséder les grands talents que tu peux remarquer chez les autres. Il vaut mieux faire tes travaux et tes prières de chaque jour, que porter envie à ceux qui prient plus que toi, et qui peuvent faire davantage pour le royaume de Dieu. Il vaut mieux supporter tes petites souffrances que désirer pouvoir verser ton sang pour Jésus-Christ.

D'ordinaire, les hommes n'estiment pas ce qui est petit, parce que, aveuglés par l'amour-propre et l'ambition, ils ne veulent pas comprendre quel capital considérable il y a là-dedans pour avancer dans la vertu et gagner le ciel.

7. Non multa sed multum.

Ne dis pas : « Le bien que je puis faire est si peu de chose ! Qu'en sera-t-il pour moi, au jour du jugement ? »

Fais ce que tu peux, et tu t'en trouveras bien. Dieu ne regarde pas la quantité du bien qu'on peut faire, mais la nature de ce bien, et la manière dont il est accompli.

8. Aune et balance.

Plus tu te mêles de tout, plus tu entreprends de choses diverses, plus le monde te poursuit de ses louanges, à cause de ton universalité, plus tu dois apporter de soins à subir la grande épreuve devant Dieu.

Le monde mesure avec une aune ; Dieu pèse avec une balance.

9. Quelques sentences relatives à la sagesse.

1. Un excès de sagesse produit souvent une grande folie.

2. La sagesse qui perd la tête à propos d'une bévue, n'est pas une vraie sagesse.

3. La sagesse et la vertu ne croissent que dans un sol profond.

4. Beaucoup de sagesse se perd dans la poche d'un pauvre ; mais il s'en perd bien davantage autour d'une table de jeu ou dans une assemblée de buveurs.

5. Si l'on pouvait acheter la sagesse et la vertu, la noblesse serait bon marché.

6. Il faudrait beaucoup de sucre, et beaucoup plus encore de belles paroles à celui qui voudrait fermer la bouche à tout le monde.

7. Il faut toujours cesser de jouer et de plaisanter quand on est le plus en veine.

8. Celui qui veut suivre deux chemins à la fois, doit avoir de longues jambes.

9. Grand vent n'amène souvent que petite pluie.

10. Ami de tous, bouffon de tous.

11. On ne marche pas pieds nus, où il y a des débris de verre.

12. Celui qui a l'habitude d'aller pieds nus, ne doit pas semer d'épines sur sa route.

13. Il vaut mieux demander deux fois son chemin que de s'égarer.

14. Les promesses sont comme de la toile mouillée; elles se rétrécissent beaucoup.

15. Trop de sel gâte la sauce.

16. Le bonheur ne donne rien; il ne fait que prêter à intérêts.

17. Donner trop de louanges à une chose est une preuve qu'elle en a besoin.

18. Celui qui veut se débarrasser de ses défauts, doit commencer par en supprimer un.

19. Celui qui voyage avec des bœufs arrive aussi à la foire.

20. Tous ceux qui te sourient amicalement ne sont pas tes amis.

21. Il faut avoir mangé un boisseau de sel avec quelqu'un avant d'en faire son confident.

22. Chat échaudé craint l'eau froide.

23. Quand un hôte se voit l'objet de mille sollicitudes, c'est pour lui le moment de partir.

24. Il vaut mieux être prudent à ses dépens qu'imprudent à son avantage.

25. Une bonne parole produit souvent plus d'effet qu'une troupe de soldats.

26. Quel est celui qui ne sèmera pas par crainte des moineaux?

27. Qui passe son temps à regarder d'où viennent le vent et les nuages ne récoltera jamais rien.

28. Pour chasser un moineau, il n'est pas nécessaire d'amener du canon.

29. Les paroles de celui qui veut toujours paraître piquant perdent leur sel.

30. On prend plus de mouches avec du sucre qu'avec du vinaigre.

31. Ne crois pas tout ce que tu entends, ne dis pas tout ce que tu sais, ne donne pas tout ce que tu as, ne regarde pas tout ce qui te plaît, ne désire pas tout ce que tu vois, ne fais pas tout ce que tu veux.

32. Il y a beaucoup de choses qui se font plutôt par le silence et la patience que par les clameurs et les coups.

33. Si l'homme pouvait enlever toutes les pierres qui sont sur son chemin, notre aimable Seigneur et Dieu n'aurait plus rien à faire.

34. Le cheval et le cocher sont rarement du même avis : c'est pourquoi il vaut toujours mieux que Dieu ait raison contre l'homme.

35. Si tu n'admets pas que ton plus grand sujet de fierté était souvent ta pire folie, et que ce à quoi tu tenais avec le plus d'opiniâtreté a été ton plus grand malheur, l'expérience t'a rendu bien peu sage.

10. Le chemin du bonheur.

Le chemin du bonheur ne serait pas trop difficile, s'il n'y avait qu'à oser, supporter, aller toujours en avant, jamais en arrière, travailler sans hésitation. Mais il y a aussi le renoncement, et, malheureusement, c'est lui qui en forme la partie la plus longue.

11. Gain et perte.

Tu gagnes dans la mesure où tu travailles; tu diminues ta force, ta perspective de paix et ton salaire final en proportion des consolations et des commodités que tu cherches.

Tu as donc le choix. Tu peux prendre ce qui te coûte de la peine et te rapporte du gain, ou bien tu peux chercher tes aises, et alors ne recueillir que du désavantage.

Homme! ne cherche pas ton bonheur ailleurs que dans l'accomplissement du devoir.

12. Gain et souffrance.

Volontiers tu es porté à te demander : « D'où viennent donc mes nombreuses souffrances? » Et tu accuses les hommes, tu accuses Dieu, tu accuses le sort. Tu ferais beaucoup mieux de te dire que c'est toi-même qui es l'auteur de tous ces maux que tu déplores. Ce sont les excès, c'est l'orgueil, c'est le plaisir qui t'ont cloué sur la croix où tu gémis.

Frappe donc ta poitrine, et, le repentir sur les lèvres et dans le cœur, remercie celui qui, dans sa bonté, a voulu que ta faute te fasse aller trouver le médecin.

13. Le drame le plus grandiose.

Quand nous assistons à un drame dont nous connaissons le dénoûment, et que nous voyons le héros principal poursuivi, amoindri, brisé par le malheur, en péril de succomber, nous voudrions lui crier : « Courage ! Tout finira bien ! Quel honneur pour toi, quand ta fidélité et ton courage auront subi l'épreuve ! Ta détresse est grande, mais magnifique sera ta récompense. Tu gémis encore, mais vois ! le triomphe de la bonne cause approche. Il y a encore une justice, il y a encore une Providence divine, et si tu souffres, c'est précisément pour l'éprouver toi-même et le montrer aux autres. Courage donc ! Encore un moment, et Dieu sera presque ton débiteur. »

Seulement, nous oublions de nous adresser les mêmes exhortations quand nous nous trouvons dans une situation analogue. Alors, il y a d'autres spectateurs qui nous murmurent à l'oreille les paroles consolantes de Calderon : « Aujourd'hui les fleurs de la Croix, demain le miel du ciel. » Car, dans les combats de cette vie, nous avons d'augustes spectateurs, des spectateurs beaucoup plus nobles que ceux qu'avaient jadis les martyrs dans l'amphithéâtre. Ceux qui les contemplaient n'étaient que des empereurs, tandis que ce sont les anges, les saints, Dieu lui-même qui nous suivent de leurs regards à la fois anxieux et sympathiques.

C'est une tragédie grandiose que celle que nous jouons

ici. C'est un terrible combat, un combat décisif que celui que nous livrons, car il a l'éternité pour issue. Mais quel encouragement pour nous, de savoir que Dieu nous a remis notre sort entre nos mains, et que « nous sommes en spectacle aux anges et aux hommes! » (I Cor., IV, 9).

14. La connaissance de soi est la voie qui mène à Dieu.

« Mieux je me connais moi-même, dit saint Bernard, mieux je connais Dieu. Car, si je vois quelque chose de bien en moi, je l'attribue à Celui qui seul est bon, et de qui découle tout bien. Mais, si j'y trouve du mal et de la misère, je vois alors que c'en est fait de moi, aussitôt que je suis abandonné à mes propres forces. Néanmoins, je veux avoir bon espoir, quand même je ne vois autour de moi que l'océan de ma misère et de mes péchés, car alors je puis compter sur cet unique secours qui seul est mon salut, sur la miséricorde et la grâce de Dieu. »

Cette augmentation dans la conviction de la faiblesse propre, d'un côté, et, d'un autre côté, dans la confiance en Dieu est le signe infaillible auquel nous pouvons reconnaître si nos épreuves nous conduisent au salut ou à la perdition.

Celui que ses épreuves découragent et aigrissent contre le monde est à plaindre. La vraie sagesse de la vie nous enseigne à dire avec les saints : Plus je désespère de moi, plus grandit en moi le désir de faire mieux, et de persévérer dans le service de Dieu.

15. Convalescence.

Un homme en bonne santé, robuste, peut passer par dessus bien des règles de prudence. Mais celui qui se lève pour la première fois, après une longue maladie, et qui entre en convalescence, ne peut être assez prudent.

Ici-bas, sur cette terre, les hommes les meilleurs ne sont que des convalescents. La prudence, la modération, toute espèce de précautions lui sont prescrites.

C'est pourquoi la sagesse divine recommande tant de de veiller et de prier.

16. La meilleure sagesse.

Digne d'envie est celui qui connaît le monde ; riche est celui qui a longtemps souffert; heureux est celui qui a su comprendre ce qu'il a vu ; sage est celui qui tire un enseignement de tout cela.

17. Modestie.

Aux jours où un sang jeune fermente dans nos veines, nous rêvons pour plus tard des actions magnifiques, grandioses ; nous nous disons : « c'est moi qui réglerai le monde. »

Mais quand une fois l'expérience de la vie nous a instruits, nous avouons que la plus haute fin que l'homme puisse présenter à son ambition et à sa soif d'activité, consiste à occuper une place modeste ici-bas, et à faire le bien dans un cercle restreint.

C'est ce qui explique pourquoi si peu d'hommes peuvent quitter la terre avec la consolation d'avoir bien rempli le court espace de leur existence, et d'avoir accompli convenablement la petite tâche qui leur incombait.

Nous commençons par vivre dans l'avenir, qui ne nous appartient pas encore ; puis, nous murmurons contre le présent sans l'utiliser, et enfin, ou bien nous vivons des souvenirs d'un passé que nous supposons avoir été meilleur, ou bien nous gémissons sur des choses dont l'existence ne dépend pas de nous. Après cela, nous terminons notre vie, en poussant, avec Geibel, ce stérile soupir d'un orgueil mélancolique : « Tu avais le printemps, et tu l'as dépouillé de ses feuilles; tu avais le salut, et tu n'y as pas cru; tu avais un cœur fait pour aimer, et tu l'as souillé au contact de vaines apparences. Maintenant tu restes seul, seul avec ta misère. »

C'est ainsi que se réalise, pour la plupart des hommes, la parole de Julius Grasse : « Le cœur humain est un cimetière ». Or, il n'en peut être autrement, parce que nous voulons toujours nous élever trop haut.

Celui-là seul jette avec calme un coup d'œil en arrière sur sa vie, qui ne s'est jamais proposé d'autre but que celui de faire modestement, mais avec fidélité le devoir du moment.

18. La force de supporter le monde.

Une des épreuves les plus dures pour l'homme, c'est de voir la façon dont les choses se passent dans le monde. Les flatteurs, les plats valets, les courtisans y brillent au soleil, « tout couverts de décorations et de rubans. » Les bavards, les fanfarons, les gens qui, « pour une pincée de louanges, vendraient leur droit d'aînesse et leur âme », y éclipsent celui qui fait son devoir, disparaissent là où il s'agit de supporter des choses désagréables, et savent toujours se trouver quand il y a des honneurs à recevoir. Ce qu'il récompense le moins, c'est la vertu, l'honorabilité, la droiture, la fermeté, la décision.

Peu de caractères sont assez robustes pour supporter impunément ces épreuves. Les uns, — ceux qui, comme dit Byron, ont le cœur fait de la plus fine porcelaine qu'on puisse obtenir avec l'argile humaine, — se plaignent, perdent courage, se laissent aller à la négligence et à l'indifférence. Les autres cherchent à s'instruire auprès de ces heureux, et à leur ressembler selon leurs forces. Non ! à moins d'être un caractère vraiment solide, jamais quelqu'un ne passera par là sans éprouver un dommage considérable.

Que quelqu'un puisse arriver à cette fermeté par des moyens purement naturels, c'est une question. Nous ne nions pas que cela puisse se trouver. Mais, de fait, on ne rencontrera une telle force d'âme que chez celui qui, dans toutes ses actions, a les yeux fixés uniquement sur Dieu, le témoin de sa conscience, le juge et le rémunérateur futur.

19. Quatre façons d'envisager la vie.

Shakespeare s'exprime ainsi dans une poésie de jeunesse : « Le mérite est réduit à la mendicité, et l'incapacité nage dans les délices ; le parjure règne en maître, et l'honneur, la richesse ne sont pas là où ils devraient être ; la chasteté est indignement prostituée et la vertu regardée avec mépris; la puissance s'énerve dans des voies tortueuses, et l'art est tenu en tutelle par une autorité tyrannique; la vérité simple est raillée comme une niaiserie; le bien est captif, et le mal est son geôlier. »

Cette considération produit une telle impression sur le cœur du jeune homme, qu'il s'écrie avec désespoir : « Fatigué de tout cela, je désire la mort. » La seule pensée qui le fasse encore tenir un peu à la vie, c'est qu'il possède un ami; et, cet ami, il ne voudrait pas le laisser seul.

Voilà ce qui caractérise le jeune homme noble.

L'homme mûr aurait dit : « Seul mon devoir, que je veux accomplir jusqu'au bout, me rend le monde supportable; si je n'avais pas cela, le dégoût s'emparerait vite de moi.

Le pessimiste ferait l'application pratique de cette formule : « Pourquoi serais-je meilleur que l'humanité tombée ? »

Mais le chrétien dit : « Je veux me tenir sur mes gardes, pour que le monde ne me corrompe pas, et, par ma fidélité, compenser toutes les lacunes que Dieu peut déplorer dans son service. »

Voilà bien les gens pieux ! s'écrie-t-on.

Que nous soyons aussi pieux qu'on veut bien le dire, ce n'est pas à nous de le décider. En tout cas, nous ne cachons pas nos efforts pour arriver à cette piété. Ce qu'il y a de certain, c'est que nos principes inspirent au moins autant la fidélité au devoir, et la vraie sagesse pratique, que ceux par lesquels se laissent guider les meilleurs parmi les hommes du monde. Ils présentent un idéal plus élevé que les leurs; ils sont une source de joie, de force et de persévérance dans l'accomplissement des obligations de chaque jour.

20. Sagesse profane et sagesse chrétienne.

Les nombreuses sentences des anciens philosophes sur la notion de la sagesse profane, peuvent toutes se ramener à cette pensée : le sage se suffit à lui-même.

La sagesse chrétienne se résume ainsi : Celui-là seul est sage à qui rien ne suffit, sinon Dieu.

Le premier principe est la sagesse de ceux qui sont contents d'eux, de ceux qui affectionnent la justice personnelle; le second est le principe de ceux qui luttent, de ceux qui font des efforts pour s'élever, de ceux qui, lorsqu'ils ont bien travaillé, « s'appellent, en tremblant pour leur salut, des « serviteurs inutiles. »

Sans aucun doute, les enseignements de la sagesse profane conviennent à l'esprit présomptueux; sans aucun doute, ceux de la sagesse chrétienne satisfont davantage le cœur qui cherche sincèrement la vérité et lui rend témoignage. La première sagesse nourrit la pire espèce d'orgueil qui consiste à faire parade de la vertu. La seconde nourrit la faim et la soif de la justice.

La sagesse profane fait de l'homme une momie canonisée avant le temps. La sagesse chrétienne fait de lui un être capable de la perfection divine, et le pousse ainsi à imiter Jésus-Christ dans lequel nous voyons incarnée la sainteté de Dieu.

21. Vraie sagesse pratique.

Sur le tombeau du cardinal Valentin, à Sainte-Sabine, on lit l'inscription suivante : « Ut moriens viveret, vivebat ut moriturus. »

Celui-là serait un sage, qui pourrait dire aussi : « Pour vivre en mourant, je vis comme devant mourir. » Car, d'après Platon, la tâche de la sagesse consiste à apprendre à penser à la mort, et à mourir.

Au rapport d'Ausone, c'était aussi l'avis de Chilon, l'un des sept sages : « Pense à la mort, et tu penseras à ton salut, » lui fait-il dire.

Ceci ne signifie pas que ces hommes aient prétendu que c'était de la sagesse de se débarrasser du fardeau de la vie, au moins par le désir; cette lâcheté était réservée à l'antiquité expirante, et à la fausse sagesse moderne, aussi bien qu'à son enfant de prédilection : le bouddhisme. Mais les esprits vraiment forts, de tous les temps, ont toujours considéré, comme une marque de sagesse, de s'armer contre les misères de l'existence, et contre les artifices séducteurs du monde, avec la pensée qu'à cette courte vie, remplie d'illusions et de déceptions, succédera une vie éternelle resplendissante de vérité et de pureté. Ils ont toujours été d'avis qu'à cette nuit d'ici-bas succéderait un jour sans nuages.

Celui-là seul est sage qui vit ici-bas comme un mourant, non pas pour se dérober au travail et à la lutte, mais pour trouver finalement la porte étroite, qui conduit à la lumière et à la vie. Car : « Mourir est le plus grand acte pour tous ; mourir est le plus rude combat. » Le plus grand acte, parce qu'il s'agit de la récompense suprême ; le plus rude combat, parce qu'il s'agit de la couronne la plus difficile à obtenir.

2°. La meilleure philosophie.

Comme nous venons de le voir, les anciens affirmaient que la meilleure philosophie est celle qui nous inspire le courage de mourir.

Les modernes disent, avec Spinosa, que la vraie philosophie ne doit pas éveiller la pensée de la mort, mais la joie de vivre. Pour nous, il nous semble, que la meilleure philosophie est celle qui nous enseigne le mieux à vivre et le mieux à mourir.

Que le christianisme nous enseigne à bien vivre, et soit, sur ce point, supérieur à toute philosophie, personne ne le nie. Quant à la question de savoir s'il nous apprend à bien mourir, les âmes généreuses pourront nous répondre, si elles se transportent par la pensée, à ce moment suprême, où elles seront sur le point de quitter la terre, et récitent cette vieille prière :

« Père tout-puissant et éternel ! je suis cette pauvre créature que, dans votre bonté, vous avez faite à votre image et à votre ressemblance. Je me donne à vous, corps et âme, ne désirant qu'une chose : accomplir les desseins de votre divine volonté.

Délivrez-moi de toute violence et de toute ruse de la part de mes ennemis, et régnez seul sur moi.

O très bon Sauveur Jésus-Christ ! Je suis cette pauvre créature que vous avez rachetée au prix d'une mort ignominieuse, quoique vous fussiez innocent. Oui, je le proclame, ô mon Maître ! ô mon Dieu ! vous m'avez sauvé de l'enfer.

Délivrez-moi de toute violence et de toute ruse de la part de mes ennemis, et régnez seul sur moi.

O très doux Esprit Saint! je suis cette pauvre créature que vous avez sanctifiée par votre grâce divine. Je crois, j'espère et je confesse que vous seul pouvez me rendre heureux, car votre miséricorde est infinie.

Délivrez-moi de toute violence et de toute ruse de la part de mes ennemis, et régnez seul sur moi.

Je mourrai volontiers, mais avec mon Sauveur sur la Croix. Père, si c'est possible, éloignez de moi ce calice. Mais, si tel n'est pas votre bon plaisir, donnez-moi la patience, et que ce ne soit pas ma volonté qui se fasse, mais la vôtre.

Je mourrai volontiers, mais avec mon Sauveur sur la Croix. Père, je pardonne à tous ceux qui m'ont offensé. Pardonnez-moi aussi toutes les fautes que j'ai commises.

Je mourrai volontiers, mais avec mon Sauveur sur la Croix. Mon Dieu! mon Dieu! ne m'abandonnez pas dans ma misère, pour que je devienne pur comme l'or; car le cœur qui veut voir Dieu doit être pur.

Je mourrai volontiers, mais avec mon Sauveur sur la Croix. O Sauveur! Soyez ma joie à cette heure, et dites-moi : « Aujourd'hui tu seras avec moi au Paradis. »

Je mourrai volontiers, mais avec mon Sauveur sur la Croix. O Jésus! donnez-moi pour mère, Marie votre mère, afin qu'elle m'apprenne à souffrir, afin qu'elle intercède pour moi auprès de vous.

Je mourrai volontiers, mais avec mon Sauveur sur la Croix. O Sauveur! J'ai soif de vous, j'ai soif de la vérité, de la pureté, de la vie, comme le cerf altéré soupire après l'eau des fontaines. O Père! Je remets mon âme entre vos mains.

23. Tout a son temps.

Tout a son temps : la guerre et la paix. Seulement, ne te prépare pas de luttes, si Dieu te laisse en repos.

24. La vie.

Aujourd'hui on m'accable de louanges; demain on me foulera aux pieds comme l'herbe. Après-demain on me mettra dans le cercueil, et puis... je serai oublié pour toujours.

CHAPITRE XVII

L'ART DE LA VIE

1. Certitude du succès.

Si tu veux que le succès couronne tes efforts, dans les grandes luttes de la vie, commence par disposer tes plans de concert avec Dieu. Puis, quand tu seras dans la mêlée, agis avec prudence. Sache éviter les coups par une manœuvre opportune, ou t'élancer en brave au milieu des ennemis. Si tu tombes, relève-toi promptement, et, plein d'un courage nouveau, recommence à combattre. Surtout, n'oublie pas de venir à chaque instant renouveler tes forces auprès de Dieu.

2. Règles de vie.

1. Un homme qui est trop pressé, fera bien de prendre pour monture un âne paresseux.

2. Si le soleil luit quand tu pars en voyage, prends ton manteau.

3. Quand la mouche veut pondre un œuf de poule, c'est sa mort.

4. Celui qui ne veut faire qu'à sa tête broiera du noir.

5. Se taire à propos est un art plus grand que parler à propos.

6. Il peut arriver à un cocher expérimenté de verser une fois, par hasard ; mais cet accident ne porte aucun préjudice à son habileté. C'est plutôt pour lui une cause de plus grande circonspection.

7. Celui qui a peur d'interroger, a aussi peur de s'instruire.

8. La vie est faite pour travailler. Tu te reposeras quand tu seras mort.

9. Balaie devant ta porte, les balayeurs étrangers auront moins de travail.

10. Quand chacun balaie devant sa porte, la rue est vite propre.

11. L'égalité dans les fardeaux est un gage de solidité dans l'amitié.

12. Ne laisse aucun malheur te monter plus haut que le genou.

13. Il est rare que celui qui attaque l'honneur d'autrui, soit irréprochable dans le sien. Celui qui noircit les autres n'est pas blanc lui-même.

14. Quand on ne peut pas se payer un carrosse, qu'on se contente d'une charrette.

15. A la longue, de petits trous finissent par remplir d'eau une barque, et une petite pierre peut quelquefois renverser un gros chariot.

16. Le meilleur joueur est celui qui ne joue pas du tout.

17. Ce que l'on ne voit pas ne fait pas mal au cœur.

18. Il vaut mieux avoir sa langue dans sa poche que le cœur sur les lèvres.

19. Une bonne journée peut coûter cent mauvaises nuits.

20. On reconnaît l'homme à la patience.

21. Les fautes d'autrui sont d'excellents maîtres ; mais celui qui ne sait pas profiter de leurs leçons, ou qui voit en elles une justification des siennes, doit craindre de devenir incorrigible.

22. Pense et vis comme les anciens, mais parle de façon que les modernes te comprennent.

23. Si tu veux valoir quelque chose, adresse-toi aux autres ; si tu veux devenir quelque chose, adresse-toi à toi-même.

24. On va loin quand on sait observer et attendre.

25. Faire du travail un jeu et du jeu un travail reviennent à peu près au même.

26. Celui qui court avec la foule sera la plupart du temps dépassé et jeté hors de la piste. Mais si, par exception, il arrive au but avec elle, il sera le premier déçu.

27. C'est toujours quand il n'y a plus rien à faire que les hommes savent le mieux ce qu'ils auraient dû faire. C'est pourquoi ceux-là sont les plus prudents, qui vont constamment en esprit devant le tribunal de Dieu.

28. Le chemin qui conduit au ciel longe des haies épineuses.

29. Il est difficile de vaincre ceux qui considèrent la mort comme un gain.

30. Mourir est aussi un art, et, tout bien considéré, c'est même le plus grand de tous.

3. Le meilleur ami.

J'ai trouvé un ami qui m'a donné la richesse et le bonheur. Il est heureux quand je suis dans la joie, il me console quand je suis triste.

Il m'a toujours comblé de dons; toujours il m'a enseigné la sagesse, et, quand je lui confie mes peines, il les garde discrètement dans son cœur.

S'il m'arrive de le quitter dans un moment de mauvaise humeur, au lieu de m'adresser des reproches, de laisser percer le moindre déplaisir, il semblerait que c'est lui qui me doit de la reconnaissance.

Voyageur, je crois que depuis que tu erres dans les sentiers de la vie, tu n'as jamais trouvé d'ami meilleur que celui-là. Pourquoi me regarder d'un air interrogateur? Tu sais pourtant bien qui je veux dire, tu connais sa demeure.

4. Comment on avance.

Sais-tu à quoi les joyaux de l'humanité, les saints, ont dû leur réussite? En partie aux avantages qu'ils ont su tirer de leurs défaites : elles leur ont inspiré plus d'humilité, plus de confiance en Dieu; en partie à la manière dont ils ont su profiter de leurs succès.

Ils préféraient le blâme à toutes les louanges, parce

que c'est un meilleur maître. Mais, quand les louanges étaient inévitables, ils se tenaient tellement loin et tellement au-dessus d'elles, que leur modestie savait même en tirer avantage. Ils examinaient chaque parole flatteuse, parce qu'ils doutaient s'ils l'avaient méritée ; ils trouvaient souvent matière à amélioration là où d'autres ne voyaient que matière à des applaudissements ; la gloire était pour eux un stimulant à travailler de toutes leurs forces à se rendre dignes d'eux-mêmes.

De cette façon, chaque victoire qu'ils remportaient, était pour eux une nouvelle cause de sagesse et de force, comme un échec l'est pour un grand général et pour un noble caractère. Nous, au contraire, nous perdons courage au premier échec que nous éprouvons, et, s'il se trouve alors un flatteur qui nous remplisse la tête et le cœur d'une vaine complaisance en nous-mêmes, nous reculons au lieu d'avancer.

5. Modestie.

Petit cœur, petit cœur, permets-moi de t'adresser ces reproches : « Tu te crées trop de soucis, tu m'adresses trop de récriminations, tu me poses trop de questions, tu veux courir après trop de choses, tu supportes trop difficilement la gêne, et, dans le malheur, tu te décourages trop vite.

Écoute, il faut apprendre à souffrir, à ne pas se repaître d'illusions et de rêves. Il faut éviter de voler trop haut ; il faut rester fidèle à ses petites fonctions, ne pas envier le bonheur d'autrui, supprimer maint désir et porter la modération en tout et partout. »

6. Concours de course.

Il est toujours chanceux de prendre part aux jeux de ce genre, organisés par les hommes. Que de coureurs excellents ne gagnent pas le prix, alors même qu'il n'y en a qu'un seul qui les dépasse !

Il n'en est pas de même dans le royaume de Dieu. Ici, le plus faible est aussi sûr d'avoir le prix que le plus fort, à condition qu'il continue de courir jusqu'au bout.

Autant de coureurs persévérants, autant de vainqueurs couronnés.

7. Deux artistes de vie.

Partout il y a des gens qui ressemblent à des ballons : plus ils sont légers, plus ils s'élèvent. Sans capacités intellectuelles, sans qualités morales, ils dépassent les meilleurs ouvriers, les caractères les plus solides. Dans leur entourage familier, il leur arrive parfois de dévoiler leur art, et ils le font en ces termes : « Sois bien avec tout le monde, conduis-toi bien envers chacun ; avec des principes, tu agis contre tes propres intérêts. Tourne la voile du côté du vent ; quand tu vois quelque gain à réaliser, ne manque pas de le faire. Seulement, pas de scrupules. C'est la seule règle à suivre. Voilà ce que le monde aime, voilà ce qu'il récompense richement. »

Tels sont les principes au moyen desquels bon nombre de ces gens-là se hissent aux dignités. Tant qu'ils sont au pinacle, le monde fixe sur eux des yeux pleins d'admiration et d'envie. Mais quand un de ces charlatans vient à tomber, l'éclat de rire universel qui accueille alors sa chute, montre quel mépris intérieur on avait pour lui. On répète avec Eschyle : « Le voilà tombé du faîte du bonheur, il s'est brisé sur le roc de la justice. » Et personne ne le plaint.

Tout autre est le jugement qu'on porte lors de la disparition d'un de ces solides ouvriers, au-dessus de la tête desquels jonglait cet acrobate.

Pendant sa vie, personne ne parlait de lui, parce qu'il est tout naturel qu'un honnête homme vive comme il vivait. On passait par dessus lui, comme on franchit les mottes de terre qui nous font vivre. Mais, quand il est mort, on a entendu se renouveler les gémissements d'Horace : « Pourquoi rougir et pourquoi nous contraindre ? Pleurons ! oui, pleurons sur une tête si chère. »

Sans doute, il n'a pas su politiquer ; sans doute, il a choqué plus d'une personne avec ses principes ; sans doute, il n'aurait rien promis ou fait qui ne fût l'expression de sa conviction ; sans doute, il s'est attiré de nombreux désagréments, il a essuyé plus d'une humiliation, parce qu'il parlait toujours avec sincérité, mais, malgré cela, on revenait toujours vers lui dans les moments difficiles. L'autre, qui jetait tant d'éclat, disparaissait comme la bulle de savon, au moindre souffle, ou se cabrait comme un cheval de bataille à la première détonation.

Non! non! On n'est pas si mal qu'on voudrait bien le dire, dans la société d'un homme qui ne voit que le bon plaisir de Dieu. Et c'est en cela qu'a consisté tout l'art de vivre de cet homme d'honneur. Beaucoup l'ont regardé avec dédain, mais personne n'a eu à se plaindre de lui. Là où l'autre malin ne cherchait qu'à s'élever, celui-ci avait constamment l'œil fixé sur la volonté de Dieu. C'est pourquoi, avec tous ses tours de passe-passe, le charlatan a fini par se casser le cou et perdre sa réputation, tandis que l'homme intègre et modeste a mérité la reconnaissance universelle.

8. Comment on apprend à tout supporter.

Tu es mécontent, et tu ne peux pas dire contre quoi? Alors, permets-moi de te suppléer dans cette circonstance. C'est contre toi, mon ami, que tu es de mauvaise humeur. Il n'est pas étonnant que tu ne puisses rien supporter, puisque tu ne peux te supporter toi-même. Seulement, tu ne veux pas l'avouer, et c'est la raison pour laquelle tu cherches un prétexte, qui t'excuse aux yeux des autres et devant ta conscience. C'est à cause de cela que toutes les explications sont bonnes et aucune n'est suffisante.

Applique-toi donc à imprimer profondément en toi ce principe dans lequel est cachée une grande sagesse : on ne supporte les hommes et les choses que si on se supporte soi-même.

9. Dieu à la barre, voyage tranquille.

Les vagues sauvages du doute veulent faire sombrer ma barque, quand c'est mon cœur qui tient le gouvernail. Mais si je donne mon esprit à Dieu, le tumulte des flots s'apaise, mon anxiété disparaît : Dieu à la barre, voyage tranquille.

10. Un bain froid pour l'âme.

Après une humiliation profonde subie avec joie, ou un acte de renoncement accompli avec générosité, nous éprouvons une paix telle, qu'il semble que nous soyons nés à une vie nouvelle. Il faut qu'une confession soit bonne et sainte, pour qu'après elle aussi, nous sentions la grâce de Dieu couler dans notre âme d'une manière sensible.

La raison en est très simple. Par les sacrements, la vie divine inonde sans doute notre âme, dans des proportions beaucoup plus considérables que par n'importe quelle pratique de vertu ; cependant, très souvent, nous ne sentons pas ce qui se passe en nous, parce que la grâce agit d'une manière purement spirituelle.

C'est tout au plus si une confession qui a nécessité de violents combats, produit une impression profonde, tellement nous sommes plongés dans le terrestre et dans les choses extérieures. Nous sommes aussi insensibles aux phénomènes intérieurs, qu'un amateur d'histoires de brigands et de meurtres, l'est pour la délicatesse d'un mystique, et pour le calme majestueux de Dante.

C'est pourquoi il faut que Dieu stimule notre insensibilité par des moyens violents unis à l'action de la grâce : excitation du sang et des nerfs, ébranlement complet de notre nature. Ceci produit sur l'âme l'effet d'une douche d'eau froide sur le corps : « Celui qui portait la tête si haute, sent l'orgueil se briser en lui. » Le changement soudain, que la crainte apporte dans la marche tortueuse de la vie de notre âme, nous ranime ; l'amour de Dieu nous remplit d'une ardeur nouvelle ; et il en résulte une vivacité et une promptitude plus grandes pour accomplir nos devoirs.

11. Verre et diamant.

Aujourd'hui, j'ai rencontré deux dames à qui j'avais fait le catéchisme autrefois, quand elles étaient petites filles, et que je n'avais pas revues depuis. Naturellement, je me suis informé de leur santé : « Je suis très heureuse m'a répondu l'une », « Dieu soit loué ! m'a dit l'autre, transfigurée par la souffrance, je suis contente. »

Que ton bonheur est peu de chose! pauvre femme, pensais-je après les avoir quittées, en me rappelant les paroles de la première. Demain il sera dans la tombe. Je préfère la sécurité de ton amie, à qui Dieu a donné la paix, en récompense d'années de sacrifices.

Oui, le bonheur a la fragilité du verre; la vertu, au contraire, a la dureté du diamant.

12. Caractères durs et caractères tendres.

La vie est chose sérieuse. L'éducateur le plus rigide l'est beaucoup moins que la force des circonstances.

Quelles n'étaient pas nos prétentions et notre attente, quand nous avons paru, pour la première fois, sur la scène de la vie! Nous croyions que le monde n'attendait plus que nous. A notre aspect, les montagnes auraient dû s'aplanir et les vallées se combler. Mais nous n'avons pas été plus heureux que nos devanciers. Nos plans les plus beaux se sont évanouis; nos illusions sont tombées une à une, comme les pétales d'une rose magnifique; l'automne est venu sans que nous y pensions. Nous regardons alors avec tristesse le petit nombre de fruits qu'ont produit ces fleurs, dont le parfum nous enivrait jadis. Si seulement nous étions sûrs de les cueillir!

Souvent, cette épreuve produit chez nous une certaine maussaderie et une certaine amertume. Il y a tant de gens qui se considèrent comme le point central du monde! Dès qu'ils le voient peu disposé à leur servir de satellite, ils rompent avec lui et se renferment orgueilleusement en eux-mêmes. Plusieurs le feraient volontiers sauter, pour qu'il n'ait pas un meilleur sort qu'eux avec leurs espérances.

Voilà la vraie cause de cette maladie du monde, qu'on appelle le pessimisme, de cette implacable critique, et de cette disposition à tout voir en noir.

Ceux-là seuls que leur propre expérience a conduits à se retirer du monde; ceux-là seuls, qui ont appris à faire de la volonté de Dieu, le centre de leur cœur, supportent ces épreuves avec calme. C'est par là précisément qu'ils arrivent à cette pureté intérieure, et à cette trempe de caractère, qui leur fait accepter les épreuves

comme une source de paix pour eux et pour les autres.
« Les nobles caractères répandent dans les larmes la semence qui grandira, et deviendra plus tard une moisson magnifique. »

Le modèle de ces âmes bénies est Job, le grand patient, qui résume ainsi son expérience de la vie : « Ce à quoi je ne voulais pas même toucher jadis, est devenu maintenant ma nourriture, par suite des dures nécessités dans lesquelles je me suis trouvé. »

Oh ! qu'un caractère tendre est beau, s'il n'est pas devenu tel par l'indifférence, mais par la patience et le dévouement.

13. Sursum corda !

Quand tu fais une ascension, ton guide a soin de t'avertir de regarder toujours en haut, jamais en bas; autrement, le vertige s'emparerait de toi, et tu pourrais rouler dans des précipices.

Ton ange qui te conduit au ciel te crie, lui aussi : « Sursum corda ! » Ne regarde pas la terre, si tu veux marcher d'un pas sûr.

14. L'homme d'après l'horloge.

L'horloge a sur la vie une influence beaucoup plus grande qu'on ne le croit généralement. Une maison sans horloge rappelle fortement ce pays « de ténèbres et d'effroi, où il ne règne aucun ordre. » Un homme sans montre vit toujours aux dépens d'autrui. Il est tellement habitué à compter sur le secours des autres, sur un travail supplémentaire de leur part, et sur leur patience, qu'il ne se doute pas quelle vertu il faut pour le supporter, et à combien de fautes il expose son entourage. Celui qui se fie à la parole d'un homme qui n'a pas une bonne montre, se trouve presque toujours trompé.

Les hommes qui ne connaissent pas la valeur du temps, sont ordinairement de bons enfants, qui ne peuvent rien refuser à personne, qui s'offrent à faire toutes les besognes sans qu'on les en prie, mais qui oublient celles dont ils sont chargés. Ce sont des gens qu'on rencontre partout, excepté à leurs devoirs, des gens pleins d'amabilité, envers qui personne ne peut se montrer méchant, mais qui mettent au désespoir tous ceux qui ont affaire à eux. Ils sont un vrai fléau pour une communauté qui aime l'ordre.

Un purgatoire un peu prolongé pourrait bien être le châtiment que la justice de Dieu leur réserve.

C'est la raison pour laquelle l'exactitude, au point de vue du temps, n'est pas la dernière des vertus, tant s'en faut.

Nous ne voulons pas dire qu'un homme ponctuel soit, par là même, un homme parfait. Pour ceci, il faut davantage; mais il a en tout cas une inclination vers la justice, et c'est déjà une vertu qui est loin d'être petite. Il s'est habitué à travailler avec ordre et fidélité; et c'est une seconde vertu qui n'est pas à dédaigner non plus. Ensuite, il a mieux aimé se discipliner lui-même, que de faire souffrir les autres de sa négligence; et ce sont encore deux vertus de plus, qui s'appellent l'une la charité, l'autre la domination personnelle. Il comprend la valeur du temps; et c'est une excellente préparation à l'éternité.

De fait, quand un homme exact ne voit pas seulement le temps d'après sa montre, mais aussi d'après l'horloge de Dieu, il est sur le chemin de la perfection et de sa fin éternelle.

15. Tâche pour les gens sans but et pour les mécontents.

Tu me demandes quel bien Dieu a fait à l'humanité, depuis des milliers d'années qu'elle existe. Il répare le mal causé par la folie des hommes, et mène à bien ce qu'ils font.

Tu te demandes : « Qu'est-ce que je puis bien faire, moi, sans but? moi, qui suis condamné à l'oisiveté? » Ce que tu peux faire? C'est de laisser à Dieu un peu de repos, en expiant tes folies par la pénitence.

16. Ma consolation.

Quand toutes mes espérances se sont évanouies, que nos projets les plus chers n'ont pu se réaliser, que mon cœur ulcéré saigne, quelle consolation me reste encore?

Quelle consolation me reste, quand les flèches de l'ennemi sifflent à mes oreilles, que mon ami s'irrite contre moi, que moi-même je m'égare?

Vers qui m'enfuir, quand aucun secours n'apparaît à l'horizon, que le monde me repousse loin de lui, que Dieu lui-même se dérobe à ma vue?

Vers vous, Seigneur, mon seul soutien. Si vous permettez que les flots grondent autour de moi, c'est que que cela m'est utile; et voilà ce qui me console.

CHAPITRE XVIII

MAISON ET FAMILLE

1. Règles d'économie domestique.

1. La vie d'escargot est la meilleure. Reste chez toi le plus possible, sois patient, n'avance que lentement, travaille avec persévérance, sois modeste, aime le silence et la solitude. En agissant ainsi, tu seras sur la voie du bonheur.

2. Occupe-toi d'abord de ta maison, puis d'autre chose s'il te reste du temps.

3. Que chacun ait l'œil sur sa maison, Dieu a bien l'œil sur le monde.

4. Celui qui sort de sa maison pour trouver la paix, court après son ombre.

5. On ne prend pas une femme, ni on n'achète de toile à la chandelle.

6. Il vaut mieux faire la cour avec les oreilles qu'avec les yeux.

7. L'homme trouve facilement une seconde femme, mais l'enfant trouve rarement une seconde mère.

8. L'honneur du mari est l'honneur de la femme, la honte de la femme est la honte du mari.

9. Les unions les plus durables sont celles où l'un des époux est sourd et aveugle, et l'autre muet et oublieux.

10. La condescendance évite bien des disputes.

11. Les hommes sont tous fils d'Adam, et les femmes toutes filles d'Eve.

12. L'homme est la tête, la femme est le chapeau.

13. Ce n'est pas la maison qui fait le maître ; c'est le maître qui doit faire la maison.

14. Ce n'est pas la maison qui orne la femme ; c'est la femme qui doit orner la maison.

15. L'honneur de la maison réside dans la femme et non dans l'homme.

16. Il faut laver son linge sale en famille. Quand un étranger se mêle de regarder ce qu'il y a dans le pot, attention au couvercle !

17. Mariage bon, enfants bons.

18. Des enfants mauvais rendent leur père pieux.

19. Quand les enfants sont petits, ils marchent sur les genoux de leur mère ; quand ils sont grands, ils lui marchent sur le cœur.

20. Ce qui ne dépasse pas les genoux du père, monte souvent jusqu'au cœur de la mère.

21. Un seul enfant, enfant d'inquiétude ; deux enfants, enfants gâtés ; trois enfants et plus, enfants comme il faut.

22. Beaucoup d'enfants, beaucoup de *Notre Père* ; beaucoup de *Notre Père*, beaucoup de bénédictions de Dieu.

23. Celui qui possède Dieu à la maison, nourrit plus facilement dix enfants qu'il n'en élève deux, s'il a chassé Dieu de chez lui.

24. Un vice coûte plus que deux enfants à nourrir.

25. Toute mère trouve son enfant plus beau que les autres. C'est le langage de la nature. Puisse seulement la raison lui dire que le meilleur est celui qui est le mieux élevé !

26. C'est de mauvais augure, quand une femme parle latin, et qu'un enfant boit du vin.

27. Ce que l'enfant dit dans la rue, porte l'empreinte du père ou de la mère.

28. Les petits enfants ont aussi des oreilles.

29. Les yeux de la poule sont toujours fixés sur ses poussins.

30. Le père et la mère de famille devraient avoir plus de quatre yeux.

31. Un bon maître de maison doit aller le dernier au lit et se lever le premier.

32. Une bonne mère de famille doit être une demi-doctoresse.

33. Une bonne mère de famille doit s'occuper de cinq choses : des enfants, de la maison, de la cuisine, de la cave et des vêtements.

34. Un maître de maison diligent fait des serviteurs diligents.

35. Une ménagère habile est une rente assurée.

36. La meilleure ménagère est toujours la plus belle femme.

37. Une petite cuisine fait une grande maison.

38. Point de jardin sans orties, point de roses sans épines, point de petites maisons sans petites croix.

39. Religion domestique, discipline domestique et vie de famille sont la meilleure bénédiction qui puisse reposer sur une maison.

40. Quatre choses font le vrai bonheur d'une maison : un Dieu clément, la santé, une femme vertueuse et une mort heureuse.

2. La maison comme il faut.

Quand j'entre dans une maison, et que j'y vois l'ordre et la propreté, l'oratoire domestique orné avec le plus grand soin; quand j'y vois prier régulièrement soir et matin, observer scrupuleusement les fêtes de l'Eglise, distribuer l'aumône corporelle et spirituelle; quand j'y vois la mère exhorter avec patience à la vertu, améliorer avec douceur les défectuosités; quand j'y vois le père, semblable à un prêtre et à un roi, faire observer les pratiques de la religion, la discipline, la justice parmi ses enfants et ses serviteurs, je me dis : La paix habite ici, car la justice y règne.

Ceux qui vivent en paix avec Dieu, n'ont pas de

SAGESSE PRATIQUE

querelle avec les hommes; ceux qui se sacrifient à Dieu, ne disent jamais que ce sacrifice est trop grand.

Quand la maison est un temple de Dieu, elle n'est jamais vide de consolations.

3. Le sérieux du peuple chrétien.

Chez les paysans du Haut Palatinat, quand une jeune mariée arrive dans la maison de son époux, sa première visite est pour l'étable.

N'est-ce pas plus sensé et plus convenable que les voyages de noces des riches?

Les nouveaux époux ont commencé par Dieu, le matin à l'Église; ils ont consacré la journée aux parents et aux amis; le soir appartient déjà aux choses sérieuses. On ne joue pas, on ne s'amuse pas à des niaiseries, jusqu'au moment où les déceptions rappellent brusquement à la réalité; mais on va immédiatement au-devant du devoir. On ne se laisse pas surprendre par le sérieux de la vie; on le prévient.

C'est également une preuve que la morale simple du peuple religieux, rend l'homme plus prudent, et plus actif, la vie plus supportable, mieux ordonnée et plus heureuse, que la molle passivité de l'éducation mondaine.

4. Le sérieux du mariage.

Dans les pays où sont encore conservées les vieilles mœurs et les vieilles coutumes, c'est le mari qui donne à sa femme l'investiture de sa charge, en lui remettant tantôt un anneau, tantôt une pièce d'argent.

Il n'oublie pas non plus le rosaire et le cierge bénit, car il faudra prier dans cette nouvelle vie dont l'aube vient de se lever.

Ceci toutefois n'est pas suffisant. Il croirait qu'une légère malédiction plane encore sur leur union, s'il n'offrait pas à son épouse un joli livre de prières : « l'amour tombe feuille à feuille, quand le mari donne à sa femme un livre profane, » dit un proverbe. Il sait que ceux-là seuls ne seront jamais désunis, qui se sont donné la main en Dieu.

5. Mariage et état religieux.

Le moment de la mort excepté, il n'y a rien de plus grave dans la vie, que l'heure où deux personnes s'engagent dans les liens du mariage. Et souvent, il arrive que ce moment, où l'on entre à l'école du sacrifice et du renoncement, est loin d'être envisagé comme il conviendrait. On n'y voit que plaisirs et que joies; le côté sérieux échappe complètement, ou l'on remet à plus tard le soin de le considérer. C'est la raison pour laquelle il est quelquefois trop tard, le jour même des noces.

Le matin, on se jurait une fidélité éternelle ; le soir, quand le vertige a cessé, on pense déjà à rompre des engagements dans lesquels on ne voit plus que la promesse d'un éternel malheur.

Est-ce donc là le ciel du mariage? le chemin du Paradis sur terre? Et, vous ne voyez pas combien est fausse votre conception de la vie, quand vous ne rêvez que jouissances?

Oui, depuis que nous avons perdu le ciel par l'abus du plaisir, le bonheur ici-bas ne nous est plus accessible que par le chemin de la pénitence et du renoncement. Pensez donc aussi au sacrifice, quand vous faites le pas le plus sérieux de votre vie; prononcez donc le redoutable serment avec la pensée que vous vous donnez l'un à l'autre, et vous ne serez pas trompés.

Oui, le mariage peut, le mariage doit être un ciel sur la terre. Mais c'est à une seule condition, — la même que celle qui fait de l'état religieux un paradis ici-bas : — il faut qu'il soit marqué du sceau du renoncement et du sacrifice. Ce que les vœux de religion sont pour ceux qui s'engagent au service du Seigneur, les vœux du mariage le sont pour le fiancé et pour la fiancée. S'ils prononcent leur serment après mûre réflexion; s'ils font un sacrifice sans réserve ; s'ils jurent la mort de l'égoïsme, leur promesse sera un gage de paix et la porte de la félicité.

6. Trouvé dans le livre de prières d'une fiancée.

Jadis, je me suis longtemps posé la question : « Dois-je me faire religieuse ? Dois-je rester dans le monde ? »

Pourquoi tant d'hésitation ? Les deux états ne sont pas si différents. Dans le cloître, il faut garder le silence, obéir, prier ; dans le mariage, il faut en faire autant, car la prière, le silence et le sacrifice sont les seules voies qui conduisent à la paix.

7. Destruction du sentiment du droit.

La légèreté inouïe avec laquelle est traité le mariage et tout ce qui lui est connexe, montre dans quelle décadence profonde sont tombés la morale publique et le sentiment pour le droit, la loyauté et la délicatesse de conscience.

Au temps du paganisme, Eschyle disait : « Faite par la main des dieux, l'union de l'homme et de la femme est plus solide que le serment, tant que le droit existe. » Et les chrétiens constatent tous les jours l'exactitude de la parole d'Euripide : « Quand le droit se corrompt, le monde se pervertit. Qui peut encore avoir confiance en l'homme, quand il ne garde pas envers Dieu la fidélité qu'il lui a jurée ? »

A cela vient s'ajouter la déloyauté de parents, qui foulent aux pieds l'engagement pris d'élever leurs enfants dans la religion catholique.

Longtemps l'Eglise a usé du moyen de faire enregistrer cette promesse par devant notaire. Aujourd'hui, grâce au recul constant de la bonne foi publique, cette mesure manque d'efficacité. « Si vous le désirez, disait un jour un futur à un curé, je vous donnerai bien par écrit la garantie de ce que vous me demandez ; mais je ne tiendrai pas plus ma promesse que si je l'avais faite en particulier ; je saurai parfaitement me soustraire aux mesures coercitives des tribunaux. »

De fait, rien n'est plus facile de rendre non avenue une telle promesse.

Dans un cas, ce sera l'épouse catholique qui manquera de fermeté, et laissera envoyer ses enfants dans une école protestante ou athée. Dans une autre circonstance, elle résistera ; mais on triomphera de ses scrupules par des moyens faciles à deviner. Et puis toujours le tribunal considère le cas comme affaire personnelle. Or, quand il n'y a pas de plaignant qui réclame ses droits, la justice ne juge pas à propos d'intervenir pour faire respecter l'engagement pris.

Oui, soit dit à notre honte, il n'y aura bientôt plus d'obligation de tenir un serment fait à Dieu, quand la contrainte extérieure ne sera pas là pour en urger l'accomplissement.

D'après les idées de notre société, l'Eglise n'a pas le droit de se mêler des affaires domestiques et personnelles, — c'est ainsi qu'on appelle les questions de mariage et de religion. L'Etat considère le mariage comme une chose qui ressortit de sa jurisprudence, mais la question de délicatesse de conscience, au point de vue de l'accomplissement des obligations morales et religieuses, est une question qui le laisse complètement indifférent.

Cependant, la loyauté dans le mariage et la loyauté envers Dieu sont les deux piliers sur lesquels repose la société. Et plus rien ne les protège ! Et l'on s'étonne, et l'on se plaint que la confiance et le sentiment du droit aillent toujours en diminuant !

8. Petit miroir du mariage.

1. La parole bizarre que le mariage est une nécessité psychologique, parce que c'est le besoin de se compléter qui unit deux personnes, est, — dans la bouche de l'homme du moins, — une preuve de faiblesse. L'homme doit être un soutien pour la femme, et il avoue qu'il lui faut le soutien de celle-ci. Sans doute, une des fins principales du mariage est que les deux parties forment une alliance pour se soutenir mutuellement ; mais pour cela, il faut plus que des moitiés de personnes; autrement se trouve réalisée la parole de Clytemnestre, à propos d'Agamemnon : « Celui qui mélange de l'huile et du vinaigre, puis les verse dans un tonneau, les verra bientôt se séparer pour ne plus se réunir. »

Le meilleur mariage est sans aucun doute celui dans lequel l'homme et la femme sont sinon parfaits, du moins tendent à le devenir. S'ils s'aident réciproquement dans cet effort, le mariage est alors aussi heureux qu'il peut l'être.

2. Le mariage est, dans un certain sens, nécessaire à la plupart des membres qui composent l'humanité; car très restreint est le nombre de ceux qui résolvent d'une manière satisfaisante la tâche de leur éducation personnelle, quand ils vivent pour eux seuls.

La famille en effet présente une triple tâche au point de vue de l'éducation: l'éducation réciproque des époux, l'éducation des enfants, et l'éducation des serviteurs. Or, ce sont là trois puissants moyens de formation du caractère.

3. La richesse et la beauté physique sont des biens qui passent; mais une âme qui lutte devient chaque jour plus riche et plus belle. Or, un cœur riche et une belle âme répandent partout le bonheur et la paix.

4. Celui qui ne va pas à l'autel du mariage comme à l'autel du sacrifice, trouvera difficilement le bonheur.

5. Le mariage serait plus heureux, si les époux le contractaient moins avec le désir d'y devenir heureux, qu'avec le dessein de se rendre heureux.

6. Les meilleurs moyens naturels pour rendre un mariage heureux sont: la domination de la raison et la pureté du cœur.

7. Il vaudrait mieux convaincre les époux qu'ils doivent se marier en vue d'obtenir le ciel, que de les berner avec le principe que les mariages sont faits au ciel.

Les épreuves des premières semaines qui suivent leur union, troublent déjà l'azur de leur firmament; de longues années d'épreuves les aident à acquérir le ciel de l'éternelle félicité.

8. Le mariage existe pour les hommes, non pour les anges: « Les anges ne sont pas mariés, » dit le Sauveur. Que les époux se disent cela tant qu'ils vivent ensemble. Quand l'un des deux sera devenu un ange, Dieu l'enlèvera d'ici-bas et le placera dans son paradis; alors il n'aura plus rien à souffrir de la part de l'autre, plus rien à purifier en lui-même.

9. Qui bien aime, tard oublie, dit le proverbe; mais sans l'huile de la patience chrétienne, l'an... se dessèche et devient insipide.

10. De petites attentions forment souvent des liens plus forts que de grands dévouements et de nombreux présents.

11. Si l'on veut faire à de jeunes époux un cadeau peu coûteux et qui ait pourtant une grande valeur, il faut l'envelopper dans une feuille de papier sur laquelle se trouve ce conseil : « Oubliez toujours ce qui vous est personnellement désagréable; n'oubliez jamais ce qui peut vous faire plaisir réciproquement. »

12. Le mariage est une des rares situations où ne pas parler et manquer de confiance est presque pire que trop parler et être trop confiant.

13. Qu'il n'y ait pas de secrets entre époux, sinon ceux qui concernent la profession et la conscience.

14. De petits nuages dans le ciel des époux n'ont pas une importance considérable quand la sérénité revient vite.

15. S'il est un état dans lequel il vaut mieux prier et se taire que prêcher, c'est bien celui du mariage.

16. Pour beaucoup d'époux, il vaudrait mieux afficher un peu moins de tendresse devant les étrangers, et s'en témoigner un peu plus en particulier.

17. Il peut facilement y avoir excès d'amour dans le mariage; mais il n'y aura jamais trop de respect. Le mariage dans lequel le bonheur est le plus durable, est celui où les époux se respectent personnellement et mutuellement.

18. L'amour perdu se retrouve assez facilement; pour le respect perdu, c'est déjà plus difficile; mais pour la confiance perdue, c'est presque impossible.

19. La femme doit se soumettre à l'homme; sa nature le demande. L'homme doit dominer la femme; c'est dans la nature du mariage.

L'homme ne doit user de son autorité envers la femme qu'avec un saint respect, et les mêmes sentiments doivent animer la femme dans sa soumission à l'homme.

20. « Si quelqu'un, dit l'Apôtre, n'a pas soin des siens et surtout de ceux de sa famille, il a renié la foi, et il est pire qu'un infidèle » (I Tim., v, 8).

C'est vrai, car la voix de la nature n'est pas étouffée par la foi ; mais elle est recommandée par de nouveaux motifs. Le chrétien qui ne remplit pas son devoir sur ce point fait honte à la nature et doublement honte à Dieu, l'auteur de la nature et le distributeur de la grâce, laquelle lui facilite l'accomplissement du précepte naturel.

9. Remèdes contre les croix domestiques.

1. Une des tentations les plus dangereuses, dans les souffrances, est de se dire la parole qu'on entend tous les jours : « Pourquoi Dieu, m'éprouve-t-il? » Il n'y a pas d'erreur personnelle plus grande, pas d'injustice plus criante envers Dieu, et pas de manque de charité plus considérable envers le prochain. Car, où trouver un homme qui ne porte pas sa croix? Seulement, les autres la portent plus silencieusement que toi, ou parce qu'ils sont mieux exercés à souffrir, ou parce que leur douleur est trop profonde et trop cuisante pour la profaner par d'importuns gémissements.

2. Les stoïciens, — exagérés ici comme partout, — affirmaient que la douleur n'existait que dans l'imagination.

Il y a bien quelque chose de vrai. Si nous avions une imagination plus disciplinée ; si nous étions plus patients, moins susceptibles, beaucoup de nos souffrances diminueraient sérieusement d'intensité.

3. Le Christ n'a pas apporté la souffrance dans le monde; mais il a changé la souffrance en croix. En d'autres termes, il nous a donné l'exemple de la patience et de la résignation dans nos luttes impuissantes contre le mal : il nous a enseigné à nous réfugier auprès de lui, quand le poids des afflictions pèse sur nous. Et, en récompense, il nous a promis sa gloire éternelle.

4. L'expression *porter sa croix* est une folie pour quiconque ne croit pas en la puissance rédemptrice de la

Croix du Christ. Mais grande aussi est la distance qui sépare la simple foi de l'acceptation généreuse de la croix, et, pour la parcourir, il faut de l'exercice.

5. Faire de nécessité vertu ne demande pas beaucoup de peine, à proprement parler. C'est même un adoucissement aux souffrances. Mais c'est autre chose quand il s'agit de pâtir sans cesse, et non pas une fois en passant. Seuls une foi robuste et un christianisme vivant peuvent en donner la force.

6. Sans esprit de pénitence et sans humilité, personne ne triomphe de la tentation de murmurer dans la souffrance.

7. Sans l'esprit de prière et sans la vertu d'espérance, il est difficile de porter longtemps sa croix.

8. Porter sa croix c'est faire de la patience une vertu chrétienne, en jetant les yeux sur celui qui nous a rachetés sur la Croix.

9. La croix brise l'un ; elle élève l'autre. Celui-ci tombe écrasé sous un de ses fragments insignifiants, tandis que celui-là en traîne toute sa vie un morceau énorme. Ce n'est pas qu'il soit plus fort par lui-même ; mais il demande à la grâce de l'aider à porter son fardeau.

S'il est une obligation à l'accomplissement de laquelle les forces humaines ne peuvent pas longtemps suffire, c'est bien l'obligation de porter sa croix.

Mais que d'âmes brisées n'auraient pas succombé sous le fardeau de la douleur, si elles avaient demandé le don de force au Saint-Esprit !

10. Gémir et chercher de la consolation n'est pas un péché, car c'est un instinct naturel. Seulement, il ne faut pas se plaindre jusqu'à tomber d'épuisement ; pas se plaindre devant des gens qui sont incapables de donner du courage. Surtout, il ne faut pas oublier de s'adresser au seul vrai consolateur des affligés.

11. Ne t'effraie pas de trouver dans ta nature une telle répulsion pour la souffrance. Le Christ, lui aussi, a lutté trois heures durant avant de s'écrier : « Père, que votre volonté se fasse, et non la mienne. »

12. On peut apprendre beaucoup de choses auprès du

monde; mais on n'y apprendra jamais ce qui rend la vie supportable : l'art de porter sa croix.

Cet art ne s'apprend qu'à l'école de Celui qui a fait du gibet d'ignominie la chaire d'où tombe la plus haute sagesse.

Il n'y a pas de sagesse plus grande que l'habileté qui consiste à faire de la nécessité une vertu, et du châtiment une source de mérite et d'honneur.

CHAPITRE XIX

L'ART DE L'ÉDUCATION

1. Vieux principes d'éducation.

1. Les parents devraient être la Providence des enfants.

2. Les enfants sont comme on les élève.

3. Nous ne pouvons pas nous mettre sur le même pied que les enfants. Si nous les traitons comme des égaux, ils auront vite fait de nous traiter comme des inférieurs.

4. Si on n'arrache pas les mauvaises herbes à temps, elles envahiront bientôt le jardin tout entier.

5. Celui qui accorde toutes ses fantaisies au poulain, sera désarçonné plus tard par lui.

6. La verge habitue l'enfant à vouloir; seulement, la verge n'est pas une cravache.

7. Celui qui châtie, doit avoir la dignité et l'impartialité d'un instrument de la justice.

8. En agissant avec emportement, nous dévoilons notre faiblesse à l'enfant, et nous lui donnons l'avantage sur nous.

9. Quand on punit un enfant, on doit se proposer de faire triompher le bien du mal.

10. Celui qui grandit sans crainte vieillira sans honneur.

11. Trop de sucre dans la jeunesse, mauvaises dents dans la vieillesse.

12. Le loup mourra dans sa peau, à moins qu'on ne l'écorche.

13. Jeunesse paresseuse, vieillesse malheureuse; jeunesse studieuse, vieillesse heureuse.

14. Celui qui a été un bon apprenti fera un bon maître.

15. Mieux vaut l'enfant pleurer, — même pour lui, — que le père se lamenter. — Mieux vaut l'enfant prier son père, que le père prier son enfant.

16. Des chevaux attelés trop jeunes sont des bêtes perdues; des oiseaux qui chantent trop tôt, le chat les prend.

17. Celui qui fait du feu avec du bois vert, donne à sa maison plus de fumée que de chaleur.

18. Une poule a bien deux ailes; malgré cela, on ne peut lui apprendre à voler aussi haut qu'un aigle.

19. Celui qui veut monter au sommet de l'échelle, doit commencer par les échelons inférieurs.

20. Il vaut mieux qu'un enfant trop précoce, au point de vue de l'esprit, meure jeune; autrement le monde compterait un fou de plus.

21. Celui à qui l'on a crevé les yeux dans sa jeunesse, restera aveugle toute sa vie.

22. Des années d'apprentissage ne sont pas des années de maîtrise.

23. Celui qui veut récolter dans sa vieillesse, doit semer dans sa jeunesse.

24. Un liquide garde toujours le goût du tonneau dans lequel il a été.

25. La goutte d'eau qui tombe constamment, creuse la pierre. Un arbre ne tombe pas du premier coup.

26. Le christianisme ne se transmet pas par héritage. Si l'on veut avoir des enfants chrétiens, il faut les y rendre par l'éducation.

27. Sur dix hommes célèbres, neuf ne le seraient pas sans leur mère.

28. Un père et une mère unis par une affection réciproque ; un père calme, sérieux, accessible à une remontrance ; une mère droite et ferme, sachant commander à sa tendresse, voilà ce qui donne des enfants vraiment bons.

29. Ce n'est pas la science qui fait les bons éducateurs ; c'est la connaissance du cœur humain, la patience et le bon exemple.

30. S'il est une chose dans laquelle on ne peut se passer du secours de Dieu, c'est bien dans l'éducation de l'enfant.

2. Ordonnance à l'usage des pédagogues actuels.

Prenez un grand chaudron, — vous en trouverez un dans la première brasserie venue, — où vous verserez zoologie, astronomie et géographie, botanique, physique et minéralogie, ethnographie, géométrie, haut calcul et chimie, diplomatie, histoire et mythologie. — Pour chacune de ces spécialités, un livre vous suffira, un livre dans le genre de ceux qu'a inventés le bon Ollendorf.

Puis, faites bouillir le tout vigoureusement.

Quand ces éléments divers seront réduits en une pâte uniforme, à peu près semblable à celle du protoplasme primitif, vous y ajouterez, sous forme de sucre, beaucoup de paroles d'humanité, beaucoup de formules de politesse, et un tout petit peu de religion, — puisque la mode le veut encore ainsi.

Alors vous n'aurez plus qu'à servir. A peine l'enfant aura porté ses lèvres à ce brouet, que, sur l'heure, il sera un Salomon.

3. Vraie et fausse éducation.

Toute éducation qui n'apprend pas à l'homme, naturellement mauvais, à se perfectionner par l'habitude de la discipline et de la domination personnelle, est une éducation fausse. Elle ne sert qu'à l'avilir encore davantage, à en faire un esclave ou un hypocrite, un moqueur effronté, ou un destructeur farouche.

4. Un art supérieur.

Beaucoup de gens méprisent l'obéissance et la discipline, non parce que ces moyens d'éducation sont trop bas, mais parce qu'ils sont trop hauts et trop difficiles pour eux.

Voulez-vous savoir tout ce qu'il y a de grandeur dans ces deux mots : obéissance et discipline ? Rappelez-vous la parole spirituelle des anciens : « Le diable peut prendre bien des formes, mais il ne prendra jamais celle d'un apprenti. »

5. Des goûts on ne discute pas.

Gœthe dit qu'il aime mieux un jeune homme qui s'égare, en suivant sa propre voie, qu'un jeune homme qui va son chemin droit, en suivant les conseils des autres.

D'après cela, les jeunes gens les plus aimables sont les entêtés et les fous. Pour nous, nous avouons sincèrement que nous préférons les jeunes gens modestes et dociles, car jusqu'alors nous avons toujours constaté la vérité du principe, que celui-là seul ne fait pas fausse route plus tard, qui a suivi les sentiers que d'autres lui ont indiqués.

6. Gœthe éducateur.

Un père qui ne veut pas croire à la corruption de la nature par le péché originel, mériterait presque d'avoir un Gœthe pour précepteur de ses enfants, si ceux-ci n'en devaient être les victimes. Il serait certes assez puni, car il est facile de s'imaginer ce que serait une éducation faite d'après le principe favori du grand poète : Ne pas violenter l'aimable nature. « On devrait laisser faire la jeunesse, dit le vieux maître ; elle ne poursuivrait pas longtemps un faux idéal, car la vie elle-même aurait vite fait de l'en détourner. »

Par ce qui s'appelle la logique, laissez-moi donc, ô le meilleur des pères, vous prier de répondre à deux questions.

Vous prétendez que Rousseau est dans le vrai, quand il affirme, que tout est beau de par la nature, et que tout devient seulement mauvais par l'intervention de l'homme ; vous donnez raison à Zschokke, dont vous appréciez si fort les *Heures de recueillement*, quand il dit, dans son autobiographie, qu'aucun art dans le monde n'est plus simple que celui de l'éducation, car l'homme doit se développer de lui-même, comme la plante et l'animal.

Eh bien ! si c'est exact, pourquoi Gœthe n'en aurait pas tiré la conclusion morale pratique ? Et toi, pourquoi te mets-tu en garde contre Gœthe éducateur ? Je crois que si quelqu'un s'adapte à tes vues, c'est bien lui, et lui seul.

Donc, ou la foi au péché originel, ou le retour à l'état sauvage.

7. Les débuts dans l'art de se vaincre.

Enfant, écoute ! sois bien attentif ! Mais garde pour toi ce que je vais te dire. Si tu pouvais t'abstenir de tant bavarder, comme je t'aimerais davantage !

Nuit et jour le petit ruisseau jase, car il ne sait rien faire de mieux ; même en rêvant la petite cigogne craquette, comme une véritable impertinente.

Les gens sages et prudents se taisent volontiers, car ceux qui réfléchissent ne bavardent pas. Le cheval tire la charrue en silence ; il lui suffit d'être à son devoir.

Enfant, laisse-moi te le dire encore une fois. Certainement tu me comprendras maintenant : je t'aimerais beaucoup plus, si tu ne me tourmentais pas avec ton incessant babil.

8. Sagesse profane et sagesse chrétienne dans l'éducation.

Dans sa *Vie des Sophistes*, Philostrate parle d'un philosophe riche et distingué, Proclus, qui vivait au temps d'Hadrien. Ce philosophe avait un fils qui ne s'occupait que de combats de coqs, d'engraissement de cailles, de dressage de chiens, de courses de chevaux. Et son père, qui sans doute en matière d'éducation était de l'avis du brave Simon de Térence, l'accompagnait dans toutes ces sortes d'exercices.

A toutes les remontrances qu'on lui faisait à ce sujet, il répondait qu'il avait ses raisons pour agir ainsi, que le jeune homme se fatiguerait plus vite de ses occupations en compagnie d'un vieillard, qu'avec des jeunes gens de son âge.

N'est-ce pas là un singulier principe d'éducation ? Pourquoi cet enfant blasé d'aussi bonne heure serait-il devenu meilleur, à supposer que le résultat espéré par son père ait été obtenu en réalité? Il aurait échangé contre d'autres défauts ceux qu'il aurait eus jusqu'alors ; il aurait préféré la société de joueurs, de buveurs, à celle de son père débile; ou bien il aurait conçu un profond mépris pour l'auteur de ses jours. Par bonheur, il mourut avant que les fruits de cette perversité aient eu le temps de se développer.

Il semblerait que chacun comprend qu'en agissant ainsi avec un enfant, on ne l'élève pas, mais on le perd. Eh bien, non! Montaigne lui aussi conseille de blaser un enfant, en lui laissant la liberté de tout faire. Son grand principe est que « nous ne saurions faillir à suivre la Nature ; que le souverain précepte c'est de se conformer à elle. »

Evidemment si l'idéal de l'éducation est de former des gens comme Alcibiade, l'éducateur doit procéder ainsi. Mais s'il veut former des hommes de caractère, des hommes qui fassent honneur à leur entourage, à leur patrie, à leur temps, des hommes en un mot qui soient le contraire d'Alcibiade, il fera mieux de s'en tenir à la doctrine chrétienne sur l'éducation.

Or, celle-ci déclare qu'on ne forme pas un honnête homme en l'invitant à lâcher la bride à la nature, mai en le contraignant à la dompter.

9. Influence et difficulté de l'éducation.

La question de l'éducation nous amène à parler d'Alcibiade. Cet homme peut servir de thème à de sérieuses réflexions. Il possédait des talents peu ordinaires. Malgré cela, il fut un brouillon insolent dans sa jeunesse, et, chose encore pire, il ne s'améliora pas dans son âge mûr. C'est lui qui porte en partie la faute de la ruine d'Athènes. S'il fut le favori de son peuple, cela lui fait aussi peu d'honneur qu'à ses compatriotes: il a joui de la popularité de ces infortunés dans lesquels un peuple décadent incarne ses faiblesses, et voit, dans une certaine mesure, la justification de ses défauts.

Or, qu'arriva-t-il à cet esprit magnifiquement doué?

Après la mort prématurée de ses parents, ce fut le grand Périclès qui se chargea de lui. Mais, comme Socrate l'en blâme vivement, il négligea complètement ses obligations. Il le confia à une Spartiate et à un esclave thrace nommé Zopyre, qui, à cause de son âge, n'était plus capable de rien. C'est ce qui nous explique le résultat de cette éducation.

« D'ailleurs, dit le même philosophe, je pourrais citer beaucoup d'hommes éminents qui n'ont jamais amélioré personne, soit parmi leurs propres parents, soit parmi les étrangers. »

Nous le croyons sur parole. Tous tant que nous sommes, nous avons certainement présents à la mémoire des cas où des hommes qui ont joué un rôle considérable dans la vie publique, et y ont acquis un nom, ont été très peu heureux dans l'éducation de leurs propres enfants.

Or, si des esprits supérieurs font preuve d'incapacité pour accomplir cette grande tâche, que penser de cette méthode qui consiste à bourrer, pendant quelques années, un jeune homme d'une masse indigeste de science, afin de pouvoir lui donner le titre d'éducateur accompli?

Comment apprécier également ce travers de notre époque, qui consiste à croire que l'appropriation de quelques procédés et de quelques formules rend inutile, dans le domaine de l'éducation, la coopération de cette puissance qui a pour elle l'expérience des siècles?

En cette matière, la bonne volonté seule ne suffit pas plus qu'une vaste science et une fine culture profane. Certainement le vieux Zopyre n'avait pas de mauvaises intentions; peut-être aussi était-il assez savant pour instruire son élève; mais, comme éducateur, il ne valait pas mieux que son maître Périclès.

Voilà donc un fait. Périclès ne s'est pas montré à la hauteur de sa tâche dans cette circonstance. Pourquoi alors des gens, qui ne sont pas des Périclès, rougiraient-ils d'accepter, en cette matière, le concours de la puissance que le propre fils de Dieu a chargée de l'éducation de l'humanité, et qu'il a formée à cette fin ?

10. Art de tanneur.

Lorsqu'Esaü vit la lumière du jour, il avait le corps couvert de poils rudes. Son caractère répondait à son extérieur. Malheureusement, ses parents ne pouvaient pas l'écorcher, comme on dit vulgairement. C'est pourquoi il leur donna très peu de satisfaction, ainsi qu'à Dieu et au monde. Peut-être même n'y pensèrent-ils jamais. Malgré cela, sa mère jugea bon de revêtir d'une peau analogue Jacob, son fils chéri, pour le faire ressembler le plus possible à son frère.

Les anciens avaient déjà fait cette remarque, puisqu'ils ont trouvé l'adage bien connu : Le loup mourra dans sa peau, à moins qu'on ne l'écorche.

On répondra que tous les enfants n'ont pas la pétulance d'Esaü, ou ne sont pas des loups dévorants. C'est vrai ; mais tous apportent, en naissant, un quelque chose qui adhère aussi fortement à leur nature que le poil à la peau. S'ils ne viennent pas au monde dans la peau d'un loup, ils y viennent peut-être dans celle d'un chat ou d'un serpent ; et il est difficile de dire laquelle des deux convient le moins à l'homme.

Clément Brentano voyait juste, quand il écrivait :

« Oh ! quel mystère que l'enfant ! »

Pas de doute, en effet, qu'une éducation sérieuse doit le tirer de l'état dans lequel il se trouve à sa naissance. Et, serait-il venu au monde aussi doux au toucher qu'un lapin angora, qu'il aurait encore besoin d'être tanné. Autrement, il ne pourrait supporter le sérieux de cette vie.

Mais hélas ! ce n'est pas seulement à des princes que s'appliquent ces paroles de Tégner : « Les pauvres fils de roi n'entendent que des prières et des flatteries. »

11. Petit bréviaire du pédagogue.

1. Un éducateur qui ne croit pas au péché originel, n'a pas une idée bien juste de la différence qu'il y a en-

tre une école proprement dite et une école de cavalerie.

2. L'enfant qu'on n'élève pas pour Dieu, est un enfant abandonné.

3. Pour l'éducation intellectuelle, il n'y a pas de règle absolument fixe ; mais l'éducation morale et religieuse ne profite qu'autant qu'elle est donnée par l'exemple.

4. L'éducation par les paroles fait des bavards ; l'éducation par les actes fait des caractères.

5. Il n'est jamais trop tôt pour former le cœur et la volonté ; l'intelligence attend plus facilement.

6. Comme la plupart des hommes seraient heureux, si on les avait élevés, non pour en faire des espèces de prodiges, mais des caractères solides, des travailleurs infatigables.

7. Si on mettait autant de zèle à déshabituer les enfants du mensonge, de l'entêtement et de la dissimulation, qu'à les empêcher de sucer leurs doigts, on leur épargnerait bien des désagréments dans l'avenir.

8. Peu de choses, dans la vie, s'expient plus amèrement qu'une éducation molle.

9. On ne félicite personne de sa justice et de son endurance. Cependant, on ne sera jamais assez reconnaissant envers un maître qui aura enseigné à regarder la justice comme une chose sacrée, et à supporter la souffrance avec un calme viril.

10. Un ton pédant dans l'éducation fausse un des ressorts les plus puissants pour le bien : le juste sentiment de l'honneur. Cela lui enlève son élasticité, ou en fait un aiguillon qui blesse.

11. Plus il entre de pédanterie et de recherche dans l'éducation, plus elle est mauvaise.

12. Instruire est bon ; inculquer des habitudes sérieuses vaut encore mieux. Mais ce qui est supérieur à tout, c'est de donner à l'enfant un exemple tel, qu'il ne lui vienne jamais à l'esprit de se mettre en contradiction avec le devoir, la vérité et l'ordre.

13. Toute sagesse vient d'en haut. C'est pourquoi les

coups donnés par un maître raisonnable rendent l'enfant plus sage que tous les livres étalés devant lui.

14. La verge est aussi nécessaire que le *Notre Père*. Il faut l'appliquer en demandant à Dieu de bénir chacun des coups donnés.

15. Celui qui veut être béni de Dieu dans l'éducation, ne doit jamais oublier que c'est Dieu qui lui a confié l'enfant, et que cet enfant, il doit l'élever pour Dieu.

12. Quand et comment doit-on parler aux enfants de religion ?

Lady Fullerton raconte qu'une fois, au temps où elle apprenait à lire, elle s'agenouilla dans le salon, devant une chaise sur laquelle se trouvait un beau livre. Le premier mot sur lequel elle tomba, était imprimé en gros caractères. Elle eut beaucoup de peine à en épeler les lettres ; mais quand elle l'eût déchiffré, elle le prononça tout haut avec des transports d'une joie exubérante. Ce mot était : DIEU.

Aussitôt sa mère de la reprendre, et de lui dire : « On ne prononce jamais ce mot ainsi, car c'est un mot saint. »

« J'étais âgée d'un peu plus de trois ans, raconte lady Georgiana, et je ne savais pas encore ce que c'était qu'un mot saint. Mais la sévère expression de visage, et le ton de voix solennel que ma mère prenait, et qu'elle prend aujourd'hui, quand elle en prononce un, provoquaient dans mon cœur un sentiment de respect et de crainte qui m'est toujours resté. »

Et les éducateurs craindraient que la religion subît quelque dommage, si l'on familiarisait de trop bonne heure l'enfant avec elle ! Erreur ! A condition toutefois qu'on le fasse avec le sérieux que réclame une chose aussi sainte. Bien avant de comprendre le sens du mot *religion*, les enfants devraient déjà connaître, par l'exemple de leur entourage, la crainte de Dieu et le recueillement dans la prière. « Oh ! conduisez les petits vers le Sauveur, car le royaume des cieux leur appartient. Un cœur pur et tendre comprend très facilement celui qui est la pureté même. »

CHAPITRE XX

ÉCONOMIE POLITIQUE ET POLITIQUE SOCIALE POUR LES BESOINS DOMESTIQUES

---

1. Vieilles recettes d'économie politique et domestique.

1. L'égoïsme chasse le droit.
2. Pré commun, herbe courte.
3. L'âne du commun est toujours le plus mal bâté.
4. Un cheval qui a trois maîtres est sûr de mourir de faim.
5. Notre Seigneur Dieu n'a pas voulu que le pain poussât sur un arbre.
6. Le pain ne se découvre pas, il se gagne.
7. La faim guette bien par la fenêtre l'homme diligent ; mais elle n'ose pas entrer dans sa maison.
8. Renard qui dort ne prend pas poules.
9. Qui soigne bien son champ en est récompensé.
10. Les copeaux ne tombent pas seuls ; il faut qu'on les coupe.
11. On n'est sûr d'une chose que lorsqu'on la tient.
12. Ce qu'on peut faire soi-même est toujours plus vite fait que le travail que l'on confie à d'autres.
13. Celui qui veut avoir des œufs, doit trouver bon que les poules chantent. Celui qui veut avoir du miel, ne doit pas craindre l'aiguillon des abeilles.
14. C'est un mauvais forgeron que celui qui ne peut pas supporter la fumée.
15. Bien commander fait bien obéir.

16. L'œil du maître est le meilleur engrais.

17. Le maître, avec un seul œil, voit mieux que le serviteur avec quatre.

18. Le maître qui commande le mieux, est celui qui connaît le travail pour l'avoir fait lui-même.

19. Quand la femme n'est pas à la maison, personne n'y est.

20. Plus la dame est aveugle, plus la domestique voit clair.

21. Telle dame, telle domestique.

22. Quand la femme gère bien la maison, l'économie y règne.

23. La maîtresse de maison fait mieux la cuisine avec ses yeux, que la cuisinière avec ses mains.

24. Beaucoup de métiers ruinent un maître.

25. Qui trop embrasse mal étreint.

26. Les petits ruisseaux font les grandes rivières.

27. Une goutte suivie d'autres gouttes remplit un tonneau.

28. Quand on mettrait cent poules sur un œuf, elles ne le feraient pas éclore en trois jours.

29. Personne ne peut s'atteler devant quelqu'un qui ne l'est pas lui-même.

30. Un fardeau également réparti ne casse les reins à personne.

31. Toute peine mérite salaire.

32. Un serviteur fidèle ne se paie jamais trop cher.

33. Le travail sans récompense est une honte pour qui l'a commandé.

34. Le salaire doit être proportionné au travail.

35. Salaire gagné doit se payer.

36. Bon salaire rend diligent.

37. Tel salaire, tel travail.

38. Les bons comptes font les bons amis.

39. A chacun ce qui lui revient, et l'amitié est sauve.

40. Si la poule m'appartient, les œufs aussi.

41. Aime ton voisin, mais n'arrache pas la haie qui te sépare de lui.

42. Pour conserver l'amitié un mur est utile.

43. Une charrue est toujours utile entre les champs de deux frères.

44. Qui n'ouvre pas les yeux doit bourse délier.

45. Il ne faut pas donner et retenir.

46. Chacun son compte, voilà le meilleur paiement.

47. Celui qui mesure avec une grande aune quand il reçoit, et avec une petite quand il donne, est le frère d'un voleur.

48. On se désaltère aussi bien à une petite fontaine qu'à une grande.

49. Qui désire beaucoup est plus pauvre que celui qui a peu.

50. Assez vaut mieux que trop.

51. Il ne faut pas voyager avec six chevaux, quand on a seulement pour en nourrir deux.

52. La poule de la voisine est toujours la meilleure pondeuse.

53. Il ne faut pas faire la soupe du matin trop grasse, si l'on veut encore avoir quelque chose à manger le soir.

54. Il vaut mieux aller se coucher sans souper, que de se lever avec des dettes.

55. Un âne qui me porte vaut mieux qu'un cheval qui me renverse.

56. Des navets qu'on mange chez soi valent mieux que viande et poisson ailleurs.

57. Celui qui dédaigne les petites économies ne deviendra jamais riche.

58. Mauvais charpentier est celui qui fait beaucoup de copeaux.

SAGESSE PRATIQUE

59. Celui qui ne fait pas attention à un clou en ferrant son cheval, peut perdre sa bête.

60. Quand les enfants vont à la foire, les marchands font des affaires.

61. L'argent épargné est de l'argent gagné.

62. Epargner c'est gagner.

63. Ce que la femme épargne est aussi bon que ce que le mari gagne.

64. Avec son tablier, la femme peut emporter de la maison plus que le mari n'y amène avec un chariot.

65. Celui qui commence par manger tout son pain blanc, devra se contenter de pain noir plus tard.

66. Il ne faut pas trop saler la soupe, quand même on a du sel en abondance.

67. Celui qui veut faire des économies, doit commencer par la bouche, et terminer par les vêtements.

68. Un vase raccommodé tient souvent plus longtemps qu'un neuf.

69. Mieux vaut une tache qu'un trou.

70. Velours et soie sur le corps éteignent le feu dans la cuisine.

71. On ne jette pas un vieux seau, sans savoir si le neuf, par lequel on veut le remplacer, tient l'eau.

72. Je connais ce que j'ai; mais non ce qu'on me donne.

73. De bonnes journées coûtent cher.

74. Il faut porter l'attention sur les petits dommages; les grands l'attirent d'eux-mêmes.

75. Beaucoup sèment leur blé avant d'être arrivés dans le champ.

76. Beaucoup de gens brûlent une chandelle pour chercher un sou.

77. L'argent gagné le dimanche est déjà dépensé avant le lundi.

78. Le travail du dimanche n'a jamais enrichi personne.

79. Se lever matin, prier, faire l'aumône et fréquenter l'église sont quatre choses qui appauvrissent rarement.

80. Le meilleur moyen pour bien commencer un travail et pour bien le terminer, c'est d'implorer le secours de Dieu par la prière.

2. Elle dansait bien et faisait mal la cuisine.

L'histoire de tant de ménages qui ont eu de si beaux débuts, et une fin si pitoyable, peut se résumer dans ces mots par lesquels Justus Mœser commence une de ses *Fantaisies patriotiques* : « Elle dansait bien et faisait mal la cuisine. »

3. Nous ne pouvons pas vivre.

Le même écrivain raconte, sous le titre de : « *Jean ne pouvait pas vivre*, » une histoire dont chacun de nous a déjà pu apprécier l'exactitude par sa propre expérience.

Un jeune homme très adroit réclame un petit emploi. Il l'obtient; et voilà que, tout entier à sa joie, il commence à faire grande chère.

Peu de temps après, il demande une place meilleure, parce que celle qu'il occupe ne lui permet pas de vivre. Il l'obtient également, et se marie.

Comme sa situation était plus élevée, naturellement les dépenses augmentèrent, car il lui fallait vivre selon son rang. Alors, il tomba de nouveau dans la gêne. Que faire pour en sortir? pour couvrir ses dettes qui devenaient de plus en plus grandes? Il ne trouve pas d'autre moyen que d'abuser de la confiance dont on l'avait honoré jusque-là. Sa femme qui, comme cela va de soi, avait sa part de responsabilité dans cette situation, lui prête son concours. Finalement tous deux sont mis en prison. Alors ils peuvent vivre.

Tel c'est en petit, tel c'est en grand. La plupart du temps, nos démocrates socialistes ne peuvent pas se plaindre de leurs salaires. Il y a beaucoup de fonctionnaires qui ne sont pas aussi bien rétribués qu'eux, et qui, en outre, sont obligés de subvenir à certaines exigences de situation. Ceux-ci se tirent d'affaire ; ceux-là meurent de faim, disent-ils. Quand une fois tout sera détruit, et que la société sera enfermée dans la prison du futur état socialiste, la vie sera probablement plus facile.

Les peuples et les états, eux non plus, ne peuvent pas vivre. Ils devraient se réduire réciproquement à la plus extrême misère; peut-être pourraient-ils vivre alors!

Les hommes, dirait-on, sont réduits à la mendicité tant que les affaires ne vont pas tellement mal pour eux, qu'elles deviennent alors un bien.

4. Chanson des jeunes compagnons aux époques de foi.

Il faut maintenant courir le monde. Morbleu! comme les gens me regardent! Quel gai compagnon! disent-ils. C'est à n'en pas croire ses yeux.

Pourquoi donc ne serais-je pas gai? Aujourd'hui j'ai bien dîné. Ma mère a rempli mes poches et mon bissac; puis elle m'a donné sa bénédiction. Et je me suis mis à pleurer.

Maintenant je suis libre, et je marche tant que le soleil brille. Je n'ai rien de caché à la maison; et si les voleurs me dévalisent en route, maigre sera leur butin. Cependant, j'ai un beau vêtement de bure et une jolie pipe.

Les éléments, je ne les crains pas. J'engage joyeusement la course avec le vent. Fait-il froid? Je cours pour me réchauffer, et le soir venu, je m'endors sur un lit de planches. Jamais le pain ne m'inquiète, car partout on m'en donne tant que j'en veux. Pour la soif, je l'emporte avec moi.

Tous les jours je vois du nouveau; avec les hommes je m'accorde à merveille, et Notre-Seigneur Dieu n'est pas trop méchant pour moi.

Qui donc est plus heureux que moi? L'avare tremble pour son trésor, l'empereur pour son empire, tandis que moi je possède le monde.

5. Chant socialiste pour le futur âge d'or.

Maintenant, c'en est fait du monde! Ah! comme les gens regardent avec étonnement mon allure de désespéré! Comme ils ont peur de voir mes projets réalisés!

Oui, le désespoir est chose facile. La faim est un glaive acéré. Je tiens, tu tiens la pierre où l'aiguiser. La vie a trop peu de valeur pour nous.

J'ai quitté en mendiant la maison paternelle; depuis lors, je vis au jour le jour. Ce que je gagne disparaît en gais festins. Je ne sais ce que c'est qu'une chemise entière.

Jadis, ma mère m'apprit à croire et à prier. J'étais alors joyeux et riche. Maintenant je ne connais plus ni Dieu ni la prière; je suis blasé.

La nuit pour moi remplace le jour; volontiers j'éteindrais la lumière du soleil. Quand tout flambe, tout tombe en ruines, je pousse un soupir de satisfaction.

Si quelqu'un me donne un morceau de pain, furieux je le lui jette au visage. Oui! plutôt mourir mille fois de faim, que de souffrir qu'on me fasse l'aumône.

Je ne crois plus, je n'espère plus. Tout ce que je désire, c'est de faucher des peuples, et, comme compensation aux jugements du monde, de semer partout l'incendie.

Pour moi, le mot de bonheur est un affreux mensonge; c'est pourquoi je ne veux pas que quelqu'un puisse se dire heureux. Oui, si le ciel n'est qu'une vaine illusion, il faut que l'enfer s'allume ici-bas.

Dites maintenant, si vous avez vu quelqu'un qui me ressemble. Le diable respecte l'argent, et frissonne devant l'étang de feu; pour moi, enfer et monde c'est absolument la même chose.

6. Diverses manières d'envisager le travail.

Un viveur repu, qui fait du travail un plaisir et un passe-temps; un favori du bonheur, qui ne vit que pour des fantaisies, peut facilement dire avec Voltaire : Le travail est mon Dieu.

Le pauvre, au contraire, qui a toujours les mains vides, quel que soit le travail qu'il fournisse; le pauvre, chez qui des séducteurs ont supprimé la patience et la foi, est constamment porté à dire : Le travail est mon enfer ici-bas.

Un homme austère, comme J. G. Fichte, qui croit seulement à la vie présente, ne connaît qu'un péché :

le repos, qu'une vertu : l'accomplissement du devoir.

Un blasé comme Tolstoï, à qui la terre n'offre plus rien d'intéressant, et pour qui l'*au delà* est aussi douteux que le vrai et le bien dans l'humanité, prétend que le travail est un pur tourment; et que la seule chose qui honore l'homme, c'est un repos distingué, une jouissance calme et réfléchie.

Seul le chrétien se fait une idée juste du travail. Il travaille, c'est vrai, en vue d'un salaire, ou, mieux dit, pour ne tomber à la charge de personne et pouvoir remplir ses obligations individuelles et sociales. Mais il voit dans le travail une fin plus élevée. Il est pour lui un moyen de faire pénitence, et une voie pour arriver au ciel. C'est pourquoi il travaille sans précipitation comme sans lenteur, et trouve toujours du temps pour accomplir ses propres obligations et s'occuper des besoins de son prochain.

7. Le devoir humain le plus général.

Une des sentences les moins propres à inspirer aux hommes du respect pour l'Ecriture Sainte, est ce passage de Job, où il est dit que « l'homme est fait pour travailler, comme l'oiseau pour voler. » Elle aurait pourtant bien pu faire une petite exception en faveur des riches !

Eh bien ! elle ne l'a pas faite, parce que Dieu n'exempte personne de l'obligation de travailler. Comme on le sait, l'Apôtre dit : « Si quelqu'un ne veut pas travailler, qu'il ne mange pas non plus. » Ceci évidemment ne s'applique pas seulement à ceux qui sont obligés de peiner, au soleil et à la pluie, pour gagner un morceau de pain sec. Pour eux, cette parole était superflue; la dure nécessité leur prêche suffisamment cette obligation.

Mais c'est pour toi, mon frère, que le Saint-Esprit a cru devoir la proclamer, pour toi, qui dis : « Ma table est servie. » Car, loin de te donner des droits à la paresse, cette situation t'impose, au contraire, plus impérieusement qu'à d'autres, le devoir de travailler. Le salaire payé d'avance astreint à des obligations plus grandes que le salaire payé après le travail.

Voici deux ouvriers. L'un est tellement pauvre, qu'il faut le payer en lui donnant des ordres, pour qu'il puisse les exécuter. L'autre est dans une condition qui lui permet de gagner son salaire avant de le toucher. Leur situation n'est-elle pas très différente? Le premier ne peut, sans injustice flagrante, se dispenser d'accomplir son travail, tandis que le second jouit d'une latitude beaucoup plus considérable.

O riche! tu possèdes déjà ton salaire. En l'acceptant, tu as renoncé à ta liberté. L'ouvrier ordinaire qui n'a pas encore reçu le sien, est bien plus indépendant que toi. Pourquoi dévorer dans l'oisiveté des biens qui pourraient faire vivre des milliers de personnes?

Sans doute, le travail est pénible, il demande de l'effort; mais c'est justement ce qui le rend honorable, en même temps qu'un motif de plus pour s'y livrer avec ardeur.

La principale raison pour laquelle le travail est si ennuyeux, c'est qu'il est une pénitence, et précisément cette pénitence que Dieu a établie après la chute, pour réparer les désordres causés par le péché. Diras-tu par hasard que tu n'as pas péché? Veux-tu te canoniser, en prétendant que tu n'as rien à expier? Veux-tu, au lieu de manger ton pain, après l'avoir gagné à la sueur de ton front, le manger au prix de la sueur du front des pauvres? Au lieu d'expier toi-même, veux-tu que les autres expient à ta place? Ne vois-tu pas que le travail est une obligation d'honneur pour toi?

Tu dis que c'est une pénitence trop ennuyeuse. Oui certes, elle est ennuyeuse. C'est précisément pour cela qu'elle est une nécessité et un bienfait.

Que de fois tu te répètes à toi-même la vieille parole : « Sans peine, point de formation solide! » Or, la vraie formation n'est pas la formation exclusive de l'intelligence, mais la formation de la volonté et du cœur; bref, la formation du caractère. Et celle-ci ne s'acquiert que par le triomphe sur soi, et par le renoncement personnel.

Donc, plus le travail te coûte d'efforts, plus il te conduit rapidement à cette formation, qui seule fait un homme véritable et un homme complet.

Il n'y a pas de moyen d'éducation personnelle supérieur au travail.

S'il existe pour tous les hommes, sans exception, une obligation de tremper leur caractère, de former leur cœur, de se perfectionner par la discipline personnelle, il est clair que le travail est le devoir le plus général de l'humanité. Pour cela, il n'est pas nécessaire que chacun travaille avec ses mains. Il y a des travaux plus élevés que les travaux manuels, des travaux qui produisent une utilité générale plus grande; ce sont les travaux de l'esprit, les travaux faits pour diriger, encourager, maintenir et améliorer la société. Eh bien! les premiers incombent à ceux qui perçoivent leur salaire après l'avoir gagné; les seconds sont le partage de ceux qui l'ont reçu à l'avance.

8. La bénédiction du travail.

Souvent nous gémissons de ce que nos occupations nous laissent trop peu de temps pour prier. Puis, quand aucun travail ne nous oblige à être économes de notre temps, nous sommes aussi peu dispos pour la prière, que pour n'importe quelle autre chose. Tout nous importune. C'est à peine si nous pouvons nous supporter nous-mêmes.

Plus au contraire le travail nous presse, et nous empêche de prêter l'oreille aux soucis et aux rêveries, plus nous sommes joyeux, vifs, lors même que nous nous plaignons constamment de la pesanteur de notre fardeau, plus notre assurance est grande, plus le sentiment de fierté qui s'empare de nous est saint, plus — chose bizarre, mais vraie, — nous avons de temps pour prier, et plus la prière nous est agréable.

Le travail maintient beaucoup de gens simples dans l'esprit de prière et de recueillement, comme d'autres n'y restent que par la méditation ininterrompue et l'éloignement du monde.

Quand quelqu'un ne travaille pas comme le galérien, par pure contrainte, en murmurant, avec la pensée constante de fuir; quand quelqu'un ne travaille pas avec l'impétuosité d'un rocher qui roule en bas d'une montagne, mais avec calme, en esprit de pénitence, de sacrifice et de prière, par amour du bien commun, ses occupations deviennent pour lui une source de bénédiction, un moyen de salut, un véritable sacrement.

9. Le baume pour le travail.

Laissez-nous donc avec vos perpétuelles rengaines « La prière est l'oreiller de la paresse, le travail à la bonne heure ! Voilà une source de satisfactions personnelles. Sois donc ton Sauveur toi-même. » Vous voyez bien que vous louez la peine, mais que personnellement vous ne l'aimez guère. Si vous remplissiez vos devoirs comme il faut, parleriez-vous de la sorte ?

Celui qui tient la charrue une fois en passant, parle facilement de la souveraine jouissance qu'on éprouve à tracer un sillon ; mais celui dont elle est l'unique gagne-pain, a l'enthousiasme moins facile.

Une vérité que j'ai partout constatée, c'est que celui-là seul supporte le travail en silence et avec courage, qui verse sur ses mains endolories le baume de la prière.

10. Prier et travailler.

Un homme oisif prie rarement. Les gens qui prient le plus volontiers, sont ceux qui affectionnent le plus le travail, surtout ceux qui auraient droit à un légitime repos, après une journée ou toute une vie de labeurs.

C'est une preuve de la valeur de la prière. Elle est une occupation de l'esprit si difficile et si sérieuse, que ceux-là seuls en sont capables qui sont habitués au travail.

D'un autre côté, il n'y a pas de meilleure école pour le travail que la prière. Elle donne, sinon le privilège de l'exécuter avec joie, du moins la force de le supporter avec courage et persévérance.

11. Le loyer de Dieu.

« Que cette maison est belle ! Combien paies-tu de loyer par an ? » — « De loyer ? Tu ris ; elle m'appartient. Ces vergers, ces bois, ces prairies, tout cela est à moi ;

à moi aussi tout ce que la maison contient. Ce sont les autres qui me paient des fermages et des loyers. »

— « Comment se fait-il alors que toi, qui es si bien renté, si rigide pour tout ce qui concerne tes revenus, tu refuses à Dieu l'hommage lige que tu lui dois, et tu ne lui paies pas ton loyer ? Ah ! Je comprends. Il ne veut rien recevoir, dis-tu. Insensé ! Ne vois-tu pas là-bas des bandes de pauvres et de faméliques ? Ne serait-ce pas à eux que Dieu le destine, ce loyer ? »

12. Solution de la question sociale.

Nous savons très bien qu'on ne résoudra jamais la question sociale, seulement avec des prières, des exhortations à la patience, et des promesses vagues de secours gratuits ou d'augmentation de salaire.

Sans la justice, il n'y a pas de réforme sociale possible. La justice est la première condition pour le rétablissement de tout ordre, quel qu'il soit ; elle est la base de toutes les vertus publiques et privées. La charité est leur achèvement. C'est à elle qu'il incombe de les fondre toutes dans un ensemble harmonieux, là où la justice n'y suffit pas. C'est pourquoi le premier principe sur lequel doit s'appuyer toute tentative de rénovation sociale est celui-ci : A chacun ce qui lui revient. La charité n'y perd rien, car elle a suffisamment à faire pour résoudre sa tâche.

Malgré cela, nous craignons beaucoup que celui-là soit obligé de renoncer à la solution de la question sociale, qui n'ira pas en chercher le dernier mot dans la maison de Nazareth, cette demeure que l'amour de Dieu, l'esprit de travail, de prière, de pauvreté, de support mutuel avaient transformée en un véritable paradis.

CHAPITRE XXI

LA VIE PUBLIQUE

---

1. Longue politique dans de courtes sentences.

1. Dieu est le droit.
2. Plus il y a de lois, moins il y a de droit.
3. Pas d'utilité sans honnêteté.
4. Le droit est vérité, la vérité est droit.
5. Le vieux droit et le vieux vin sont ce qu'il y a de meilleur dans l'espèce.
6. Ce qui est injuste reste injuste.
7. Loi sans châtiment, cloche sans battant.
8. Il faut unir la miséricorde au droit.
9. Le droit est pour tous.
10. Où il y a un plaignant, il doit y avoir un juge.
11. Un juge doit avoir les deux oreilles semblables.
12. Dieu et la justice ne connaissent pas d'amis.
13. La vérité prime la violence et la force.
14. Où la violence est maîtresse, la justice est servante.
15. Si on plie la justice, elle rompt.
16. Aie la tête d'un maître, et le cœur d'un sujet.
17. On n'abat pas un arbre pour quelques chenilles.
18. Il faut donner les emplois aux gens, et non les gens aux emplois.
19. Il faut être ferme dans les principes, et clair dans

les réponses. Autrement, les bons désespèrent et les méchants deviennent audacieux.

20. Maîtres nombreux, obéissance facile.

21. Beaucoup de bergers, troupeau mal gardé.

22. Un enfant garde bien la chèvre, deux la gardent mal, trois pas du tout.

23. Plusieurs ne laissent pas échapper ce qu'un seul omettrait.

24. Celui qui veut gouverner doit entendre et ne pas entendre, tout voir et fermer les yeux sur beaucoup de choses.

25. Un prince doit avoir beaucoup d'oreilles et de longues mains.

26. C'est un mauvais berger, celui qui ne regarde pas de temps en temps si ses brebis sont tranquilles.

27. Quand le chien veille, le berger peut dormir.

28. Quand le roi dort, son conseil dort aussi.

29. Celui qui ne peut souffrir de remontrances, doit laisser les autres gouverner.

30. Un emploi sans rétribution rend voleur.

31. Celui qui commet le premier une injustice, est pire que celui qui l'imite.

32. Il faut être plus soigneux pour les choses d'autrui que pour les siennes propres.

33. La fidélité s'acquiert par la fidélité, la confiance par la confiance, la sincérité par la sincérité.

34. La barque dépend plus de la rame que la rame ne dépend de la barque.

35. L'obéissance est la base de l'ordre.

36. Il ne faut pas enlever les vieilles bornes.

37. Quand on lave l'escalier, il faut commencer par le haut.

38. Celui qui occupe un poste élevé voit de loin.

39. Les maîtres commettent des fautes, les serviteurs les expient.

40. Mieux vaut subir une petite injustice, que d'entamer de longs procès pour avoir gain de cause.

41. Que celui qui se dispute pour une poule, prenne plutôt un œuf à la place.

42. Plutôt un tyran qu'une girouette.

43. Le bien de l'Eglise a des dents de fer; il dévore tous les autres biens l'un après l'autre, et ne passe pas à la troisième génération.

44. Les Saints ne disent rien quand on leur enlève leur couronne, mais ils se vengent.

45. Dépouiller des cadavres est le fait d'une âme vile.

46. Toute puissance vient de Dieu.

47. Quand un monarque s'ingère dans les affaires de l'Eglise, il fait un sacristain maladroit, ou un mauvais curé.

48. Un droit doit venir au secours d'un autre droit. Tous deux sont ainsi plus forts.

49. L'intérêt général passe avant l'intérêt particulier.

50. De toutes les paix, la paix avec Dieu est celle que l'on doit préférer.

2. Le patriotisme.

Le patriotisme est en grande partie formé par l'égoïsme, l'orgueil et le mépris collectifs d'un peuple. En d'autres termes, le patriotisme est de l'amour-propre concentré; il est la somme de toutes les propriétés mauvaises, et même, — quelque singulier que cela paraisse, — de toutes les propriétés insociables et anti-sociales d'une nation.

Ce serait agir injustement envers un homme et envers un peuple, que de vouloir seulement les juger d'après les manifestations de leur patriotisme. La plupart du temps, ils ont des qualités meilleures que celles qu'ils étalent, dès que l'opinion leur a troublé l'esprit avec ce mot, ou qu'une pernicieuse morale publique leur a rempli le cœur de passions malsaines.

Grillparzer n'a pas tout à fait tort, quand il dit que t

« l'humanité en arrive facilement à la bestialité, par la nationalité. » La fausse humanité, en effet, n'a qu'à s'emparer de ce principe, et le patriotisme devient alors une passion qui n'écoute plus la raison, ne recule devant aucun crime, et anéantit tous les nobles traits du caractère d'un peuple. C'est ce qui arrive inévitablement, quand l'amour de la patrie céleste s'efface devant l'amour de la patrie terrestre.

Mais le patriotisme a aussi ses bons côtés, même en faisant abstraction de ce qu'il est un devoir de conscience.

Ceci apparaît surtout quand un grand péril menace la patrie, et que, pour l'éloigner, il faut l'intervention générale d'un peuple. Dans ce cas, même au sein d'une société profondément atteinte au point de vue moral, l'âme populaire se réveille soudain si généreuse, si noble et si vigoureuse, qu'elle semble née d'hier.

C'est un fait souvent confirmé par l'expérience, que, pendant une guerre nationale, les crimes, les meurtres, les duels et les suicides disparaissent d'une manière notable, quelquefois complètement, et que des peuples qui semblaient abâtardis, reviennent avec d'autant plus de sincérité à la morale et à la religion, que la détresse de la patrie a été plus considérable.

Ces effets bons et mauvais du patriotisme permettent de constater l'existence et la puissance incalculable de la morale publique. Il n'est peut-être pas de terrain sur lequel elle se manifeste mieux.

Qui est responsable de la mort des 600 mille hommes enlevés par la guerre de Sept ans, et des cinq millions et demi qui, de 1792 à 1815, ont été sacrifiés au dieu des batailles ? Ce serait faire une singulière erreur, que de vouloir mettre ces hécatombes uniquement sur le compte de Frédéric II et de Napoléon Ier. Même un Napoléon n'entraîne pas les hommes à la mort, comme on jette les balayures dans le feu. Si ceux-ci n'avaient pas fait la guerre eux-mêmes, ils l'auraient renversé aussi facilement qu'ils le firent, lorsqu'ils furent las de combattre.

Le patriotisme mal entendu, l'égoïsme collectif des peuples, voilà quelles furent les causes des guerres d'autrefois, voilà quelles sont encore les causes des guerres d'aujourd'hui, alors même que les individus les déplorent. La morale de l'ensemble, saine ou malsaine, la morale publique, voilà ce qui introduit des lois pernicieuses ou abolit de vieilles institutions.

Le progrès politique et social d'un peuple dépend donc de sa régénération morale à lui, et non pas seulement de l'apparition de réformateurs isolés. Là où la morale publique est saine, la société sera forte et prospère, en dépit de certaines défectuosités dans les choses secondaires. Mais là où l'opinion publique et la vie publique déclinent, il sera difficile à quelques milliers de justes de retarder, pendant longtemps, la ruine de la société. On n'a qu'à se rappeler la Judée.

3. Solidarité de la vie humaine.

Personne n'a été créé pour soi seul.

Sans doute, chacun est son voisin le plus proche; chacun appartient tout d'abord à soi-même, et doit pourvoir à ses besoins pour ne pas tomber à la charge d'autrui. Mais ce n'est pas suffisant pour tenir sa place dans le monde. Chacun doit aussi travailler à l'utilité du tout. Personne ne vit comme s'il était seul; mais chacun fait partie du genre humain tout entier.

L'homme, c'est vrai, est l'administrateur indépendant de ce qu'il possède; c'est pourquoi il a droit de jouir lui-même le premier des fruits des biens qu'il exploite. Mais il n'a pas le droit de dissiper ces biens selon son bon plaisir, de les laisser perdre sans avoir égard au bien commun, ni même d'employer leurs revenus exclusivement pour lui. La volonté du seigneur et propriétaire suprême reste toujours la règle de conduite d'après laquelle il doit agir. Or, Dieu veut que tout ce qu'il a fait soit profitable au genre humain dans son ensemble. A cause de cela, il ne récompense pas seulement le travail de façon que tous aient le nécessaire pour eux personnellement; mais il donne plus qu'il ne faut à chaque individu. Il laisse à chacun, comme propriété, le produit de ses biens et de ses efforts; mais, en retour, il exige que quelques-uns donnent à l'ensemble au moins une partie de leur superflu, et que tous se soutiennent réciproquement par une juste répartition des choses indispensables aux besoins de la vie.

Pour nous faire souvenir de cette réciprocité qui doit nous unir, Dieu, dans sa sagesse, a réparti les dons d'une façon très différente. L'un a les capacités de l'esprit, l'autre la force physique, un troisième a le dernier de tous les biens : des possessions terrestres. Mais personne ne peut se suffire, pendant un temps notable, simplement avec le lot qui lui est échu ; chacun, sans exception, a besoin des services d'autrui.

Dans leur aveuglement, les hommes se plaignent toujours de cette inégalité. En réalité, c'est une disposition sage et bienveillante de la Providence divine. Non seulement nous ne devons pas la supporter comme un mal inévitable, mais nous devons la respecter et favoriser l'accomplissement des fins qu'elle a en vue.

Or, la même loi règne dans la vie morale et dans la vie intellectuelle. Ici aussi les dons sont très diversement répartis; ici aussi personne ne vit pour soi seul; ici aussi tous forment un immense ensemble au bien et au perfectionnement duquel chaque individu doit coopérer. Personne ne doit se désintéresser de ce soin, sous prétexte qu'il occupe une place trop insignifiante. Un tel langage est humble et modeste ; mais il peut facilement provenir de la paresse et de la recherche personnelle. Personne n'est si pauvre, si faible, qu'il ne puisse faire quelque chose pour la solution de la grande tâche commune, l'un par l'instruction, l'autre par des avertissements fraternels, celui-ci par des encouragements, celui-là par un blâme prudent.

Il y a quatre choses par lesquelles tous peuvent coopérer au bien spirituel général. Ce sont : l'exemple, le sacrifice, le renoncement et la prière. Et, à n'en pas douter, ce sont les plus importantes.

Puisse, en conséquence, chaque chrétien prendre sa tâche à cœur ! Puisse chacun penser que le bien du tout est son propre honneur et son propre avantage ! Que personne ne se dise : « J'ai moi-même une âme à sauver. » Travailler au salut des autres n'est pas un des moindres moyens pour assurer son salut personnel. Que chacun se garde bien de cet esprit étroit, qui considère les avantages des autres comme autant de perdu pour soi.

Celui à qui l'esprit de Dieu est étranger ne prononce pas d'un cœur joyeux la parole du Psalmiste : « Je suis un de ceux qui vous craignent, ô Seigneur ; un de ceux qui observent vos commandements. »

Un véritable enfant de Dieu, un membre vivant du corps du Christ, de l'Eglise, ressent profondément toute peine éprouvée par quelqu'un appartenant au grand tout dont il fait partie ; il la ressent aussi douloureusement que s'il l'éprouvait lui-même. Par contre, il se réjouit des succès qui arrivent aux autres, absolument comme s'ils lui étaient personnels.

Plût à Dieu que tous les hommes aient l'esprit de l'Apôtre, et répètent avec lui : « Peu importe de quelle manière on annonce Jésus-Christ, avec des arrière-pensées ou sincèrement. Pourvu qu'il soit annoncé, je m'en réjouis et je m'en réjouirai encore. »

C'est pourquoi l'esprit de secte, les basses jalousies, les questions de clocher sont un signe caractéristique que nous ne comprenons pas notre devoir, comme hommes et comme chrétiens. Celui qui est uni à Dieu et au monde tout entier est catholique. Que les hommes à courtes vues discutent, s'ils veulent, pour savoir si quelqu'un s'appartient d'abord à lui-même ou s'il appartient à l'humanité. Pour ce qui te concerne, donne-toi à Dieu sans réserve ; alors tu t'appartiendras sans que le monde te perde ; alors tu appartiendras au monde sans préjudice pour toi ; alors tu occuperas ta place ici-bas et tu seras en même temps un sujet du royaume invisible de Dieu ; alors tu seras un membre utile à la société, un fidèle serviteur de la patrie, un véritable enfant de l'Eglise, un bienfaiteur de l'humanité, bref, un catholique.

4. Ordre social.

Nous aurions un joli spectacle, si Dieu prêtait un instant sa toute-puissance à ceux qui blâment sa Providence, et voudraient faire une autre création, selon les lumières de leur sagesse.

On ne peut pas humilier plus profondément un homme affligé de la manie de tout critiquer, que de lui accorder la liberté complète de tout corriger d'après ses vues. Ne s'agirait-il que de coudre un bouton, il expérimente immédiatement la vérité de la parole bien connue : « La critique est facile, l'art difficile. »

Qu'en serait-il alors, si ces juges très sages faisaient l'essai de leur art sur le plan divin dans le monde, sur l'œuvre de Dieu elle-même? Nous pouvons facilement nous représenter ce qu'il en serait de la vie, si tout y était transformé d'après leurs idées.

Ce qui, — grâce à l'étroitesse de leur esprit et de leur cœur, — les jette le plus dans la confusion, c'est la foule et la variété incroyables des œuvres de Dieu. Le plus grand reproche qu'ils adressent à l'ordre de choses existant, ce sont les monstrueuses inégalités qu'il renferme.

Ce n'est pas d'aujourd'hui qu'il en est ainsi. Tegnér chantait déjà de son temps : « Semblable au fossoyeur qui nivelle tout, un esprit d'égalité passe à travers le monde. Cet esprit abaisse les montagnes et comble les vallées ; il ne peut souffrir qu'un enfant des hommes en dépasse un autre de la hauteur de la tête. »

Les correcteurs de l'humanité se ressemblent tous à ce point de vue. Leur idéal était l'époque où le Roi-soleil donnait le ton, l'époque où la règle traçait les jardins de Versailles, l'époque des routes monotones aux côtés plantés de peupliers. Aujourd'hui, nous avons les lignes sans fin de chemins de fer, avec leurs poteaux de télégraphe. Ce n'est guère plus poétique.

Nous avons même un magnifique idéal pour le siècle prochain. D'après les idées socialistes, la société sera fractionnée en atomes d'égale valeur, semblables aux petits carrés qui sont sur le revers des emplâtres, ou encore à des grains de sable, avec chacun son numéro. Le suffrage universel, et le droit de suffrage égal pour tous sont déjà un beau début dans cette voie.

Que deviendra la vie publique sous un régime aussi uniforme, et aussi démocratique? Quel dressage de caserne, quelle discipline militaire, quelle ingérence de la part du gouvernement dans les situations les plus intimes, seront alors nécessaires pour maintenir l'ordre ! Non seulement les habitations, mais les vêtements, et même les consciences seront soumis à des enquêtes constantes, comme la chose se passe pour les criminels qu'on incarcère. Bientôt ce sera le régime de l'Inquisition et de la torture ressuscité.

Nous ne nions pas que les hommes aient souvent dénaturé, d'une façon criante, l'inégalité naturelle qui existe entre les conditions et les fortunes. Malgré cela, il reste vrai que Dieu a organisé le monde d'une façon quelque peu aristocratique, peut-être même d'une manière qui sent fortement la féodalité. Il a basé la nature inanimée, comme la nature animée, sur le principe de la différence des classes. Il n'a pas compris le mot d'égalité, ni dans un sens mathématique, ni dans un sens mécanique; mais sa sagesse a tout ordonné avec nombre, poids et mesure. Pour tous les êtres, il a établi une loi commune, reposant non pas sur la similitude de la forme, mais sur l'action d'ensemble; en d'autres termes, la loi de l'organisme.

Grâce à cette loi, la puissante machine du monde, avec ses milliers de roues, a marché jusqu'alors avec régularité, malgré les entraves qu'ont essayé de lui créer les hommes mécontents. Et cette loi fait d'autant plus d'honneur à celui qui l'a établie, qu'il est arrivé souvent à des esprits mesquins de la blâmer, ou d'essayer de la corriger sans jamais y réussir.

Oui, Dieu a pourvu à tous les besoins. Il a considéré l'opportunité et l'utilité de chaque chose; il a tenu compte du sentiment de la beauté, du désir du changement, et parfois même du caprice de ses bizarres enfants.

Cette variété et cette inégalité dans ses œuvres, ne sont pas seulement un témoignage en faveur de sa sagesse et de sa puissance inépuisable; elles sont aussi une preuve de sa sollicitude bienveillante envers nous. Il a fait les riches, et à côté d'eux les pauvres, afin que le besoin les fit s'aider mutuellement : pour les uns, le besoin de travail; pour les autres, le besoin d'ouvriers, sans lesquels, malgré leurs possessions, ils mourraient de faim. Il a départi l'influence aux grands; aux petits il a donné l'activité et la ténacité. Avec tous leurs dons, ces derniers ne peuvent pas émerger sans la protection des puissants. Privés de la coopération des classes laborieuses, les riches, avec toute leur fortune, seraient comme des joueurs d'orgue, dont l'instrument n'aurait ni tuyaux, ni soufflets.

Ainsi que Dante l'a déjà dit, cette loi passe à travers toutes les séries d'êtres que Dieu a créées.

Parmi les domaines où la diversité se fait particulièrement remarquer, le royaume de la grâce est certainement un des plus beaux. Si tous ses membres étaient œil ou cœur, comment pourraient-ils former un corps vivant? Mais ils ne sont pas tels. Et, bien qu'ils soient nombreux, ils ne forment qu'un seul corps; bien que les dons soient différents, il n'y a qu'un esprit; bien que les fonctions soient variées, c'est le même Dieu qui opère tout en tous, et qui produit tous ces dons, en les distribuant chacun en particulier selon son bon plaisir (I Cor., XII).

Même les Saints se distinguent entre eux, comme une pierre précieuse diffère d'une autre précieuse, comme une étoile diffère d'une autre étoile, au point de vue de l'éclat. Mais tous louent d'un seul cœur, et d'une seule bouche, celui qui a versé en chacun d'eux les trésors de sa bonté; tous brillent ensemble, chacun à sa place, uniquement pour l'honneur de leur créateur et de leur Dieu.

Oui, l'ordre le plus beau est celui où la variété et l'unité se trouvent réunies; l'égalité la plus féconde en bénédictions est celle où tous rivalisent de zèle, pour accomplir leur devoir avec générosité, modestie et abnégation.

5. Les partis politiques.

La doctrine des partis politiques telle que Rohmer et Bluntschli l'ont exposée, ne mérite pas le dédain avec lequel certaines gens la traitent, pour des raisons faciles à comprendre. La seule chose qui diminue un peu son mérite, est que ses inventeurs poussent trop loin les comparaisons qui leur servent de point de départ. En agissant ainsi, on peut dénaturer les vérités les plus plausibles. Comme chacun le sait, c'est ce qui est arrivé pour la doctrine sociale de Schœffle et de René Worms, dont les exagérations ont presque rendu ridicule la belle pensée d'organisme appliquée au corps social.

Le Radicalisme est l'enfant, et souvent le gamin, si nous osons nous servir de ces expressions.

Il semble qu'au moment où il paraît, le monde lui appartienne. C'est précisément pour celui-ci une raison de l'examiner de plus près. Son caractère distinctif est l'opposition, la haine, contre tout ce qui existe. Il lui faut du nouveau, à n'importe quel prix. Il lui faut penser autrement, parler, agir autrement que le reste des hommes, que les anciens en particulier. Pourquoi? Parce que les choses ont été jusqu'alors comme il les a trouvées à son arrivée. Il lui faut du nouveau, simplement parce qu'il n'y en a pas eu depuis quelque temps. Le mépris de la tradition, de la loi, de l'antiquité est son élément de vie. Renverser, détruire, parfois uniquement pour se procurer ce plaisir, et pour vexer les autres, voilà ce qu'il aime.

Mais s'il démolit, c'est pour reconstruire. Il a, en effet, une foule de plans magnifiques et de projets splendides. Sa confiance dans la multiplicité inépuisable des moyens et des forces sur lesquels il compte, compense son mépris pour la tradition et la coutume. Il a également les idées les plus exagérées sur la façon et le degré où les choses humaines sont capables d'amélioration. Si ceux qui disposent de la puissance n'arrivent pas à des résultats aussi parfaits que ceux qu'il rêve, cela vient de ce qu'ils n'y entendent rien, ou que, de parti pris, ils rejettent toute réforme. Il se moque des scrupuleux; mais si quelqu'un ose élever quelques objections contre ses vues, il le poursuit avec un acharnement impitoyable, et des sarcasmes mordants.

Ses marques distinctives sont l'indépendance excessive, la suffisance personnelle, l'arrogance, l'entêtement, la légèreté dans l'application des moyens les plus dangereux, et l'insouciance relativement à l'avenir.

La puissance de l'âme qui est la plus active chez lui, c'est l'imagination. Il ne parle pas autrement qu'au superlatif, en bien comme en mal, en refus comme en promesses. L'autorité et la piété sont pour lui deux mots qu'il ne comprend pas. Il ne faut jamais lui rappeler son devoir, cela le rend sauvage. Dans l'imitation il est esclave; dans son désir de surpasser les autres, ou d'éclipser ce qui, chez eux, attire la considération, il oublie toute réflexion et toute retenue. L'exhorter à garder la mesure, ou à être plus modeste est le plus sûr moyen de le porter à une fureur qui le fera se briser la tête ou se rompre le cou. Il n'a qu'un idéal : passer l'éponge sur l'histoire, et faire table rase du monde. Quelques lignes griffonnées à la hâte, voilà son plan d'édifice pour l'avenir. L'exécutera qui voudra. Pour lui, il retourne à ses jeux et à ses plaisirs. Aussi, disparaît-il à l'arrivée d'un esprit supérieur, qui prend en mains d'une manière plus réfléchie, la direction des affaires.

Le type de ce caractère est le parisien moderne ; son saint, Voltaire ; sa religion, le Panthéisme, là où toutefois un brin de religion est de bon ton. Mais là où il peut sans honte se montrer tel qu'il est, c'est l'athéisme.

Le Libéralisme est l'adolescent, c'est-à-dire le jeune homme arrivé à l'âge où l'intelligence commence à se développer. C'est pourquoi il sent constamment sur le front une espèce de démangeaison, qu'il ne peut faire disparaître qu'en se frottant à tout ce qu'il rencontre, comme le chevreau au moment où les cornes lui poussent.

Ce qui brille alors en lui, c'est l'intelligence, non la raison, mais l'intelligence raisonneuse, critique, grognonne ; sans compter qu'il ne peut tenir un instant sa langue tranquille. Sa passion principale est l'orgueil, que lui donne le peu qu'il sait ; car pour lui tout est nouveau. Son état d'âme habituel est un enthousiasme aveugle. Son sang bouillonne à chaque mesquinerie dont il est victime.

Sur la question du point d'honneur, il est intransigeant ; et, pour le moindre petit mot qu'il suppose lui porter atteinte, il peut aller jusqu'au suicide. Son culte pour la liberté est sans limite. Tandis que le gamin la veut seulement pour lui, l'adolescent cherche à la conquérir à tout le monde, même à l'imposer, au risque de gêner certaines gens et de leur créer des embarras. Dans chaque condamné, il voit une victime à laquelle il donne toutes ses sympathies, et qu'il travaille à délivrer. S'il ne considère plus le dépositaire de l'autorité comme un tyran-né, comme un usurpateur, ainsi que le fait l'enfant, il épie chacun de ses pas, et suppose des abus de pouvoir partout où il agit vigoureusement. Ce qu'il supporte le moins c'est le blâme ; ce dont il se vante le plus, c'est la tolérance. Seulement, il ne sait pas comment on l'exerce envers ceux qui sont d'une opinion autre que la sienne. Il est un faiseur de prosélytes et un fanfaron fieffé.

Pour se donner des airs d'importance, il emploie des expressions à glacer d'épouvante, sans penser le moins du monde aux conséquences que cela peut avoir. Tandis que l'enfant s'enthousiasme seulement pour l'avenir, l'adolescent veut jouir du présent. S'il tombe entre les mains d'un séducteur rusé, qui le prenne au mot, et, comme on dit, par le point d'honneur, le voilà qui s'échauffe et qui se précipite aveuglément à la mort, uniquement pour qu'on ne l'accuse pas de ne pas avoir le courage de ses opinions.

Comme talent d'organisation, comme puissance créatrice, il en est à peu près dénué. Mais en revanche, la destruction est son affaire. C'est seulement là où il s'agit de travailler à son but final : la domination, qu'il déploie beaucoup d'intelligence, on pourrait dire d'instinct, pour ce qui est utile et opportun. Au point de vue des moyens pour gagner sa cause, il n'est pas inquiet. Il s'entend aussi admirablement à faire travailler et épargner les autres pour lui, — principalement ses parents, — qu'à dépenser l'héritage qu'ils lui ont transmis. Cependant, il sait également, avec la dextérité que lui donne l'orgueil, sauvegarder les apparences là où il ne dispose que de moyens limités.

Ses occupations préférées sont celles qui donnent de l'honneur et du prestige. Dans son langage, dans la façon de se présenter, il peut se donner un air d'importance; mais il ne faut pas longtemps pour découvrir que son intérieur ne répond pas à son extérieur. Pour lui, le succès est aussi nécessaire que l'eau pour le poisson. S'il voit les affaires aller mal, il saisit du premier coup ce qui lui sera avantageux. Changer d'opinion ne lui coûte rien. Il est passé maître dans l'art de placer son manteau selon le côté d'où vient le vent, et de voiler ses vrais desseins avec de belles paroles. Mais, si à l'extérieur il change de couleur comme le caméléon, à l'intérieur, il reste ce qu'il était.

Le type de ce caractère est le berlinois moderne, — le hobereau surtout; son héros est Lessing; sa religion, le protestantisme sous la forme du rationalisme le plus aride, ou le bouddhisme sous sa forme chinoise.

L'esprit conservateur est celui de l'homme. En lui, prédominent la raison et la volonté. Le moût écumant de la jeunesse s'est changé en un vin clair et âpre, qui ne possède rien de ce qui peut flatter un palais délicat. La première fois qu'on en goûte, on est un peu déçu; mais quand une fois on s'y est accoutumé, on n'en veut plus d'autre.

L'homme réfléchit; il ne porte pas de jugements à la légère, de là sa prudence et sa circonspection. Là où il faut changer ou faire du neuf, il examine ses forces, calcule ses chances de succès, se rend compte de la façon dont les moyens répondent à la fin. Il ne se fie pas à des probabilités : il lui faut du certain. En conséquence, le sentiment historique et traditionnel se développe chez lui chaque jour de plus en plus. L'expérience qu'il acquiert, ne fait que fortifier ses vues à ce sujet. Il est pour le *statu quo*, pour l'amélioration plutôt que pour la transformation. Plus il avance en âge, plus il éprouve de plaisir à regarder dans le passé.

A son amour pour tout ce qu'il a reçu par héritage, se joint le souci de léguer quelque chose de bien à la postérité. Il prend toujours parti pour la loi et pour l'autorité. Le sentiment du droit devient chez lui une espèce de passion : il est juriste par nature, mais mauvais politique dans le sens ordinaire du mot. L'ordre est la première chose qu'il exige en tout. Il juge chacun d'après les sentiments de justice qui l'animent. Il ne se pardonne pas plus à lui-même, qu'il ne pardonne aux autres, les infidélités au devoir. Travailler à conserver, à consolider, à améliorer, à faire régner l'ordre est la tâche de sa vie tout entière. Peu à peu l'esprit de conservation et de ménagement passe chez lui à l'état d'exercice de piété, et devient même quelquefois, on ne peut le nier, une espèce d'affection maladive. Il ne connait plus rien de l'humeur agressive de l'enfant, du caractère combatif de l'adolescent : le calme et la disposition à la conciliation les ont remplacés. Il ne se défend que lorsqu'il y est forcé; mais il le fait avec opiniâtreté, quand un de ses principes est attaqué.

Le type de ce caractère est le vieux romain; son philosophe est Aristote, l'homme de la prudence, qui n'approuve un changement dans les lois et dans les institutions existantes, que pour des raisons de la plus haute importance; sa religion est le catholicisme.

6. Les deux voies logiques de la vie.

Comme on le sait, le Sauveur a dit que « personne ne pouvait servir deux maîtres » (Matth., VI, 24).

Au jour du jugement, cette parole sera la cause d'une terrible désillusion pour ces gens trop amis de leurs aises, qui gaspillent leur vie, et ne savent pas pourquoi ils sont sur la terre. Elle aura une triste résonnance dans la mémoire de ces hommes sans principes, qui s'attachent à tout, au bien et au mal, au froid et au chaud, à Dieu et au monde, selon leur entourage, selon le courant de l'opinion publique, selon l'exemple ou l'occasion, laissant au Dieu miséricordieux, au temps, au moment de la mort, le soin d'un accommodement qu'ils regardent eux-mêmes comme impossible.

Ces personnes, toutefois, peuvent encore trouver certaines excuses dans le pauvre prétexte qu'elles n'avaient pas considéré les choses à ce point de vue.

Mais nous serions curieux de savoir ce que répondront, au tribunal de Dieu, les gens qui, par principe, choisissent pour maîtres ces deux ennemis irréconciliables : Dieu et Bélial. Or, font-ils autre chose, ceux qui se persuadent, et persuadent les autres qu'il est parfaitement possible d'unir le christianisme et les prétendues idées modernes, et qu'on peut être un bon chrétien, sans qu'il soit besoin de prendre strictement à la lettre les préceptes relatifs à la foi et à la vie chrétienne?

Font-ils autre chose, ceux qui, au contraire, séparent ce que Dieu a uni, et l'assignent à des maîtres différents? ceux qui soutiennent que la religion est une chose privée, mais travaillent à rendre l'état, l'école, le mariage, la science, la législation, la vie publique étrangers, et même hostiles à Dieu et à sa Révélation? ceux qui placent l'homme, le citoyen et le chrétien dans des mondes complètement séparés? ceux qui contribuent à établir un antagonisme entre la foi et la raison, entre l'Eglise et le monde, entre la morale et l'art, entre la religion et la politique, au point d'en faire des ennemis irréconciliables?

Ce système, — on l'appelle Libéralisme, — aussi chiche dans l'accomplissement des devoirs envers Dieu, que libéral et même prodigue avec ses droits, est la réalisation la plus complète du proverbe bien connu : « Que celui qui ne veut pas avoir de maître en serve deux. » Beaucoup de ses partisans peuvent prétexter, comme excuse, qu'ils n'avaient pas compris les choses ainsi. Mais, pour le Libéralisme comme système, il n'y a aucune excuse. Celui qui agit en pleine connaissance de cause comme lui, sait ce que signifient ses principes. Il doit comprendre qu'un tel désaccord entre la conscience et la vie, entre l'intérieur et l'extérieur, ne peut jamais être bon.

C'est pourquoi, il n'y a que deux tendances de vie logiques. L'une radicale : l'athéisme complet, qui proclame l'homme son propre maître et législateur, et déclare la guerre à toute influence divine sur la vie, à tout surnaturel en particulier.

L'autre est celle qui croit à l'union entre le ciel et la terre, entre la nature et la surnature ; celle qui, en tout, dans les choses temporelles comme dans les choses spirituelles, dans la famille, dans l'école, dans la politique, dans l'Eglise, dans la foi, dans la prière et dans l'action, suit l'exhortation du Sauveur : « Aimez Dieu de tout votre cœur ; cherchez avant tout son royaume et sa justice. »

Inutile de se livrer à de longues recherches pour savoir laquelle de ces deux tendances est la vraie. C'est l'Eternel, celui qui est la Vérité même, le Seigneur, qui a dit : « Le ciel est à moi, la terre est à moi.»

7. Parlements et parlementarisme.

D'où vient qu'aujourd'hui la justesse du coup d'œil, et souvent le sentiment pour le bien de l'état manquent complètement aux partis politiques?

Nous avons la réponse à cette question, dès que nous considérons la différence entre les parlements anglais d'autrefois et le parlementarisme anglais moderne, ou, mieux encore, entre les fractions actuelles, qui existent en Angleterre au point de vue politique, et les anciens partis historiques. Nous disons les *anciens partis*, car eux aussi sont tombés quelque peu dans ce qu'on appelle partout : le parti conservateur et le parti libéral.

Jadis, la question de savoir si c'étaient les *whigs* ou les *tories* qui triompheraient, changeait les principes selon lesquels l'Etat était gouverné. Mais une grandiose pensée politique animait les deux partis, qui conserveront toujours la gloire d'avoir élevé au pouvoir des hommes d'état de valeur, et de s'être signalés par des actes dont il est impossible de nier la portée en bien sur la vie publique, encore qu'on soi on ne puisse pas toujours les approuver sans restrictions.

Mais la plupart du temps, les partis politiques modernes ont en vue des intérêts tout autres que le bien commun. Le seul but un peu important qu'ils poursuivent, est de dépouiller la religion de son influence sur la vie publique. L'Etat n'est pour eux qu'un moyen d'arriver à leurs vues. S'ils aspirent à la suprématie, ce n'est jamais parce qu'ils veulent promouvoir le bien général; c'est seulement afin de pouvoir réaliser plus facilement leurs mesquins intérêts privés, et leurs ambitions personnelles.

Les partis conservateurs, les seuls qui comprennent l'intérêt général, se voient, à leur plus grand regret, poussés dans cette voie funeste pour cause de défense personnelle. Une preuve qu'ils ont des vues politiques saines, c'est qu'ils s'accommodent mal de cette situation, et qu'on les entend souvent dire que notre parlementarisme est un des plus grands malheurs politiques de l'époque.

8. Question de vie et de mort pour la noblesse.

A l'heure actuelle, la situation de la noblesse est difficile. Depuis la fin de la Révolution française, on est unanime à dire qu'elle a besoin d'une réforme complète, si elle veut continuer de vivre.

Malheureusement, on a trop écrit sur ce sujet, et on n'a pas assez agi. Les conseils aussi bienveillants qu'exacts donnés par le comte de Stein, ont produit une impression aussi peu durable que les attaques des démocrates et des socialistes.

L'excellente tentative faite par le congrès de Vienne,

de grouper les membres de la noblesse pour s'entendre sur les moyens de travailler au renouvellement moral de leur situation, est tombée dans le même ridicule, et dans le même mépris que les beaux projets de la *Ligue de la vertu* et de la *Sainte Alliance*.

Si la noblesse est arrivée à ce point de défaveur où elle est aujourd'hui, la faute en est surtout à elle. Ce sort, elle se l'est préparé par la dissipation frivole de son temps et de son argent, par ses dépenses scandaleuses, ses plaisirs insensés, son horreur du travail, surtout du travail social, qui profite à tous. A elle s'applique la parole du poète : « Sa vie se passe à des bagatelles, t. dans ses efforts, on ne voit rien qui vienne du cœur. »

Par là, elle s'est non seulement porté un grave préjudice à elle-même, mais elle a une très grande part de responsabilité dans la situation sociale actuelle, qui menace de l'engloutir avant tout. Si elle reste dans l'état où elle est, nul doute qu'elle ne soit perdue aussitôt que la tempête qui gronde éclatera. Si elle comprend l'époque et sa situation, elle doit, au lieu de vivre aux dépens de la société, se mettre à sa tête, et donner l'exemple du sacrifice, du dévouement et du travail désintéressé. Pour elle, le moment est venu de « brûler ce qu'elle a adoré, et d'adorer ce qu'elle a brûlé. »

9. Science et vie publique.

Presque toujours les gens qui sont dans la vie publique traitent la science avec dédain, à plus forte raison la théologie, cela va de soi. « Laissons aux savants, disent-ils, ou aux ecclésiastiques les lubies qu'ils ont inventées auprès de leur lampe, ou sur leur prie-dieu. Ce sont des gens qui sont bons pour le cabinet ou pour le confessionnal ; mais ils n'entendent rien à la réalité. »

Erreur funeste ! Napoléon Ier l'éprouva à ses dépens. Il croyait pouvoir assez punir par le mépris les discours de l'idéologue allemand Fichte; mais cinq années ne s'étaient pas écoulées, depuis leur publication, que le conquérant fut emporté par la tempête qu'ils avaient déchaînée.

Or, si les paroles d'un seul savant peuvent exercer

une action aussi puissante sur la vie politique, on peut facilement penser quelle sera l'influence des doctrines philosophiques et sociales sur le terrain des idées.

C'est par exemple une question purement théorique, que de se demander s'il existe un droit naturel, sur quoi il est basé, comment l'expliquer, et quelles sont ses exigences. Cependant une multitude de choses dépendent d'elle dans la vie pratique.

Cette catégorie d'hommes qui, jadis, sous l'influence d'Hugo Grotius, essayait de ramener même le droit canonique au droit naturel, ne laisse aujourd'hui plus aucune valeur à ce mot : *droit naturel*. Elle croit pouvoir tout arranger avec des lois, des châtiments, des moyens de violence, et se tranquillise avec le principe de Domitien : « Peu importe ce que les hommes pensent, pourvu que la crainte les fasse se courber devant la violence. »

La conséquence de tout cela est très facile à saisir. C'est que les peuples ne veulent pas se courber, et que les moyens de coaction sont tellement poussés à l'excès, qu'on ne peut plus les augmenter.

Ne serait-il alors pas bon, qu'on implantât de nouveau dans les cœurs la conviction que, déjà de par sa nature, par le fait même qu'il est un être possédant une raison et une conscience, l'homme est tenu à l'obéissance? que cet homme ne doit pas seulement se soumettre parce qu'une puissance coercitive arbitraire lui prescrit telle ou telle chose, sous la menace des pires conséquences, mais parce que les lois positives humaines découlent elles-mêmes d'une loi plus élevée, immuable, universelle; en un mot, de la loi naturelle?

Or, qu'est-ce que cette loi naturelle? Sans doute Hugo Grotius en a admis une; mais il l'a expliquée en ce sens, que sa vraie et dernière base repose seulement dans la nature de l'homme. « C'est pour cette raison, dit-il, qu'on ne peut, et qu'on ne doit jamais demander pourquoi telle loi est juste et telle autre injuste. La réponse serait toujours celle-ci : uniquement parce qu'il en est ainsi dans notre nature. Chacun doit donc s'y soumettre sans réclamation. Dieu lui-même ne peut rien là-contre. »

Tel est le sens qu'ont aussi les appels adressés par Rousseau, Gœthe et Schiller, à la belle nature. Sous des apparences humanitaires, au fond desquelles règne le matérialisme, ils ramènent le droit et la morale, à la nature humaine *in abstracto*, ou, comme disait Edouard de Hartmann, à l'inconscient.

En face de ces erreurs, se trouve l'ancienne conception du droit, dont Cicéron, en particulier, a été un des grands représentants. D'après lui, une loi éternelle, sainte, divine, plane au-dessus de toute loi humaine. Cette loi éternelle nous est manifestée par notre nature raisonnable, c'est-à-dire comme loi de nature. Mais elle n'est rien autre chose que la volonté de Dieu, exprimée dans notre raison et par notre conscience. C'est en cela que réside la puissance obligatoire de chaque loi. La loi humaine doit concorder avec les enseignements de la loi naturelle. Or, celle-ci tire son contenu de la loi divine.

Ainsi, toutes les lois se ramènent en dernier lieu à la volonté de Dieu. C'est pourquoi elles obligent en conscience l'homme pensant ; c'est pourquoi le juste les observe sans y être forcé par la contrainte ou les châtiments.

Tel est l'avis des meilleurs parmi les païens. Comme c'est tout naturel, l'enseignement juridique chrétien ne pouvait qu'y souscrire avec joie.

Au point de vue pratique, est-il indifférent de suivre l'une ou l'autre de ces conceptions du droit ? Y a-t-il quelqu'un pour prétendre que ce sont là des questions oiseuses, qui ont peut-être leur intérêt dans une faculté ; mais qui n'ont rien à faire avec la vie ? Pour nous, notre conviction est qu'il importe beaucoup, et précisément pour la vie publique, d'avoir des notions justes sur ce point.

Prenons un exemple. Personne ne doute que l'égoïsme ne soit un vice aussi hideux que préjudiciable à la société ; qu'il ne soit, pour me servir des expressions d'un poète, « le mal le plus funeste à l'âme comme au monde ; car un souffle de sa bouche brûle comme la gelée ou le feu. Là où il pose sa main glacée, un frisson s'empare du cœur, et tout sentiment de joie s'enfuit loin de nous. »

Or, si Hugo Grotius a raison, qu'est-ce qui nous autorise à blâmer l'égoïste, même s'il se présente à nous sous les dehors les plus repoussants ? Qu'est-ce qui nous permet de tenir une conduite analogue envers l'avare, l'ambitieux, le débauché ? Aucun d'eux ne trouve dans sa nature le penchant à se rendre utile ; chacun y trouve au contraire l'inclination à exploiter les autres. Qui changera cela ? C'est leur nature qui le veut. Ils ont donc raison d'agir comme ils le font; car, comme dit Hégel : « Tout ce qui existe, tout ce qui arrive est droit. »

On nous objectera que le bien public ne sera pas mis en péril par un homme de ce genre. Nous l'admettons. Mais qu'en sera-t-il, si beaucoup, si tous pensent ainsi? Qu'en sera-t-il, s'ils transportent cette vue dans la vie commune, dans la société ? L'individualisme atomistique, c'est-à-dire ce libéralisme dont l'économie nationale tout entière est imprégnée depuis Adam Smith, et notre politique depuis la Révolution française, sera alors érigé en loi sociale. Et, ce libéralisme n'a aucune influence sur la vie ?

Un autre dira, avec Kant, que, dans la vie extérieure, il faut sans doute s'orienter d'après la tradition et la coutume, d'après le droit et les relations des hommes entre eux, mais que, pour ce qui est de la pensée propre et de la volonté propre, l'inclination personnelle est le seul guide à suivre. Que répondre à cela, si la nature est la dernière raison du droit et de la vérité ?

Rien assurément.

Mais alors c'est donner gain de cause à ce rationalisme orgueilleux, que, sous le nom d'autonomie, c'est-à-dire de législation personnelle, Kant et Fichte ont introduit dans les prétendues sphères lettrées. Alors, se trouve justifiée cette grossière déification personnelle qui fait dire à Nietzsche : « L'homme qui appartient au vulgaire troupeau des humains, peut parler de loi ; mais l'homme vraiment noble, le *superhomme* évite de penser au devoir et à l'humanité avec toutes ses misères. » Alors, apparait réalisée cette souveraineté moderne de l'individu dans la pensée et dans la morale; souveraineté en vertu de laquelle chacun donne le nom de vérité et de justice à ce qu'il lui plait d'appeler ainsi; mais souveraineté sous la domination de laquelle l'humanité finira par s'en aller en ruines.

Comme les choses auraient un aspect différent, si c'était la doctrine de Cicéron qui donnât le ton ! Alors, on n'invoquerait plus, avec le libéralisme et le matérialisme, les prétendues lois économiques, les droits propres et les postulats scientifiques de la nature. Alors, ce qui déciderait dans les questions sociales, ce serait cette volonté divine qui proclame, par la raison et la conscience, la grande loi que chacun doit se rendre utile à la communauté, par sa personne et par ses biens. Alors, au lieu du libéralisme individualiste et de sa doctrine favorite : la concurrence libre, régnerait une autre loi, celle de la réciprocité du travail commun, de la solidarité. Alors, en philosophie, en morale et en droit, serait considéré comme vrai et permis, non pas ce qui semble bon à l'individu, mais seulement ce qui concorde avec la volonté de Dieu. Alors, une même loi pour la pensée, pour la volonté et pour l'action, lierait tout le monde. Alors, les esprits dont les efforts sont disséminés, seraient bientôt groupés. Alors, la société ne serait plus seulement unie à l'extérieur, par des lois et des mœurs analogues, mais intérieurement, par les mêmes convictions.

Il n'y a donc pas de doute que les vues des hommes jouent un grand rôle, en bien ou en mal, sur la vie publique, selon qu'elles sont vraies ou fausses, religieuses ou irréligieuses.

10. L'orgueil et la vie publique.

Ces savants qui, en matière de droit, ne disent pas un mot de la morale ni de la religion ; ces hommes qui ne peuvent manifester assez de mépris contre ce qu'ils appellent la doctrine sociale *théologisante*, nous permettent de constater une chose, à savoir qu'ils n'entendent rien à la réalité, et n'ont aucun souci de l'homme tel qu'il existe.

C'est donc à eux qu'ils doivent s'en prendre, si on s'est habitué à considérer le droit comme l'ennemi de l'homme. Mais ils doivent avouer également que c'est là un grand malheur, car « le droit ne doit pas devenir un instrument de torture, ni un mannequin pour effrayer les oiseaux ; les peuples auraient alors vite fait de briser ses liens, et de s'en moquer. » Or, comment peuvent-ils se dissimuler que cela est inévitable, si le droit et la morale sont séparés l'un de l'autre ? Comment peuvent-ils méconnaître, par exemple, l'influence que l'orgueil exerce sur le droit public ?

Ils sourient, quand on leur dit qu'une société organisée ne peut pas exister parmi des hommes qui, « ravis par leur propre mélodie, comme par les chants d'Orphée, ne chantent que des solos, jamais de chœurs, parce qu'ils chantent leurs propres œuvres. » Ils haussent les épaules de pitié, quand on leur insinue que c'est « l'esprit d'indocilité, qui, brisant le lien sacré de l'ordre, trouble le monde. » Comme s'ils n'avaient pas ce qu'il faut pour mettre les récalcitrants à la raison ! Or, ceci forme ce qu'on appelle un véritable état d'esclaves. Et encore, cet état n'est possible qu'autant que l'orgueil et l'opiniâtreté ne sont pas devenus la règle générale.

Tout orgueilleux est porté à éviter, et même à détruire une association dans laquelle il doit travailler seulement comme un membre, avec d'autres membres. Il ne veut pas être sur le pied d'égalité avec d'autres ; il ne veut pas être soumis à un plus grand que lui ; il ne veut pas subordonner ses intérêts à une fin commune, car on ne peut se figurer l'orgueil sans esprit de particularisme.

On dit parfois que telle personne est excellente, qu'elle est pieuse, vertueuse, mais qu'on ne saurait qu'en faire dans une communauté religieuse, car la vocation pour le cloître lui fait défaut. Souvent cela veut simplement dire qu'elle ne peut s'accommoder ni aux vues, ni à la manière d'agir des autres ; qu'il lui est impossible de se plier aux exigences de la communauté en fait d'occupations et de prières, de renoncer à une bonne œuvre propre en faveur du bien général, de se taire et d'abandonner ses droits en vue de la paix. Nous ne disons pas que ce soit toujours la vraie cause. Cela peut provenir aussi d'une certaine étroitesse d'esprit ; mais, la plupart du temps, c'est une affaire d'égoïsme.

Si ceci est vrai de la vie religieuse, c'est encore plus vrai de la vie ordinaire dans le monde, où s'engagent d'innombrables candidats persuadés que c'est leur vocation, où les charges et les sacrifices sont souvent très grands, et où l'on n'est pas soutenu par le sentiment qu'on se dévoue à des fins saintes et sacrées.

Oui, il faut une grande abnégation personnelle, un grand empire sur soi, un grand esprit de renoncement, pour que la pratique des devoirs patriotiques et sociaux se transforme en vertu et en une source de bénédictions. Sans vertus sociales, la vie commune est ou contrainte ou hypocrisie ; mais sans renoncement personnel, bref, sans humilité et sans esprit de sacrifice, les vertus sociales sont impossibles.

11. Religion, affaire privée.

Peu d'hommes inspirent moins de sympathie que ces politiques et ces jurisconsultes, qui considèrent la religion comme une affaire privée. A leur avis, elle ne doit exercer aucune influence sur la vie publique ; les individus peuvent observer la loi divine, si bon leur semble, mais la société comme telle, n'y est nullement obligée, attendu qu'elle est en dehors de sa portée, et au-dessus de toute religion. L'idée que le pouvoir législatif de l'état découle d'une puissance plus élevée que lui, leur semble une suprême injure à son adresse. Comme s'il était un cloître ! Comme s'il n'avait pas en lui-même la force suffisante pour veiller au maintien de l'ordre !

Quand les ennemis de l'organisation actuelle de l'Etat et de la société parlent ainsi ; quand les anarchistes et les socialistes disent que la religion est une affaire privée, il faut leur en être reconnaissants, dans une certaine mesure. Cela montre qu'ils voient la nécessité de compter avec le sentiment chrétien des peuples. C'est donc de leur part un calcul prudent, que de ménager aussi généreusement qu'ils le font la conviction personnelle des individus, et de se déclarer, du moins provisoirement et en apparence, les partisans de la tolérance de la religion comme chose privée, c'est-à-dire de la religion pratiquée en secret, sans manifestation extérieure, exactement comme les francs-maçons.

Or, il en est de même pour ces hommes d'état et ces jurisconsultes dont nous venons d'indiquer les tendances. En ne permettant pas à la religion d'élever la voix dans les affaires du droit public et de la vie publique, ils font honneur à leur perspicacité et à leur coup d'œil scientifique. Ils savent que c'est le meilleur moyen de leur enlever la plus sûre garantie de stabilité. Mais ils proclament en même temps la force de cet élément qu'ils veulent supprimer.

D'autant plus incompréhensible est l'aveuglement de ceux qui travaillent ainsi pour eux. Quand on jette un coup d'œil sur notre situation publique, on pense involontairement aux vers dans lesquels Eschyle nous dépeint le lionceau ravi par l'homme aux mamelles maternelles. « Au début, dit-il, il est très doux ; les enfants jouent avec lui, les vieillards le caressent. Mais avec l'âge, les instincts féroces qui sommeillaient en lui se réveillent. Un beau jour, malgré les soins dont il a été l'objet, il porte le carnage dans la bergerie. Le sang coule à flots, les murs en sont teints. »

C'est le libéralisme qui est surtout cause du développement du socialisme. Entre autres choses, il lui a transmis le principe que la religion est une affaire privée. Lui-même avait déjà commencé par en tirer la conclusion, que l'Etat a seul le droit de donner des prescriptions relatives à la vie publique, sans tenir compte des enseignements de la foi et des rapports entre la conscience et la religion, car il n'y a qu'une conscience publique : la conscience de l'Etat. Quoi d'étonnant alors, que cette doctrine ait été parfaitement accueillie du socialisme ? Ne fait-elle pas son jeu, en privant l'Etat du soutien que ses lois et ses institutions trouvent dans la conscience et dans la religion ?

Nos hommes d'Etat et nos jurisconsultes ne veulent pas ouvrir les yeux. Tout cela est cependant gros de conséquences. S'ils ne comprennent pas encore maintenant, qu'ils mettent en péril l'existence de l'ordre général, en dépouillant la religion de toute influence sur le droit; s'ils ne comprennent pas qu'il est important, pour le bien public, d'amener les hommes à la conviction que la morale, l'ordre public, le maintien du droit privé et du droit public dépendent de la crainte de Dieu et de la délicatesse de conscience, alors à quoi bon avoir des jurisconsultes et des hommes d'Etat ? Des gens qui, dans une situation aussi grave que l'est le moment présent, traitent avec tant de légèreté des choses aussi importantes, ne méritent-ils pas de voir se réaliser pour eux la parole de Sénèque : « Le maître expie le premier les fautes de son enseignement ? »

Leur conduite ne s'explique que par un châtiment de Dieu. Quel est l'homme public doué d'un peu de perspicacité, qui ne sait pas comment les choses sont en réalité ? Se passe-t-il un seul jour où l'Etat ne soit châtié de ses orgueilleuses prétentions à vouloir se passer de religion ? Il a beau faire des lois, multiplier les fonctionnaires et les agents de police, entretenir une armée sur pied de guerre. Avec tout cela, pourra-t-il empêcher le premier venu, l'enfant à peine sorti des bancs de l'école, de commettre un crime, un vol, et de se dérober par le suicide au châtiment qu'il mérite ? Non ! Il sera impuissant à éviter que la situation publique ne rappelle chaque jour davantage les paroles du poète : « Je vois accourir des événements tellement épouvantables, que les morts sortiront de leurs tombeaux, et que le monde tout entier ne sera bientôt plus qu'un vaste champ de bataille. »

Est-ce que le droit ne serait pas plus en sécurité, l'Etat plus solide, si les hommes ne croyaient pas seulement, pour leur propre compte, à un Dieu sauveur et à l'immortalité; mais s'ils étaient également convaincus que le même Dieu, qui parle par la conscience de chacun, régit aussi la vie publique, et juge les infractions aux lois terrestres, — à supposer qu'elles concordent avec les siennes, — avec la même justice que les péchés secrets des individus, commis contre les dix commandements ?

12. Bactériologie politique.

Si la situation actuelle n'était pas aussi alarmante, on serait tenté de rire, en voyant les explosions de surprise qu'elle provoque chez beaucoup de gens qui l'envisagent.

« Mon Dieu ! dit-on, comment ce socialisme, cet esprit révolutionnaire ont-ils fait pour s'introduire d'une manière aussi inopinée ? Un million au médecin qui expulsera ce virus ! A quoi bon toutes les conquêtes de la science ? à quoi bon notre police et nos armées formidables, si rien ne nous enlève ce cauchemar ?

Eh bien! pour cela, il n'est besoin ni de peuples en armes, ni de machines à faucher les nations. Il y a des moyens plus simples.

Il faudrait, avant tout, rendre aux puissances conservatrices, et en premier lieu à l'Église, la liberté complète, c'est-à-dire ne plus les tenir en suspicion, ne pas user d'équivoque envers elles, ne pas les mettre en tutelle, à plus forte raison ne pas les vexer par des lois d'exception. Il faudrait les laisser agir librement selon leurs principes, et reconnaître en elles des auxiliaires du pouvoir public. Alors on verrait si elles sont capables de remédier aux misères du présent.

Il faudrait ensuite chercher les sources mêmes du mal et les fermer. Mais ceux qui sont à la tête des affaires font preuve d'une faiblesse aussi grande que la plupart des hommes dans les questions d'hygiène. Ici, comme on le sait, ils ont le privilège de commettre les plus grosses sottises. On élève des bacilles par millions, et on demande ensuite aux médecins de les faire disparaître du monde, comme par enchantement.

Il en est de même dans la question qui nous occupe. Le socialisme est-il tombé du ciel, comme un météore? Est-ce que, depuis longtemps, des milliers de voix n'ont pas suffisamment signalé les germes d'où il devait logiquement se développer?

Malheureusement tout a été vain. On a cultivé, avec autant de soin que si c'eût été des truffes ou des champignons, les doctrines du libéralisme, les prétendues idées modernes, les libertés qui jetaient la confusion dans la tête et dans le cœur, l'exploitation des pauvres par les riches, la licence, la recherche des jouissances, le mépris de l'autorité et de la loi, le dédain de la foi et de l'obéissance, la vanité et la suffisance personnelle.

Cela, et beaucoup d'autres choses sont les bacilles dont nous venons de parler. D'eux sont venus les dangers qui, à l'heure actuelle, font planer sur nous l'inquiétude et l'effroi. C'est ce que Sophocle exprime parfaitement dans ce passage : « Une cité marche rapidement à sa ruine, quand, dans son sein, chacun pense et parle à sa fantaisie. »

Donc, ou bien vous devez porter la main sur le foyer de la contagion, ou bien désespérer du salut. Si vous voulez être sauvés du socialisme, il faut tuer le libéralisme et étouffer les idées modernes, sinon : « Ne vous plaignez pas si vous périssez; c'est vous qui en êtes la cause, parce que vous avez méprisé les moyens qui s'offraient à vous. Debout donc, et à l'œuvre! »

13. Homo homini Deus.

Un jour, — il y a longtemps de cela, — les hommes se présentèrent devant le trône de Dieu, et lui dirent : « Nous ne voulons plus être des esclaves; désormais, nous serons des dieux. »
— « Vous tous des dieux ? dit le Seigneur. C'est impossible. Mais, si vous le voulez, qu'un seul d'entre vous remplisse cette charge pour quelques milliers de ses semblables. »
Pourquoi chanter alors, comme si nous vivions toujours sous l'ancien droit : « Le Dieu qui fait pousser le fer ne veut pas d'esclaves? » Vous n'êtes pas faits pour être des esclaves. Vous étiez des enfants de Dieu. C'est vous qui avez choisi la servitude; le service de Dieu était plus doux.
Maintenant, secouez vos chaînes, aboyez contre les tyrans, formez à l'art de la destruction tout un ban et un arrière-ban d'hommes sauvages. Vous resterez esclaves, quand même vous rêverez du bonheur du paradis. Il n'y a qu'une seule voie qui conduise à la liberté : revenez au service du Seigneur.

14. Cause et guérison du mal public.

Le monde appelle de tous ses vœux une situation meilleure. Partout on est unanime à dire que sans une morale forte et saine, nous allons à la ruine.
Il faut que le mal ait fait de vastes ravages, pour que, dans tous les pays du monde civilisé, les hommes les plus libéraux se réunissent en congrès; pour que des empereurs et des chefs de gouvernements républicains adoptent des mesures générales, en vue d'entraver ses envahissements.
Il n'y a qu'une puissance qui n'ait pas le droit de dire son mot, c'est l'Eglise. Pendant un temps assez consi-

dérable, elle a été la voix de celui qui crie dans le désert. Maintenant, elle a la satisfaction de voir que ses avertissements, jusqu'alors dédaignés, trouvent enfin un écho; que la société redit la parole: « L'époque est malade, et tous nous sommes malades avec elle. »

Toutefois, l'utilité serait mince, si le monde se contentait de constater le mal, sans employer les moyens nécessaires pour le guérir. Avant tout, il doit se demander comment il a pu se faire que cette contagion se soit répandue d'une manière aussi universelle. N'était-ce pas inévitable, avec les principes qui ont jusqu'alors régi la société?

On est toujours inquiet de savoir si l'on connaît toute la profondeur, et surtout l'origine et la nature du mal, quand on entend partout répéter: « qu'un esprit nouveau, semblable à un spectre errant, traverse le monde et trouble l'agréable repos des mortels. »

Un nouvel esprit? Non! non! ce n'est pas vrai. Il y a déjà un demi-siècle que Feiligrath chantait: « Depuis longtemps, nous avons perdu l'habitude de nous mettre à genoux et de prier. Aujourd'hui, on serre les poings au lieu de joindre les mains. » Corneille avait dit avant lui, que: « la liberté n'est qu'un bien imaginaire, » et Dante lui-même écrivait: « Ce ne sont pas les lois qui manquent; mais qui les observe? »

Oui, l'époque est malade, très malade. Ce sont les idées modernes qui sont la cause de cette maladie; mais ces idées ne sont rien moins que neuves.

L'homme est libre; l'homme est son maître, répétait-on, depuis Kant. Et tel l'homme, telle l'humanité, tel tout ce qui existe. Libre et indépendant est l'état; il ne peut reconnaître aucune puissance supérieure à lui. Libres et indépendants sont la politique et le droit: l'utilité et l'opportunité sont les seules bases sur lesquelles ils reposent; vouloir les unir à la religion et à la morale serait les avilir. Libre et indépendante est la science; lui imposer de tenir compte de la foi et de la révélation, serait lui faire subir des tortures comparables au martyre. Libre et indépendant est l'art; on ne peut l'enchaîner aux étroites prescriptions de la pudeur; que les grand'mères et les religieuses imposent aux petits enfants. Libres et indépendantes sont la presse et la scène. Libre et indépendante est la manifestation de toute opinion : notre époque de progrès ne tolère plus ni excommunication, ni inquisition. Libre et indépendante est la morale. Seule une morale qui s'affranchit des lisières de la crainte de Dieu et des motifs religieux, est digne d'une civilisation arrivée à l'âge adulte.

Tels sont les vieux principes modernes avec lesquels nous sommes allés si loin, que des empereurs se voient obligés d'ordonner par décrets le maintien de la foi et de la morale, que des assemblées publiques se voient dans la nécessité de délibérer sur les moyens à prendre pour arrêter les influences malsaines du théâtre, de la presse et de l'art.

Si seulement la promptitude des résultats correspondait à l'ardeur des désirs! Les écluses sont vite ouvertes. Mais qui les fermera? Qui réparera les dévastations causées par les flots?

Tout cependant ne serait pas perdu, si le monde mettait sérieusement la main à l'œuvre, et voulait employer les remèdes aptes à guérir le mal.

Or ce mal, sachons-le bien, provient de la liberté mal entendue. Nous déchaînons tant de perversités et de folies, parce que nous-mêmes, nous ne supportons aucun frein. Nous rejetons toute discipline pour ce qui nous concerne personnellement, et ensuite nous sommes désarmés pour faire face au mal qui nous entoure. Le monde tout entier vit selon le principe du poète américain : « Nous sommes à nous-mêmes notre propre loi. Les vaines ordonnances terrestres ne nous retiennent, ni ne nous effraient. »

Ainsi, la corruption des cœurs, la dissolution de la société proviennent de la coupable glorification personnelle, et du mauvais usage de la liberté. État, droit, art, vie publique, tout s'est affranchi de la morale et de la religion. La morale à son tour s'est affranchie de la religion; la science, de la foi; la société, de Dieu. « Notre époque est avide de liberté; mais il suffit que cette liberté vienne du ciel, pour qu'elle la trouve odieuse. »

Il ne faut donc pas s'étonner que les liens qui unissent les maîtres et les subordonnés soient brisés, et qu'aucun frein ne soit plus capable de retenir les esprits. Car, il est juste que quiconque ne remplit pas ses devoirs envers ses supérieurs, perde son autorité sur ses subordonnés. Il est juste également, que celui-là voie se révolter contre lui des éléments qu'il aurait pu soumettre, s'il ne s'était pas éloigné de la source de sa puissance.

Dans la détresse où elle est actuellement, la société ressemble à Samson qui fut aveuglé, enchaîné, condamné à tourner la roue d'un moulin, et à mener, comme chanteur ambulant et comme bouffon, une vie indigne de lui.

Ce châtiment fut le résultat de sa présomption. Il oublia celui qui lui avait donné sa force; il oublia la fin pour laquelle il l'avait reçue, et crut pouvoir se passer de son secours.

L'ancien héros d'Israël subit son humiliation en esprit de pénitence, et la détresse dans laquelle il tomba le ramena vers Dieu. C'est pourquoi il retrouva de nouveau sa force.

Puisse la société qui l'a imité dans sa présomption, l'imiter dans sa conversion. C'est alors, mais alors seulement, que, comme lui, elle recouvrera son ancienne force et son ancienne vigueur.

15. Moyen pour rester fidèle à ses principes en politique.

Un homme qui possédait au plus haut point le sens historique, fut sans aucun doute Niebuhr. Sa vie tout entière fut consacrée à l'histoire, et cette étude lui avait fait concevoir une haine mortelle contre le despotisme et la révolution. On peut dire qu'il mourut de la peur de voir triompher la Révolution, dans les journées de Juillet. Les sociétés secrètes lui semblaient une monstruosité, et les coteries politiques un danger pour le maintien de la tradition. C'était avec une profonde tristesse, qu'il voyait chaque année décliner davantage les vieilles coutumes et les vieilles institutions des temps passés. Les tendances de l'époque à renverser tout ce que les anciens temps avaient légué, le remplissaient d'une telle anxiété, qu'il considérait comme inévitable l'invasion d'une nouvelle barbarie.

Et, ce même homme écrivit en 1814 un ouvrage intitulé : « *Droits de la Prusse contre la Cour de Saxe,* » ouvrage dans lequel il conseille non seulement l'annexion de cette dernière province, mais où il s'attache à détruire les raisons contraires.

Du droit historique, sur lequel il veille cependant avec un soin jaloux, il n'en est pas question dans cet écrit : « Les temps ont changé, dit-il, et avec eux les royaumes ; les grands états doivent croître, les petits disparaître. Un état ne mérite ce nom, que lorsqu'il possède assez d'indépendance pour affirmer ses droits et les faire respecter. »

Bien plus. Le 23 mai 1822, il écrivait ces lignes : « Je répète que je suis partisan déclaré du livre de Machiavel sur le *Prince*, et que j'accepte à la lettre tout ce qu'il contient. Il est des temps où chaque homme doit être un saint ; mais il en est aussi où l'on ne peut traiter les hommes que comme masses ; l'important est de connaître l'époque.

Ici, nous sommes en présence d'un mystère. Bluntschli lui-même ne peut s'empêcher d'avouer que « de telles choses nous montrent, à notre plus grande surprise, combien il est facile, même à un homme éminent, de se laisser entraîner à des jugements et à des opinions politiques, qui sont comme des injures à l'adresse du droit, et de toutes les idées que les hommes regardent comme saintes. »

L'énigme est pourtant facile à résoudre. Nous avons là un exemple frappant de cette vérité, qu'en fait de conviction scientifique, de principes politiques et de noblesse de caractère, on ne peut se fier à personne, si tout cela n'est pas basé sur cette puissance qui n'est soumise à aucune fluctuation, c'est-à-dire sur la religion.

Or, c'est précisément ce qui a manqué à Niebuhr. Lui-même dit dans une lettre datée du 12 juillet 1812 : « Ma tendance d'esprit fut d'abord sceptique. Puis, je subordonnai mes pensées aux lois naturelles, et je n'éprouvais aucun besoin de franchir les limites de l'expérience. A cela s'ajouta l'effet d'un pitoyable enseignement religieux, et l'étude de l'antiquité classique. Plus tard, je revins aux Livres saints, que je lus d'une façon absolument critique, c'est-à-dire uniquement pour savoir ce qu'ils contenaient, et pour étudier, comme historien, dans ses sources, un des événements les plus merveilleux du monde. »

Ce n'étaient pas là des dispositions de nature à faire naître la foi en lui; et ce sont celles du protestantisme actuel.

Par là s'explique aussi l'instabilité déplorable de cet homme illustre. Il sentait péniblement cette lacune; et c'est pour cette raison, comme il le dit lui-même, dans une lettre datée du 30 avril 1817, qu'il fit élever son fils Marc dans la foi la plus absolue à la lettre de la Bible.

Malgré cela, il croyait fermement à l'action de la Providence divine dans le monde, et il garda toujours un profond respect pour le christianisme. Quand il fut sur le point de mourir, le soleil qui était si longtemps resté voilé pour lui, perça enfin les nuages : « Priez, dit-il aux siens, priez Dieu, mes enfants; Dieu seul peut nous secourir. » Lui-même était trop faible pour prier avec eux; mais on voyait qu'il demandait en silence la consolation et la force.

Ainsi mourut le grand savant, qui trouva, il faut l'espérer, dans l'*au delà*, cette clarté et cette stabilité auxquelles il avait vainement aspiré ici-bas.

16. Le meilleur sujet.

Parmi les figures les plus célèbres du XVIIIe siècle, il faut placer le chancelier F. Ch. de Moser, un de ces rares hommes éminents qui peuvent se laisser approcher de près, sans craindre pour leur réputation, et qui gagnent en estime, même après leur mort.

Il était fils de cet homme d'honneur, le conseiller secret J. J. Moser, qui, à une époque de flatterie et de courtisanerie, lutta toute sa vie contre les abus du pouvoir de la part des princes, et qui, pour cette raison, fut condamné à huit ans de forteresse. Le peuple reconnaissant l'appela l'*honnête*, le *vieux* Moser. Et ce nom lui est resté depuis.

Son fils fut le digne héritier de son honorabilité, de sa droiture, et aussi de ses persécutions. Souvent on le priait de modérer un peu son langage, s'il ne voulait pas avoir le même sort que son père. Il répondait alors, que la couronne d'un martyre souffert pour la patrie n'est pas un ornement à dédaigner. Si, à la fin de sa carrière, alors qu'il aurait pu jouir d'un repos légitime, il ne cessa de parler pour maintenir jusqu'à la fin ses prétentions au titre d'homme d'honneur, c'est qu'il voulait encore se montrer le fils d'un tel père. « Je ne puis rien contre la vérité, disait-il à ceux qui l'exhortaient à la prudence. Il est des cas où il faut arracher le drapeau des mains de celui qui le porte, et vaincre ou mourir à la tête de l'armée. »

Ce héros de la justice, cet homme d'état, qui était l'honorabilité même, publia deux écrits sur deux questions dans lesquelles, au dire de Gœthe lui-même, il était d'une compétence hors ligne.

Dans l'un, il a étudié ce qu'on entend ordinairement par *homme d'honneur*; dans l'autre, il répond à l'affirmation de Rousseau : que le chrétien ne peut jamais être un bon citoyen. Les seuls titres de ces ouvrages : « *Le chrétien supérieur à l'honnête homme* », et « *Le chrétien, le meilleur sujet* », indiquent déjà les idées développées par lui.

C'est dans le dernier que se trouve cette page célèbre : « Si la question se posait de savoir quel est le monarque le plus heureux, je donnerais la préférence à celui qui a beaucoup de vrais chrétiens à gouverner. Car, un chrétien n'est pas seulement un bon, mais il est le meilleur sujet. Plus un prince voudra travailler à sa grandeur et à son bonheur, en travaillant au bonheur du peuple, plus il devra avoir à cœur que ses sujets soient de vrais chrétiens. Oh ! si les grands du monde savaient l'utilité et l'importance des vrais chrétiens, ils les chercheraient avec le même zèle que celui qu'on met à découvrir des mines d'or et d'argent; ils verraient en eux la richesse et la prospérité de leur pays. »

17. Les vrais enfants des temps anciens et des temps modernes.

L'opinion de Lombroso, prétendant que Caserio serait devenu un missionnaire ou un ermite s'il avait vécu dans des temps de foi et au sein de l'Eglise, est sans doute une opinion discutable.

Ce qui l'est moins; ce qui est même certainement vrai, c'est la parole de Lecky : « Des hommes qui, dans des temps antérieurs, auraient été de grands saints, sont de nos jours des révolutionnaires redoutés. »

A voir le dévouement, la ténacité et l'héroïsme qu'ils apportent à la démolition de l'ordre existant ici-bas, ils auraient, en effet, pu faire de grandes choses pour l'édification du royaume de Dieu.

Mais, qui porte la faute du mauvais emploi de tant de forces? Sans nier la responsabilité personnelle des individus, on peut affirmer que les tendances de l'époque, le caractère public de la société actuelle leur inspirent ces goûts pernicieux. Ceux qui tremblent le plus devant la Révolution sont justement les gens qui la favorisent le plus. Si la société voulait donner une autre éducation à la jeune génération; si elle voulait lui inculquer l'esprit de foi et de discipline, l'esprit de modestie et d'abnégation personnelle, l'esprit de patience et d'obéissance, tous ces pauvres dévoyés, qui maintenant combattent jusqu'à la mort pour les principes les plus pervers, seraient autant de vaillants champions de la bonne cause.

L'arbre croît comme on le dirige. Chaque époque récolte, dans une génération, ce qu'elle a semé dans la génération qui la précédait. On peut douter si les jeunes petites plantes reçoivent du sol leur forme et leur nourriture; pour les vieux troncs on voit clairement dans quel terrain ils ont grandi.

Eh bien! les arbres robustes qui ont poussé dans le sol de notre époque, ce sont les révolutionnaires et les socialistes; tandis que ceux qui ont poussé sur le sol du moyen âge s'appellent les saints.

18. Base et ciment pour la vie publique.

1. « Ce n'est pas avec des sentences morales, disait Ofenheim, en parlant de son époque, qu'on construit des chemins de fer ». « Ce n'est pas en récitant des rosaires, ni en pratiquant une patience angélique qu'on fonde des états, surtout de grands états », dit Machiavel, et après lui tous ses disciples.

Ces hommes considéraient la morale comme les décombres d'un palais depuis longtemps abandonné, et tombé en ruines.

Seulement, il n'en est pas ainsi. La morale forme, pour le moins, — car, sans doute, elle est davantage, — le lien qui unit l'état et la société. Personne ne serait assez téméraire pour construire une voie ferrée sans se servir de clous, ni une maison sans employer du mortier. Eh bien ! ce que sont les clous pour les rails; ce qu'est le mortier pour les murs, la justice l'est pour la société et pour l'état.

C'est la raison pour laquelle tout le tapage qu'on peut faire autour du droit, de la justice et de la morale, est peine perdue là où l'on n'admet pas la vérité du principe : « Personne ne peut poser un autre fondement que celui qui est déjà posé, savoir Jésus-Christ » (I Cor., III, 11).

2. La plus grande folie qu'on puisse rencontrer, consiste à exiger de l'homme qu'il harmonise sa conscience avec la loi et le devoir, et à faire, d'autre part, des lois telles, que les gens les plus consciencieux ne peuvent les harmoniser avec ce qu'ils croient fermement être la loi de Dieu et leur devoir.

3. Là où l'on préfère l'argent, la puissance et la science à la vertu et à la religion, là se trouve déjà le germe de la dissolution pour une société.

4. Sans lois pas d'état; sans autorité pas de lois; sans Dieu pas d'autorité.

5. La base des états est la justice; la base de la justice est Dieu.

6. D'après Démosthène, les lois sont l'âme de l'état; l'âme de l'accomplissement de la loi est la délicatesse de conscience; l'âme de la conscience est la crainte de Dieu.

7. Un état peut parfaitement faire face à de grands dangers, sans hommes remarquables et sans actions d'éclat. Mais cela lui est impossible sans unité, sans esprit de sacrifice, sans abnégation personnelle de la part de ses membres. Ce sont là des qualités que l'orgueil méprise d'ordinaire beaucoup. Seul celui qui les

pratique pour des fins plus élevées peut les regarder comme importantes. Mais celui-là les estime à leur valeur la plus haute, qui les pratique pour l'amour de Dieu.

8. Lycurgue croyait que les femmes avaient une part plus considérable que les hommes dans la construction des murs d'une cité. Saint Paul dit encore avec plus de raison, que : « les prescriptions pénales n'atteignent pas le juste, mais les méchants ». Si les états ne se composaient que d'hommes justes, de caractères nobles, il n'y aurait besoin ni de forteresses, ni d'arsenaux, ni de maisons de correction.

Aussi, personne n'est animé de meilleures intentions envers la sécurité et la dignité de l'état, que le même Apôtre, qui veut faire de tous les hommes des rois, quand il dit : « Que tout homme soit soumis aux puissances supérieures; car il n'y a point d'autorité qui ne vienne de Dieu, et celles qui existent ont été instituées par lui. Soyez donc soumis, non seulement à cause du châtiment, mais à cause de la conscience. » (Rom., XIII, 1 ss.)

9. Le meilleur état est celui dans lequel tous les citoyens sont d'accord avec la volonté de Dieu.

10. « En rédigeant une loi, dit Aristote, un législateur doit n'avoir qu'une seule intention : celle d'habituer davantage les citoyens au bien, et par là les rendre meilleurs. » C'est ce qui fait la différence entre les bons états et les mauvais. Dans les premiers, ce but est atteint; dans les seconds, il ne l'est pas.

11. « Il n'y a jamais d'état parfait, dit le même philosophe, pas plus qu'il n'y a d'institution humaine exempte d'imperfections. Mais, en tout cas, l'état dans lequel règnent les meilleures mœurs publiques, est supérieur aux autres. »

12. « Parce que l'état n'existe pas pour rendre heureux et puissants seulement quelques individus, mais pour faire régner le bonheur public, dans la mesure la plus grande, son excellence dépend du bonheur du tout, non de celui des individus. Or, rien ne contribue tant à cela, que ce qui favorise le mieux l'unité et l'égalité.

En conséquence, il n'y a pas de meilleur ciment pour lui, que la subordination à Dieu, qui donne à tous la même loi, et oblige également tout le monde à l'observer. »

Ainsi s'exprime Platon.

CHAPITRE XXII

CIVILISATION ET PROGRÈS

1. Éducation du monde et vertu.

« Honneur à la vertu, dirions-nous, si elle n'était pas si farouche. Mais elle joue si gauchement son rôle à côté de l'éducation des gens du monde ! »

— « Vous avez raison ; car, chez vous, on ne rencontre pas un théâtre, pas un ballet, pas un tableau qui ne la fasse rougir. Cette religieuse qui soigne des malades et des orphelins, serait un médiocre ornement pour vos bals. Que ferait-elle dans vos salons, où des sourires qui passent sur des lèvres vermeilles font de si nombreuses victimes, où l'intelligence et le cœur s'étiolent, au milieu des applaudissements, des roucoulements, des danses et des privautés de toutes sortes ?

Or, si la vertu, la vertu sérieuse, pure, simple et féconde s'adapte si mal à votre esprit, est-ce que lui ne troublerait pas le chœur du beau comme une fausse note dans un concert magnifique ? »

2. Attente et accomplissement.

Au commencement de ce siècle, l'infortuné Shelley disait dans les notes de sa *Queen Mab*, — ce poème pervers dont les loges répandirent de nombreux exemplaires à un prix dérisoire, parce qu'elles trouvaient en lui un excellent instrument pour détruire la foi : — « L'état social dans lequel nous vivons est un mélange de sauvagerie féodale et de civilisation incomplète. La morale étroite et obscure du christianisme ne sert qu'à aggraver ces maux. Depuis quelque temps enfin, on a banni l'idée fanatique qu'il faut crucifier sa chair pour l'amour de Dieu. Mais la civilisation ne fera de grands progrès, que lorsque le code pratique de la misère et de la servitude, dressé par la religion et la morale, sera complètement aboli. »

Depuis lors, un siècle ne s'est pas encore écoulé, et le vœu du poète qui souhaitait au Génie du bonheur humain de « pouvoir arracher une à une les feuilles du maudit livre divin », — c'est ainsi qu'il appelait la Bible, — s'est accompli. Le christianisme ne forme plus une partie de l'opinion et de la morale publiques.

Quelle en est la conséquence? La sauvagerie a augmenté, et le mécontentement aussi. La religion et la morale sont remplacées par le droit du plus fort, par la dynamite, le pétrole et les engins qui fauchent des armées entières, à des lieues de distance. Le *Génie du bonheur humain* voudrait bien que beaucoup de ces progrès n'aient pas eu lieu; mais le livre de Dieu n'aurait pas été déchiré! Et il soupire tristement avec Euripide : « Les dons des vils donateurs ne contiennent rien de bon. »

3. Les incendies de théâtres.

De 1761 à 1799, on comptait 95 incendies de théâtres. Depuis le commencement du siècle, jusqu'en 1880, on n'en compte pas moins de 428. Dans la catastrophe du Lehmann-Théâtre, à Saint-Pétersbourg, en 1836, 800 personnes perdirent la vie. L'incendie du théâtre de Montpellier, en 1877, fit 400 victimes, et celui de Brooklyn, en 1876, 280. On ne sait plus au juste le nombre de celles qui ont trouvé la mort au Ring-Théâtre à Vienne.

Depuis lors, on a pris de très grandes précautions, et, malgré cela, le nombre des accidents de ce genre ne diminue pas. En 1891, nous en avons noté 14, de janvier à septembre.

Et la morale de tout cela?

Beaucoup ont vite fait de la tirer en disant : « Le doigt de Dieu est là! Où pèche-t-on plus qu'au théâtre? »

Nous ne nions pas que très souvent cette morale soit fondée. Cependant, le Maître nous interdit de porter un tel jugement (Luc. XIII, 1 ss). Et puis, il y a aussi des églises qui flambent, quoique leur proportion ne soit pas de un pour cent, relativement aux théâtres. C'est fort heureux, car la police qui interdit les processions en Espagne et les missions en Bavière, quand on annonce qu'un cas de choléra s'est déclaré à la Mecque, les aurait depuis longtemps toutes fermées.

Mais ces catastrophes pourraient du moins apprendre à notre époque une chose que lui prêchent tous les jours les ruptures de ponts, les accidents de bateaux ou de chemins de fers, les inondations, les mauvais temps, les maladies nouvelles : la modestie.

Vous, hommes du XIXe siècle, qui allez répétant cette phrase : que les épidémies des anciens temps sont impossibles aujourd'hui, cessez de provoquer les châtiments de Dieu. Quelques milliards de microbes de plus par jour ne lui coûtent rien. Vous inventez toutes sortes de moyens pour éviter un malheur, et, dans un clin d'œil, des centaines de personnes sont écrasées ou brûlées, quand il prend fantaisie à un gamin de crier : Au feu !

4. Le vieil ami.

Dans toutes les gares, brûle le vieux gaz, quoiqu'on y ait introduit la lumière électrique. Quand on demande pourquoi cette prodigalité, on répond que c'est une mesure de prudence, parce qu'on n'est pas complètement sûr du nouvel éclairage ; que, de cette façon, on obvie à l'inconvénient de tomber tout d'un coup dans les ténèbres, si l'électricité venait à manquer.

Pour la même raison, on allume des lampes à huile dans les baignoires d'avant-scène, et dans les passages des théâtres, afin d'avoir une compensation si le gaz venait à s'éteindre. Peut-être même que plus d'un spectateur prudent prend en outre avec soi ce qu'il faut pour s'éclairer, au cas où les lampes à huile s'éteindraient elles aussi.

Au point de vue de la sécurité contre l'incendie, l'édifice est pourvu de systèmes qui permettent de l'inonder en un instant. Malgré cela, toutes les murailles sont percées d'issues, ou munies d'escaliers dérobés, sans compter qu'on rencontre des pompiers dans tous les coins.

Si nous montons dans un de nos magnifiques vapeurs, ce qui nous frappe tout d'abord, ce sont les vieilles ceintures de sauvetage suspendues en rangées. Si nous montons dans un wagon de chemin de fer, nous regardons, avant tout, où se trouve la poignée du signal d'alarme. Dans la pratique Albion, le conducteur du train demande aux voyageurs s'ils veulent prendre une assurance sur la vie, quand le trajet est d'une certaine longueur. Dans d'autres pays, c'est le garçon d'hôtel, qui les importune sans cesse avec ce moderne *memento mori* (*souviens-toi que tu dois mourir*).

Nous nous glorifions de nos inventions, c'est vrai ; mais nous n'avons aucune confiance en elles. Nous ne pouvons pas jouir de nos progrès, au point de lâcher nos vieux amis, nos vieilles institutions longuement éprouvées.

Ne serait-il pas bon aussi, qu'à côté de toute notre science et de toute notre puissance, nous conservions les vieux soutiens qui ont fait leurs preuves, ces soutiens grâce auxquels le monde a déjà triomphé de tant de tempêtes, à savoir la foi en Dieu, en son Christ ? « Ne quitte point un ancien ami pour un nouveau, dit le sage, car celui-ci ne lui sera point semblable » (Eccli., IX, 14).

5. Les progrès de l'époque dans les sciences naturelles.

Tel était le thème que Werner Siemens traita, le 18 septembre 1886, au 59° congrès des naturalistes et des médecins allemands.

Au rapport des journaux, ce savant laissait entrevoir toute une révolution, que, dans un avenir prochain, l'électricité était destinée à opérer dans l'économie politique. Grâce à elle, on pourrait fabriquer une foule d'aliments dont on a sous la main les éléments premiers.

En lisant cela, une sueur froide me monta aux tempes, car un désagréable souvenir d'enfance me revint à la mémoire. Je me rappelai que jadis, dans un certain mois de février, ma mère avait rapporté de chez le jardinier un magnifique légume qui nous rendit tous malades à en mourir. Depuis lors, toutes ces inventions ne me disent rien qui vaille. Et, dans la circonstance, je me faisais à moi-même cette réflexion : « Eh bien ! je souhaite à l'électricité, dans ses efforts pour imiter Dieu, plus de chance que n'en a eu ce brave jardinier. »

Cette même année 1886, j'allai pendant les vacances dans les Alpes chez l'un de mes meilleurs amis. Dans sa bibliothèque, je trouvai la collection de la *Bavaria*. J'en pris un numéro, et justement je tombai sur un passage où il était dit que les efforts faits pour cultiver les prairies arrosées par l'Isar, dans les environs de Munich, avaient eu pour résultat de détruire, par centaines, les plantes les plus belles, et de dépouiller ainsi la contrée de ce qui faisait jadis sa parure, sans en retirer aucun profit au point de vue économique. L'auteur de l'article croyait ne pouvoir donner de meilleur conseil que celui de cesser ce massacre inutile, et de laisser la nature reprendre ses droits, puisque, dans le cas présent, elle avait fait preuve d'être plus poétique et plus intelligente que l'art humain.

Le jour suivant, je fis, avec mon ami, une petite excursion dans la montagne. Comme nous approchions des dernières cabanes, mes regards furent frappés par quelques taches dont le vert pâle tranchait d'une manière désagréable sur le brun ou le jaune profond des pâturages alpestres environnants.

« Qu'est-ce que cela ? demandai-je à mon compagnon. On dirait un manteau de velours rongé par les mites. » — « Il arrive souvent, me répondit-il, que les troupeaux sont bloqués là-haut par la neige. Or, comme ici l'herbe est trop courte pour qu'on puisse la couper et en faire du foin, on est obligé d'improviser quelques petites prairies artificielles. » — « Eh bien, dis-je, il est à souhaiter que leur utilité l'emporte sur leur beauté. » Et je lui racontai ce que j'avais lu la veille.

Mais lorsque nous fûmes arrivés vers ce qui me produisait tout à l'heure l'impression de trous faits par les mites, je rougis presque de la civilisation humaine.

Dans ces endroits, il y avait, à côté d'un magnifique gazon alpestre, un fouillis pour lequel l'expression *mauvaises herbes* eût été une flatterie. C'était une espèce d'oseille hérissée qui faisait horreur à voir. Que pensent les vaches de ces productions de l'art humain, quand, au jour de la détresse, elles sont obligées de les manger? Je n'en sais rien. Mais je crois n'avoir pas commis de péché en disant à mon ami, tout en poursuivant notre route : « Pauvres bêtes, qui n'ont pas d'autre nourriture que cette herbe ! Que Dieu ait pitié des hommes, si jamais ils sont obligés de vivre avec du pain fabriqué selon les procédés électriques que laissait entrevoir Werner Siemens ! »

Oui, la question sociale attendra longtemps avant d'être résolue, si pour cela il faut que les progrès de l'humanité rendent inutile le Créateur et le conservateur de la nature. Grand respect aux conquêtes des sciences physiques et naturelles, nous en sommes d'avis. Toutefois, un peu de modestie ne leur ferait pas de mal.

Nous ne pouvons donc que nous étonner comment un savant de la force de Berthelot va jusqu'à prétendre qu'au XX° siècle la nourriture ne s'élaborera plus dans l'étable et dans les champs, mais qu'on la préparera dans les laboratoires des chimistes. « Nous connaissons suffisamment, dit-il, les éléments chimiques dont se composent la viande de bœuf, les œufs et le lait, pour en fabriquer d'artificiels. »

Le grand chimiste n'a pas vu deux faits indéniables.

L'homme a besoin, pour sa nourriture, de matières organiques telles que la nature les fournit. Même avec des conserves et des extraits de viande, il ne pourrait vivre longtemps sans que sa santé en fût altérée.

Sans doute, comme le dit Berthelot, la chimie a remplacé la garance et l'indigo par des couleurs artificielles analogues. Il peut se faire aussi que la canne à sucre et la betterave cèdent la place à une matière à sucre chimique. Mais ce ne sont pas là des aliments naturels. Il reste toujours ceci, qu'il faut à l'organisme humain des matières organiques naturelles.

Or, jamais on n'arrivera à fabriquer un organisme par des moyens artificiels. La chimie peut le décomposer en ses parties mesurables et *pesables*; mais, une fois décomposé, elle ne peut plus le reconstituer. Le tout organique est toujours plus, et *qualitativement* plus que la somme de ses parties.

Le matérialisme atomistique peut nier ce principe, aussi important dans la science sociale que dans la physiologie, mais il ne le détruira jamais. Le principe que

Berthelot allègue est lui-même une preuve en faveur de notre affirmation. Supposé que la chimie arrive à démontrer que les éléments du thé, du café et du cacao sont les mêmes, il s'ensuivra qu'intrinsèquement il y a dans ces trois espèces d'aliments, quelque chose qui transforme en produits différents ces matières identiques au point de vue physique, mais non que, dans l'avenir, les ingrédients chimiques rendent inutiles les théiers et les caféiers.

Pour croire la spirituelle boutade de l'illustre savant, que bientôt nous tirerons nos beefsteaks de la cornue du chimiste, il faut que l'estomac ait remporté une fameuse victoire sur la tête.

En attendant, nous préférons admettre, avec Obert Elsdale, qu'au siècle prochain c'est l'herbe qui formera la nourriture des hommes.

6. Formule magique.

Prends du sel et du sucre en quantité égale, fais chauffer sur des charbons ardents, puis bouillir dans de l'eau avec de l'oseille. Après cela, goûte avec un chalumeau. C'est certainement un remède excellent contre la goutte et le choléra.

7. Panacée universelle.

Prends de l'eau de pluie, dans laquelle tu mettras des petits cailloux propres et polis. Filtre cette eau cent trente-trois fois; puis fais-y passer un courant électrique. Après cela, tu pourras en boire. Si elle ne te fait pas de bien, elle ne te fera pas de mal non plus.

8. Vieille recette pour les idylles.

Prends une cuillerée de brise printanière, que tu feras bouillir doucement dans du sirop; joins-y, en la laissant tomber goutte à goutte, un peu de cette essence qui s'appelle le pâle éclat de la lune. Ce sera un remède incomparable pour les crampes de nerfs et les cors aux pieds.

9. Recette moderne pour les romans et les drames.

Prends une livre de chaux non infusée, de la lie de

champagne et quinze litres d'alcool. Mélange bien tout cela, et bois au moment de la plus grande ébullition. Si tu n'en péris pas, c'est que tu auras la vie dure.

10. Prédilection pour le poivre.

On sait que le paysan a une prédilection toute particulière pour les jouissances fortes. Il faut que ses mets soient très épicés. Au théâtre, il veut des pièces un peu crues, avec bousculades et coups. Pour qu'une musique lui plaise, elle doit être exécutée presque exclusivement avec des tambours et des clairons, au risque d'avoir le tympan brisé et des fourmis dans les mollets.

Ce goût est considéré comme un signe de grossièreté. Les historiens voient également un trait caractéristique des barbares en ce fait, qu'après s'être emparé de Rome, Alaric exigea comme rançon cinq mille livres d'or, trente mille livres d'argent, quatre mille vêtements de soie, trois mille vêtements de pourpre, et trois mille livres de poivre.

Quel degré de civilisation dénotent alors nos fines jouissances d'aujourd'hui?

Le paysan est content, pourvu qu'il ait des épices; et la quantité de poivre donnée par les Italiens rusés au roi des barbares, n'était pas destinée à autre chose, sinon à satisfaire la gorge toujours parjure et toujours altérée de ses soldats.

Nous, par contre, nous excitons notre appétit au moyen des alcools les plus forts, et du poivre de Cayenne. La chimie en progrès mêle au vin du tanin, de la glycérine, de l'aniline, au macaroni de l'acide picrique et de l'acide nitrique, à la bière de l'aloès, de la strychnine, des coques du Levant, du safran. Comme remèdes, nous prenons plus courageusement que le docteur Isembart, de l'arsenic, du mercure, de la belladone, de la noix vomique. Et ce n'est pas tout, tant s'en faut.

La justice elle-même tient compte, dans la mesure du possible, de cette nécessité de l'époque. Nous mettons à mort nos malfaiteurs avec des courants électriques de 2000, de 3600 volts, et nous essayons, — c'est du moins ce qui, dit-on, a lieu en Russie, — de soutirer des aveux plus complets aux criminels d'état, au moyen de l'électricité. En Amérique, le docteur Pyle, un nouveau Dioclétien, propose d'utiliser les criminels pour les vivisections. Ce serait un moyen qui favoriserait plus les progrès de la science, que les expériences toujours problématiques faites sur des chats et sur des chiens.

Nous employons non moins de poivre dans l'art. La musique de Wagner et de Berlioz oblige les chanteuses à des émissions de voix, qui rappellent presque les hurlements d'Arès blessé, dans l'*Iliade* Une simple rixe sur le théâtre ne nous plaît pas. Il faut de vrais combats, avec des armes bien aiguisées; il faut des rivaux qui se battent en duel, des amants malheureux, qui se donnent la mort sous nos yeux. Malheur à l'héroïne qui ne feint pas de mourir de la même façon ! Depuis Molière, une comédie bien cotée doit avoir pour intrigue une histoire d'adultère ou de séduction, quelquefois les deux en même temps.

La peinture et la sculpture exploitent peut-être encore plus que le théâtre le côté de la sensualité.

La poésie s'efforce de réaliser ces paroles d'Ibsen :

« Il semble qu'on ait un ours dans chaque membre.
Oui, briser, frapper, lancer des pierres,
Couvrir le bruit de la cascade mugissante,
Arracher du sol l'arbre avec ses racines,
Voilà l'existence, voilà la vie. »

Quand arrive la morte saison pour les théâtres, l'été, on vole à d'autres distractions. Ce sont alors les courses, les excursions dangereuses sur les montagnes et sur l'eau. Puis, quand tous ces moyens d'excitation ne produisent plus aucun effet sur les nerfs, on termine sa vie par un suicide joint au moins à un meurtre, ou par un duel; non pas un de ces insipides assassinats à deux, où l'adversaire le plus exercé tue le moins habile, selon toutes les règles de l'art, mais un duel à l'américaine, un duel comme Lermontow en imaginait, sur le bord d'un abîme. Ou bien, on fonde des clubs du suicide, dans lesquels chaque année le sort désigne un certain nombre de membres qui, comme pour le duel, doivent se donner la mort en présence de témoins, et selon toutes les règles de l'art antique.

Tel est l'esprit de notre civilisation. Partout du poivre, beaucoup de poivre, et du poivre très piquant.

11. Théâtre.

« Il y a ce soir opéra et ballet; une nouvelle danseuse fait ses débuts, tous les costumes sont neufs. Il te faut venir avec nous; la bonne éducation le demande. »

— « J'aime bien mieux la danse des morts, car elle inspire du sérieux et de la réflexion. Mais une danse de sorcières, avec des masques? Non! non! Cela me dégoûte. »

12. La passion pour les recherches historiques.

La célèbre préface par laquelle Tite-Live commence son *Histoire romaine*, peut nous expliquer, dans une certaine mesure, la raison pour laquelle les recherches historiques occupent aujourd'hui tant d'esprits, et jouissent d'une si grande considération. « Je tirerai de ce travail un grand avantage, dit-il, celui de distraire un instant du spectacle des maux dont notre époque a été si longtemps témoin, mon esprit occupé tout entier de l'étude de cette vieille histoire, et délivré de ces craintes qui, sans détourner un écrivain de la vérité, ne laissent pas d'être pour lui une source d'inquiétudes. »

C'est du pessimisme complet.

Loin de nous cependant la pensée de mépriser les recherches historiques. Au contraire, le chrétien croyant a des motifs très sérieux de les respecter. Et ces motifs, que les historiens méconnaissent très souvent, sont que plus le monde devient vieux, plus s'allonge et se complique la trame des desseins que Dieu a exécutés dans l'histoire, en dépit d'obstacles nombreux.

Puissent nos savants travailler, dans leurs recherches historiques, à dégager la pensée de Dieu à travers le dédale des événements! C'est à cela qu'ils devraient consacrer leurs efforts. Comme l'histoire serait à la fois plus attrayante et plus édifiante, si elle s'appliquait à nous donner une juste idée du plan divin dans le monde, et à le retracer! On ne pourrait alors jamais trop travailler à écrire l'histoire.

13. Gradation descendante.

Au moyen âge, on aspirait à la vertu chrétienne. Au XVIII° siècle on ne parlait que de la vertu humaine. Pendant la Révolution, on mourait au nom de la vertu civique. Aujourd'hui, la vertu la plus haute, la seule vertu à laquelle croie encore le monde, c'est la vertu guerrière ; et déjà les philosophes de l'avenir commencent à rêver de la vertu des animaux.

Où s'arrêtera la civilisation sur cette voie ? Nous laissons au monde lui-même le soin de répondre.

14. La moderne division de l'histoire de la civilisation.

Le monde n'a pas de jugements assez dédaigneux pour les temps qui nous ont précédés, surtout pour le moyen âge. Par contre, il exalte si haut le présent, que les générations futures n'auront plus rien à faire, sinon de l'admirer, et de répéter ce qu'il a dit ; bref, de marcher docilement derrière lui.

D'après l'opinion de ceux qui, comme on dit, dominent l'époque, l'histoire de l'humanité comprend trois grandes périodes : le passé qui est l'âge du singe, le présent qui est l'âge du ver-luisant, et l'avenir qui sera l'âge du ruminant.

15. Progrès ou recul ?

Rome commença petitement avec Romulus ; elle atteignit son apogée sous Auguste ; et, avec Romulus Augustule, elle eut une fin pitoyable.

La dynastie de Charlemagne finit avec Louis l'Enfant ; la maison de Barberousse avec Conradin.

Telle est la marche de l'histoire en petit et en grand.

Jadis, Ninive avait des millions de soldats. Lorsque Jonas alla lui prophétiser sa ruine, il lui fallut trois jours pour aller du rempart le plus éloigné au centre de la ville. Quelques centaines d'années après, Xénophon ne pouvait savoir des pâtres de la contrée, quel nom avait porté la cité sur les ruines immenses de laquelle ils faisaient paître leurs troupeaux.

Que sont devenues les murailles de Babylone, sur lesquelles deux quadriges pouvaient passer de front? Qu'est devenu le temple d'Ephèse, le labyrinthe, la bibliothèque d'Alexandrie? Qui nous dit, avec certitude, où se trouvait le Capitole? Pourquoi nos poètes ne produisent-ils plus d'*Iliade*, plus de *Divine Comédie?* Pourquoi les modernes académies d'artistes n'ont plus de Phidias ni de Raphaëls?

Et les hommes discutent encore pour savoir si l'histoire est une preuve de la faiblesse et du déclin de la civilisation humaine, ou au contraire le témoignage d'un progrès immense et éternel?

Comme le travail de Pénélope, dont parle Homère, elle offre le spectacle d'une augmentation et d'une décroissance continues.

La philosophie de l'histoire elle-même va du théisme au matérialisme, en passant par l'humanisme. Jadis, le mot *Dieu* était le point central d'après lequel l'intelligence cherchait à ordonner tous les événements, la clef au moyen de laquelle elle tâchait de résoudre toutes les énigmes humaines.

Plus tard, ce fut le mot *homme* qui eut cette mission. Aujourd'hui, on ne parle que de nature ou de lois de nature, qui doivent régir l'humanité, absolument comme le *fatum* antique.

L'humanité ne peut pas se dissimuler non plus que, malgré tous les progrès accomplis dans les choses secondaires, elle recule lentement, mais constamment. Cette pensée empoisonne sans cesse la joie de ses fêtes.

Lorsque Chilpéric, père de Clovis, eut épousé Basine, pendant la nuit des noces, il se vit entouré, à trois reprises, par divers animaux. Ce furent d'abord des lions et des léopards, puis des loups et des ours, enfin des chiens, des chats, des pies et des corbeaux, qui tantôt s'amusaient ensemble, tantôt se battaient et s'entre-déchiraient. « Eh bien! lui dit sa femme, telle sera notre postérité. Elle commencera par des lions et finira par des êtres insignifiants. »

Cette interprétation du songe de Chilpéric pourrait être considérée comme la plus brève philosophie de l'histoire du monde. Dès les jours les plus anciens, les poètes et les penseurs parlent du déclin des nobles sentiments, de la mort de la vertu, de la corruption des mœurs. Ainsi en Chine, ainsi à Babylone, ainsi en Grèce, ainsi à Rome, ainsi au Mexique.

Cette conviction trouva son expression générale dans la fable des quatre âges du monde. L'humanité vit d'abord l'âge d'or; puis vint l'âge d'argent; ensuite l'âge d'airain; et maintenant, comme elle l'affirme elle-même, elle est dans l'âge de fer.

16. La loi de la mode et la loi de Dieu.

Le péché excepté, il semble que l'humanité ne puisse pousser plus loin l'abaissement, qu'en se condamnant, comme elle le fait, à porter tous les jours une nouvelle invention du tailleur ou de la couturière. Des gens qui se prêtent volontiers à cela, n'ont pas l'air de s'estimer beaucoup plus que des marionnettes, des farceurs et des pantins.

Beaucoup nous diront qu'ils sentent eux-mêmes avec douleur, l'humiliation que la contrainte de la mode entraîne avec elle. C'est précisément ce qui me donne le droit d'appeler la mode et l'opinion publique, des tyrans qui condamnent l'individu au rôle le plus bas, et le dépouillent de sa dignité humaine.

Je sais aussi qu'il y a des occupations plus utiles et plus nécessaires, que d'essayer de renverser le règne de la mode. C'est pourquoi, je ne prêche pas contre elle, mais je l'invoque pour signaler au monde deux choses qu'il semble ne pas comprendre facilement.

Les hommes qui tiennent à la valeur intérieure, gémissent que les obligations sociales les contraignent à donner tant d'attention à des mesquineries. Pourquoi alors accusent-ils le christianisme de négliger l'extérieur? J'admets que beaucoup de chrétiens s'en occupent trop peu en réalité, que beaucoup négligent leurs devoirs terrestres; mais ce sont là de rares exceptions dont il est à peine nécessaire de parler, et le christianisme n'est pas responsable de leurs fautes. Ce qu'il désire plutôt, c'est que l'extérieur et l'intérieur soient en harmonie avec la conscience.

Mais ce qui est vrai aussi, c'est qu'il attache une importance plus considérable à l'intention. Il regarde l'ornement comme une chose accessoire, et ne permet jamais de considérer les bonnes œuvres, les prières et les pratiques de piété, — quelle que soit l'insistance avec laquelle il les recommande, — comme pouvant remplacer le sentiment intime. A tous ceux qui sont capables de distinguer entre l'esprit et la mode, je demanderai: « Ici, de quel côté est l'esprit, de quel côté est l'extériorité? »

Une seconde question. De quel côté est la liberté? de quel côté, la contrainte? Comment les gens qui se soumettent en gémissant au joug de la mode, peuvent-ils se plaindre que la loi de Dieu asservisse l'homme? Elle prêche constamment deux principes fondamentaux qui sont tout autres. L'un dit: « Ne soyez pas des machines, mais agissez selon votre conscience et votre conviction. » L'autre est celui-ci: « Ne devenez pas les serviteurs des hommes, et ne vous laissez pas enlever votre liberté par eux. » (Rom., XIII, 5; XIV, 23; Eph., VI, 6.)

17. Autrefois, c'était plus poétique.

Jadis, au sein des campagnes, au bord de la route escarpée et sauvage, s'élevait une image du Christ. Laboureurs et voyageurs l'apercevaient de loin. Elle était pour eux un encouragement et une consolation dans leurs fatigues.

Les temps sont changés. « N'oubliez pas que la tyrannie passe avant la poésie de la vie. Ne jouissez du monde que goutte à goutte, avec circonspection, comme on use d'un remède. » Voilà ce que proclament aujourd'hui, dans tous les coins, la douane et la police.

18. Les germes de la civilisation.

Un jour, je faisais une promenade avec M. de Sassafras, « ignorant ce que le sort me réservait. »

Mon compagnon, en effet, est un des hommes les plus bizarres qu'on puisse rencontrer. Rien ne l'intéresse plus que les questions religieuses. Il se glorifie tellement d'être un bon chrétien, que, dans les milieux qui ne sont pas purement ecclésiastiques, il passe pour un ultramontain, ce qui, comme on le sait, est un crime abominable.

Quand l'occasion se présente, surtout quand il s'agit d'en imposer à quelqu'un, rien ne l'empêche de manifester ses sentiments chrétiens au grand jour, et même il le fait avec une certaine brusquerie qui ne manque pas de charme. Ceci lui attire bien quelques difficultés; mais il les supporte avec une sérénité imperturbable.

Par contre, il ne croit nullement au péché originel; il rit de l'histoire de la création et de la confusion des langues; et, devant lui, il ne faut parler qu'avec la plus grande circonspection de la foi, de l'Eglise et de la vie ecclésiastique. Car, quand même il croirait par devers lui à un dogme, il est de force à le nier aussitôt que quelqu'un en parle avec conviction en sa présence.

En d'autres termes, il est très fortement atteint de la maladie qu'on appelle l'esprit de contradiction. Il distingue très soigneusement entre *chrétien* et *clérical*. C'est pourquoi, en toute circonstance, il montre une haine farouche contre le cléricalisme, uniquement, comme il dit, pour sauver les principes. Personnellement, cela lui importe peu. D'ailleurs, c'est un homme des plus aimables, qui n'est jamais plus content que lorsqu'il est en compagnie d'ecclésiastiques. Aussi, ne peut-on pas lui en vouloir, parce qu'il est facile de constater que ses intentions ne sont pas mauvaises. Seulement, il n'aime pas qu'on lui résiste; et, quand on le fait, il a le verbe haut. Mais quand il ne rencontre aucune contradiction, il est le meilleur homme du monde; il ne ferait pas du mal à une mouche.

C'est donc avec cet excellent monsieur que j'allai un jour faire une promenade. Ma mauvaise étoile voulut que j'oublie, pour un instant, le proverbe : « Sais tenir ta langue; une expression regrettable est vite échappée. » Je prononçai donc, sans y faire attention le mot de *civilisation chrétienne*. Il n'était pas encore complètement sorti de mes lèvres, que je fus pris de peur, car je pressentis ce qui allait arriver.

Je ne me trompais point : « Ah! la voilà encore une fois cette fameuse parole ridicule et rebattue. Quelle chance que les curés n'aient pas plus d'influence sur le monde! Dieu sait comment les choses iraient, si on les laissait parler en toute liberté. J'ai appris à connaître ces gens-là. Ils prétendent toujours que le monde leur est redevable de la civilisation. Et pourtant, chacun sait que c'est seulement à partir du moment où la domination du cléricalisme a pris fin, que nous avons fait nos meilleures conquêtes : la suppression de la servitude, l'abolition de la torture, les adoucissements dans la peine de mort. »

Il parla longtemps sur ce ton. Quant à moi, je faisais comme dit Horace : « Je baissais les oreilles, » et me gardais bien de souffler mot, pour ne pas verser de l'huile sur le feu. Car, une discussion me rend toujours malade ; et ce n'était pas précisément dans ce but que j'avais entrepris ma promenade.

Mais, comme son algarade ne prenait pas fin, j'essayai de le calmer par une plaisanterie. Et lui de s'écrier immédiatement : « Voilà bien comme vous êtes tous ! Il semble qu'on n'ait pas le droit de vous dire vos vérités. Ce n'est pourtant pas la matière qui fait défaut. Heureusement que, par devers soi, on pense ce qu'on veut ! »

Ces mots furent suivis d'un silence pénible. Le brave homme vit probablement qu'il était allé trop loin. Mais je ne voulais ni continuer la discussion sur ce sujet, ni passer brusquement à autre chose, pour ne pas avoir l'air de lui adresser une espèce de reproche déguisé.

J'attendais donc un instant, avant de risquer un autre thème de conversation, quand tout à coup c'est lui qui prit la parole : « Quel est le village qu'on aperçoit là-bas » ? me dit-il précipitamment, content sans doute d'avoir trouvé cette occasion de rompre la glace.

— « Là-bas ? répondis-je, il n'y a pas de village, à ma connaissance. »

— « Je vois pourtant clair, reprit-il vivement. Aujourd'hui vous avez l'esprit de contradiction bien développé ! Mais, comme cette fois il ne s'agit pas d'un article de foi, vous pourriez peut-être me donner raison ! »

— « Du calme, mon très cher, du calme, repartis-je, ce n'est pas l'envie qui me manque ; mais de quoi cela peut-il servir ? Je ne puis pourtant pas faire qu'il y ait un village là où il n'y en a pas. Là, dans la direction que vous m'indiquez, il y a une forêt, une belle rivière et une plaine magnifique, mais de village pas. »

« Je rêve peut-être, fit-il alors d'un ton sec et en riant à moitié. J'aurais juré entendre le son d'une cloche venant de ce côté, et, à cette heure de la journée, je supposais que c'était un enterrement. Mais vrai, vous n'entendez rien ! Quel beau son, cependant ! Le voilà qui devient plus clair. Pas de doute; c'est bien dans le voisinage qu'on sonne. »

— « Certes oui, j'entends aussi. Vous ne vous imaginez pas comme j'aime le son des cloches, quand il passe joyeusement à travers les bois et les vallées. Dans mon enfance, je montais déjà sur les hauteurs, attiré par un charme secret, quand je savais qu'on sonnerait la grosse cloche; et, aujourd'hui encore, ce son produit une telle impression sur moi, qu'en l'entendant je crois n'être plus sur la terre. Je redeviens enfant. Pardonnez-moi ma faiblesse. Elle est une preuve de plus que vous avez parfaitement entendu.

Mais, ne reconnaissez-vous pas ce son ? C'est celui des belles cloches de la cathédrale. Quoique le vent vienne de ce côté, et qu'il soit assez fort, il ne nous l'apporte pas directement. La colline qui est là, devant nous, et qui dérobe la ville à nos regards, le brise en quelque sorte. Il tombe d'abord sur la forêt qui est derrière nous; et c'est de là qu'il nous revient. »

— « C'est vrai, répondit-il, c'est singulier comme on peut se tromper, même là où l'on croirait pouvoir affirmer une chose sur sa tête. »

Et la conversation tomba sur les illusions des sens.

Notre promenade étant terminée, nous rentrâmes en causant de la façon la plus pacifique. Pas un mot ne rappela notre première discussion. Mais je sentais qu'elle était présente à l'esprit de mon excellent compagnon. « Chacun danse quand le violon joue; mais personne ne pense à celui qui en joue, » me dit-il, à un certain moment. Quelques allusions discrètes me firent comprendre qu'en lui-même il appliquait ce proverbe au sujet qui avait eu le don de l'exaspérer tout à l'heure.

C'était justice. De ce que tant de conquêtes de la civilisation sont devenues le bien commun des peuples dans les temps modernes, on ne peut pas affirmer qu'elles doivent leur origine uniquement à l'esprit moderne. Il faut beaucoup de temps pour qu'une idée élevée porte des fruits, dans le champ épineux du cœur humain. L'humanité a oublié le bienfaiteur auquel elle était redevable de ce don : à l'esprit chrétien ; elle l'a même chassé ignominieusement. Mais celui-ci se venge comme Dieu, en répandant encore ses bénédictions sur la terre, sans s'occuper si on les lui attribue ou non.

De fait, le monde qui jouit des fruits des longs et pénibles travaux du christianisme, ne voit que la main qui les lui porte à la bouche. Très peu de gens se demandent de quels germes ils sont issus, d'où ils sont venus, et quel jardinier a planté l'arbre qui les porte actuellement.

CHAPITRE XXIII

HUMANITÉ ET HISTOIRE

1. Après nous le déluge !

Voulez-vous connaître la sagesse des hommes de notre époque? La voici. Ils entassent dettes sur dettes en se disant : « Paiera qui pourra. Aujourd'hui tout va bien; demain nous aviserons. »

— « Cependant, puisque les forêts ne poussent pas toutes seules, pourquoi les détruire et ne pas replanter? Vous n'avez donc pas confiance dans le lendemain? »

— « Confiance dans le lendemain? C'est impossible. Réfléchissez un peu. Là où s'élevait jadis une Babel, une Ninive, nous n'apercevons plus que des montagnes de sable, des marécages et des déserts. L'Orient a été le berceau de la civilisation; mais seuls des peuples disparus et des ruines abandonnées nous en indiquent encore les traces. L'histoire pourrait nous apprendre la modestie; elle ne nous enseigne que la légèreté, la prodigalité et l'orgueil. »

Tel est le raisonnement de ceux qui ont pour maxime : Après nous le déluge !

Ainsi un tronc gâté ne tire de la terre que des sucs qui augmentent en lui la pourriture.

2. Philosophie de l'histoire darwiniste.

Beaucoup de gens trouveraient sans doute très ingénieuse l'idée, que si Diogène avait porté des bas de soie et bu du madère, sa philosophie se serait fortement rapprochée de celle de Voltaire.

C'est évidemment au désir de recueillir ces succès

faciles, que, depuis H. Spencer et Buckle, il faut attribuer la tendance à considérer l'histoire de la civilisation et de la morale comme une affaire d'érudition abstruse, accompagnée de remarques insipides.

Cette tendance d'ailleurs n'est pas nouvelle. Déjà Montesquieu expliquait la doctrine de la métempsycose par le climat de l'Inde. Selon lui, il y a peu de gros bétail dans ce pays, vu la chaleur qui brûle l'herbe, et produit de nombreuses épidémies. La croyance d'après laquelle les âmes des morts continuent de vivre dans les vaches, est donc un excellent moyen pour recommander les ménagements envers ces animaux.

Shelly, au contraire, demande qu'on tue tous les bœufs, si on veut voir naître des génies parmi les hommes. « Car, dit-il, jamais Napoléon n'aurait déployé un tel courage et une telle activité, s'il avait eu des végétariens pour ancêtres. »

Ce sont là de comiques lubies. Le malheur est qu'on les applique aux vérités chrétiennes. On nie le libre arbitre; on nie l'existence d'une âme immortelle, sous prétexte de donner ainsi une vraie civilisation, et de faire disparaître toute espèce de misères.

Le nombre des mariages, dit-on, dépend du prix du blé et de la viande; l'augmentation des divorces provient de la gêne dans les conditions sociales, particulièrement de la distinction des classes. La *Gazette illustrée* fait la remarque, en 1892, qu'il y a lieu d'espérer que la Bosnie sera bientôt civilisée, parce que les fonctionnaires autrichiens sont très empressés à y introduire des fêtes sur la glace. Les socialistes, eux, nous promettent une génération d'hommes comme Aristide, Socrate et Newton, quand tous les membres de l'humanité auront un repas suffisant à midi, ou, comme ils disent, dans leur langage savant, quand ils seront accessibles à la philosophie de l'histoire darwiniste.

Très bien. Nous aussi, nous désirons que les ouvriers aient du temps libre pour prendre leurs ébats sur la glace. Mais nous connaissons assez la réalité, pour savoir que la faim est également un grand ressort de l'histoire. Nous aussi, nous disons que les raffinements de la vie extérieure exercent une certaine influence sur la morale intérieure. Cependant, si nous examinons le passé et le présent, nous n'apercevons aucune voie qui conduise à une vraie civilisation et à un vrai bonheur, en dehors de l'ennoblissement de l'esprit, de la religion et d'une vertu forte.

3. Sur les ruines de Rome.

Quelle cupidité, quelle rage, quelle folie grossière ont ici renversé et brûlé les portiques dorés?

C'est la même cupidité, la même rage, la même folie que celles qui ont pillé et ravagé le monde, pour tailler dans l'or et dans le marbre ces beautés dont tu pleures la perte.

Ce qu'un art farouche avait construit, un vandalisme sauvage l'a démoli. La justice a renversé ce que l'injustice avait élevé.

Deux fois on lit dans la Sainte Ecriture : « Vole, ô voleur, un jour viendra où tes rapines prendront fin. » Mais c'est des milliers de fois qu'on le lit sur la poussière des ruines.

4. Janus.

Au-dessus du Palatin, la lune répand sa lumière triste et blafarde, éclairant ici des portiques en ruines, là des rues bruyantes.

Ce spectacle est pour moi une image de Janus. D'un côté, comme une face qui pleure les fautes et la disparition des anciens; de l'autre, comme un visage qui semble inviter le monde moderne à puiser dans ces ruines le salut, et non la mort.

5. Le bonheur des méchants.

Les éternels soupirs poussés sur le bonheur des méchants font songer à ce brave paysan, qui, assistant un jour à une représentation, fut tellement indigné, quand il vit, au second acte, l'hypocrisie l'emporter sur l'innocence, qu'il bondit de colère, et se mit à invectiver publiquement le fourbe.

S'il s'était contenu, il aurait vu tout se dénouer pacifiquement au cinquième acte. Mais, par suite de sa sotte intervention, un tumulte épouvantable s'éleva, risible pour les uns, ennuyeux pour les autres. La représentation fut troublée, et le dénouement fut tout autre que celui qu'il aurait dû être.

6. La société est un organisme.

Il faut être Victor Hugo, pour se représenter ainsi l'origine de la grande Révolution : « Dans l'immense marais formé par les vices des princes du XVIIIe siècle, fut jeté un serpent horrible, — on l'appelle ordinairement Voltaire. Ce serpent absorba tous les poisons et tous les germes putrides que renfermait le marais, et les cracha au visage des hommes. Cela les rendit furieux, et, dans leur rage, ils commirent les atrocités de la Terreur. »

Des esprits plus calmes traitent l'histoire d'une manière un peu moins catégorique. Un seul homme, fût-il Voltaire, ne renverse pas la société comme l'a fait la Révolution. Pour cela, il faut que cette société elle-même s'en mêle. Mais, comme l'a dit très exactement le même poète, ce sont ceux qui étaient à la tête de celle-ci, les grands et les riches, qui ont imprimé le mouvement, en répandant autour d'eux la pourriture morale qui les rongeait. Ce sont plus encore les prétendus penseurs, en détruisant la foi et la religion. De même qu'un cancer dévore tout ce qui est autour de lui, va sans cesse s'élargissant, et attaque peu à peu les parties saines du corps, de même aussi dans l'humanité, tout foyer de corruption morale et religieuse va toujours s'étendant de plus en plus.

La communauté humaine est un organisme vivant, dans lequel tous les membres se tiennent, un organisme pensant, sentant, agissant, qui impose facilement aux individus sa morale et son opinion à la place de leurs principes propres.

Naturellement, cet organisme n'a pas une morale indépendante de la morale des individus qui le forment, comme serait tentée de le croire la sociologie moderne. La morale publique est la morale que suivent les hommes aussitôt qu'ils font partie de la communauté, et qu'ils mettent leur activité à son service. C'est pourquoi, chacun d'eux contribue à la formation de cette opinion publique et de cette morale publique qui, à leur tour, pèsent si lourdement sur l'individu.

Si les prétendus savants croient donc qu'ils ont le privilège de s'élever au-dessus du Credo et des dix commandements de Dieu, et que seul le peuple soit obligé de s'y conformer, c'est une preuve qu'ils n'ont pas des notions très précises sur la société humaine.

Lorsque la Révolution éclata, ils se demandaient avec autant d'étonnement qu'aujourd'hui, en face de la démocratie dont le flot monte sans cesse, quelle bête venimeuse avait donc mordu les masses, pour les rendre si furieuses contre l'ordre existant. Ce qui les avait mordues, c'étaient ceux-là même qui posaient cette question. Leurs propres principes avaient été les bacilles qui avaient porté la contagion parmi elles.

Le venin vient d'en haut. Il se répand dans tous les membres du corps social. Quand celui-ci est complètement empoisonné, alors un gros abcès se forme, dans lequel toutes les humeurs mauvaises se réunissent. Bientôt il crève, et le poison se répand à l'extérieur. Au siècle précédent, cet abcès fut Voltaire. Quel nom portera-t-il au XIX° ou au XX° siècle ? C'est ce que nous ne saurions dire.

7. Malheur national.

De sombres nuages se balancent au ciel ; un vent terrible se met à souffler, et l'anxiété qui précède l'orage plane sur notre chère patrie. Les cœurs battent avec violence. Hélas ! s'écrie-t-on de toutes parts, il est donc venu le jour où nous allons tomber comme les épis sous la faux du moissonneur.

Mon peuple ! ô mon peuple ! Tu récoltes ce que tu as semé. De longs jours de bonheur t'ont perdu. Maintenant Dieu te retire les dons qui t'ont servi à creuser ta tombe. Implore donc son secours !

Console-toi, mon peuple ! Tu peux être sauvé. Les verges de Dieu, les chaînes de Dieu sont un pont sûr qui conduit à lui. Si tu es capable de supporter sa discipline, tu n'as pas besoin de désespérer, car tu marches dans la voie du salut.

8. Morale de la société.

La science moderne du droit nie presque complètement un principe dont l'importance est cependant considérable. Ce principe admis par le droit canonique, par le droit romain, par l'antiquité tout entière, témoin les sacrifices publics offerts pour la cité, le pays et l'état, est celui-ci : Une société tout entière peut commettre un crime, et par conséquent mériter d'être châtiée.

Cette négation n'est pas un pur accident. Elle tient à cet esprit d'innovation qui s'est ingéré sur plusieurs points dans l'enseignement du droit.

Le caractère principal de cet esprit, c'est l'individualisme. Que celui-ci provienne d'hypothèses matérialistes et libérales, peu importe. Toujours est-il, que, dans l'enseignement juridique et sociologique, il conduit nécessairement au fractionnement de l'unité organique et solidaire du genre humain, en membres séparés, qui vivent et agissent chacun pour soi, qui n'ont aucune cohésion intime avec la totalité, aucune obligation, aucune responsabilité envers elle. Au lieu d'une humanité, nous avons alors des chiffres, des grains de sable.

Dans ces conditions, une société au sens propre du mot est impossible, de même qu'une morale publique et une morale sociale.

Malgré cela, notre époque parle de morale sociale et encore davantage d'opinion publique. Bien qu'elle ait des idées très peu claires à ce sujet, comme nous l'avons vu auparavant (v, 10), il faut au moins lui rendre justice sur un point. En tenant ce langage, elle admet que, dans la société, il faut encore reconnaître une activité autre que celle de ses membres individuels.

Mais ceci est souvent compris d'une façon plus ou moins panthéiste, en ce sens qu'une puissance indéterminée entraîne le tout, en même temps qu'elle prescrit à l'individu ce qu'il doit faire. La prétendue psychologie collective ou sociale va si loin, avec Scipion Sighele, qu'elle considère la morale publique comme indépendante des individus, et qu'elle communique à ceux-ci le microbe du mal, par contagion, comme l'influenza et le choléra ; ou bien, avec Glumpovicz, qu'elle voit dans les individus les instruments aveugles des masses.

Ces deux affirmations sont fausses. La morale générale est produite par la société elle-même, et fait par conséquent reposer sur elle la responsabilité du bien comme du mal. Or, l'origine de cette morale générale provient des hommes dont la société est formée (XXIII, 6).

Quand, par exemple, Lord Russell prétend que la corruption du parlement est une nécessité politique, il ne veut, sans aucun doute, pas dire que la politique, c'est-à-dire la vie publique, corrompt un membre du parlement contre sa volonté. Il veut seulement dire que le gouvernement doit exercer la corruption, afin que les individus vendent leurs voix, et introduisent ainsi la vénalité dans les partis. L'individu reste donc constamment libre aussi dans la vie publique, et, par suite de cela, personnellement responsable dans sa conduite privée (v, 10).

Mais ceci n'infirme pas le fait, que chacun vit sous l'influence exercée sur lui par l'opinion publique et la morale publique (v, 10; XII, 15). Les raisons par lesquelles Williams combat la théorie de Lombroso; celles que Tokarsky et Obolensky opposent aux exagérations de Sighele, de Jolly et de Tarde, montrent seulement que l'imitation, nous préférons dire la liberté individuelle, a aussi sa part dans l'origine de la morale générale. Mais elles ne détruisent nullement la vérité, qu'il y a aussi des épidémies morales qui se répandent par la contagion.

De fait, les vues de la totalité sont souvent tout autres que celles des individus; et il n'est pas rare que le tout agisse d'une manière qui paralyse et fausse les principes personnels. C'est pourquoi, nous ne pouvons révoquer en doute, que la morale publique n'est pas simplement l'état de conscience des membres de la société, considérés isolément; mais la conduite de l'ensemble considéré comme unité morale.

Celui qui ne comprend pas cela, ne sera jamais un maître dans la politique sociale, ni dans l'histoire, surtout dans l'histoire de la civilisation. Il ne comprend ni la société ni l'histoire, parce qu'il les note dans un pêle-mêle incohérent d'événements fortuits. L'idée d'une justice divine égalisante ici-bas, qui se manifeste par des châtiments infligés aux villes et aux peuples, lui semble être le résultat d'un fanatisme étroit.

Par bonheur, le jugement des hommes sur ce point ne se laisse jamais égarer. L'humanité considère si bien la société comme un organisme, comme un tout actif, voulant et pensant, qu'elle lui impute des vertus et des vices, des mérites et des démérites.

Donc, quand la Sainte Écriture dit : « Jérusalem a commis un grand péché, et c'est pour cela que Dieu l'a abandonnée » (Lam., I, 8); quand, chez le prophète, les peuples s'écrient pleins de joie, à propos de la ruine de Jérusalem : « Te voilà donc frappée aussi! Te voilà devenue semblable à nous! Ton orgueil a été précipité dans les enfers, ton corps est tombé par terre » (Is., XIV, 10, 11); quand cette prophétie s'échappe des lèvres du Sauveur : « Jérusalem, Jérusalem qui tues les prophètes, et lapides ceux qui te sont envoyés, des jours viendront où tes ennemis t'investiront et te serreront de toutes parts; ils te renverseront par terre, et ne laisseront pas pierre sur pierre dans ton enceinte, parce que tu n'as pas connu le temps où tu as été visitée » (Matth., XXIII, 37; Luc., XIX, 43, 44); quand la foi chrétienne attribue à la plus parfaite de toutes les sociétés humaines, à l'Église, la sainteté (Eph., v. 27) et les bonnes œuvres (Tit., II, 14), ce sont là des expressions qui concordent parfaitement avec les vues traditionnelles de l'humanité. Et, à ces vues-là, les sceptiques leur rendent involontairement témoignage, dès qu'un peuple succombe en luttant contre leur propre patrie.

S'il en est ainsi; si l'humanité est un tout qui, à côté de la morale privée, a aussi sa morale publique, ses vertus et ses vices propres; bref, s'il y a une morale sociale, on doit alors admettre, même au point de vue de la science sociale, deux dogmes chrétiens, qui ne seront jamais bien clairs pour l'individualisme libéral, nous voulons dire le dogme du péché originel et le dogme du jugement général.

Si l'humanité est une unité organique; s'il y a une morale sociale et une morale publique, ces deux principes se comprennent d'eux-mêmes.

9. Pages obscures de l'histoire.

Le Seigneur affirme que jamais il ne punit le fils à cause du père. Cependant, il punit le père dans le fils, comme il l'a fait pour Noé et Cham.

Les pères dissipent leurs biens; les enfants vivent dans la pauvreté. Les enfants souffrent; le cœur du père adoucit leur douleur.

Le père gémit dans le fils; le fils et le petit-fils gémissent dans le père. Hélas! les fautes d'un seul ont leur écho dans des milliers.

L'insensé se soumet stupidement à son sort, et fait comme ses pères. Le cœur noble souffre doublement des fautes de ses ancêtres : pour eux et pour lui.

L'enfant boit jusqu'à la lie le calice d'amertume, quand, au moment où il pâtit pour son père, celui-ci le maudit.

10. Jugement de Dieu et jugement du monde.

L'histoire du monde est sa condamnation. Pour les peuples, oui; pour les individus, non.

Les hommes commettent des crimes; les peuples en commettent encore davantage, dont il est difficile de faire retomber la peine sur telle ou telle personne déterminée.

Les hommes reçoivent leur récompense ou leur châtiment dans une autre vie; les peuples, ici-bas.

Dieu cite les hommes à son tribunal. Il fait juger les peuples ici-bas par d'autres peuples.

Un peuple abandonné de Dieu devient une malédiction pour lui-même, et un exemple pour les autres.

Les royaumes se seront eux-mêmes réduits en poussière, avant que la fin du monde arrive.

Hommes, comptez avec l'éternité; états et peuples, tremblez devant le temps.

11. La revue de Dieu.

« Ne va pas aujourd'hui dans la montagne; ce serait

témérité de ta part, car tu ne connais ni la colère de nos torrents, ni la violence de nos averses. »

— « Impossible de rester, mon ami. Les bonnes gens m'attendent là-haut; leur fête est commencée, et je leur ai promis d'y assister. »

— « Attends seulement une heure; la pluie sera passée. Vois-tu cet éclair qui sillonne la nue de haut en bas? C'est un excellent signe. »

Mais, je ne pouvais différer mon départ. Je sortis donc de la maison. C'était tolérable. Il faut éviter de voir seulement les choses par la fenêtre.

Bientôt des scènes grandioses se déroulèrent à mes yeux. Jamais je n'avais vu, comme je la vis alors, la majesté des éclairs. Il me semblait que Dieu me touchait de l'extrémité de son sceptre.

Tout autour se dressaient des montagnes, semblables à des forteresses gigantesques. Au milieu, mugissait l'orage. A droite et à gauche, les sourds grondements du tonnerre imitaient le pas d'une armée en marche.

Un éclair! un coup de tonnerre! Le roi approche! Les roulements de tambour se prolongent; les chefs tiennent conseil pendant quelques instants; les armées sont immobiles comme des murailles.

Un éclair! un coup de tonnerre! Voilà le Seigneur, qui lentement s'avance à travers les rangs. Au loin et au près les trompettes résonnent, les étendards s'inclinent.

Un éclair! un coup de tonnerre! Le bruit des salves traverse les parois des rochers. Il roule en bas; il roule en haut : les soldats sont si nombreux!

Précédé du chœur des chérubins, qui lui servent d'escorte avec leurs épées flamboyantes; suivi de l'état-major des séraphins, il apparaît, le Dieu de la vengeance, le Dieu contre lequel aucune armée ne peut lutter, le Dieu qui seul donne la victoire, le Dieu qui seul inflige les défaites, le Dieu qui préfère porter avec patience le sceptre de la grâce, que frapper du glaive de sa colère la tête du coupable.

Il attend, car il est éternel; il crée du temps pour

vaincre; il se moque des ruses de ses ennemis; son royaume ne périra jamais.

Il n'est ni plus fort quand il crée, ni moins fort quand il se tait. Quand il frappe, il le fait comme un père; quand il distribue ses faveurs, il n'abdique jamais son autorité.

Jamais je n'ai vu cela aussi clairement qu'ici dans son voisinage.

Disposait-il son armée pour la guerre? Car, depuis longtemps il se tait et attend; depuis longtemps déjà le monde pécheur est anxieux devant sa colère. Ou bien se contentait-il de l'exercer, de l'exhorter à patienter jusqu'au jour où la mesure des crimes du monde serait comble?

Je ne sais. Je le voyais seulement passer à travers les rangs de ses soldats, et regarder si tous étaient prêts au combat.

Nuit et jour, ceux-ci veillent et attendent ses ordres. Tremble donc, ô monde, si cette armée vient un jour te châtier!

Sur ce, j'entrai dans l'église, l'âme saisie d'épouvante et portée aux réflexions les plus profondes.

12. L'arsenal de Dieu.

Quand les puissances d'ici-bas se préparent à faire la guerre, — nous savons qu'elles la désirent même dans leurs rêves, — elles rassemblent des armées, accumulent des sommes d'argent, et font des provisions comme si le conflit devait durer toujours.

Or, dernièrement, je me dis en moi-même : « Je voudrais bien voir comment Dieu s'y prend pour faire ses préparatifs de guerre; je voudrais bien visiter les armes qui composent son arsenal. »

J'allai donc bravement frapper à la porte du ciel. Mais il me fallut attendre longtemps. Je commençais même à me fatiguer, quand arriva un ange dont le visage candide et doux me rappela tout à fait Fra Angelico.

« Que cherches-tu ici, étranger? » me dit-il. — « Je voudrais voir l'arsenal de Dieu. » — « L'arsenal de

Dieu ? Mais tu n'auras pas peur ? » — « Oh ! non. » — « Alors, suis-moi. » Et nous entrâmes.

Partout sur mon passage, je jetais des regards avides, croyant à chaque instant me trouver en face de quelque engin terrible, inconnu aux mortels. Mais rien ! Nous marchions, nous marchions, et toujours rien, sinon des objets insignifiants. Une vive perplexité m'avait gagné, et je ne savais que penser, quand nous arrivâmes près d'une porte que mon guide ouvrit. C'était celle par laquelle j'étais entré. Ma visite était donc terminée ?

J'allais faire part de mon étonnement à l'ange, quand celui-ci prévint ma question. « Eh bien ! me dit-il, avec un fin sourire, es-tu content ? Tu connais maintenant les armes dont Dieu se sert. »

Qu'avais-je donc vu ? D'abord un morceau de fer rongé par la rouille : c'était la clef de l'abîme, oubliée là depuis les jours de Noé; puis, suspendu à la muraille, le vieux glaive flamboyant, qui défend encore aujourd'hui l'entrée du paradis; puis, un petit caillou, celui qui tua Goliath, et qui atteint encore les peuples et les états; enfin, une torche entièrement neuve. L'ange me dit qu'elle servirait pour la première fois à la fin des temps.

Ce disant, il ferma la porte; et, tandis qu'il s'éloignait, je l'entendis qui chantait doucement : « Pourquoi le monde s'enorgueillit-il ? Les peuples sont comme la fleur qui, le matin, se balance gracieuse et parfumée sur sa tige, et qui le soir est fanée. Le Seigneur est lui-même le Seigneur. Un seul souffle de sa bouche réduit toute puissance en poudre. »

13. Dieu dans l'histoire.

Lorsque Napoléon III eut été renversé par un éclair parti d'un ciel serein, de tous les coins de l'Allemagne, on entendait sortir cette parole : « Le doigt de Dieu est là ! Il y a une justice divine qui est au-dessus des princes et des peuples. »

Et quels sont ceux qui criaient le plus fort : « Dieu est avec nous ? » Précisément les gens qui traitaient jadis, avec le plus de mépris, la croyance que Dieu régit les peuples comme les individus.

Il en avait été exactement de même à la chute de

Napoléon Ier, alors que le monde fut délivré de la crainte de voir cette comète embraser l'univers. Le plus païen des païens, Gœthe lui-même, répétait, sous l'impression de cet événement, les paroles de Manzoni : « Nous inclinons nos fronts devant le Très-Haut, qui vient de donner un exemple jusqu'alors inouï de sa toute-puissance. » Les esprits les plus indifférents confessaient, avec une religieuse terreur, l'existence du Dieu qui élève et qui abat, qui châtie et console.

Mais ce fut seulement pour ce cas. Quelques années après, tout était oublié. Ces mêmes hommes qui avaient reconnu l'existence de la Providence, parce que ses voies concordaient avec leurs vues personnelles, et qui avaient chanté : « Le Seigneur veut parfois le triomphe du vice », ne persistèrent pas longtemps dans les mêmes dispositions. Soit présomption, parce qu'ils croyaient n'avoir plus besoin de Dieu; soit impatience, parce que dans des adversités nouvelles, ils n'éprouvèrent pas immédiatement son intervention, et cela de la manière qu'ils l'auraient désiré, et qu'ils le lui auraient volontiers prescrit, ils ne tardèrent pas à la nier.

Il en a toujours été ainsi, et il en sera toujours ainsi, tant qu'il y aura des hommes. Pour les événements historiques, ils n'ont d'autre règle d'interprétation que leurs caprices.

Si l'on veut connaître l'homme dans toute son étroitesse, il faut le placer en face de ces événements dans lesquels la puissance, la sagesse et la justice de Dieu se manifestent de la manière la plus admirable, en face de ces grands châtiments qui sont les points décisifs, les grands jalons de l'histoire.

Ceux à qui de tels événements découvrent le côté lumineux des choses, s'écrient pleins d'enthousiasme : « Dieu est grand, Dieu a jugé, Dieu est le Seigneur des peuples et des temps. » Les autres ne voient pas que l'éclair qui a foudroyé leurs chars de guerre, venait du ciel. Ils s'étonnent que le hasard leur ait été contraire; ils déplorent leur malchance, et maudissent le sort aveugle. Quant à penser qu'ils ont mérité cent fois ce châtiment, et que c'est à l'immense patience de Dieu qu'ils le doivent, si l'adversité ne s'est pas abattue plus tôt sur eux, ils en sont à cent lieues.

Lorsque la tête de Louis XVI tomba sur l'échafaud, pour expier les crimes de sa race, les rois tremblèrent sur leur trône; ils semblèrent comprendre que le coup qui avait atteint le meilleur d'entre eux, ils le méritaient tous. De fait, cet éclair aurait dû être aussi un avertissement pour eux. Or, quel profit en retirèrent-ils? Le même que celui qu'ils retirent toujours d'événements terribles, c'est-à-dire aucun.

Ceux qui, en 1793, avaient rampé dans les cavernes et crié aux montagnes : « Tombez sur nous, et dérobez-nous à la face de Celui qui est assis sur le trône, car il est venu le jour de sa colère » (Apoc., vi, 15, 16, 17); ceux-là, en 1803, attaquèrent plus imprudemment que jamais l'Eglise du Christ. Semblables aux bourreaux du Sauveur, ou aux voleurs de grands chemins, ils la dépouillèrent sans pitié de sa précieuse parure. A peine lui laissèrent-ils quelques haillons pour se couvrir. Quand Robespierre avait disparu dans l'océan de sang qu'il avait répandu, ils s'étaient écriés, pris d'un bel enthousiasme pour la justice : « Il fallait qu'il en fût ainsi, pour que les peuples apprissent une bonne fois, que toute révolte contre les puissances de la terre ne reste pas impunie. »

Malheureusement, ils ne poussèrent pas assez loin leurs méditations philosophico-religieuses, pour arriver jusqu'à la vérité, que l'abus de la puissance prêtée par Dieu; que le vol commis au préjudice de Dieu et les humiliations infligées à l'Eglise, provoquent aussi la colère du Seigneur. Malheureusement, ils oublièrent que le Dieu qui « a de la compassion pour les petits, châtie les grands » (Sap., vi, 7); malheureusement, ils perdirent de vue la parole : « Et vous maintenant, ô rois, comprenez; instruisez-vous, vous qui jugez la terre » (Psalm., ii, 10).

Cependant, n'accusons pas exclusivement les princes et les puissants. En cette matière, comme en beaucoup d'autres, ils ne font que donner la preuve qu'ils ne sont pas formés d'une meilleure argile que leurs peuples.

Or, ceux-ci agissent-ils autrement? Avec quelle joie maligne, quel esprit pharisaïque, quelle hypocrisie pieuse, les Allemands n'ont pas reproché aux Français leur Sedan! Avec quelles plaintes contre les brutalités dont ils ont été victimes, quels désirs de vengeance, quels murmures contre Dieu, ces derniers n'ont pas reçu la terrible leçon ! C'est exactement le contraire de ce qui eut lieu après Iéna et Auerstædt. Ni ici, ni là, les deux peuples n'ont profité de la leçon donnée et de la leçon reçue. Ils n'ont appris ni à juger équitablement le passé, ni à devenir meilleurs pour l'avenir.

Lorsque l'invincible *Armada* succomba, on disait en Angleterre : *Flavit et dissipati sunt*. Mais, pas plus que Lisbonne, après le terrible tremblement de terre qui la détruisit presque en entier, le royaume insulaire ne songea à en tirer cette conclusion, qu'exposé comme il l'est à la fureur des flots, il avait tout à redouter de la colère de Dieu.

Si aujourd'hui, l'heure du châtiment venait à sonner pour lui, les Espagnols ne manqueraient pas de lui servir les mêmes expressions. Mais d'ici là, il ne leur viendra pas à l'esprit de se demander si la paralysie qui les a envahis, et qui leur reste seule avec l'orgueil d'avoir été jadis si puissants, ne pourrait pas être aussi une preuve de la justice divine.

Bref, quand une puissance tombe à terre, tous les peuples se lèvent et disent : « Enfin, la main du Tout-Puissant s'est appesantie sur elle ! Enfin, la voilà frappée de malédiction ! » Quant à eux, ils pensent, — non, penser serait trop dire, — ils vivent comme s'il n'y avait pas de Dieu dans le ciel, pas de justice ici-bas, pas de rémunération dans l'autre vie.

Et cependant, il y a un Dieu, il y a une Providence divine, et il y aura un jour un règlement de comptes pour le grand et pour le petit, pour l'état et pour le peuple !

C'est justement là où l'homme se montre le plus étroit, que Dieu apparaît le plus grand. Il attend longtemps avec patience ; mais il n'abdique ni sa volonté, ni sa sagesse, ni sa puissance. « Devant lui, des milliers d'années sont comme un jour, et le monde comme une goutte d'eau dans l'Océan. « Il soutient avec trois doigts la masse de la terre » (Is., XL, 12, 15). Il conduit les puissances déchaînées comme le berger son troupeau ; et selon que c'est nécessaire, il les conduit avec une houlette, ou avec une verge de fer. De toute éternité,

« il a réglé toute chose avec nombre, poids et mesure, » pour les peuples comme pour les individus. A tous, il laisse leur liberté; mais il n'abandonne pas la plus petite partie de ses desseins. Soit qu'ils le servent, soit qu'ils le contredisent, ils verront toujours qu'ils ne sont que des instruments pour l'exécution de ses vues.

Il fait porter aux peuples les suites de leurs fautes; il leur envoie des chefs tels qu'ils les méritent. Il punit les nations par la présomption et la folie de ceux qui les gouvernent; les princes, par l'insubordination des masses qu'ils ont corrompues par leurs lois, leur exploitation, leur mauvais exemple. Il renverse les orgueilleux de leur trône; il fait des faibles un fouet pour les forts. Devant lui, tous sont égaux : le pauvre dans sa chaumière et le triomphateur sur son char; la brillante capitale et le village perdu dans la montagne; les grands royaumes et les plus petits hameaux; les monarchies et les républiques; les vainqueurs et les vaincus; les Juifs et les Romains; les Grecs et les Barbares; les Magyars et les Slaves; les Irlandais et les Anglais; la délicatesse française et l'érudition allemande; l'ancien monde et le nouveau; le moyen âge et les temps modernes.

Aucune invention ne le jette dans l'admiration; aucun progrès de la civilisation ne dépasse ses plans; les préparatifs de guerre ne l'effraient pas. Il donne la victoire à qui il l'a préparée; il réduit en poussière le colosse de fer, au moyen d'une petite pierre qui roule du haut d'une montagne.

Pour tout peuple, pour tout pays, pour toute famille de princes, comme pour tout homme, l'heure de Dieu arrive. S'ils voulaient reconnaître sa Providence et le servir, ce serait également leur heure. Mais parce qu'ils préfèrent séparer leurs voies des voies de Dieu, ils manquent leur fin et réalisent les siennes. Car, il n'y a qu'une issue, comme il n'y a qu'une entrée. Et cette entrée et cette issue sont formées par Celui qui a dit de lui-même, dans l'Ecriture : « Je suis l'alpha et l'oméga, le commencement et la fin » (Apoc., I, 8).

14. Mané, Thécel, Pharès !

Balthazar avait réuni dans un somptueux banquet tous les princes de son royaume. On y mangeait et on y buvait; on y gaspillait la sueur du pauvre; on s'y moquait de tout ce qui est saint et sacré. Mais, halte-là ! « Qu'est-ce donc cela? ô roi. Ne vois-tu pas cette inscription en lettres de feu? » — « Oh! horreur! qui me dira ce qu'elle signifie? Je me sens comme frappé de la foudre. »

Mané, Thécel, Pharès !

« La signification, roi, n'est pas difficile à trouver. Le grain est mûr; le moissonneur approche avec sa faucille. Tu as brûlé le temple du Seigneur, foulé aux pieds ceux qui imploraient ta pitié. Tu as réduit en poussière le droit du pauvre; tu t'es enorgueilli de ta puissance. Les exhortations à la miséricorde n'ont eu aucun résultat. »

Mané, Thécel, Pharès !

Et Balthazar fut frappé ; et son peuple, son royaume, sa maison furent châtiés avec lui. Que de Balthazars ont eu le même sort! Des avertissements nombreux leur avaient été donnés; mais ils n'en ont pas tenu compte. Un voile épais empêchait la vérité de pénétrer jusqu'à leur cœur. Et ils sont tombés au milieu des fêtes et des banquets.

Mané, Thécel, Pharès !

Et d'autres Balthazars succéderont à ceux-ci. Entourés de leurs amis, ils se plongeront dans l'ivresse des festins, se moqueront de ce qui est saint et sacré. Et de nouveau viendra pour eux un jour qui sera le dernier. La vieille inscription en lettres de feu brillera terrible au milieu de la salle.

Mané, Thécel, Pharès !

Alors un dernier interprète se lèvera, et d'une voix qui fera trembler Balthazar, s'écriera : « La mesure est comble. C'est fini! En vain le Seigneur a attendu! Tu n'as fait qu'user de violences; tu n'as reconnu aucune obligation pour toi, aucun droit pour les autres. Tu as

régné comme si tu étais le seul maître, sans tenir compte de la volonté de Dieu.
Mané, Thécel, Pharès!

Tu as fermé la maison du Seigneur; tu as pillé les cloîtres; tu as répandu le poison dans l'école, arraché la foi du cœur de l'enfant. Tu n'as eu qu'une crainte: que le prêtre devienne trop puissant et trop libre. Et tu déplores que la faible Eglise ne soit pas un rempart plus sûr, dans le déluge universel qui menace de tout engloutir!
Mané, Thécel, Pharès!

Tu as toléré que la séduction enlevât au peuple la fidélité et la foi. Tu as brisé le bâton qui le soutient dans son pèlerinage terrestre : la prière, les vieilles mœurs, la discipline, la pudeur; tu as créé un code nouveau; tu as fait bon marché de l'ancien droit. Tremble, Balthazar! Ta dernière heure est venue; tu vas recevoir le châtiment de tes crimes. Le peuple que tu as opprimé va te châtier, en attendant qu'il se dévore lui-même. »
Mané, Thécel, Pharès!

Ainsi parlera le voyant; ainsi les choses arriveront, car l'heure du méchant finit par sonner. Là où Dieu règne, sa présence se fait sentir doucement. Il se sert des bons pour faire le bien. Mais quand le nombre de ceux-ci diminue, qu'il n'y en a presque plus, le monde voit alors les méchants se faire la guerre, et les derniers survivants se dévorer eux-mêmes.
Mané, Thécel, Pharès!

15. Jugement des peuples.

J'eus un jour une sombre vision. Le ciel était chargé de nuages. La terre ressemblait à une mer où la vague pousse la vague; un bruit formidable de pas et de cris remplissait les airs : c'étaient les peuples qui se rendaient au jugement de Dieu.

Il y en avait du Nord et du Midi, de l'Orient et de l'Occident; il y en avait de sauvages et de civilisés.

Peuples, je tremble! Vous courez à la boucherie. Peuples, attention! Les voiles d'une sombre nuit vont vous envelopper.

Voici les hordes des Huns et des Goths, l'armée des Perses et des Romains. Les guerriers sont tout couverts d'airain, et les chefs resplendissants d'or.

Montée sur un squelette de cheval, la Mort, spectre au rire affreux, les pousse devant elle, comme le maître, une troupe d'enfants. Ils sont haletants; mais sans pitié pour eux, elle les force à courir. Ceux qui sont fatigués, et qui voudraient rester en arrière, elle les frappe avec une massue de fer.

Ils regardent derrière eux, et le désespoir les saisit; ils regardent devant eux, et leur sang se glace; ils jettent les uns sur les autres des regards sauvages, et maudissent leur sort: « Montagnes, tombez sur nous! s'écrient-ils; brisez-nous les membres! Terre, ouvre-toi et engloutis-nous! Feu, déluge, tempêtes, accourez; vous serez les bienvenus! Empêchez-nous de paraître devant la face du Seigneur! »

Mais tout à coup la parole expire sur leurs lèvres... Ils sont arrivés devant le tribunal du souverain Juge. Muets de terreur, ils se rangent en d'immenses demi-cercles. En face d'eux se tient le Fils de l'homme.

Bientôt sa voix s'élève dans ce grand silence: « Je vous ai donné du temps, dit-il, et je vous ai comblé de grâces. Mais vous, vous avez entassé crimes sur crimes. Je me suis servi de vous comme de verges pour frapper d'autres peuples, et vous en avez conçu un orgueil sans nom. Vous vous êtes ri de mes menaces; vous vous êtes fait des lois et des droits à votre fantaisie; vous avez abusé de mes dons; vous avez fait du monde une mer de sang.

Entendez-vous les pierres crier vengeance, maintenant? Il est temps de délivrer la terre de la malédiction qui pèse sur elle. Abîme, ouvre-toi, et engloutis les méchants. N'épargne que les bons. »

Et la terre s'ouvrit. Un long cri de douleur se fit entendre; une épaisse fumée s'éleva dans les airs; puis... ce fut fini.

Au loin et au large, un silence de mort. Seule la justice planait sur ces lieux.

16. Philosophie et histoire.

1. Si l'érudition est le plus haut point du développement auquel puisse parvenir l'humanité, il n'y a pas de doute qu'aujourd'hui nous soyons sur la voie qui y conduit.

Mais, quand est-ce que l'érudition a jamais rendu un seul homme meilleur et plus heureux ? Quand l'a-t-on jamais vu faire le bonheur de l'humanité ? Cependant, la perfection et le bonheur de l'individu et de l'humanité font, eux aussi, partie du progrès ! Or, dans ce cas, qui pourrait affirmer que les peuples se meuvent toujours en avant sur le chemin de la perfection ?

Oui, nous sommes devenus plus savants et plus inventifs, peut-être aussi, — nous disons ceci avec quelque réserve, — plus habiles et plus délicats ; mais plus sages, plus moraux, plus contents, plus heureux, surtout plus religieux, certainement non !

Aujourd'hui, il y a plus d'argent qu'autrefois, mais moins d'aisance. Tous les jours, ce sont de nouvelles inventions, et tous les jours de nouvelles plaintes, de telle sorte que la vie n'est plus supportable. Les aliments sont très variés, mais ils sont falsifiés ; et souvent le pain et les pommes de terre font défaut. Les auteurs abondent, mais il n'y a pas de caractères parmi eux ; et on trouve cent livres pour un lecteur.

En somme, presque nulle part, nous ne rencontrons ce qui est de nature à nous encourager à parler de notre progrès, avec l'assurance que nous mettons ordinairement à le faire.

2. L'appréciation de la vie réelle est très différente, selon qu'elle est portée par un académicien qui voit les choses depuis son fauteuil, ou par l'homme ordinaire, sur le dos duquel les esprits prétendus supérieurs réduisent l'ordre ancien en ruines, ou bien en forgent un nouveau.

Qu'on demande donc à la partie de l'humanité qui apprécie la marche des événements, non pas d'après des opinions préconçues et des imaginations vaines, mais d'après les lourds sacrifices qui lui sont imposés ; en d'autres termes, qu'on demande à l'homme qui fait l'histoire, qui la *vit*, s'il regarde oui ou non, comme avantageuse pour elle l'influence du surnaturel, s'il préfère l'époque de saint Louis à celle de Robespierre. Il pourra se faire qu'on ait très souvent une réponse, qui soit en contradiction avec les vues des savants de cabinet ; mais on en aura rarement une dont ne se contenterait pas le christianisme.

3. Dans l'antiquité, il n'est peut-être pas de question sur laquelle l'intelligence humaine se soit plus exercée, que sur le problème de l'origine du mal. C'est lui qui a donné naissance à presque tous les systèmes philosophiques et religieux.

Aujourd'hui, nous considérons la question comme inopportune ; et c'est tout au plus si nous la traitons comme une vieillerie historique et scientifique.

La vérité est que les anciens comprenaient mieux que nous le mécanisme du monde. Ils se rendaient compte que le cours des choses d'ici-bas se trouvait expliqué, dès que l'esprit était parvenu à se faire des idées claires sur le rapport qu'il y a entre la lumière et les ténèbres, sur la lutte qui existe entre le bien éternel et le mal temporel. Même Gœthe pressentait, à certains moments, que l'histoire du monde serait vite comprise, si nous saisissions dans toute sa portée le contraste qu'il y a entre idéal et réalité, vertu et vice, foi et incrédulité, volonté divine et résistance humaine, bref, l'opposition qui existe entre Dieu et le monde.

4. Ceux qui demandent d'un air sceptique, si le christianisme a rapporté des avantages aux peuples et à l'humanité, peuvent s'en rendre compte de leurs propres yeux, en examinant la manière dont s'est formée la politique moderne. Plus le christianisme disparaît du monde, et ne laisse que ce que les peuples ont de par la nature, ou qu'ils ont acquis par la culture de la soi-disant humanité, plus la société tombe en ruines, et devient le théâtre de cette guerre de tous contre tous, qui, d'après la conception matérialiste de l'histoire, doit avoir été la marque caractéristique de la sauvagerie primitive.

5. Nous pourrions appeler l'histoire du monde le plus sérieux et le plus grandiose de tous les drames, s'il ne nous venait pas à l'esprit, que presque toutes les tragé-

dies ont un dénouement qui ne satisfait pas complètement.

Le grand drame du monde aura, c'est vrai, une issue émouvante ; mais grâce à l'union de la toute-puissance et de la bonté de Dieu, cette issue sera satisfaisante, et aplanira toutes les contradictions.

C'est la différence qui existe entre la façon païenne et la façon chrétienne de concevoir le monde. La première ne célèbre que le triomphe de la divinité ; la seconde, au contraire, admet un plan divin dans le monde, à l'exécution duquel concourent à la fois, Dieu et l'homme.

La première a eu sa réalisation la plus complète dans le *Prométhée* d'Eschyle ; la seconde dans la *Divine Comédie* de Dante.

6. De même que dans le monde physique, la force centripète et la force centrifuge maintiennent la marche régulière et l'unité du tout, en ce que la première est supérieure à la seconde, de même dans l'histoire des peuples et de l'humanité. Seulement, ici la force centrifuge s'appelle liberté humaine, et la force centripète, volonté divine. Ici, il y a des instants plus ou moins longs où la force centripète disparaît à tel point, que la force contraire semble prendre le dessus, et menace de tout réduire en poussière. Mais, ceci n'a jamais lieu que pour un temps déterminé par la sagesse divine, afin de donner aux parties indociles du tout la liberté de se séparer et de s'envoler dans l'espace. C'est ainsi qu'elle renouvelle toujours l'activité de la force de cohésion, en lui donnant une énergie plus grande qu'auparavant. Et chaque fois le résultat est celui-ci : les parties saines, se trouvant dégagées des obstacles et des dangers que les parties mauvaises leur offraient, s'unissent d'autant plus solidement, et forment un ensemble d'une résistance beaucoup plus considérable.

Ceci s'est vu des centaines de fois en petit dans le cours de l'histoire. On le verra en grand à son dénouement.

7. Dans les sciences naturelles, la merveilleuse loi de l'unité des forces va s'imposant de plus en plus, en dépit de notre impuissance à expliquer, jusque dans les plus petits détails, les nombreux faits isolés qui semblent encore la contredire.

Or, la même loi traverse aussi l'histoire en grand, avec cette différence, qu'ici elle est bien plus facile à comprendre. Les petites contradictions apparentes ne sont nullement de nature à l'infirmer.

C'est une exagération sans pareille, quand Schopenhauer compare l'histoire du monde à un rêve pénible, Bahnsen à un procédé de putréfaction, Van der Hoeven, au pêle-mêle insensé d'une fourmilière en émoi. C'est renoncer d'avance à toute solution.

Ce n'est pas une réponse satisfaisante non plus, quand d'autres apportent des motifs d'explication qui se détruisent l'un par l'autre : darwinistes et déistes, matérialistes et spiritualistes, panthéistes et fatalistes. Dans le nombre, il y en a plusieurs auxquels on peut s'en tenir sans hésitation, pourvu toutefois qu'on admette que c'est la même puissance qui se manifeste dans tous les événements extérieurs, puissance qui, pour exécuter ses dernières fins, emploie tantôt des moyens qui leur sont conformes, tantôt des moyens qui leur sont contradictoires, tantôt des moyens sensibles, tantôt des moyens spirituels, à savoir : la Providence de Dieu dans le monde, l'activité du Dieu vivant, personnel, miséricordieux, sage, tout-puissant.

8. Une des plus belles expressions dont se sert le langage humain, est celle d'*éducation de l'humanité*.

Elle était déjà chère et sacrée aux premiers chrétiens, comme nous le montrent leurs ouvrages les plus anciens : le *Pasteur* d'Hermas et le *Pédagogue* de saint Clément d'Alexandrie.

Malheureusement, Lessing à force d'en délayer l'idée et de la défigurer, lui a donné un tel air de rationalisme, que beaucoup hésitent à l'employer.

Mais, qui voudrait perdre une pensée magnifique, parce que des gens à vues étroites en ont abusé ? Est-ce que l'indocilité des hommes a pu supprimer chez Dieu, la patience et l'habileté merveilleuse qu'il met à instruire les individus et les peuples? Non, jamais un père, jamais un maître n'a eu à élever d'écolier aussi ingrat, aussi rebelle, que le genre humain l'est pour Dieu. Mais, jamais non plus un éducateur n'a obtenu, de la part d'un élève docile, des succès aussi brillants que le Maître divin en a obtenu avec son élève insubordonné. Il l'a pris dans l'état où le berger prend l'agneau qu'il vient d'arracher de la gueule du loup. Or, non seulement il a pansé ses plaies, au moyen de remèdes humains et divins, naturels et surnaturels; mais il l'a si bien guéri, que, malgré la faiblesse qui lui est toujours restée, cet écolier a fait des prodiges d'activité. Il s'est élevé à une hauteur morale dont on ne l'aurait jamais cru capable, même quand il jouissait de tous les avantages de sa nature intègre.

9. Quand la foi à une Providence divine qui régit le monde fait défaut, on ne voit dans l'histoire qu'un chaos inexplicable. De là une multitude d'expressions peu claires, comme *évolution, révolution, dévolution*. Il n'y a que le mot *solution* que personne n'ose employer.

Et pourtant, le nœud formé depuis des siècles par l'orgueil humain se dénouera un jour en un instant, sans qu'un fil soit rompu. Il se dénouera si facilement, que le monde tout entier se verra obligé de faire cet aveu : Ceux-là ont tous tissé sur le métier de Dieu, et qui faisaient courir les fils en ligne droite, et qui, avec intention, les croisaient en tous sens. Plus ceux-ci semblaient travailler contre les plans du Créateur, plus le dessin devenait artistique.

Quand Dieu enlèvera la toile du cadre sur lequel elle était fixée, on verra alors que non seulement elle n'a pas de lacune ; que non seulement elle a une résistance qui défie le temps, mais qu'elle représente un chef-d'œuvre d'une unité, et d'une perfection telle qu'on n'en a jamais vu de semblables.

CHAPITRE XXIV

MORT ET JUGEMENT

1. La vie à la lumière de la vérité.

Me voici donc au terme de mes jours, mes joies et mes souffrances sont finies; mes rêves d'ambition se sont enfuis comme l'onde, et mes illusions se sont évanouies. Maintenant, j'apprécie les choses à leur juste valeur. L'amour aveugle, la haine aveugle disparaissent devant la vérité pure, comme les ténèbres devant les premiers feux de l'aurore.

Comme ce qui me semblait grand jadis, me paraît maintenant petit, vil, frivole, faible, misérable! Petites les injustices dont je me suis plaint; petit le sacrifice dont je voulais décharger mes épaules; petit le combat dans lequel je succombais lâchement; petite la douleur qui me faisait gémir sans cesse; petit le fardeau que je désespérais pouvoir porter; frivoles les actions qui me faisaient concevoir tant d'orgueil; faible le monde qui m'effrayait tant; vil le plaisir qui me séduisait; misérable la gloire qui m'éblouissait de son éclat trompeur.

Que c'est grand, par contre, ce que j'ai jusqu'alors regardé comme petit! Le péché qui me paraissait être une simple faiblesse; les luttes contre la chair et les instincts pervers; un petit morceau de pain donné pour l'amour de Dieu; savoir se taire et pâtir pendant les courts instants que dure le pèlerinage terrestre, comme tout cela est gros de conséquences pour l'éternité!

De quel prix m'apparaissent maintenant et la grâce à laquelle je pensais si rarement, et les précieux moments que je perdais à des bagatelles! Le rendement de comptes auquel je pensais à peine, est maintenant la seule chose qui me préoccupe ; la mort, la vie, qui jusqu'alors n'étaient que des mots pour moi, sont devenus des fardeaux intolérables.

A ce moment où les illusions disparaissent comme la fumée, pour faire place à la réalité, je ne vois devant moi que la majesté de mon Dieu et l'horreur de mes péchés. L'une, semblable à ces hautes montagnes qui dressent vers le ciel leurs pics altiers ; l'autre, pareille à un gouffre béant, sans fond.

Depuis longtemps l'ivresse du plaisir a disparu et n'a laissé qu'amertume après elle. Me voici maintenant entouré d'une armée d'horribles géants. A peine laissent-ils çà et là une étroite issue, tellement leurs rangs sont pressés. J'en avise une, je la suis, je leur échappe, et je me trouve en face de mon juge et de mon Dieu.

Je suis donc perdu ! Non ! non ! Plus brillante que la cime des glaciers qui versent autour d'eux des flots de lumière, la miséricorde de Dieu éclaire mes ténèbres, à moi pauvre pécheur. Car si grande est sa puissance, grande sa justice, plus grande encore est sa miséricorde. Le Juge examine les fautes de l'homme coupable ; le Père consulte son propre cœur. C'est pourquoi, lors même que ma faute s'élèverait jusqu'au ciel, j'espérerais toujours en la bonté de Dieu.

2. Vie perdue.

Le pauvre n'a pas le temps de penser ni à Dieu, ni à lui-même, car trop nombreux sont les soucis qui, comme une meute dévorante, aboient sans cesse autour de lui.

Le riche n'a pas la liberté nécessaire pour s'occuper des choses de son salut, enveloppé qu'il est par un réseau d'or et de bagatelles.

Chacun songe au ciel, quand la mort vient frapper à sa porte.

3. La majesté de la mort.

Quand quelqu'un arrive dans une aimable réunion de joueurs, et annonce qu'un accident de chemin de fer vient de se produire, que les victimes sont nombreuses, immédiatement le jeu cesse. « Notre partie de plaisir est gâtée pour aujourd'hui », disent-ils.

Ils pourraient dire avec plus de vérité, qu'en raison de l'événement terrible qui a eu lieu, ils rougissent de leurs divertissements. Ils éprouvent à peu près ce qu'un journal de Vienne exprimait un jour très catégoriquement.

On venait de découvrir un malfaiteur dangereux. La police allait s'emparer de lui, quand il se donna la mort. Comme, à ce propos, une gazette fit remarquer combien il était triste que les grands criminels se jettent entre les mains de la justice divine avant d'avoir satisfait à la justice des hommes, le journal en question, la *Wiener Neue Freie Presse*, s'empressa de faire observer que le fanatisme religieux abêtissait tellement les esprits, qu'ils ne savaient même plus respecter par leur silence la majesté de la mort.

L'application manquait certainement de justesse dans le cas présent; mais l'expression ne pouvait être mieux choisie. Il n'y a qu'un insensé et un homme ivre qui, en présence d'un moribond, continuera ses folâtreries ou ses bavardages. Même l'homme le plus grossier met fin à ses plaisanteries devant la majesté de la mort.

Or, qu'est-ce donc qui rend la mort si majestueuse? Est-ce la disparition d'une machine, dont le boire et le manger assuraient jusqu'alors le fonctionnement régulier? Est-ce parce que, selon une expression usitée, tout est fini?

Non! C'est la conviction qu'avec la mort s'ouvrent les portes d'un monde invisible, mystérieux; c'est la conviction que le Tout-Puissant étend la main pour rappeler à lui l'esprit qu'il a créé; la conviction qu'à ce moment s'accomplit le jugement, de l'issue duquel dépend pour l'éternité le sort de l'âme immortelle.

Oui, voilà ce qui fait la majesté de la mort.

4. Paix d'hiver.

Comme la jeune fille repose dans sa blanche parure, sur le brancard funèbre, ainsi la plaine vêtue de son manteau d'hermine sommeille. Et les noirs sapins qui la bordent semblent autant de saules pleureurs.

Cette année a vu des heures difficiles ; malgré cela, elle s'est écoulée. Parties sont les douleurs, guéries sont les blessures. On dirait un rêve qui s'est évanoui.

O Dieu ! je veux lutter, souffrir, afin d'emporter un jour, dans la paix du tombeau, sinon la blanche robe de la vierge, du moins la bure du pénitent ou l'armure du guerrier.

5. Le jugement sur les morts.

Je ne sais pas si quelqu'un aime beaucoup les grandioses obsèques officielles. Pour moi, c'est un fameux sacrifice quand je suis obligé d'y assister. On y voit l'étalage d'une pompe insensée, mais l'édification laisse sérieusement à désirer.

Le seul intérêt que présentent ces sortes de cérémonies, c'est qu'alors, pour la première fois, on entend s'exprimer, en toute sincérité, les différentes opinions sur le défunt. Et encore elles ne sont guère moins ennuyeuses que tout ce clinquant officiel.

Ces appréciations ne peuvent pas avoir été plus sévères dans le jugement des morts, chez les Egyptiens, qu'elles le sont ici à l'égard de celui à qui l'on rend les derniers honneurs.

Je suivais un jour la dépouille d'un homme qui avait occupé une situation très élevée. Les funérailles avaient lieu aux frais de l'Etat, au milieu d'un tumulte tout païen, d'une pompe quasi sauvage, des rires et des bavardages universels.

« Pour moi, disait à son voisin un monsieur qui marchait derrière moi, je connais bien quelqu'un qui ne voudrait pas aller le rejoindre, même s'il était au ciel. » — « Alors, que dirai-je ? répondit son interlocuteur. Vous pouvez vous estimer heureux de n'avoir pas été en relations suivies avec lui ; mais moi ! Je vous assure que c'était un supplice épouvantable, quand on était obligé d'approcher cet homme de près.

Pour sa vie privée, je n'en parle pas ; ce n'est pas mon affaire. Sa femme et sa fille me faisaient pitié. Elles n'auraient pas été de mon goût non plus, car je n'aime pas les dévotes. Mais, respect à la patience avec laquelle elles ont supporté un tel homme ! Je vous dis qu'elles ont été de vraies martyres. Pensez donc... » Et ici — comme toujours lorsqu'on prétend ne pas vouloir parler d'une chose, — vinrent des anecdotes très peu édifiantes.

« Cependant, continua l'orateur, ce ne sont là que des choses privées. Mais sa conduite, comme homme public! Savez-vous comment il était arrivé à sa situation? Uniquement par la flatterie et l'hypocrisie.

Il avait à peine des qualités suffisantes pour faire un pâtre communal. Mais il s'entendait admirablement à faire travailler les autres pour lui, et à empocher les honneurs et les bénéfices. Il s'est élevé comme un ramoneur, en rampant en haut et en crachant en bas. Et il est resté le même jusqu'à la fin. Il a toujours dupé les hommes, et il faut que ceux-ci soient encore dupes autour de son cadavre. Il a constamment vécu sur le compte d'autrui, et c'est pourquoi on l'enfouit encore aujourd'hui aux frais de l'État.

Voilà bien le monde! Parmi ces milliers de personnes, qui perdent aujourd'hui un temps précieux à cause de lui, et qui gâtent leurs vêtements de cérémonies par ce temps de chien, il n'y en a pas une qui le respectât. D'attachement, je n'en parle même pas; lui-même n'en était pas capable. Et pourtant, tous semblent inconsolables de sa perte...

Avez-vous lu les articles que les journaux lui ont consacrés? C'est dithyrambique...

Maintenant, je suis curieux de savoir quels discours nous allons entendre. Mais, hélas! vous savez le vieux proverbe : « Qui a vécu dans la tromperie est enterré dans le mensonge. »

Je rentrai chez moi tout bouleversé. Pendant plusieurs jours, j'éprouvai ce malaise intérieur qu'on ressent chaque fois qu'on entend attaquer l'honneur de quelqu'un.

Quelques semaines plus tard, je reçus la nouvelle de la mort d'un de mes anciens condisciples et amis. C'était un prêtre qui, jeune encore, était devenu incapable de continuer les travaux de son ministère. Les privations qu'il avait endurées pendant le temps de ses études; les efforts qu'il avait dû faire pour mener celles-ci à bonne fin, avaient jeté en lui le germe de ce mal terrible qu'on appelle la phtisie. La solidité de son caractère, la sûroté de son jugement, sa science, sa piété lui avaient d'abord valu l'estime de ses maîtres, puis celle de ses supérieurs hiérarchiques, et de tous ceux qui eurent à faire avec lui. Bien qu'il fût le fils d'un simple maçon, il portait dans tout son être cette délicatesse engageante, dans toute sa conduite, cet air de noblesse et de distinction que donnent seules la vraie piété et la modestie chrétienne.

Malheureusement, la maladie le força bientôt à se démettre de sa charge. Après treize mois de souffrances endurées avec la patience d'un saint, il était parti pour un autre monde, purifié de ses dernières taches.

« La mort l'avait transfiguré, » disaient, le jour de ses funérailles, des gens qui ne l'avaient pas vu depuis longtemps, et qui pourtant ne l'avaient pas oublié. « Nihil reliquit nisi desiderium sui » m'écrivait l'ami qui m'annonçait sa mort : « Il n'a laissé que des regrets. »

6. Phare et soleil.

Je voyageais une nuit au bord de la mer, et je voyais les phares étinceler dans les ténèbres. Oh! que celui qui a trouvé la lumière de la foi peut facilement voyager à travers la vie !

Puis, le jour parut. Le soleil monta dans l'azur, et bientôt je ne vis plus les tours brillantes. Mais longtemps je contemplai, avec reconnaissance, l'endroit où j'avais aperçu leurs feux dans la nuit.

7. Un instant que peu de gens comprennent.

Il n'y a que le mineur sorti vivant, comme par miracle, de ses noirs souterrains ravagés par les flammes ; il n'y a qu'un Colomb entendant tout à coup le cri de : « Terre ! Terre ! » au moment où son équipage mutiné allait le massacrer, qui puisse comprendre le bonheur du chrétien, quand, après de longues années d'épreuves et d'amères douleurs, après les poursuites acharnées de l'enfer, les menaces continuelles de révolte de la part de la chair et de la part de l'esprit, il peut enfin s'écrier comme Agnès : « Me voici donc au terme de mes désirs! J'ai semé dans les larmes; je récolte dans l'allégresse. »

8. Le Renouveau.

Plusieurs lunes déjà ont disparu, depuis qu'un blanc manteau dérobait aux regards la forêt. On eût dit un héros couché sur son tombeau, et couvert de son linceul. Partout un solennel silence, interrompu seulement par le bruit des rameaux se brisant sous le poids des lourds flocons.

Maintenant, l'hiver et ses tristesses ont disparu. Au firmament luit un clair soleil, et, rajeunis, les verts sapins dressent dans l'azur leurs flèches légères.

La vie te semble-t-elle triste et pâle, comme les longs jours d'hiver? Courage! Supporte-la quand même. Un jour viendra où Dieu t'enverra le rayon de soleil qui réchauffe et réjouit. Et alors, tu te lèveras plein d'une vigueur nouvelle.

9. Nous paraîtrons devant le souverain juge.

Tu parles d'orgueil de la foi, de haine d'hérétique, de fétu dans l'œil de ton voisin. Ne t'irrite donc pas contre ton prochain quand tu portes une poutre dans le tien. Tu ferais mieux de trembler à cause de tes péchés, et de prier Dieu d'être clément pour toi au jour du jugement.

O jour de la résurrection! jour du grand revoir!
Nous paraîtrons devant le souverain juge.
Mais serons-nous à droite, où serons-nous à gauche?
Dans quel endroit irons-nous pour toujours?
O jour de la résurrection! jour du grand revoir!
Nous paraîtrons devant le souverain juge.

Tu injuries la foi, et tu nous appelles ses esclaves. Regarde-nous comme des êtres de peu de valeur, si tu veux. Seulement, ne nie pas les droits de la foi envers nous. Car, en agissant ainsi, tu affliges Dieu, et fais violence au penchant de ton cœur.

> O jour de la résurrection ! jour du grand revoir !
> Nous paraîtrons devant le souverain juge.
> Au lieu de croire nous verrons face à face.
> Que pourrais-tu désirer de meilleur ?
> O jour de la résurrection ! jour du grand revoir !
> Nous paraîtrons devant le souverain juge.

Tu dis plein de colère : « Qu'ai-je besoin de votre foi ? Est-ce que je ne sais pas pourquoi je suis ici-bas ? » O homme ! tu es ton maître, c'est vrai ; et c'est justement ta conscience qui écrit ton jugement et le livre de ta vie.

> O jour de la résurrection ! jour du grand revoir !
> Nous paraîtrons devant le souverain juge.
> L'apparence s'évanouira comme une ombre.
> Seule la vérité subsistera, la vérité pure et entière.
> O jour de la résurrection ! jour du grand revoir !
> Nous paraîtrons devant le souverain juge.

10. Alors tout doute disparaîtra.

Nous comprenons que des gens qui connaissent le monde, — nous voulons dire le monde en grand, le beau monde ; — que des diplomates, des représentants de la société qui donne le ton, professent souvent un profond mépris pour les hommes, et commettent de graves fautes relativement au droit et à la vérité.

Ce sont précisément eux qui savent le mieux que, dans le monde, il est très rare qu'on agisse selon les règles de la justice ; que souvent les prétendus grands événements sont le résultat de circonstances fortuites ; que l'honorabilité est bien peu récompensée ; que la vanité et la légèreté sont les moindres défauts des idoles du jour. Eux, mieux que personne, connaissent quel infect marais de passions et de folies recouvre ce sol gazonné et fleuri, sur lequel on se dispute l'air et la lumière, au milieu des courbettes et des sourires.

Nous comprenons ce mépris pour les hommes, et nous le regrettons. Mais, nous comprenons aussi, — et nous pensons que chacun doit comprendre également, — que, dans un tel état de choses, il n'est guère possible à quelqu'un d'être content, en dehors de quelques heureux qui se balancent au soleil comme des bulles de savon. Tout le monde désire un changement ; tout le monde voudrait le nivellement des inégalités, le rétablissement de la justice.

Poussés par ce désir, les hommes emploient tous les moyens possible pour mettre fin au règne des apparences et de l'exploitation, pour faire régner sur terre une situation tolérable. Tantôt c'est une insurrection de paysans ; tantôt une révolution avec de grandioses hécatombes ; tantôt une guerre de peuples ; tantôt des complots nihilistes, anarchistes et socialistes, avec meurtres et incendies. Ou bien, d'autres fois, c'est la mise en œuvre de toutes les ressources de l'imagination, pour peindre des états paradisiaques qu'on trouverait même ridicules chez des enfants.

Or, tous ces efforts prouvent deux choses. Premièrement, qu'aucune adversité et aucun insuccès ne sont capables de faire disparaître de l'intelligence humaine, l'idée qu'il est possible d'aplanir ces inégalités, et qu'on devrait s'ingénier à trouver une solution.

Mais, en second lieu, ils prouvent aussi que toute puissance et toute sagesse humaines ne suffisent pas pour mettre de l'ordre dans ce chaos.

Eh bien ! si tous les sacrifices physiques et intellectuels ; si la vie humaine et la durée de l'histoire, d'un côté, ne suffisent pas pour effacer les inégalités qui existent ici-bas, et faire régner la justice complète ; si, d'autre part l'humanité tout entière, malgré tant de vains efforts, garde toujours au fond de son cœur l'espoir, et même la certitude que toutes les contradictions, tous les désordres disparaîtront, alors ceci aura lieu quand la vie et l'histoire seront terminées ; alors il y aura une rémunération dans l'*au delà*, un jugement dans l'éternité.

Cette croyance, l'humanité tout entière la porte en elle depuis les temps les plus anciens. C'est elle seule qui maintient ensemble les nombreux éléments dont se compose la machine du monde ; elle seule qui explique la vie et la rend supportable. A elle seule il faut attribuer ce fait, qu'il y a toujours des gens qui ont le courage de supporter la vie, la simplicité de se laisser duper et exploiter, la force de vivre dans la résignation et de mourir dans le silence.

Oui, le seul consolateur du cœur humain dans toutes les difficultés de la vie; le seul soutien de la société humaine; le seul ange protecteur de l'histoire du monde, c'est la croyance en l'immortalité, la foi en l'*au delà* et en une rémunération qui nivellera toutes les inégalités.

Tant que nous serons sur cette terre, cette foi sera le phare, à la clarté duquel nous dirigerons notre esquif. Puis, un jour viendra où nous passerons de cette terre de ténèbres et d'incertitude dans la patrie de la lumière et de la vision face à face. « Alors, c'en sera fait du doute; alors s'évanouiront les murmures et les plaintes, car les portes d'or de l'éternité s'ouvriront devant nous. »

CHAPITRE XXV

L'ÉTERNITÉ

1. O éternité !

O éternité ! celui qui t'a inventée avait une puissance plus qu'humaine. L'esprit de l'homme mesure la course du soleil, et fait de l'éclair son esclave ; mais quand il songe à toi, il succombe comme paralysé, il s'affaisse couvert de confusion. O éternité !

O éternité ! l'homme qui te méprise commet un crime. Car, celui qui outrage le vieillard aux cheveux blancs, mérite de marcher toujours, sans trêve ni repos ; celui qui se moque de l'objet de la terreur et du respect des âmes nobles, mérite d'être lié comme un fou. O éternité !

O éternité ! celui qui te perd par sa folie, devient le jouet de la mort et de la vie. Il fuit la vie, et... il vit ; il cherche la mort, et... la mort s'enfuit. Il n'est ni vivant ni mort. Il souffre éternellement la nécessité de mourir. O éternité !

O éternité ! celui qui te gagne voit la vie lui sourire quand il meurt. Tu lui ouvres les portes de la maison paternelle, et tu le conduis dans le séjour de la vérité, de la paix et du bonheur, où il reposera pour toujours sur le cœur de Dieu. O éternité !

2. Eternité de l'enfer.

L'horreur que les hommes éprouvent à la pensée de l'éternité de l'enfer est très naturelle, et fait honneur à Dieu. Puisse notre horreur pour le péché être aussi profonde !

Des monstres, comme le duc de Gothland, qui se disposent à passer dans l'éternité avec une conscience chargée de crimes, et qui, au lieu de se frapper la poitrine, de faire pénitence, disent en riant qu'on peut bien s'habituer aussi à l'enfer; des sceptiques railleurs comme le vieux Béranger, qui nous invite à descendre en enfer festiner aux côtés d'Epicure et de Ninon; ces gens-là, et bien d'autres qui leur ressemblent, ne sont-ils pas des êtres qui inspirent à tout homme sérieux une horreur égale, peut-être même supérieure, à l'enfer lui-même?

Or, s'il y a de tels hommes, — et malheureusement on en trouve, — des hommes auxquels s'applique le mot de Platon : « Certains cœurs ont des abîmes plus profonds que l'enfer », il est évident que le ciel n'est pas un séjour pour eux. D'ailleurs, eux-mêmes ne voudraient pas habiter dans la même demeure que ceux qui ont toujours conservé la pureté du cœur, ou l'ont recouvrée par la pénitence.

Mais alors, il est nécessaire qu'il y ait pour eux un endroit spécial. Et; quand l'esprit immortel persiste avec opiniâtreté dans de tels sentiments, cet endroit est nécessairement l'enfer.

Peut-on imaginer une telle obstination? dira-t-on. Pas de doute à ce sujet. Ici, sur cette terre, nous la voyons souvent presque réalisée chez des hommes qui semblent n'être plus accessibles à aucune prière, à aucune menace, à aucun châtiment.

Oui certainement, l'orgueil et la dureté envers le prochain peuvent porter quelqu'un jusqu'à dire avec Sévère dans Polyeucte :

> « De pareils déplaisirs accablent un grand cœur; »
> « La vertu la plus mâle en perd toute vigueur. »

Soit! Cet état est possible là où l'opiniâtreté provient de l'aveuglement, par conséquent là où il n'y a qu'une demi-volonté. Mais est-il possible dans d'autres cas, alors que l'intelligence agit avec pleine délibération? S'il y a un enfer, et si cet enfer est en réalité aussi redoutable qu'on le dit, le cœur le plus dur ne doit-il pas s'amollir en présence de cette vérité? Et alors, peut-il se faire que le Dieu miséricordieux, non le Dieu juste, repousse une âme qui se tourne vers lui?

Cette question fait honneur à celui qui la pose. Il ne peut se figurer qu'une âme soit capable de s'endurcir éternellement dans le mal, quand elle agit en pleine connaissance de cause. Mais, hélas! il a une trop bonne opinion de beaucoup de pécheurs.

Dieu certainement ne repoussera jamais quelqu'un qui veut s'approcher de lui, et qui, pour cela, se soumet aux conditions prescrites par lui. Malheureusement, il y a des hommes qui ne prennent pas sur eux de se soumettre à ces conditions, et cela surtout quand ils sont atteints par le châtiment qu'ils ont mérité.

C'est un mystère; mais c'est un fait, que, chez beaucoup d'hommes, le châtiment aiguise l'orgueil. Il en est de lui comme de cette panthère infernale dont Gœthe dit : « Elle est si cruelle, que rien n'apaise sa soif de sang. Chaque victime qu'elle dévore ne fait, au contraire, que l'exciter davantage. »

Quand l'adversité et les châtiments rendent quelqu'un plus doux, c'est que son orgueil n'est pas encore mûr. On peut indiquer, d'une façon très exacte, le moment où celui-ci commence à devenir incurable. C'est lorsqu'une adversité méritée le conduit aux murmures, le châtiment à la mauvaise humeur, la justice au blasphème, la vérité clairement reconnue à la contradiction consciente.

Celui qui, arrivé près de cette limite, revient en arrière, est préservé du plus grand des malheurs qui puisse atteindre l'homme : de l'obstination et de l'endurcissement. Celui qui la franchit, reviendra difficilement sur ses pas. Alors, toute insinuation à recourir à la grâce de Dieu le fait rire; toute exhortation à la pénitence est une injure à son adresse; toute visite de Dieu l'aigrit, l'endurcit et l'entraîne au crime. Et si, par hasard, sa conscience vient à s'émouvoir, le voilà qui entre en fureur contre le monde, et se débarrasse de la vie.

Ainsi s'explique un grand nombre de ces suicides accomplis sans raisons extérieures apparentes, et qui sont un des traits les plus hideux de notre époque. Ainsi s'explique ce sceau de désespérance qu'elle porte sur le front.

Dieu use-t-il de ménagements, et diffère-t-il l'exécution de ses menaces? Alors le monde se moque des fanatiques qui se représentent Dieu comme un inquisiteur, et considère sa patience comme une preuve qu'il n'existe pas. Laisse-t-il, au contraire, agir sa justice? Ce même monde voit une confirmation de ce qu'il a souvent répété, à savoir que Dieu est injuste.

Plus la misère humaine est grande, plus l'opiniâtreté envers Dieu est inflexible. Les choses se passent exactement comme l'Ecriture nous dit qu'elles se passeront à la fin des temps : « Les hommes sont frappés d'une chaleur brûlante; ils blasphèment Dieu à cause de leurs douleurs et de leurs ulcères, et ne se repentent point de leurs œuvres » (Apocal., XVI, 9, 11, 21).

Tel c'est ici-bas, tel ce sera dans l'enfer. Les damnés n'auraient qu'à dire, d'un cœur repentant : « Dieu est juste; nous avons mérité nos châtiments », et l'enfer serait éteint. Mais c'est précisément cette condition qu'ils ne veulent pas remplir. Ils ne veulent pas devenir justes, en rendant hommage à la justice de Dieu; ils préfèrent dire avec Capanée : « Tel j'étais dans la vie, tel je reste dans la mort. »

Comme le dit très bien Vondel : « La nécessité de s'humilier est pour leur orgueil et pour leur rage, la pierre sur laquelle les reproches de leur conscience s'aiguisent en colère contre leur souverain juge, et en haine contre leur créateur. »

C'est l'expression de la pure vérité, quand Milton dit : « Quels miracles peuvent toucher des cœurs endurcis? Ce qui devrait le plus les ramener, ne fait qu'accroître leur obstination. »

L'enfer doit donc être éternel, puisque l'orgueil des damnés est éternel, et que cet orgueil en attise le feu.

3. Eternité des peines.

« Eternellement heureux, passe encore; mais éternellement malheureux ! Qui a jamais songé à cela sans frémir ? »

« La question de durée n'est pas ton affaire; c'est celle de Dieu. Ce qui te concerne, toi, ô homme; ce qui est laissé à ta liberté, c'est ton malheur ou ta félicité. Pourquoi trembler à ce mot : l'*Eternité* ? Tremble seulement à la pensée qu'elle fixe pour jamais ton sort éternel. »

Dieu gagné, c'est un océan de paix; c'est la félicité sans fin. Dieu perdu, c'est la privation de tout bien;

c'est la damnation. La privation de Dieu pendant l'éternité, voilà le plus grand tourment de l'enfer.

4. Avec quelle facilité l'homme devient démon.

Tu ne peux pas comprendre comment l'intelligence de Satan et des réprouvés a pu se pervertir à ce point? Tu ne peux pas te figurer un être dont la nature soit tellement pervertie, qu'il déteste le bien et n'aime que le mal?

O homme! Tu te connais donc bien peu, pour ignorer combien tu es proche de ce malheur, et combien tu es près d'y succomber.

Pour ne parler que de la colère, songe donc un instant à ce que cette passion peut faire de toi!

L'être qui t'est le plus cher, sur qui tu veilles comme sur la prunelle de tes yeux, tu peux le traiter avec une brutalité, que tu ne t'expliques pas toi-même. La grâce de celui devant qui tu te prosternais jadis comme un suppliant, tu la repousses avec des injures que, dans des heures de calme, tu n'aurais jamais osé adresser au plus farouche des persécuteurs. Les bienfaits qu'on t'offre, tu les refuses avec dédain. Des paroles de douceur te font bondir. La patience de l'offensé ne fait qu'augmenter ta rage. Tu assouvis celle-ci contre des objets qui, en réalité, n'ont rien à faire avec ton déplaisir : contre les portes de la maison, contre les verres qui sont sur la table, contre le petit chien qui vient te caresser. Ce que tu as mis des années à amasser péniblement, tu le réduis en miettes, avec un sourire de mépris. C'est un vrai plaisir pour toi de détruire les fruits d'un travail acharné. Tu accueilles avec joie tout ce qui permet à ta fureur de se manifester, quand même cela contredit tes habitudes et tes convictions.

C'est comme si tout était changé en toi.

Tu emploies des expressions qui, auparavant, te faisaient rougir quand tu entendais d'autres les prononcer. Tu avilis ton autorité en présence de gens devant lesquels tu avais déjà bien de la peine à la conserver. Tu sens surgir en toi des pensées de ruse, de méchanceté, de malice, que tu ne soupçonnais pas auparavant. Tu dis non, quand tu penses oui; tu dissimules avec des intentions calculées; tu feins des sentiments que tu n'as pas; tu reprends ce que tu as donné; tu refuses de répondre et de rendre des services, uniquement pour mettre les autres dans l'embarras, pour leur faire de la peine et leur montrer que tu te moques d'eux. A mesure que ta fureur monte et se prolonge, il te semble que tu te donnerais aussi volontiers la mort que tu la donnerais aux autres. Tu es tout prêt à regretter le bien que tu as fait, à blasphémer la justice de Dieu, sa Providence, Dieu lui-même, et tu te soucies très peu si tu seras sauvé ou damné éternellement.

Il ne manque plus alors que l'orgueil vienne te défendre de t'humilier de toutes ces faiblesses, — et de fait, ce n'est pas une petite victoire à remporter, surtout si cette habitude est invétérée; — et le damné est complot.

Après cela, représente-toi l'énergie d'un pur esprit, l'obstination dont il est capable, et tu auras le démon.

5. Obstination et endurcissement.

J'étais allé un jour rendre visite à un brave curé de mes amis. Nous étions à table, quand arriva une bonne vieille femme, qui venait le prier d'arranger, ou plutôt d'approuver un procès. Le maintien, la physionomie, la voix, bref, tout indiquait chez cette personne une humeur acariâtre et un amour de la chicane tels qu'on en voit rarement.

Lorsqu'elle fut partie, le curé qui l'avait écoutée avec une patience admirable, puis éconduite avec une habileté non moins admirable, me dit : « Il y a pourtant des gens qui éprouvent le besoin de commettre des actes de sauvagerie à la veille de leur mort ! »

De fait, on trouve de ces gens-là dans l'histoire. A cette catégorie appartenait Hérode le Grand, qui aurait cru ne pas pouvoir mourir, si des flots de sang n'avaient pas coulé pour honorer ses derniers moments. Il conjura donc, avec larmes, sa sœur Salomé, au nom de l'amour qu'elle lui avait toujours porté, au nom de sa crainte pour Dieu et du respect qu'elle lui devait, à lui personnellement, de le faire précéder dans la tombe, par les grands du royaume, afin que la joie causée par sa mort, fût tempérée par ce deuil général.

Un autre exemple de ce genre nous est rapporté par Tacite, dans le récit de la mort de Pétrone, l'habile organisateur des orgies de Néron. Comme c'était tout naturel à cette époque, ce débauché finit par s'ouvrir les veines. Mais, même dans ce genre de mort, si commun alors, il voulut quelque chose qui sortît de la banalité, et rester Pétrone jusqu'au bout. Pour éprouver encore à cet instant suprême le charme produit par des impressions diverses, tantôt il faisait bander ses plaies, tantôt il les faisait rouvrir. Ce qui ne l'empêchait pas de continuer ses orgies avec ses amis, et de les assaisonner comme toujours de chansons plus que légères et de supplices d'esclaves.

Il était sur le point d'expirer, qu'il envoya encore à Néron un écrit abominable.

Et on espère que ces gens-là se convertiraient dans l'éternité? Qui ne sait les difficultés qu'on éprouve à faire disparaître une habitude invétérée depuis dix ans, même quand cette habitude ne concerne que le palais ou le maintien? Que dire alors d'une tendance d'esprit vieille de cinquante ou soixante ans, dans laquelle on se meut depuis son enfance, ou qu'on considère avec orgueil comme une de ses conquêtes les plus précieuses?

Oui, il y a dans la vie de tels hommes comme trois périodes : une période d'évolution, une période d'arrêt et une période de rigidité.

Nous nous arrêtons surpris devant un vieillard qui, sous la neige des ans, a conservé ses facultés aussi fraîches et aussi vives qu'aux jours de sa jeunesse. Et c'est avec raison, car un exemple de ce genre est trop rare, pour ne pas provoquer notre étonnement quand il se présente. Mais ne serait-ce pas le miracle des miracles que quelqu'un qui est marqué du sceau de la réprobation; quelqu'un qui a terminé sa vie avec l'orgueil au front et l'opiniâtreté dans le cœur; quelqu'un qui est resté dans son obstination pendant des siècles, se mît à exécuter une chose que, même dans les tendres années de sa jeunesse, il n'aurait pu réaliser sans une grande grâce de Dieu?

6. Au revoir!

Aux jours de ta jeunesse insensée, tu disais : « Qui

croit encore à la résurrection ? » — « Personne, te répondait tout un chœur de joyeux buveurs. Fais donc comme nous; bois sans scrupule. Il n'y a pas d'au revoir. »

Un crime est vite commis, et une parole sacrilège est vite proférée. Cependant, écoute l'écho redire au loin : « Qu'en serait-il, si nous allions nous revoir un jour? »

Les tempêtes de la vie font rage; elles durent longtemps. Tu crois que c'en est fait de toi. Mais le sacrifice, dans son langage muet, semble te dire, en t'indiquant les cieux : « Sois fort! Sois fidèle! Au revoir! »

Parfois, dans ces jours de combat, il arrive qu'un de tes amis va quitter cette terre. Il fixe sur toi des regards anxieux; et tu le rassures en lui disant, ému du fond du cœur : « Au revoir! »

Ta mère chérie va rendre le dernier soupir. A ce moment, les peines que tu as pu lui causer, chargent ta conscience d'un poids énorme. Tu voudrais lui demander pardon et encore pardon. Mais tu te consoles en lui murmurant : « Au revoir! »

Tu sens les forces t'abandonner. Ta dernière heure approche, et tes amis s'empressent autour de toi. Longtemps ils te regardent en silence, puis te serrent la main en te disant : « Au revoir! »

Te voilà aux prises avec la mort, sur le point de quitter tout ce que tu aimais ici-bas : tendre épouse, enfants chéris. Quelle douleur! Un rayon consolateur pénètre cependant ton âme, et, de tes lèvres défaillantes s'échappe le mot : « Au revoir! »

7. La grande armée.

Si jamais quelqu'un a fait une mort digne d'envie, ce fut bien l'archiduc Charles d'Autriche. Il dit lui-même, dans ses « *Aphorismes* », que « la vraie grandeur se révèle au lit de la mort, à ce moment où seul le sentiment de notre valeur intime peut nous donner du courage, et que c'est là que nous apparaissons comme des héros de la foi et de la vertu. »

Ces paroles se vérifièrent en lui, d'une manière merveilleuse. Lorsqu'il sentit sa dernière heure approcher, il dit d'un air souriant à ses enfants à genoux près de sa couche : « Vous voyez un soldat qui va rejoindre la grande armée. » Et, avec la même sérénité, le même sang-froid que ceux qu'il avait jadis montrés sur tant de champs de bataille, il s'en alla dans la mort, comme s'il avait marché à une victoire certaine.

Pour mourir ainsi, il faut avoir vécu comme cet homme, chez qui les qualités de l'époux, du père et du chrétien, brillèrent toujours d'un éclat aussi pur et aussi grandiose que celles du général, de l'écrivain et du prince. Par sa fidélité au devoir; par son dévouement sans borne; par son application, sa réflexion, son calme, sa constance dans les malheurs, — autant de qualités qui, sans qu'il fût un génie, le rendirent cependant égal et parfois supérieur à son génial adversaire, — il nous apparaît comme un modèle que chacun peut imiter selon sa condition.

De tels hommes sont les vrais soldats qui vont grossir les phalanges du ciel.

Ils sont aussi les vrais soldats de la grande armée d'ici-bas. Avec eux, le général en chef peut exécuter ses desseins les plus hauts, car ils forment ses troupes d'élite.

Mais, dans leurs rangs, hélas! combien en a-t-il admis, qui lui faisaient concevoir les plus belles espérances, et qui l'ont trompé d'autant plus indignement qu'il leur avait accordé une confiance plus grande, et départi des dons plus magnifiques?

Comment pouvoir assez s'étonner qu'après avoir été trompé des milliers de fois, il compte toujours sur le sentiment d'honneur des hommes, et leur donne sa confiance? Ne devraient-ils pourtant pas finir par se montrer dignes de son amour? Car, quels sont ceux qui d'ordinaire s'éloignent le plus tôt de la grande armée; ceux qui, à la manière de vils déserteurs, cherchent à s'enrôler dans les rangs de l'ennemi pour lui vendre les secrets qu'ils peuvent savoir; ceux qui se donnent même la mort pour échapper au service de Dieu, sinon ceux-là précisément que Dieu a traités avec le plus de bienveillance, et comblés de ses dons les plus précieux?

Il est bien moins souvent déçu avec les petits et les faibles, à qui il a donné juste ce qu'il fallait pour occuper leur place. Là où ceux qu'il avait richement dotés tournent leurs dons contre lui, les pauvres, en reconnaissance du peu qu'il leur a donné, le servent avec autant de fidélité et de dévouement que s'ils avaient reçu les plus grands trésors.

Or, c'est précisément ce qui les honore, eux et la grande armée. Ce qui fait la force de celle-ci, ce ne sont pas les grands génies, qui ne savent pas se plier à une discipline commune; mais ce sont ces caractères qui, s'oubliant eux-mêmes, pour mettre leur dévouement au service du tout, forment ainsi un bataillon compact, toujours à la disposition du plus grand général qui ait été et qui soit. C'est avec ces braves, qui meurent à leur poste plutôt que de l'abandonner, que Dieu peut remporter toutes les victoires. C'est avec ces vaillants, qu'il peut exécuter tous ses desseins les plus élevés. C'est au milieu de cette escorte d'élite, qu'après la grande revue générale, il fera son entrée triomphale dans la Jérusalem céleste, suivi de l'immense armée des élus, tandis que les anges chanteront : « Les vainqueurs s'avancent couronnés de lauriers; leurs cicatrices sont plus brillantes que l'or et les pierres précieuses. »

8. La félicité du ciel.

1. Plus la lutte est difficile, plus la victoire est glorieuse.

2. Plus long est le combat, plus belle est la couronne.

3. Celui qui veut monter au ciel, doit s'élever au-dessus de la terre. Oh! comme celle-ci lui semble petite, à mesure qu'il monte !

4. Si les larmes que fait verser le désir de posséder la patrie céleste sont si douces au cœur, que dire alors des joies qui l'inonderont au moment où il en franchira le seuil ?

5 Celui-là seul qui gémit chaque jour d'être emprisonné dans ce corps de faiblesse et de honte, comprend quelle consolation il y a dans ces paroles du psaume : « J'entrerai dans la puissance du Seigneur » (Psal., LXX, 16).

6. La porte du ciel est étroite, c'est vrai; mais elle n'y est pas à tel point que quelqu'un doive craindre qu'elle ne soit pas assez large pour lui. Si le Sauveur a pu la traverser avec sa croix, chacun de nous pourra certainement y passer. Elle a ceci de particulier, que quelqu'un la franchit d'autant plus facilement, que le bagage de ses mérites est plus grand, et que la croix qu'il porte sur ses épaules est plus considérable.

7. Le voyageur qui a marché toute la nuit sur le bord d'affreux précipices, et qui, au lever du jour, se rend compte du danger terrible auquel il a échappé, tombe à terre sans pouvoir proférer une parole. Il ne peut manifester son émotion et sa reconnaissance autrement que par des larmes.

Comment peindre alors les sentiments avec lesquels les Saints s'écrient, en voyant se lever la lumière éternelle : « Entre donc dans ton repos, ô mon âme! puisque le Seigneur t'a comblée de biens. Il t'a délivrée de la mort dont tu étais menacée; il a délivré mes yeux des larmes, et mes pieds de la chute » (Psal., cxiv, 7, 8).

8. Ici, sur terre, des biens innombrables se présentent à nous, tous plus attrayants les uns que les autres, mais tous illusoires. Au ciel, un seul bien s'offre à nous. Actuellement, il nous attire aussi peu que la vérité et la bonté. Ce bien peut-il alors nous rassasier et nous rendre heureux ? Sans aucun doute. Nous en avons la garantie en ce qu'aucun des petits biens passagers de cette vie ne peut nous satisfaire. Créé par l'unique et souverain bien, par la vérité éternelle, la bonté infinie, et uniquement destiné à posséder ce bien, cette bonté, l'homme ne peut nulle part ailleurs trouver sa félicité.

Mais pour l'y trouver, il doit passer dans un état où rien ne fasse plus impression sur lui, sinon la vérité parfaite, la bonté parfaite. Et cela n'est possible que dans une vie plus parfaite que celle-ci, dans l'au delà.

9. Quelle heureuse fête, que celle dans laquelle nous apportons la joie d'un cœur pur, d'un cœur où règne la paix !

10. Quel sujet de consolation pour l'homme, de se

savoir délivré du seul ennemi qui puisse lui apporter du danger : lui-même !

11. Quelle douce paix là où le cœur n'a aucun rassasiement qui ne lui procure quelque désir nouveau, aucun désir qui ne soit satisfait, aucune satisfaction qui ne soit complète !

12. Quel heureux état, que celui dans lequel trois pensées remplacent toutes les autres : celle de la miséricorde de Dieu, au souvenir du passé; celle du royaume de Dieu, par la jouissance du présent; celle de l'immutabilité de Dieu, par le regard jeté sur l'avenir.

9. Alpha et Oméga.

Les sources viennent de la mer, et dans la mer elles retournent. Souvent, rien ne trahit leur présence; pourtant elles ont un cours qu'elles suivent.

Les hommes viennent de Dieu, et vers Dieu ils retournent. Ils errent parfois dans des sentiers bien tortueux; mais malgré cela, ils suivent toujours la voie qui mène à Dieu.

Dieu a inventé le cours des temps, et il a fait le monde pour sa gloire. C'est à peine si une créature supporte son joug; et pourtant son honneur reste sain et sauf.

Les malins, avec toutes leurs ruses, ne font qu'augmenter la gloire de Dieu. En cherchant à embrouiller les fils sur son métier, ils lui tissent un vêtement d'honneur.

Les sages méditent des desseins insensés, et ils exécutent ses plans. Les forts bravent sa puissance, et, malgré cela, ses vues s'accomplissent.

Les Titans renversent les trônes et les autels; mais en entassant montagne sur montagne, ils construisent une forteresse pour Dieu.

Quelle que soit la hauteur où l'aigle puisse planer au sein de la lumière, dans ces régions où il n'y a plus ni souffle, ni bruit, ni poussière, Dieu trône encore plus haut, au sein de son éternité. Et il y trônera toujours, quand le foyer du soleil sera depuis longtemps éteint.

Il a créé l'horloge du monde, puis il l'a remontée. Depuis lors, ses roues n'ont cessé de tourner, nombreuses et rapides. Quand elles s'arrêteront, ce sera l'heure de Dieu.

L'heure de Dieu! Elle est et restera l'éternité. Les trémoussements de l'homme forment le temps; la marche de Dieu forme l'éternité, l'éternel repos.

FIN

TABLE DES MATIÈRES

Préface. 7

CHAPITRE Iᵉʳ. — DIEU.

1. La voie qui mène à Dieu 13
2. Le livre du monde 13
3. Les abeilles 14
4. Philosophie réaliste 15
5. Dieu si loin, et pourtant si près 18
6. Les cloches en hiver 19
7. Les dieux, preuve qu'il y a un Dieu 19
8. Théologie païenne 21
9. Le vieux Dieu est toujours là ! 23
10. Dieu ne se perd pas 24
11. La retraite aux flambeaux 25
12. Dieu et tout 25
13. La justice, servante de la charité 26
14. Le jugement de Dieu 27
15. Le même Dieu 29
16. Le Dieu des dieux 30
17. Consolations que procure le voisinage de Dieu . . 30
18. O Dieu que vous êtes riche ! 31
19. Dieu fait tout bien 31
20. Courte théologie pour les besoins de la vie . . . 34
21. Ce que Dieu est 35

CHAPITRE II. — DOUTE ET NÉGATION.

1. Les négateurs de l'harmonie 38
2. La science sans hypothèse 39
3. Condition préliminaire pour devenir sceptique . . 41
4. L'homme peut-il se passer de religion ? 42
5. Sec comme une scorie 43
6. L'incrédulité plus funeste que l'idolâtrie 45

7. Pourquoi tant d'énigmes ?................. 46
8. Énigmes.................................. 47
9. Incompréhensible et compréhensible...... 47
10. L'athéisme, peur de Dieu................ 47
11. Dieu et les dieux...................... 48
12. Gravité de l'incrédulité............... 48
13. Le trait dans le cœur.................. 49
14. Pourquoi tant de jugements divers sur Dieu?... 51
15. L'homme fait à l'image de Dieu. — Les dieux faits à l'image de l'homme....................... 51
16. Dieu, maître des temps................. 52
17. Ingratitude de mendiant................ 53
18. Dieu salue bien des gens qui ne lui rendent pas son salut................................... 54
19. Petite pharmacie de famille contre les indispositions en matière de foi..................... 54
20. Remèdes populaires contre les railleurs et les sceptiques................................. 56

CHAPITRE III. — LA VÉRITÉ.

1. Science et vérité....................... 58
2. Soleil d'hiver.......................... 59
3. Galanterie avec la vérité............... 59
4. Ce qui est vrai une fois l'est toujours.. 59
5. Une curieuse liberté.................... 60
6. Pensée et réalité....................... 61
7. Trois classes de penseurs............... 61
8. Une correction moderne à un vieux classique... 66
9. Pourquoi la vérité met-elle si longtemps à se frayer un chemin ?............................ 67
10. Orphée jadis et maintenant............. 67
11. Sentences des sept sages............... 68
12. Douze maximes pythagoriciennes......... 68

CHAPITRE IV. — L'ESPRIT.

1. Y a-t-il un esprit?..................... 70
2. Morale distinguée....................... 70
3. Et tu dis : « Il n'y a pas d'esprit. »... 72
4. Les Saints, témoins de la puissance de l'esprit... 73
5. Les négateurs du libre arbitre.......... 74
6. La vraie raison de la négation du libre arbitre... 75
7. Suicide et libre arbitre................ 75
8. Une plaisanterie mal comprise........... 76
9. Homme et animal......................... 77

10. L'abîme entre l'homme et l'animal 77
11. Philosophie de l'art de se vêtir. 78
12. L'hygromètre, mesure de l'esprit. 79
13. Une marque d'honneur méconnue de l'homme. . . 80
14. L'intelligence des animaux 80

CHAPITRE V. — L'HOMME.

1. Les larmes. 83
2. Tu l'as placé peu au-dessous des anges. 83
3. Noblesse de l'homme. 84
4. Aux vieillards le conseil, aux jeunes gens l'action . 84
5. La fin de l'homme. 85
6. Appel et vocation 85
7. L'absence de fin impossible. 85
8. Contradiction contenue dans le mot *homme*. . . . 86
9. L'homme à la fois énigme et contradiction 86
10. L'homme moyen. 87
11. Le jugement du monde, preuve de sa chute. . . . 91
12. La couronne royale perdue. 92
13. Le château en ruines 92
14. Moitié bon, moitié mauvais. 92
15. Race de péché. 93
16. Orgueil de race et misère noire. 93
17. O Dieu ! Qu'est-ce que l'homme ! 94
18. Petite puissance et grand malheur 94
19. O homme, viens et vois ! 95
20. Ressemblance des hommes entre eux 96
21. L'avare, souvenir du paradis perdu. 97
22. Cruauté de la nature. 97
23. Grandeur déchue 98
24. Cours de la vie. 98
25. Nos fautes ne sont pas des champignons, mais des éruptions. 98
26. Transmission héréditaire de la faute 98
27. La corruption héréditaire. 99
28. Le muet éloquent 100
29. La conscience fausse. 100
30. Une maladie bizarre. 100
31. La plus grande misère. 101
32. Éternel travail du vigneron. 101
33. Châtiment et pénitence 102
34. Œuvre de Dieu et œuvre de l'homme. 102
35. Homme et nature. 102
36. Devinettes sur l'homme. 102

CHAPITRE VI. — LES FRUITS DE L'ARBRE DÉFENDU.

1. Le monde va de mal en pis 104
2. La funeste formule d'enchantement 105
3. L'orgueil, cause de la chute. 106
4. Volupté et mensonge. 106
5. Volupté et cruauté. 107
6. Être mauvais est pire que faire le mal. 107
7. Le jugement sur le monde. 108
8. Les limites naturelles. 110
9. Le bonheur du monde. 110
10. Volonté propre et volonté de Dieu. 111
11. La misère du mondain. 112
12. Récompense du monde. 112
13. La vérité sur la mort prêchée par le suicide. . . . 113
14. Le point d'honneur. 114
15. Psychologie du suicide. 116
16. Désertion et résistance. 117
17. Le bilan du mondain. 118

CHAPITRE VII. — LE MONDE.

1. Critiques et prédicateurs sans vocation. 118
2. Philanthropie et charité chrétienne. 122
3. Esclaves et hommes libres. 123
4. Valeur des principes du monde. 123
5. Corpus juris charlatanici. 126
6. Nègres et civilisés. 126
7. Le mufti et le curé de campagne. 127
8. Ostracisme. 130
9. L'opinion publique. 130
10. Conscience laïque et conscience chrétienne. . . . 131
11. Morale de théâtre ou morale libre. 133
12. Les vrais tartufes. 134
13. La vertu porte en elle sa propre récompense . . . 136
14. Vie d'araignée. 137
15. Construction de la tour spirituelle. 137
16. Valet de bourreau et homme d'honneur. 138
17. Religion d'honnête homme et christianisme. . . . 138
18. Comédiens et lutteurs. 140

CHAPITRE VIII. — RÉDEMPTEUR ET RÉDEMPTION.

1. Conditions premières que doit réunir un fondateur de religion. 142

2. La critique et le Christ... 143
3. La solution de toutes les questions... 145
4. L'aimant des cœurs... 147
5. Le bon maître et le bon éducateur... 147
6. La plus grande folie... 148
7. La parole de Dieu écrite et la parole de Dieu vivante... 149
8. Un mot et tout... 150
9. La parole du Verbe... 151
10. Le langage du Verbe divin... 151
11. Le langage de la vie... 153
12. Jamais homme n'a parlé comme cet homme... 154
13. Il enseigne comme ayant autorité... 155
14. La plus grande puissance... 156
15. Allégorie et lettre... 157
16. Ecce Homo... 159
17. La vraie lumière... 159
18. Les négateurs de la Rédemption du monde... 159
19. Jésus de Nazareth... 160
20. Expiation des iniquités et des délices... 161
21. Ecce Agnus Dei... 161
22. Le Christ et les saints... 162
23. Une seule lumière et mille rayons... 163
24. Le seul article de foi que personne ne peut nier... 164
25. Comment on trouve le Christ... 164
26. La lumière du monde... 166

CHAPITRE IX. — CHRISTIANISME.

1. Le bienfait de la lumière... 16
2. La preuve en faveur du Christianisme... 168
3. Un et tout... 169
4. La moderne et l'ancienne critique des évangiles... 171
5. L'an du Seigneur 54... 174
6. Le témoignage du silence... 175
7. Le Christianisme sans droits et sans honneur... 178
8. Antiques et modernes idoles domestiques... 181
9. Le Christianisme conforme à l'époque... 181
10. Les chrétiens à la mode... 181
11. Christianisme distingué... 183
12. Un privilège spécial de la foi chrétienne... 183
13. Rénovation ou création ?... 186
14. Servante et maîtresse... 189
15. Double tâche de l'homme... 190
16. Humanité profane et humanité religieuse... 193
17. Nature et Surnature... 194
18. Savant, chrétien, homme... 195

19. La peur du surnaturel.................. 197
20. Nos pertes, notre réconfort. 197
21. Le royaume du Christ et le monde 198
22. Que faire ? Cet homme opère beaucoup de miracles. 198
23. Paganisme et Christianisme................ 199
24. Les vrais témoins du véritable esprit du Christianisme................ 200

CHAPITRE X. — RELIGION ET FOI.

1. Qui a besoin de religion ?.............. 202
2. Crime contre le trésor public........... 202
3. En deçà et au delà.................... 203
4. Religion et mystères.................. 206
5. Crainte ou raison.................... 207
6. Thomas............................ 207
7. Qu'est-ce que croire ? — Comment on arrive à croire................ 209
8. L'art de croire...................... 211
9. La grâce de la foi................... 213
10. La sagesse du catéchisme............... 214
11. La puissance de la foi................. 216
12. Efficacité de la foi................... 216
13. La vie.............................. 216
14. Le juste vit de la foi................. 217
15. Réconforts dans les tendances aux faiblesses dans la foi................ 218

CHAPITRE XI. — LA GRACE.

1. La libéralité de Dieu.................. 221
2. L'expérience de la vie................. 221
3. Faiblesse de l'homme et puissance de la grâce.. 222
4. Les petites choses.................... 222
5. Dieu et l'homme...................... 223
6. La lutte pour la vie................... 223
7. A chacun le sien..................... 224
8. La vie du chrétien, juste milieu......... 224
9. Grâce et liberté..................... 224
10. La bénédiction de Dieu................ 227
11. Œuvres de Dieu et actions des hommes....... 227
12. Prière d'action de grâces.............. 228

CHAPITRE XII. — L'EGLISE ET LA VOIE DU SALUT.

1. Le bon Pasteur...................... 230
2. Croix et sacerdoce................... 230

TABLE DES MATIÈRES

3. Hors de l'Eglise pas de salut.................. 231
4. Légitimité de l'existence..................... 233
5. Posséder le Christ, chercher le Christ....... 233
6. Reproches adressés à l'Eglise................ 234
7. La critique contre l'Eglise.................. 236
8. Renouvellement du christianisme.............. 238
9. Loi et contrainte............................ 239
10. Prédicateur et sermon........................ 240
11. Confession des péchés........................ 240
12. La confession, combat entre deux natures..... 241
13. Confession et nature......................... 231
14. Le Saint Sacrement de l'autel................ 242
15. La vie selon l'Eglise........................ 242
16. La puissance secrète du Protestantisme et du Libéralisme................................... 248
17. Trop de soldats.............................. 249
18. Le quadruple sacrifice....................... 250
19. L'Eglise et l'Etat........................... 251
20. Eglise et monde... sort commun............... 252

CHAPITRE XIII. — LA VERTU CHRÉTIENNE.

1. Médecin, guéris-toi toi-même................. 253
2. La voie la plus sûre pour arriver au salut... 253
3. Sentiment, vertu naturelle et surnaturelle... 254
4. Au soldat du Christ.......................... 255
5. Nos luttes sont notre consolation............ 255
6. Notre paix................................... 256
7. Hors du lit, paresseux !..................... 256
8. Encouragement au combat...................... 256
9. La demi-vie.................................. 257
10. La vie complète.............................. 258
11. Qui veut du grand doit oser du grand......... 260
12. Jugement du monde et lumière de la foi....... 261
13. Grand.. 262
14. Coopérateurs du Christ....................... 263
15. Vraie et fausse humanité..................... 263
16. Les désirs secrets du cœur chrétien.......... 263
17. Homme des jours de pénitence, et homme des jours de fête.................................... 265
18. Spécialité et universalité................... 266
19. Extériorité et intériorité................... 268
20. Liberté d'esprit............................. 270
21. Esthétique chrétienne........................ 272
22. Plus fort que la philosophie et la science... 275
23. Condition pour atteindre la fin.............. 276
24. La prière, comme expression du véritable esprit

chrétien.................................... 277
25. La piété est utile à tout.................. 277
26. Contrepoids et complément de la justice..... 278
27. Dormir et prier........................... 279
28. Prière et homme de cœur intérieur.......... 279
29. La prière, chant du paradis................ 280
30. Simples questions d'un médecin d'âmes éprouvé.. 280

CHAPITRE XIV. — LA PERFECTION.

1. Trois classes d'honnêtes gens............... 282
2. Passion et perfection...................... 283
3. Tu portes deux peuples dans ton sein........ 284
4. Triple mortification....................... 284
5. La meilleure de toutes les mortifications... 285
6. Dois-je devenir un saint?.................. 285
7. La raison de tous les obstacles dans le bien.. 286
8. Progrès sans fin........................... 287
9. La plus sûre voie pour arriver au salut..... 287
10. Regardez-moi!............................. 288
11. Un moyen très simple pour arriver très haut.. 288
12. Une seule chose suffit.................... 288
13. Dieu doit croître, moi diminuer............ 289
14. Comment Dieu nous prépare aux grandes choses.. 289
15. La voie qui conduit à la paix.............. 290
16. Ce qui surpasse tout et survit à tout....... 290
17. Comment on devient saint................... 291
18. L'art le plus difficile................... 292
19. Les disciples et la mère.................. 292
20. Agir et souffrir.......................... 292
21. La force attractive de la croix............ 293
22. Tout pour tout............................ 294
23. Jeunesse éternelle........................ 294
24. Petite mystique du bienheureux Thomas à Kempis. 295

CHAPITRE XV. — ÉDUCATION PERSONNELLE.

1. Combien de temps doit durer l'éducation?.... 299
2. La loi suprême de l'éducation personnelle... 299
3. Ne nous attendons pas à une victoire facile.. 300
4. Utilité des reproches...................... 300
5. Devenez comme des enfants.................. 300
6. Nous ne sommes plus des enfants............ 301
7. Le cœur semblable à un moulin.............. 302
8. La forêt sous la neige..................... 302
10. Donne-toi à Dieu.......................... 303

11. Formation du caractère 303
12. Redoute ce qui est petit. 304
13. Portes de derrière. 304
14. Le moyen pour arriver à fixer notre esprit 305
15. Les meilleurs fruits 305
16. Crainte des hommes et crainte de Dieu 306
17. Un bon remède contre la sensualité. 306
18. Conservation de la paix. 307
19. Surtout, ne pas se chagriner, ni chagriner les autres. 307
20. Arts élevés 307
21. Souffrir et avoir souffert 307
22. Quelques principes sur l'éducation personnelle . . 307
23. Conditions de progrès dans la vertu 309
24. Bon poids, bonne mesure 309

CHAPITRE XVI. — SAGESSE PRATIQUE.

1. Résumé de la sagesse pratique. 311
2. Vis dans le présent. 311
3. Commence avec Dieu, et finis avec lui. 311
4. Deux souvenirs d'enfance. 312
5. Pharmacie pour les mauvais jours 312
6. Notre capital le plus fructueux. 313
7. Non multa, sed multum 313
8. Aune et balance, ... 314
9. Quelques sentences relatives à la sagesse. 314
10. Le chemin du bonheur 316
11. Gain et perte 316
12. Gain et souffrance 317
13. Le drame le plus grandiose. 317
14. La connaissance de soi est la voie qui mène à Dieu. 318
15. Convalescence 318
16. La meilleure sagesse 319
17. Modestie 319
18. La force de supporter le monde. 320
19. Quatre façons d'envisager la vie 320
20. Sagesse profane et sagesse chrétienne 321
21. Vraie sagesse pratique. 322
22. La meilleure philosophie. 323
23. Tout a son temps. 324
24. La vie. 324

CHAPITRE XVII. — L'ART DE LA VIE.

1. Certitude du succès 325
2. Règles de vie 325

3. Le meilleur ami. 327
4. Comment on avance. 327
5. Modestie. 328
6. Concours de course. 328
7. Deux artistes de vie. 329
8. Comment on apprend à tout supporter. 330
9. Dieu à la barre, voyage tranquille 330
10. Un bain froid pour l'âme. 331
11. Verre et diamant. 331
12. Caractères durs, et caractères tendres 332
13. Sursum corda! 333
14. L'homme d'après l'horloge. 333
15. Tâche pour les gens sans but et pour les mécontents . 334
16. Ma consolation 334

CHAPITRE XVIII. — MAISON ET FAMILLE.

1. Règles d'économie domestique. 336
2. La maison comme il faut. 338
3. Le sérieux du peuple chrétien. 339
4. Le sérieux du mariage 339
5. Mariage et état religieux 340
6. Trouvé dans le livre de prières d'une fiancée. . . 341
7. Destruction du sentiment du droit. 341
8. Petit miroir du mariage. 342
9. Remèdes contre les croix domestiques. 345

CHAPITRE XIX. — L'ART DE L'ÉDUCATION.

1. Vieux principes d'éducation. 347
2. Ordonnance à l'usage des pédagogues actuels. . . 350
3. Vraie et fausse éducation. 350
4. Un art supérieur. 351
5. Des goûts on ne discute pas. 351
6. Gœthe éducateur 351
7. Les débuts dans l'art de se vaincre. 352
8. Sagesse profane et sagesse chrétienne dans l'éducation. 352
9. Influence et difficulté de l'éducation. 353
10. Art du tanneur. 355
11. Petit bréviaire du pédagogue. 355
12. Quand, et comment doit-on parler aux enfants de religion ? 357

CHAPITRE XX. — ÉCONOMIE POLITIQUE ET SOCIALE POUR LES BESOINS DOMESTIQUES.

1. Vieilles recettes d'économie politique et domestique . 358
2. Elle dansait bien et faisait mal la cuisine 362
3. Nous ne pouvons pas vivre. 362
4. Chansons des jeunes compagnons aux époques de foi. 363
5. Chant socialiste pour le futur âge d'or. 363
6. Diverses manières d'envisager le travail. 364
7. Le devoir humain le plus général. 365
8. La bénédiction du travail 367
9. Le baume pour le travail 368
10. Priez et travaillez. 368
11. Le loyer de Dieu. 368
12. Solution de la question sociale 369

CHAPITRE XXI. — LA VIE PUBLIQUE.

1. Longue politique dans de courtes sentences 370
2. Le patriotisme. 372
3. Solidarité de la vie humaine. 374
4. Ordre social. 376
5. Les partis politiques. 379
6. Les deux voies logiques de la vie. 384
7. Parlements et parlementarisme 385
8. Question de vie et de mort pour la noblesse. . . . 387
9. Science et vie publique 387
10. L'orgueil et la vie publique 391
11. Religion, affaire privée 393
12. Bactériologie politique 395
13. Homo homini Deus 397
14. Cause et guérison du mal public 397
15. Moyen pour rester fidèle à ses principes en politique. 400
16. Le meilleur sujet 402
17. Les vrais enfants des temps anciens et des temps modernes 403
18. Base et ciment pour la vie publique 404

CHAPITRE XXII. — CIVILISATION ET PROGRÈS.

1. Education du monde et vertu. 408
2. Attente et accomplissement. 408
3. Les incendies de théâtres 409

4. Le vieil ami. 410
5. Les progrès de l'époque et les sciences naturelles. . 411
6. Formule magique. 413
7. Panacée universelle. 414
8. Vieille recette pour les idylles 414
9. Recette moderne pour les romans et les drames. . . 415
10. Prédilection pour le poivre 415
11. Théâtre. 417
12. Passion pour les recherches historiques 417
13. Gradation descendante. 418
14. La moderne division de l'histoire de la civilisation . 418
15. Progrès ou recul. 418
16. La loi de la mode et la loi de Dieu 420
17. Autrefois, c'était plus poétique 421
18. Les germes de la civilisation 421

CHAPITRE XXIII. — HUMANITÉ ET HISTOIRE.

1. Après nous le déluge. 426
2. Philosophie de l'histoire darwiniste. 426
3. Sur les ruines de Rome. 428
4. Janus 428
5. Le bonheur des méchants. 428
6. La société est un organisme. 429
7. Malheur national. 430
8. Morale de la société. 431
9. Pages obscures de l'histoire. 434
10. Jugement de Dieu et jugement du monde 434
11. La revue de Dieu. 434
12. L'arsenal de Dieu. 436
13. Dieu, dans l'histoire. 437
14. Mané, Thécel, Pharès 442
15. Jugement des peuples. 443
16. Philosophie et histoire. 445

CHAPITRE XXIV. — MORT ET JUGEMENT.

1. La vie à la lumière de la vérité. 450
2. Vie perdue. 451
3. La majesté de la mort. 451
4. Paix d'hiver. 452
5. Le jugement sur les morts. 453
6. Phare et soleil. 455
7. Un instant que peu de gens comprennent. 455
8. Le renouveau 456

9. Nous paraîtrons devant le souverain juge....... 453
10. Alors tout doute disparaîtra.............. 457

CHAPITRE XXV. — L'ÉTERNITÉ.

1. O éternité !...................... 460
2. Eternité de l'enfer................. 460
3. Eternité des peines................ 463
4. Avec quelle facilité l'homme devient démon..... 464
5. Obstination et endurcissement............ 465
6. Au revoir !...................... 466
7. La grande armée................... 467
8. La félicité du ciel.................. 469
9. Alpha et oméga................... 471

FIN DE LA TABLE DES MATIÈRES

Imprimerie Générale de Châtillon-sur-Seine.] — A. PICHAT.

www.ingramcontent.com/pod-product-compliance
Lightning Source LLC
Chambersburg PA
CBHW060226230426
43664CB00011B/1572